LAW OF RESONANCE

成渝地区双城经济圈公共法律服务
人才培养协同创新团队成果集

法律有声

樊 伟 / 主 编
张 渝 张 伟 / 副主编

知识产权出版社
全国百佳图书出版单位
—北京—

图书在版编目（CIP）数据

法律有声：成渝地区双城经济圈公共法律服务人才培养协同创新团队成果集/樊伟主编．—北京：知识产权出版社，2023.9
ISBN 978-7-5130-8591-5

Ⅰ.①法… Ⅱ.①樊… Ⅲ.①法律—人才培养—研究—中国 Ⅳ.①D92-4

中国国家版本馆CIP数据核字（2023）第000392号

责任编辑：庞从容　赵利肖　　　　　责任校对：王　岩

责任印制：孙婷婷

法律有声

成渝地区双城经济圈公共法律服务人才培养协同创新团队成果集

樊　伟　主编

张　渝　张　伟　副主编

出版发行：知识产权出版社 有限责任公司	网　　址：http://www.ipph.cn
社　　址：北京市海淀区气象路50号院	邮　　编：100081
责编电话：010-82000860 转 8726	责编邮箱：pangcongrong@163.com
发行电话：010-82000860 转 8101/8102	发行传真：010-82000893/82005070/82000270
印　　刷：北京建宏印刷有限公司	经　　销：新华书店、各大网上书店及相关专业书店
开　　本：710mm×1000mm　1/16	印　　张：19.5
版　　次：2023年9月第1版	印　　次：2023年9月第1次印刷
字　　数：330千字	定　　价：98.00元
ISBN 978-7-5130-8591-5	

出版权专有　侵权必究

如有印装质量问题，本社负责调换。

序

公共法律服务是政府公共职能的重要组成部分，是保障和改善民生的重要举措，是全面依法治国的基础性、服务性和保障性工作。党的十八大以来，以习近平同志为核心的党中央高度重视公共法律服务体系建设，为公共法律服务体系的建设与完善指明了道路与方向。近年来，我国公共法律服务建设投入稳步增长，覆盖城乡的公共法律服务网络初步建立，公共法律服务供给能力和水平不断提高，公共法律服务体系建设取得积极成效。

公共法律服务体系建设离不开理论研究和人才培养，这是新时代公共法律服务体系的构建基础，也是高校落实立德树人根本任务的必然要求。作为新中国最早建立的高等政法学府，西南政法大学以高度的责任感和使命感，以习近平新时代中国特色社会主义思想为指导，深入学习领会习近平法治思想，积极对接中央要求和国家战略，聚焦自身办学特色，于2020年11月，在全国率先开设了"卓越公共法律服务人才实验班"，迅速把深化公共法律服务人才培养作为抓好德法兼修人才培养的重要环节，作为做强法治中国人才支撑的重要方式，坚决把习近平总书记的重要指示落在教学科研第一线、做在社会服务切实处。

2021年，西南政法大学"成渝地区双城经济圈公共法律服务人才培养协同创新团队"项目获得中央财政和地方高校发展专项资金支持。本项目依托西南政法大学法学一级学科优势，融合思想政治教育学、政治学、新闻传播学等多个学科，充分发动校内校外资源、发掘理论实践经验，对接成渝地区实践，致力于打造一支以公共法律服务理论提升为基础，以公共法律服务法治人才培养为目标，以社会主义先进法治文化传播为方向，以成渝地区双城经济圈优质高效公共法律服务为绩效，集公共法律服务、法治文化传播、法治理论研究、法治人才教学为一体的协同创新人才团队。

在项目实施过程中，团队成员始终围绕成渝地区广大人民群众日益增长的法律服务需求，以推进成渝地区双城经济圈公共法律服务标准化、均等化、便利

i

化，推动成渝地区双城经济圈建设的重大战略部署为主要任务开展工作，为构建成渝地区公共法律服务共同体注入了新的动力。两年来，团队成员开展的公共法律服务人才培养工作迈出实质性步伐，新技术支持下的"党建＋公共法律服务"的德法兼修的社会主义法治人才培养新模式正在形成。

与此同时，项目团队也在推进智力支持、推动智库建设、推广智慧方案上取得了丰硕成果。这些理论成果的产出，反映出我们对于公共法律服务体系建设鲜明特征和内涵底蕴的认识不断深入，标志着成渝地区双城经济圈公共法律服务一体化工作进入系统化、规范化、精细化实施阶段，对于推动我国公共法律服务人才培养理论与实践一体化发展意义重大。当然，作为对一个新研究领域的初猎，这些成果中的部分观点还值得商榷，对部分问题的研究也有待进一步深化。但为了传播、交流大家的前沿理念和先进经验，更为了激发公共法律服务领域研究创新活力，我们还是决定将这些研究成果遴选一部分辑集出版。

党的二十大报告明确要求，建设覆盖城乡的现代公共法律服务体系，深入开展法治宣传教育，增强全民法治观念。而现代公共法律服务体系建设，须臾离不开法治人才的保驾护航。但目前，成渝地区双城经济圈公共法律服务人才培养仍然存在总量偏小、质量不高、经验不足等问题，难以完全适应陆海内外联动、东西双向互济的对外开放新格局和日益多元化的公共法律服务需求。为此，必须尽快建立起与成渝地区双城经济圈公共法律服务体系建设相适应的学科专业体系和人才培养体系，为成渝地区双城经济圈公共法律服务专业化、规范化、精准化目标的实现，提供稳定的人才储备。

山积而高，泽积而长，推进公共法律服务体系建设，尤其是完善公共法律服务人才培养体制机制更需要大家的智慧和力量。相信在学界同人的共同努力下，关于公共法律服务体系建设的探讨将更加丰富多元，也将推进关于公共法律服务人才培养议题的对话更深、更广。

CONTENTS 目录

001　序

上篇　学术论文

003　数字技术驱动的公共法律服务智能化平台构建与运作机理
　　　——以杭州市高新区"一码解纠纷"为例／包倩宇　周　豪

017　基层社会治理数字化改革的推进路径
　　　——以浙江省永康市"龙山经验"展开／张素敏

029　农村公共法律服务的可持续性困境及其应对／华子岩

045　公共法律服务融入乡村治理的三重演进逻辑／黄卫东

056　美国公共法律服务制度形成及其困境应对
　　　——兼评对我国公共法律服务建设的启示／侯嘉淳

069　园区政府购买公共法律服务法律问题研究／潘　越

084　高校法律人才：公共法律服务的后备力量／谭孝敏

095　成渝地区双城经济圈公共法律服务一体化构建路径试析／王　宁

107　论成渝地区双城经济圈公共法律服务的协同立法保障／鲜翰林

123　从国家的社会公共管理责任论《法律援助法》的性质／黄　辛

下篇 研究报告

145 以手语普法为抓手，优化残疾人法律服务和权益维护 / 张　伟

149 建党以来人民调解制度的百年演变历程与经验成就研究 / 黄卫东

168 大数据融合下诉源智治新范式的构建 / 杨梦男

185 司法所助力基层公共法律服务能力提升的研究报告 / 薄越荣

202 公共法律服务协同创新视角下成渝地区律师服务改革研究 / 李嘉林

228 数据公益捐赠所得税扣除的理论证成与制度构想 / 曲君宇

246 成渝地区双城经济圈法律援助一体化研究 / 张　林　邹卓希　徐胜男

265 成渝地区双城经济圈司法鉴定协同发展的实证研究 / 罗宇昂

286 "主体—行为"的二元整合治理：第三次分配中慈善事业的治理路径研究 / 张　翔

上篇　学术论文

数字技术驱动的公共法律服务智能化平台构建与运作机理
——以杭州市高新区"一码解纠纷"为例

包倩宇*
周　豪**

摘　要	智能化时代的到来推动了数字法治与智慧司法的建设浪潮,以大数据、人工智能等数字技术驱动的公共法律服务供给迈入智能化转型时期。如何科学高效地运用数字技术赋能公共法律服务平台建设与发展,是现阶段提升公共法律服务"普惠均等、便捷高效、智能精准"的供给的重点议程。本文以杭州市高新区"一码解纠纷"平台为例,探索公共法律服务智能化平台构建与运作机理,系统阐释智能化平台实现社会矛盾纠纷"诉源治理"的发展困境与创新路径。"一码解纠纷"平台的本质是将供给导向和需求导向精准匹配的公共法律服务数字化工具,以智能"诉源分流"搭建了公共法律服务与诉讼服务体系的协同运转机制。在运作机理上,平台初步实现了跨部门、跨层级的数据协同共享机制和公共法律服务与诉讼服务一体化的"诉源治理"制度协同机制。就平台存在的技术瓶颈、数据孤岛等问题,面向未来的智能化平台发展需深化系统集成功能与完善协同高效运行机制,从硬件设备、数据资源、业务逻辑等层面集成终端载体,实现从数据孤岛到数据协同与融合的数据创新,以提升公共法律服务智能化平台的治理绩效。
关键词	数字技术;公共法律服务智能化;平台构建;机制运行;一码解纠纷

一、研究背景:数字技术发展驱动公共法律服务智能化变革

由大数据、人工智能、云计算、区块链等新兴数字技术所引发的智能化革命正在以不可逆的趋势深刻地影响和改变着整个人类社会,成为推进全球经济、社会发展最强劲的核心驱动力。其不仅催生了我国新一轮产业革命,也推动了数字法治与智慧司法的建设浪潮,驱动着公共法律服务的智能化变革。面对数字技术的迅猛发展,如何维持秩序和变革、守护与创新、价值和事实之间的动态平衡,无疑是法律人必须要应对和解决的紧迫问题。在数字法治和智慧司法全球化趋势

---

* 包倩宇,西南政法大学行政法学院博士研究生,主要研究方向为国家治理与法治政府。
** 周豪,杭州市委全面依法治市委员会办公室秘书处。

背景下，伴随着公共法律服务平台建设不断深入，我国开启了数字诉讼和纠纷化解智能化时代。突如其来的新型冠状病毒感染疫情（以下简称新冠疫情）进一步推动了社会矛盾纠纷数字化化解的飞跃式发展，公共法律服务智能化平台得到了各级各地法院和司法行政系统的积极建设和广泛推行。[1]

公共法律服务是习近平法治思想中"法治国家、法治政府、法治社会一体化建设"的重要内容，党中央和国务院将其作为全面依法治国的基础性、服务性、保障性工作推进。[2] 党的十九届四中全会通过的《中共中央关于坚持和完善中国特色社会主义制度 推进国家治理体系和治理能力现代化若干重大问题的决定》和《中华人民共和国国民经济和社会发展第十四个五年规划和2035年远景目标纲要》（下文简称《"十四五"规划和目标纲要》）中均提出要完善公共法律服务体系，夯实依法治国群众基础。2019年7月，中共中央办公厅、国务院办公厅印发了《关于加快推进公共法律服务体系建设的意见》，提出加强公共法律服务实体平台、热线平台、网络平台的基础设施建设，推进"互联网+公共法律服务"[3]，推动公共法律服务与科技创新手段深度融合，着力打造"智慧法律服务"，大力发展公共法律服务科技创新支撑技术，研制关键系统和新型装备，研发面向亿级用户、处理海量数据的高效公共法律服务平台。2017年，国务院发布了《新一代人工智能发展规划的通知》，提出要将人工智能技术广泛运用于教育、医疗、城市运行、司法服务等各个领域，构建安全高效的智能化基础设施系统。《"十四五"规划和发展纲要》也提出要将数字技术全面融入社会交往和日常生活新趋势，促进公共服务和社会运行方式创新。

数字技术开启了公共法律服务供给新模式，并致力于提升公共法律服务的质效。由数字技术驱动的公共法律服务智能化平台通常集"多元供给、共建共享、协同合作、自动回复"等多功能为一体，可通过强大的数据整合和自动化平台的

---

[1] 各类线上诉讼模式如网上立案、在线庭审、在线调解得到了迅猛发展。
[2] 与此同时，公共法律服务体系建设也被视为实现社会治理模式现代化转型的重要途径，即通过法律服务的社会治理方式夯实依法治国的群众基础。
[3] 该《意见》还提出要构建集"12348"电话热线、网站、微信、移动客户端为一体的中国法律服务网，推进中国法律服务网同业务系统对接，实现"一网通办"、资源共享。在此之前，2017年8月，《司法部关于深入推进公共法律服务平台建设的指导意见》提出在全面建成实体、热线、网络三大平台基础上，以便民、利民、惠民为目标，以融合发展为核心，以网络平台为统领，以信息技术为支撑，将实体平台的深度服务、热线平台的方便快捷和网络平台的全时空性有效整合，推进三大平台服务、监管和保障的融合，形成优势互补、信息共享、协调顺畅的线上线下一体化公共法律服务平台。

高效运转有效破除传统公共法律服务供给模式中覆盖范围有限、均衡性不足等"瓶颈",实现公共法律资源的优化配置。[1] 由此,深化和开拓"互联网/人工智能/区块链+公共法律服务"供给模式,以数字技术驱动公共法律服务供给侧改革,推进公共法律服务"三大平台"的融合发展,成为司法部近年来推进依法治国信息化工作、全面发挥信息化和智能化引擎作用的重点任务之一。在未来智能化时代,公共法律服务实现智能化变革既是满足新时代公众对公共法律服务"全时空"、"全覆盖"和"精准化"的需求,也成为化解日益复杂的社会矛盾、促进社会公平正义的创新路径。

二、问题提出:公共法律服务智能化平台发展的实践面向

传统公共法律服务并未实现均等化与普惠性的重要原因在于法律资源保障的匮乏、区域发展两极分化严重、智能化程度低等。而智能化程度不足正在成为具有实质性影响的关键因素,较多地方政府相关智能化平台或程序处于开发的初级阶段或闲置状态。从技术工具和治理模式视角出发,公共法律服务智能化是指利用大数据、云计算、区块链、人工智能、物联网等数字智能技术,以"智能化工具+公共法律服务"的供给模式为公众提供更加简便高效、精准普惠的公共法律服务产品和法律服务,满足公众的公共法律服务需求,优化公共法律服务整体效能。从技术内在的发展逻辑而言,当前的信息技术已能通过对海量数据的挖掘和分析,在数据收集和处理方面实现类人类智慧的分析、判断、预测和辅助决策的功能。技术固然重要,但内容才是智能化公共法律服务应用平台的灵魂,只有符合公众的需求和期待的平台内容,才能真正达到解答法律疑问、普及法律知识,实质性解决社会矛盾纠纷,为公众提供便捷高效公共法律服务的目的,从而得到普遍的推广和使用。

依据智能化程度由低级向高级演变,可将数字技术运用于公共法律服务发展分为三个阶段:一是利用数字技术辅助公共法律平台建设,如搭建线上公共法律服务一体化网络平台并整合核心的公共法律服务资源,但其背后仍需大量的人工辅助性运作;二是基于大数据、云计算等技术搭建的公共法律服务智能平台与系统,可运用智能化分析工具和自动化技术自动、精准匹配公众所需求的公共法律服务,此外,平台也融入了语音浏览、试听技术等功能,实现了一定程度的自动

---

[1] 吴之欧、李勃:《公共法律服务智能化模式研究——以"平台型构建"为核心》,载《中国司法》2018年第12期。

化操作；三是基于高智能的法律服务机器人服务或全自动化的公共法律服务供给平台，以代替原先需要法官作出的纠纷裁决或需人工法律供给方提供的智能法律服务。但现阶段实践中，高级智能化的推广程度、利用率和发挥的实质效能仍存在一定局限。

近年来，各地推进公共法律服务智能化平台建设多聚焦不同类型但核心功能相似的"法网"建设与集中化远程公共法律服务供给，智能化建设处于初步发展阶段并向第二阶段发展过渡。以浙江、四川和江西为例，浙江近年先后建成律师、公证、司法鉴定、法律援助、人民调解等管理应用平台，建设线上浙江公共法律服务综合网集合法律咨询、人员机构查找、行政审批、法律服务在线办理和预约等功能，并实现与线下的公共法律服务中心、司法鉴定中心、调解机构等法律服务机构的案件实现统一网上流转、统一数据归集和统一智能分析；四川于2020年建成了"12348四川法网"，将省内的律师事务所、公证办理处、司法认定服务机构、基层法律服务所、人民调解组织等法律资源集合在综合性服务平台中，面向公众提供智能咨询、在线申请和办理等一体化法律服务。[1] 江西则将重点落在建设远程法律服务工程上，其启动了全省远程法律服务"乡乡通"工程建设，建成集远程帮教、远程法律咨询、远程法律援助、远程人民调解、远程法律培训等功能于一体的综合民生服务平台，开创了"全网覆盖、互联互通、高清可视、在线互动"的远程法律服务模式。[2]

从现有实践经验可知，如何科学、合理、高效地运用数字技术赋能公共法律服务平台建设与赋权公共法律服务平台发展，是当前提升政府公共法律服务供给水平和提升治理能力现代化的重点议程。通过对公共法律服务智能化发展相关的文献梳理可知，尽管多数学者从宏观架构来看待现代数字技术对公共法律服务供给模式的重塑作用，但目前尚少有学者从智能化时代背景出发重新定位公共法律服务的

---

[1] 特别是在自动化智能法律咨询服务方面，其基于法律知识图谱、自然语言处理、机器学习等智能技术为公众解答劳动纠纷、婚姻问题、交通事故、企业人事、买房纠纷等法律问题，并实现语音自动转写功能，提升服务效率。参见四川省司法厅：《打造新时代四川司法行政创新发展的智能化引擎》，载《中国司法》2020年第7期。

[2] 截至2020年4月底，江西已在全省所有设区市、县（市、区）司法局和623个乡镇（街道）司法所建设了731个远程法律服务中心，已回复群众网上咨询的法律问题45.71万个、网上办理法律服务事项31.47万件，群众"网上找法"已蔚然成风。新冠疫情期间，江西法律服务网专门开辟了"战'疫'法律服务专区"，积极发挥线上法律服务优势，网上解答法律咨询1.73万次，网上办理法律服务事项2.35万件，安排远程咨询、远程调解3.71万人次，成为群众身边的"法律医生"。

治理目标，即便目前公共法律服务智能化的内涵、原则、要素等框架已初步成型，也仍然缺少对智能化时代公共法律服务平台运作机理的深入研究，涉及其内部的理念变革、数据协同、服务供给、决策方式等发生的改变是值得我们探索的议题。

公共法律服务智能化并不单是指政府花费大额的财政资金购买技术设备或投入技术研发各种 APP 为目标，而是用数字技术去解决公共法律服务供给中公众实际需求和问题，以人民群众的获得感、幸福感和安全感为治理目标。在问题导向的场景式治理下，公共法律服务智能化变革要求政府建立数据化的思维方式，系统反思和重构已有公共法律服务供给的组织体制、决策机制与运行方式，并以数字技术驱动公共法律服务供给模式与运作机制变革，让人民群众切实感受到"普惠均等、便捷高效、智能精准"的优质公共法律服务供给，实现社会矛盾纠纷诉源治理的目标。2020 年 6 月，起源于杭州市高新区面向社会矛盾纠纷源头治理的"一码解纠纷"项目，是数字技术运用于公共法律服务平台建设、探索诉源治理的富有开创性的鲜活例证。本文以高新区"一码解纠纷"为例，探索数字技术驱动的公共法律服务智能化的发展机遇、平台构建、运作机理、问题困境与创新路径等问题，以期推进公共法律服务治理体系的理论研究。

三、公共法律服务智能化平台探索诉源治理：以"一码解纠纷"为例

当前，我国正处于社会主要矛盾发生深刻历史性转化、复杂风险交织连锁联动的风险社会时代，各类新型社会矛盾纠纷数量大幅激增，集中呈现出矛盾纠纷主体的多元化、矛盾纠纷类型多样化、矛盾纠纷调解难度增大等特点。司法领域的人民法院近年来受理案件数量始终处于高位超负荷运转状态，基层法院"案多人少"的矛盾异常突出。[1] 为应对民商事案件持续高位增长的运行态势和缓解法院系统负重前行的巨大诉讼压力，近年来，最高人民法院在全国四级法院重点部署开展了"一站式多元解纷机制—一站式诉讼服务中心"改革实践，探索多渠道有效前置过滤和化解各类社会矛盾纠纷，积极开展和推进诉源治理。[2] 作为新时代枫桥

---

[1] 2020 年全国法院受理案件超过 3000 万件，其中民事案件占 55%，法官年人均办案数量达到 225 件，部分法院审判工作压力大，一些法院存在案件积压、审理周期长、人员紧缺等问题。

[2] 最高人民法院 2019 年 8 月 1 日明确提出，建立诉前调解案件管理系统，做到逐案登记、全程留痕、动态管理，并将诉前调解工作量纳入法官考核统计范围。关于诉前调解，详细参见左卫民：《通过诉前调解控制"诉讼爆炸"———区域经验的实证研究》，载《清华法学》2020 年第 4 期。

经验的"法院样本",诉源治理关注非诉讼纠纷解决机制的功能和价值,强调从诉讼案件和社会矛盾初始源头预防、过滤、减少和化解纠纷。[1] 在法治思维上,诉源治理更强调对法律风险的事前预防和对已发纠纷的诉外化解,从减少诉讼增量、节约司法资源、发挥积极司法的治理效能的角度提升案件审判质效和司法公信力。

不可否认的是,当前诉讼服务和公共法律服务体系存在的共性问题,主要还是未能科学合理地建构基层社会矛盾纠纷解决的前置过滤程序[2],即诉源治理的实质性制度功能还未得到充分发挥。针对公共法律服务体系而言[3],2020年1月司法部印发《公共法律服务网络平台、实体平台、热线平台融合发展实施方案》,提出要探索推进"互联网+公共法律服务""区块链+公共法律服务",开展自助式法律服务机器人的试点应用,条件成熟的可推广应用,提升公共法律服务智能化水平。[4] 为实现公众对社会矛盾纠纷多元化解需求的侧供给改革和法律风险预防的目标,公共法律服务的智能化建设应积极响应诉源治理制度改革的时代需求,以数字技术为治理工具,实现从传统单一的法律之治转向多元的规范之治。[5] 在此背景下,杭州市高新区"一码解纠纷"公共法律服务平台应运而生。

(一)高新区"一码解纠纷"平台本质与运行成效

杭州市高新区是国务院首批国家级高新区,集聚了杭州市60%以上、浙江省25%左右的高新技术企业。伴随着高新区经济的快速发展、人口数量的急剧膨

---

[1] 其主要通过三个层次的部署加以实现:一是在基层治理上避免、减少纠纷的发生;二是避免已出现的纠纷形成诉讼;三是通过诉非衔接渠道化解已经形成诉讼的纠纷。参见周苏湘:《法院诉源治理的异化风险与预防——基于功能主义的研究视域》,载《华中科技大学学报(社会科学版)》2020年第1期。

[2] 杨凯:《论公共法律服务与诉讼服务体系的制度协同》,载《中国法学》2021年第2期。

[3] 完善的公共法律服务体系功能发挥过程由法律风险预防、法律问题诊断、法律事务分流、法律矛盾纠纷化解、法律裁决履行、社会关系修复的六个节点形成完整的链条,只有通过这个链条整体化运作才能充分发挥公共法律服务防范矛盾纠纷的效果。参见杨凯:《公共法律服务智能应用新视野——以人工智能技术与审判辅助办案机制建构为中心》,载《湖北警官学院学报》2020年第5期。

[4] 该方案提出要建立形成以中国法律服务网为中枢,以各省级法律服务网为支撑的公共法律服务网站集群,配备驻场法律服务人员和工作人员,实现"一网通办",所有法律服务事项网上受理,网络平台可直接办理或统一调度、转办。不断拓展、完善中国法律服务网和各省级法律服务网功能,加强移动端功能建设,充分发挥网络优势,拓展覆盖全业务、全时空的便民服务功能。

[5] 侯国跃、刘玖林:《乡村振兴视阈下诉源治理的正当基础及实践路径》,载《河南社会科学》2021年第2期。

胀，各类社会矛盾纠纷和诉讼案件数量也随之快速增长，2019年一线法官人均结案565件，远超出浙江省法院平均值。[1] 与此同时，高新区内的基层与行业调解组织发展不足、力量薄弱，无法较好地承接和支撑社会矛盾化解的非诉纠纷解决机制的落实。而在具体开展调解工作时，由于高新区外来务工人员较多，人口流动性大，部分纠纷关涉当事人无法到达调解现场，传统的当面调解和电话调解也面临无法可持续发展的困境。为解决上述难题，完善社会矛盾纠纷多元预防和调处化解机制，贯彻习近平总书记关于"坚持把非诉讼纠纷解决机制挺在前面"的指示，在杭州市委政法委的统筹协调和杭州市中级人民法院的具体指导下，2020年6月，高新区以推进诉源治理和减少诉讼案件增量为目标，在浙江省率先创新建设了集智能分案、分层过滤、多渠道解纷、大数据监管等功能于一体的"一码解纠纷"平台。

作为一种公共法律服务的新型智能化平台，"一码解纠纷"平台的本质是将供给导向和需求导向相匹配的公共法律服务数字化治理工具，以智能化的"诉源分流"搭建了公共法律服务与诉讼服务体系的协同运转机制。在供给端，从决策偏好、技术研发、资源整合等角度出发确定公共法律服务平台的架构模式与供给机制，在需求端以民众解决纠纷的公共法律服务需求为导向，通过智能工具收集、精准测量公众对公共法律服务的需求及其偏好差异，旨在从方式、程序、成本和效用等方面实现供需的精准匹配[2]，并以"五色调解码"实现"诉源分流"，推动公共法律服务与诉讼服务体系的协同运转与矛盾纠纷的闭环治理。具体而言，"一码解纠纷"平台围绕诉源治理为主线，以大数据、区块链、人工智能技术等数字技术为支撑，在供给端一方面整合了区、街、社区三级调解队伍和杭州市优质行业、专业的调解资源，另一方面连通矛盾调解中心、诉讼服务中心等综合治理平台；在需求端设置了直接面向社会公众纠纷解决的"二维码"。当公众遇到社会矛盾产生法律服务需求时，可通过开放端的申请进入"一码解纠纷"平台开展线上调解，而无须到法院完成立案程序。[3]

---

[1] 2019年杭州市高新区受理各类案件12995件，办结12888件，同比分别上升5.02%和0.03%。一线法官人均结案565件，超出全省法院平均值229件，名列全市第二、全省第四。参见《杭州市滨江区人民法院工作报告》，2020年7月14日。

[2] 公共法律服务作为一种公共产品，其最优供给与需求状况直接相关，只有达到公共产品的供需均衡，才能实现消费者效用最大化。参见林万龙：《中国农村公共服务供求的结构性失衡：表现及成因》，载《管理世界》2007年第9期。

[3] 矛盾双方可通过"扫一扫"二维码，进入"一码解纠纷"微信小程序，选择"我要调解"菜单，申请人只要填写纠纷双方的基本信息，输入"纠纷描述"，小程序可以自动判别纠纷类型和调解机构，生成专属的二维码，实现了随手调、随时调、随地调的目标。

"一码解纠纷"平台投入运行近一年,取得初步成效。据调研数据显示(图1),截至 2021 年 5 月 25 日,平台已入驻调解组织 89 个、调解人员 810 人。其中人民调解组织 63 个、行业专业调解组织 22 个、特邀调解组织 4 个,包括首个杭州市保险行业调委会、律协工作室、首家全省银行业调委会等。目前,智能分配调解机构受理案件 15809 例,已调解成功 7118 例,诉前分流调解成功率为 27.91%,法院诉中调解成功率为 52.75%。主要的案由分布在合同纠纷、借贷纠纷、交通事故、房屋租赁、知识产权、劳动争议、物业纠纷、婚姻继承等领域,而在所有调解成功的案件中涉婚姻家事、知识产权、劳动争议和民间借贷领域调解成果尤为显著。[1]

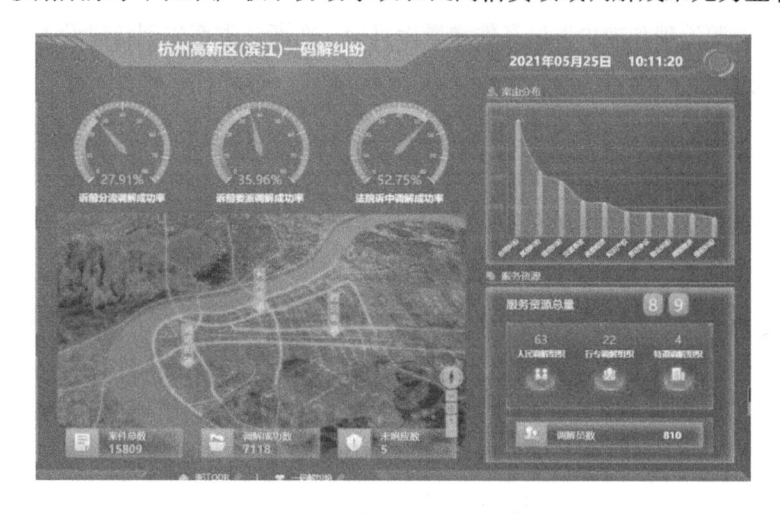

图 1 杭州市高新区城市大脑"数字驾驶舱"主控界面

(二)"一码解纠纷"平台构建与运行机理

1. "一码解纠纷"平台构建的理念、主体与技术支撑。"一码解纠纷"平台构建有赖于治理理念的变革、跨部门资源整合、多元社会主体参与和数字技术的支撑与赋能。首先,"一码解纠纷"平台的构建源于区、街道和社区不同治理层级治理理念的变革。基于多方位、交互式的治理层级沟通方式以及以公众需求为中心的诉源治理理念,政府的治理理念从权力的配置转向资源的有效运用与整合,服务理念从"政府端菜"转向"群众点菜"。治理理念的转变也驱动着政府组织机构的变革,推动实现跨部门资源整合与多元社会主体合作。由此,"一码解纠纷"项目的推进克服了传统政府层级沟通结构中信息传递出现的偏差和不畅

---

[1] 数据源于笔者的调研所得,在此感谢杭州高新区政法委(司法局)工作人员对调研工作的支持和帮助。

等问题，在平台架构上迅速确定了供给端的主导负责与协同参与的机构，在资源整合上推动政府跨部门间的整体协作。具体而言，在区委的领导下，该项目由政法委牵头，司法局、法院等部门为主要负责单位，教育局、人力资源和社会保障局、住房和城乡建设局等主管部门协同参与，共同构建了"一码解纠纷"平台建设整体协作机制，并迅速完成了相关顶层制度设计、负责单位和人员、硬件部署与软件调试、平台运行规则等工作。

以平台运行规则为例，在跨部门合作机制下，各部门通过高效联动共同确立了平台智能分类的相关规则和标准。通过以往法院的收结案例以及对调解组织的调查，梳理细化不同类别的调解案由，以关键词的形式将社会矛盾纠纷的重点领域如知识产权、婚姻继承、道路交通、物业争端等纳入平台分类规则中，为平台智能化运作和诉前调解奠定数据基础。在推进多元社会主体参与方面，高新区为实现多元社会力量参与矛盾纠纷调处，积极对接杭州中级人民法院整合的优质调解组织，通过政府购买等方式培养社会调解组织和个人调解工作室，聘任退休干部和相关社区工作人员参与调解工作，引入律师、心理专家、金融组织、知识产权组织等专业人员和行业机构等方式整合社会调解资源，引导多元社会力量参与基层治理并接入"一码解纠纷"平台中，提升供给端调解服务的质效。

在数字技术支撑和赋能方面，"一码解纠纷"平台以微信小程序为载体，基于前提基础设施云化、全触点数字化、公共法律业务在线化、数据整合与共享运营化等良好的数字技术基础，布局五色"调解码"实现矛盾纠纷智能分流，并以人机交互、自然语言处理等人工智能技术聚合各类法律服务功能。首先，公众在线提交调解申请后，依托浙江ODR平台将自动生成调解案件专属"调解码"，参考国际通行的突发事件颜色预警机制，以黄、蓝、橙、红、绿五色"调解码"融入纠纷化解过程并区分纠纷分流路径和记录纠纷化解信息。其次，在功能整合和服务方面，基于各类自动化技术，"一码解纠纷"除具备基本的便捷登记功能外，还提供全天候的智能法律咨询与心理服务，为公众提供实时智能法律问题解答、法规案例搜索等，关注公众心理失衡与负面情绪。[1]

2. "一码解纠纷"平台运作流程、机理与管理制度。在运作流程上，"一码

---

[1] 在心理服务方面，"一码解纠纷"平台接入"小信智能心理管家"的心理咨询机器人，关注公众心理失衡和负面情绪问题，提供7×24小时全天候心理援助服务；在智能法律咨询方面，公众可直接输入相关问题，通过人工智能实时解答法律问题，该端口还附有法规搜索、司法判例咨询、纠纷解决方式等供公众查阅信息。

解纠纷"平台在社会矛盾纠纷化解领域引入"健康码"概念，根据矛盾纠纷的类型、紧急程序、影响范围、危害程度等不同标准设置相应颜色的纠纷调解专属"调解码"，实现蓝码、黄码、橙码、绿码、红码五色码动态管理，分别对应登记引渡阶段、正式调解阶段、二次调解阶段、调解成功、调解失败五个阶段。首先，在蓝色调解码生成后，平台会自动引流至线上矛盾纠纷调解中心（简称"矛调中心"），基于智能化识别将自动确定纠纷类型，依据最大限度实现申请人的纠纷调解需求和调解的原则，并精准匹配相应人民调解组织、行业调解组织、法院特邀调解组织或市场化调解机构开展第一次线上调解工作[1]，此时会生成黄色调解码；其次，若第一次调解失败，但适合开展第二次调解会生成橙色调解码；最后，多次调解失败后会生成红色调解码，可在线申请法院立案。五色码管理便于公众及时掌握纠纷化解状况，在指尖上实现全流程在线纠纷化解，简要流程如图2所示。

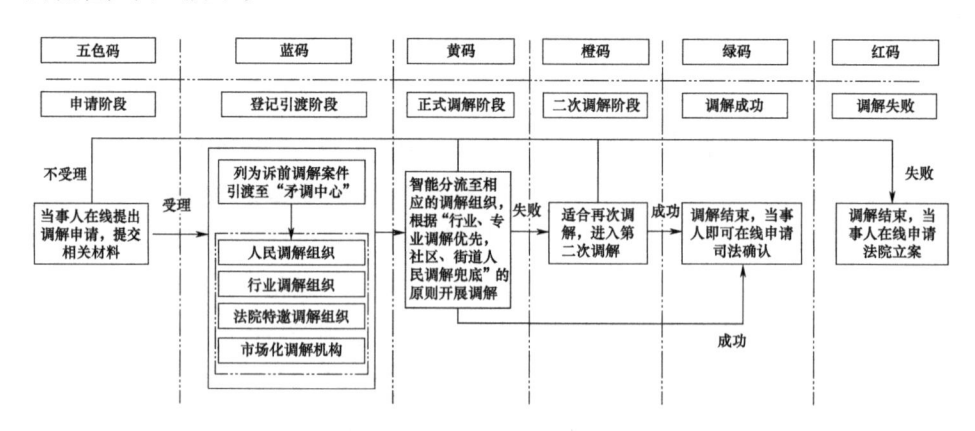

图2 "一码解纠纷"平台运作简要流程图

在运作机理上，"一码解纠纷"平台初步实现了跨部门、跨层级的数据协同共享机制和公共法律服务与诉讼服务一体化、诉讼程序关口与中心前移的"诉源

---

[1] 对于适宜调解的纠纷，根据"行业、专业调解优先，社区、街道人民调解兜底"的原则，智能分流至相应的调解组织，充分发挥行业、专业调解力量在化解疑难专业性纠纷方面的优势。若有重大敏感、群体性纠纷则将智能分配至联合调解机构，而医疗、交通、物业等专业类纠纷智能分配至专业性调解机构等，最大限度实现解纷需求与解纷资源的精准对接。在线上调解室的诉源治理云端空间中，"一码解纠纷"平台为当事人和调解员提供语音、图文、视频等多种沟通方式，并突破时空限制打造异地调解模式，实现"最多跑一地"向"一地都不用跑"的转变。参见《数字赋能云上调解 杭州滨江一码解纠纷（诉讼）平台上线》，载浙江新闻客户端，https：//zj.zjol.com.cn/news.html? id=1471396。

治理"制度协同机制。首先,通过数据共享与部门间协作配合,平台推动了司法系统法律服务职能与业务条块融合,以及各类法律服务资源与功能整合,形成了一定规模的数据资源库。其次,"一码解纠纷"平台充分发挥了"诉源治理"功能,打通了与线上的"矛调中心"、法院诉讼服务中心、公共法律服务三大平台等多中心渠道,通过不同服务体系间"诉源分流"和"诉源引流"的程序机制,实现多平台间的协同互动,交互融合赋能,形成了前端诉调案件化解、后端在线司法确认、诉讼立案并举的协同机制与纠纷治理闭环机制。此外,该平台还对接了"微法庭",针对调解难度较大的案件会邀请专业法官提前介入开展诉前调解指导;针对市场化调解组织,平台推行以市场化运行的"抢单模式",探索社会多元主体参与调解实践。

在平台管理制度上,"一码解纠纷"平台制定了相应的制度规范和考核体系,以数字化的管理工具开展平台运营管理。为确保"一码解纠纷"平台规范化运行,高新区制定了相应的《高新区(滨江)一码解纠纷工作规程》《高新区(滨江)一码解纠纷工作考核办法》《调解员积分管理制度》《法院案件分流调解机制》等制度规范,其中包括针对调解员的培训机制、相关考核指标以及退出机制,探索"积分制"考核体系激发调解员的工作积极性。此外,高新区将"一码解纠纷"平台纳入高新区的城市大脑数字"驾驶舱",通过可视化与数字化形式以实时掌握和了解法院诉前调解数量、委派调解成功率、诉讼调解成功率等信息,实现社会矛盾风险全域感知、全程把控和全链管理,为后续社会风险的预测、评估以及社会治理方式的转变奠定基石。

四、公共法律服务智能治理创新路径:平台发展的困境与突破

尽管"一码解纠纷"公共法律服务智能化平台已拥有较好的综合治理效能,在诉源治理领域取得了一定成效。但现阶段仍处于探索期和初级智能化阶段,面临数字技术瓶颈、信息孤岛、数据安全与隐私保护等问题,未来需探索可持续发展的智能化创新路径,以真正提升智能化时代的公共法律服务平台的治理能力和现代化水平。

(一)"一码解纠纷"平台运行困境与挑战分析

"一码解纠纷"平台的可持续发展不仅受制于现阶段数字技术的瓶颈,且与技术部署端口局限和数据体量不足息息相关。首先,"一码解纠纷"平台的人工智能识别存在一定的技术局限性,其虽可通过语言识别和语义分析提取纠纷关键词,但存在对不同语系和方言的识别准确度低、对手写文书等纸质识别能力不足

等问题。其次，该平台本质上是运用微信小程序这一网络技术营造一个虚拟的调解场所，而平台本身的技术局限性难以支撑起更高层级的安全便捷与智能高效的公共法律服务的建设基础。微信小程序存在的技术框架不稳定、无法部署大型项目、需短期内频繁维护、难以转跳外部链接网等缺点都影响了"一码解纠纷"平台未来的可持续发展和推广。此外，由于平台本身的数据体量不足导致未来开展规模性的数据挖掘和分析时，存在技术延展效能低等问题。人工智能技术的核心是数据与算法，只有充分、客观和庞大的数据体量的支持才能推动人工智能技术的普遍适用和发展，提升更高层次的公共法律服务智能化水平。但"一码解纠纷"平台的不充分的数据体量无疑会影响平台的可持续发展。[1]

除受制于数字技术的瓶颈外，"一码解纠纷"平台的数据协同共享机制仍处于初级阶段，数据孤岛现象依然存在，且面临数据安全和个人隐私保护等问题。数据孤岛虽源于以各自利益为中心的部门数据分割和数据壁垒问题[2]，但打破数据孤岛并非仅依赖于开放数据和实现数据共享，数据质量管理与数据安全保护等保障制度也至关重要。目前，"一码解纠纷"平台并未完全实现跨部门的数据共享与数据协同，如相关数据和法院网络系统之间尚未完全打通，由此难以实现100%的线上司法确认和签订电子协调协议并确保其效力与执行力获得保障。[3]数据质量管理与数据安全保护不应仅限于政府内部的数据，也应包括使用"一码解纠纷"平台当事人的个人隐私保护。由于公共法律服务事项涉及较多个人信息，且平台可自动收集分析纠纷当事人的解纷习惯、参加调解情况以及调解协议履行情况等关键信息，关于当事人的司法信用画像也随之生成。在实践中，这些

---

[1] "一码解纠纷"平台目前的智能化元素仅为智能识别、智能分流、智能法律咨询和心理咨询。而高层次的智能化公共法律服务是能够通过数据的规模效应挖掘隐藏价值，就不同情况进行分析、预测等，提供针对性和科学性的指导，影响甚至改变决策方式。然而"一码解纠纷"平台本身的数据量不够，缺乏必要的数据基础，大数据的不充分、不客观、结构化不足导致人工智能的基础不稳固，尚难以依此建立起普遍适用且精准有效的法律人工智能模式。参见曹菲：《智能化公共法律服务应用平台的构建研究》，载《中国经贸导刊》2019年第10期；左卫民：《关于法律人工智能在中国运用前景的若干思考》，载《清华法学》2018年第2期。

[2] 参见沈费伟、诸靖文：《数据赋能：数字政府治理的运作机理与创新路径》，载《政治学研究》2021年第1期。

[3] 在"一码解纠纷"平台的建设中，主导部门是高新区政法委，平台汇聚和整合的业务数据资源与办理数据资源也大都是为了加强对司法行政权力职责区域范围内的相关服务资料与办理数据，在整合其他政府机构诸如公安、民政、社会保障等行政机构的相关业务与办理数据资源上仍然存在一定的数据流动与共享壁垒。

隐私信息因"一码解纠纷"小程序的技术局限性（如容易被篡改、反编译、受到钓鱼攻击等）而面临较大的隐私泄露风险，这对未来"一码解纠纷"平台的可持续发展和推广构成较大的挑战。

（二）面向系统集成功能与协同高效机制："一码解纠纷"平台治理创新

面对技术瓶颈、部署端口局限等问题，在技术供给端，可从公共法律服务体系的需求出发，从硬件设备、数据资源、业务逻辑、端口集成等方面完善技术平台和系统集成功能。无论是物理技术层面的硬件基础设施的部署和完善，还是数据资源层面的数据库的建设与运行，都应以符合业务发展逻辑并以公共法律服务体系需求发展为导向，业务逻辑以数据资源为底层依托且服务于具体的法律应用系统和平台。在此基础上可进一步推进终端集成载体，如考虑时机成熟时以"一码解纠纷"APP代替微信小程序，从而形成以纠纷调解为主，法律咨询、法律诉讼等服务为补充和支撑的集成化的服务功能[1]，从而扩大数据体量的收集和整合，构建反映公众纠纷化解偏好与需求的智能化动态测量平台，为提升智能化技术水平和服务供给自动化能力奠定基础。在具体的技术提升领域，后续可强化对"一码解纠纷"APP数据的自主采集、融合、分析与研判，并利用智能化技术生成反映政府供给承受能力与公众实际需求相匹配、辅助调解人员工作和司法行政决策的研判报告。未来，还可将辖区内复杂性和高发性的矛盾纠纷案由进行汇聚与筛选，通过法治宣传教育和普法活动等方式精准投放至特定区域和特定人群，实现社会矛盾纠纷的风险预防、源头治理与隐患根除。

此外，为破除数据孤岛和信息壁垒问题，可推动深化从数据孤岛到数据协同与融合的数据创新。在"一码解纠纷"平台建设与运行方面，未来仍需完善跨部门协同高效运行机制，整合与公共法律服务供给相关的部门数据，实现一定规模的数据集成与融合系统，从而优化平台运行流程与部门间的权责配置结构。例如在医疗纠纷调解中，涉及第三方仲裁机构、公证鉴定机构、卫健委等部门，在实现数据协同与融合后，可直接接入卫健委、仲裁调解部门的相关数据接口，进而优化平台运行流程，为当事人提供更便捷与精准的法律服务。在数据安全与隐私保护方面，不仅需维护当事人的知情权与同意权，还需建立当事人评估体系和投诉意见反馈机制，完善数据安全保护服务协议和公共法律服务智能化平台标准化

---

[1] 参见刘益良、袁勇、孙志中：《新时代智慧公共法律服务体系建设的实践与思考》，载《中国司法》2019年第3期。

体系。[1] 特别针对平台使用过程中产生的数据泄露等违法违规行为，需特别研究制定相关的分类惩戒措施和法律责任。

五、余论与展望

公共法律服务智能化平台的建设是智能化时代背景下公共法律服务供给模式转型的现实要求与必然趋势。智能化平台的建设与治理是促进数字技术与公共服务治理的深度融合，将数字技术变革、公共法律服务智能化与现代政府管理机制创新有效衔接。虽然智能化变革创新突出技术的驱动力量，但更为重要的依旧是以人为本、满足公众多元化、精准和普惠的公共法律服务的治理需求为导向的治理变革。智能化平台建设本身并非目的，而是为了实现有效治理的途径。本文的研究正是基于上述问题展开的思考，基于高新区"一码解纠纷"平台的案例尝试构建智能化时代公共法律服务平台治理的分析框架，初步回答相关平台构建、运作机理、问题困境以及创新路径。尽管如此，本研究也存在一些值得进一步思考与深化的问题。首先，本研究对于公共法律服务智能化平台构建的议题阐述并未做技术构架和实施路径的具体设计，缺少科学的可实施模型。其次，在阐述运作机理中就公共法律服务体系和诉讼服务体系的诉源治理协同治理机制有待进一步探讨。

从未来的研究展望来看，公共法律服务智能化平台构建带来的技术与伦理风险、对社会矛盾全域感知能力、反向作用于治理决策方式的转变、对司法能动的影响都是重点领域，值得进一步探索和研究。

---

[1] 这样做一方面能够有效地规范政府主管部门、相关法律和从业者的行为，另一方面能够解决"一码解纠纷"政策在执行过程中与我国传统的公共法制和服务模式发生的冲突，使得上网后的办事流程、文书发放和送达、效力确认等合法化。

基层社会治理数字化改革的推进路径
——以浙江省永康市"龙山经验"展开

张素敏[*]

摘　要	互联网催生了数字化经济，推动人类社会迈入数字化时代。数字化技术为基层社会治理的发展提供了全新的手段和工具，是驱动基层治理现代化全面展开的有力支撑。"龙山经验"坚持以人为本、以法为依、以科技为支撑。本文以数字化技术嵌入基层社会治理中的现实困境为基点，以浙江省永康市"龙山经验"为参照，总结其数字化在基层社会治理中的成功经验。并提出要通过加强顶层设计、引导人民法院不断创新化解纠纷的进路、加强数字技术应用、加快信息基础设施建设和完善配套体系等方面大力推动基层治理数字化进程，利用数字化技术驱动基层社会发展，助力基层治理现代化建设。
关键词	数字化治理；"龙山经验"；基层治理现代化；进路

引言

2020 年 3 月 31 日，习近平总书记在浙江省考察时指出，"运用大数据、云计算、区块链、人工智能等前沿技术推动城市管理手段、管理模式、管理理念创新，从数字化到智能化再到智慧化，让城市更聪明一些、更智慧一些，是推动城市治理体系和治理能力现代化的必由之路"。2021 年 2 月 18 日，浙江省委召开全省数字化改革大会，全面推进数字化改革工作。数字化改革中的数字治理将是以数据驱动取代业务驱动、主体驱动的重要突破，也是以数据赋能政府与市场、社会等多元主体共同破解复杂问题治理的重要尝试。可见，数字化改革方向上将重点推进省域治理体系和治理能力的现代化。然而，虽然数字化技术对促进基层社会治理具有重要作用，在基层治理现代化方面也已经有不少探索和讨论，但如何更好地推进数字化技术赋能基层社会治理，如何更好地在全国范围内推广和普及

---

[*] 张素敏，西南政法大学 2019 级博士研究生，三级法官，杭州师范大学法治中国化研究中心研究员，研究方向为治理现代化。

还有很长的路要走。

一、机遇与挑战：数字化技术在人民生活中的应用

人工智能、互联网、大数据催生了数字化经济，推动社会迈入数字化时代。[1] 而数字化通过手机、共享交通、数字化办公、网络购物、社交媒体等方式渗透到我们生活的各个方面，对社会和人们的生活产生了深远影响。[2] 总之，以全面深化数字化改革为牵引，从理念方法、目标定位、工作体系、运行机制、手段工具等方面推动国家基层社会平安建设迈向现代化。

（一）改进人民生活方式

目前，数字化在现代生活中的广泛应用表现在方方面面。概括起来主要有三个方面：一是改变原有习惯。数字化终端产品可以最大限度地解放人们的双手，提升生活效率和生活质量，例如家庭卫生可以交给扫拖地机器人，智能摄像头会监控家里的一切状况，智能总控通过检测温度、湿度、光线等数据调整空调、新风、灯光等系统，一切电器都能实现智慧物联，并通过远程控制、语音控制实现智能化的管理。通过人体穿戴设备，人们的健康状况可以被实时掌握，并通过远程医疗网络提供咨询帮助。人机之间的交互会不断增强，人们会更加依赖数字化终端带来的便捷生活。二是改变购物模式。在 VR 和 AR 技术支持下，线上购物体验在逐步转变，人们可以在家试穿衣物、在手机上试看房子、试玩景点、试驾汽车，大数据的应用会实现更加精准的客户营销，推荐更为符合客户口味的产品，提供个性化的定制和服务。客户只需要网上预约，厂家再按需投产，通过便捷物流直接交付客户就完成了整个购物。区块链的应用可以让每一个产品溯源，保证产品质量，这种"去中心化"的购物模式，改变了以往批量化生产和库存积压的生产模式，降低成本的同时提升了客户满意度。三是改变出行方式。共享经济下的出行已经是常态，通过云计算的支撑，城市交通会更加智能，数字化的新基建成为数字出行的基础，智能驾驶汽车会成为数字出行的核心单元，车辆、道路会实现协同，从而减少违章事故的发生，提升出行效率和乘坐体验。航空、高铁、轻轨、地铁、汽车、公交、轮渡、单车等构成智能化、立体化交通模式，为

---

[1] 邬贺铨：《创造更好的数字化生活》，载《人民日报》2019 年 6 月 21 日，第 9 版。
[2] 自 1994 年中国被国际上正式承认为真正拥有全功能互联网的国家，我们在互联网方面已经发展了 26 年。中国互联网络信息中心（CNNIC）在京发布第 44 次《中国互联网发展状况统计报告》数据显示，截至 2019 年 6 月，我国网民规模已达 8.54 亿人，我国手机网民规模达 8.47 亿人，网民使用手机上网的比例达 99.2%。

出行旅游提供更加便捷高效的服务。

（二）促进社会加速发展

纵观近代社会的发展历程，经历了几次重要的工业革命，而数字化将让社会向更高层级的平台跃进。一是拉近各国之间距离。如果说互联网拉近了不同国家、不同种族间的距离，那么数字化会最大限度地消除时间、空间界限，加速全球化，政治、经济、文化、教育的融合程度将不断提高。实时的精准翻译让语言已经不是障碍，物流可以让购物实现全球速达，数字化的结算更可靠和高效，智能化的会议系统让跨国办公更加便捷，全球化的医疗资源、教育资源通过远程实现分享。二是推动科学技术的进步。数字化为各个领域的科技发展提供了更为强大的技术支撑和平台，具备数字化能力的复合型人才将实现跨国界、跨领域的合作，数字化会创造更多元、更深度的技术产业，例如人工智能。此外，基于数字化的供应链将诞生和促进更多新兴领域的发展，例如硬件、软件、通信等配套技术的研发将进一步加强。三是构建世界安全体系。数字化促进社会发展和人类进步的同时，更大的意义在于构建全球化的安全体系。数字化的应用，可以整合全球的反恐资源，提前预警可能发生的不稳定因素，有效避免和减少恐怖、犯罪事件的发生。数字化同样可以提升公共安全水平，为世界卫生组织和世界各国提供精确数据，预防重大全球性卫生事件的发生，从而营造更加安全、健康、有序的世界环境。

（三）隐私权保护的隐忧

在数字化时代，数字化技术的运用虽然给人们的生活以及社会治理等领域带来了便利，但也给隐私权保护、财产权益和人权保护带来了法律风险。因此，有学者指出，我国需要建构统一的法律规范体系、建立政府主导的多重治理机制、塑造"数字人权"的正义观等规制方式，在保护公民权益的同时促进新技术的运用和发展。[1] 隐私权是自然人所享有的私人生活安宁与私人信息秘密依法受到保护，不被他人非法侵扰、知悉、搜集、利用和公开的一种人格权。[2] 那么到底何为隐私权？

一方面，隐私权既可以视为物理不被打扰的私人空间，也可以包括在数字、虚拟世界中不受干扰的权利。隐私权理论起源于美国，是在自由主义思想影响下

---

[1] 余圣琪：《人脸识别技术的风险与法律规制》，载施伟东主编：《上海法学研究》（集刊），上海市法学会2020年第15卷，第146页。

[2] 张新宝：《隐私权的法律保护》，群众出版社2004年版，第21页。

的产物。美国的隐私权理论从基于"独处权"的隐私权理论，随着信息技术的发展，延伸出信息隐私权理论以适应高速发展的信息社会。[1] 1967 年，威斯汀在《隐私与自由》一书中提出了"信息性隐私权"。"所谓隐私权，指自然人所享有的决定何时、何种方式以及何种程度将其个人信息向别人公开的权利。"[2] 从威斯汀对"信息性隐私权"的界定中可以看出，在信息时代，隐私权更多体现的是一种决定权。威斯汀的信息隐私权理论在司法实践中得到了联邦最高法院的认可，在具体个案中法院对于信息隐私权理论进行了系统的阐释。可见，信息隐私理论的核心是"控制权"，信息隐私权指自然人所享有的对其个人信息以及能够被识别的个人信息获取、披露和使用予以"控制"的权利。

另一方面，隐私权保护自然人的安宁状态及个人的人格尊严。信息主体的人格尊严和自由价值需要进行保护已经成为共识。"人格尊严"表征着人是主体、目的，而非手段、工具，拥有不可侵犯与不可剥夺的尊严。人们对自身价值有着本能和微妙的感觉，对自身价值的贬损不亚于甚至超过对身体和财物的损害。人格尊严是一项根本的、终极性的价值，它需要通过具体权利来实现，隐私权是人格尊严在私法领域的体现，是人格尊严的必要条件。在数字时代，人格尊严体现为能够为自己所独立自主支配的私人空间，并且能在私人空间中不受打扰地展示自己。

综上，随着万物互联时代的到来，数据成为一种财富，成为驱动商业的一种重要模式。对于个人而言，使得生活更加便捷、智能；对于企业而言，智能数据具有高额的变现价值；对于政府而言，利用科学技术有利于社会的治理。由于信息革命的推动，引发了包括价值观念、生产方式、生活方式、社会关系、社会秩序等在内的全方位的变革。我国在运用数字化技术推动智慧社会建设的同时，也要注意数字化技术运用带来的法律风险，并且需要进一步完善我国数字化技术的法律规制。

二、困境与思考：基层社会治理中数字化改革的现状

党的十九届四中全会明确坚持和完善共建共治共享的社会治理制度，构建基层社会治理新格局，为基层社会治理指明了方向，同时也明确要求着力落实基层社会治理。然而，社会治理的重点、难点都在基层，创新基层治理体制机制，对于探索我国基层治理体系和治理能力现代化意义重大。目前，由于基层社会治理的复杂性，我国实行的仍是国家治理和基层自治的治理模式。总体来讲，当前的

---

[1] 许可：《数字经济视野中的欧盟〈一般数据保护条例〉》，载《财经法学》2018 年第 6 期。
[2] Alan F. Westin, *Privacy and Freedom*, Atheneum, 1976, p. 7.

基层自治面临"类行政化"趋向、多元化需求、碎片化管理的问题。

（一）"类行政化"趋向

纵观当前基层自治格局，自上而下的政府管理行为越来越精细化和具体化。"命令—服从"型管理方式在导致基层自治组织行政化倾向越来越严重的同时，基层自治组织自身的能动性和群众的主体性在不断降低。[1] "纵横交错"式的"网格化治理"是一种政府管理从行政上打通与民众的直接联系的途径，[2] 但是其模式具有极强的单向性、进入性和覆盖性。[3] 通过政权下移、管理下移的老路子，并未放弃政府中心主义和官本位。比如，浙江省诸暨市枫源村为了充分发挥网格化治理的作用，由村两委会成员兼任专职网格长，而且每个网格员每月必须提交其所负责网格内的6份走访记录以保证信息的真实性。呈现出"上面千条线，底下一根针"的状况，基层面临各种检查、评比、考核，应接不暇，基层自治能力呈现弱化和缺失现象[4]，由此容易出现"类行政化"趋向的问题。

（二）多元化需求

随着农村城镇化进程的加快，无论是治理主体，还是需求主体都呈现了多元化的特点，表明了利益相关群体之间形成的多种交互机制，统一的标准化服务已经无法满足公共服务的需求，不同群体有不同的需求和服务预期。面临"类行政化"困境的自治组织并非唯一的治理实体，而是与市场、社会组织等共治，形成了"复合治理架构"[5]，或者说是多元化的治理架构[6]。基层社会治理结构已经呈现出整体性、结构性巨变，以"共建、共治、共享"为主导的多元化结构塑造成为未来的发展趋势，自上而下单一且僵化的治理模式已经难以应对复合治理的新形势，治理创新迫在眉睫。

（三）碎片化管理

有学者认为，农村公共服务供给的碎片化根源在于行政体制的条块分割，农

---

[1] 汪世荣：《"枫桥经验"：基层社会治理体系和能力现代化实证研究》，法律出版社2018年版，第119页。

[2] 徐勇、王元成：《政府管理与群众自治的衔接机制研究——从强化基层人大代表的功能着力》，载《河南大学学报（社会科学版）》2011年第9期。

[3] 余钊飞、罗雪贵：《"枫桥经验"视野下的乡镇政府管理与村民自治良性互动研究》，载《山东科技大学学报（社会科学版）》2017年第6期。

[4] 余钊飞：《新时代"枫桥经验"在余杭社会治理中的展开》，载公丕祥主编：《中国法治社会发展报告（2020）》社会科学文献出版社2020年版，第56页。

[5] 郑杭生、黄家亮：《论我国社区治理的双重困境与创新之维——基于北京市社区管理体制改革实践的分析》，载《东岳论丛》2012年第1期。

[6] 胡必亮：《雁田新治理》，中国社会科学出版社2012年版，第303—307页。

村信息化还停留在起步阶段，信息基础设施与服务远落后于城市。散落在农村各个角落的大量数据，因缺乏政策指导和软硬件技术，难以集中并有效运用于乡村治理。[1] 英国学者佩里·希克斯在《整体政府》一书中所阐述的整体性治理理论所主张的公共服务整合、跨界协同政策，以及网络化治理格局诠释了信息时代公共治理最新的价值追求，信息技术手段的应用对于整体性治理的进一步拓展意义重大。[2]

综上，对于基层自治组织而言，固然要承担好自上而下协助政府管理的职能，但应当是以自治为主，更多地应当发挥自治的主体性和主导性[3]，实现自我管理、自我服务、自我教育、自我监督。当前，以数字技术为代表的技术革命推动我国社会治理重大转型，具有智能、高效等特征的数字技术的运用和发展正在打破"数据壁垒"，以及消除"数据烟囱"，加速推进我国基层社会治理的数字化转型发展。显然，在推进基层自治的进程中，借用数字化治理提升自治的主体性和主导性已经成为不可遏制的趋势。数字化治理可以或正在成功解决基层社会治理中一些长期积累的问题，如探索在基层民主政治中是否能够通过数字化治理来有效弥补基层自治的漏洞。

三、借鉴与推广：基层社会治理数字化中的"龙山经验"

2011年，发端于浙江省永康市的"龙山经验"是习近平法治思想在我国基层社会治理的生动典范，也成为我国基层社会治理现代化的重要标志。当前全国各地的基层治理中仍存在着"类行政化"趋向、多元化需求、碎片化管理的治理困境。而"龙山经验"注重数字化的治理优势，并以"关口前移、调解优先、诉讼断后"的司法理念为主要抓手，实现了协同共治、共治共享的新局面。由此，把"龙山经验"与数字化有机融合，尤其是数字化建设中的"技术"与"体系"深度融合。进而通过法治思维和法治方式化解矛盾纠纷，是实现转型期基层社会和谐稳定的坚实保障，成功打造全国基层社会治理新格局是新时代基层治理现代化的应有之义，也是实现社会治理体系和社会治理能力的双重现代化重大命题。

---

[1] 方堃等：《基于整体性治理的数字乡村公共服务体系研究》，载《电子政务》2019年第11期。
[2] Perri 6, Leat D, Seltzer K, et al. *Towards holistic governance: The new reform Agenda* [M]. New York: Palgrave, 2002: p. 29-30.
[3] 汪世荣：《"枫桥经验"：基层社会治理体系和能力现代化实证研究》，法律出版社2018年版，第67页。

（一）整体性治理

永康市闻名全国的基层社会治理的"龙山经验"，数字治理走在时代前列，不少科技企业已与政府层面开展深入的技术合作，用以数字技术有机融合政府的决策方针，建立一套行之有效的数字治理方式，打造"电子政府""数字政府""智慧政府"。

目前，永康市积极响应浙江省高质量推进数字化改革号召，认识到了数字化改革要遵循顶层设计和基层探索双向发力的改革规律，力争运用数字化手段破解难以解决的基层治理困局。例如，"龙山法庭"正在深入探索建立"龙山经验"三年行动计划建设项目，第一要务就是推进数字化建设。在基层治理中统筹运用数字化技术，做好治理相关职能部门的数字赋能工作，推出数字治理综合应用场景。

（二）聚焦网上治理

2018年中央政法委为回应新时代互联网治理的现实之需，首次明确提出了由"网上枫桥经验"所主导的双向融合、双向互动的基层矛盾治理经验。而"网上龙山经验"主要聚焦网络纠纷，以群众为依托，构建线上线下一体化动态治理平台，实现网上解决基层社会网络治理经验。例如，永康市在龙山法庭建构网络的"四个平台"，微信的"一张网"形成了常态化、立体化的工作体系。"网上龙山经验"是新时代互联网治理的现实之需，也是基层社会治理现代化的重要手段和方式。

（三）革新传统模式

科技支撑是"龙山经验"现代治理的集中体现，永康市在打造"枫桥经验"升级版的"龙山经验"中，以"大数据＋""互联网＋"思维传承和发展新时代的"枫桥经验"，坚持发展和完成2016年11月制定的《坚持发展"枫桥经验"三年规划（2016—2018）》，提出打造全国县域"互联网＋"社会治理体系建设示范区，探索一体化的"互联网＋"社会治理新模式。例如，永康市"龙山经验"积极利用"互联网＋"对现有行业进行改造，通过推动智慧安居工程建设、创新"微信＋村务"服务方式、打造"雪亮工程"等，对传统社会治理工作模式进行革新，从而有效推动社会治理，创造了"互联网＋"社会治理新模式。

综上，数字化治理中的"龙山经验"是在信息时代、互联网的大背景下探索并总结出来的一套互联网合作共治模式，是网络安全与治理的有益创新和成功实践。群众路线是"龙山经验"的本质所在，科技支撑是"龙山经验"现代治理的集中体现。"龙山经验"数字化是以整体性治理为依托，体现在以群众需求为导向，以数字治理为手段，对治理功能、信息系统等碎片化问题进行有机协调与整合，不断从分散走向集中、从部分走向整体、从区隔走向整合，为群众提供无缝隙且非分离的整体型服务的基层治理图景。

四、进路与选择：推进数字化基层社会治理的路径

当前，数字赋能社会治理现代化，共建"人文＋法治"的"智治社会"是时代所趋。乡镇街道及村社是基层社会治理的"主阵地"，也是党和政府联系群众、服务群众的"最后一公里"。有学者认为，政府数字化转型要坚持基层需求导向，从而更好地提升治理效能[1]，也有学者认为，数字化政府治理更加强调数据融通和以人民为中心的"智慧服务"[2]，更有学者认为，数字化治理能够构建有效的城市政府善治机制，成为数字时代的城市政府善治的重要功用[3]。数字化是以整体性治理为依托，智治为用，综合运用人工智能、大数据、区块链等新一代数字化手段和方式，通过依靠和发动群众，建立统一的数字应用系统平台，建立与群众良好的双向沟通机制，为新时期基层社会治理注入新动力。

（一）数字处理的科学化和精准化

2020年3月31日，习近平总书记在浙江省考察时指出："运用大数据、云计算、区块链、人工智能等前沿技术推动城市管理手段、管理模式、管理理念创新，从数字化到智能化再到智慧化，让城市更聪明一些、更智慧一些，是推动城市治理体系和治理能力现代化的必由之路。"可见，数字化改革中的数字治理将是以数据驱动取代业务驱动、主体驱动的重要突破，也是以数据赋能政府与市场、社会等多元主体共同破解复杂问题治理的重要尝试。

首先，通过5G、云计算、大数据、人工智能与基层社会工作深度融合。如永康市联合中国移动打造"共建、共治、共享"的全域社会治安综合治理防控体系，搭建标准统一、组织规范、互联互通、高效运转的"龙山大脑"社会治理平台，构建"网格化管理、信息化支撑、多元化采集、智能化应用、全程化服务"的"五化"社会治理新模式。"龙山5G＋平安小镇"利用各种应用精准的大数据采集和科学的分析能力，依托枫桥社会治理综合运营指挥中心，打造"一个大脑＋一张图＋N个应用"模式，实现智慧消防、安全生产、市政设施、水坝水文、建筑

---

[1] 文宏：《基层政府数字化转型的趋势和挑战》，载《国家治理报》2020年第2期。
[2] 戴长征、鲍静：《数字政府治理——基于社会形态演变进程的考察》，载《中国行政管理》2017年第9期。
[3] 徐晓、林刘勇，《数字治理对城市政府善治的影响研究》，载《公共管理学报》2006年第1期。

倾斜、地下管廊等 5G 预警监测及大数据分析服务。

其次，全面打造乡村信息基础设施提升工程。努力扩大基层自治的场景应用，加快农村网络普及覆盖与升级换代，并推动 5G 网络与物联网技术融合应用，推动生产生活基础设施数字化改造，加强网络安全基础设施建设。[1] 枫桥镇科学运用大数据、云计算、物联网等数字技术，实现了社会治理更加精准分析、精准服务、精准治理、精准监督、精准反馈。

最后，数字化可以完善基层民主。民主选举是人民根据自己的意愿行使和实现其基本政治权利的一种方式。如《中华人民共和国村民委员会组织法》第十一条规定了村民委员会主任、副主任和委员的产生方式。当前，基层民主选举是中国基层民主发展的前提条件。只有实行基层民主选举，才能将办事公正、能力突出、具有奉献精神、真正代表村民利益的候选人选进村（居）民委员会。例如，因为不彻底的民主选举制度容易滋生农村黑恶势力入侵村政的现象。[2] 有学者认为，在村委会"海选"中，只要强制实行村民秘密投票，使黑恶势力失去干涉村民自由投票权利的机会，就足以解决村霸执政的问题。[3] 对于每一位用户设置特定的 ID、密码，进入投票系统经过短信验证或人脸识别，方可参与投票，并且系统自动设置为匿名投票。如此一来，科学的民主选举模式既有效防止了黑恶势力控制选举的违法操作，又满足了无记名投票的制度要求，利用数字技术弥补民主选举的漏洞，对于保障基层群众意愿，实现民主选举意义重大。

（二）数字共享的动态化和实时化

2021 年 2 月 18 日，浙江省委召开全省数字化改革大会，全面推进数字化改革工作。在数字化改革方向上将重点推进省域治理体系和治理能力的现代化。数字治理可以改变基层治理的模式，形成高度流动和高速共享的信息交互平台和渠道，实现多方共同掌握信息，分享信息，形成包容性、平等性、民主性的互动交融。

首先，在创新发展"龙山经验"的过程中，非常关注现代数字科学技术，力争使"龙山经验"走向现代化，因而创造社会治理新模式。如在乡村构建"五张网"；建立网上法庭、网上司法所、网上调解室、网上检务、网上公安[4]，实现

---

[1] 朱海洋：《浙江建设数字乡村推动城乡全面对接》，载《农民日报》2021 年 2 月 20 日，第 3 版。
[2] 朱全宝：《基层民主与法治浙江》，浙江工商大学出版社 2016 年版，第 101 页。
[3] 贺雪峰：《当前村民自治研究中需要澄清的若干问题》，载《中国社会科学季刊》2000 年春季卷，第 23 页。
[4] 汪世荣：《"枫桥经验"：基层社会治理体系和能力现代化实证研究》，法律出版社 2018 年版，第 67 页。

多网动态协同，智慧科学治理。永康市在规范村级权力运行事项中设置了阳光村务三公开制度，分别是党务公开、村务公开、财务公开。在财务公开方面，永康市进一步深化动态数据共享模式，群众可以随时随地在电子触摸屏查看"三资"运营情况，保障了群众参与权、知情权、监督权。[1]

其次，在政府信息数字化加速成熟的现状下，数字技术要通过创新系统的基层治理制度。永康市政府逐渐实现去中心化，有效整合社会治理资源，提升社会治理水平，实现有效的多元治理主体共同参与。整体性治理的最终目标是实现基层自治，无论是纵向治理层级还是横向治理功能的整合，精准决策首先离不开的是信息的整合与分析。如探索实行"程序和实体""专家和群众""线下和线上"有机结合的法律服务模块，由当地退休老干部、人民调解员、律师、基层法律工作者、法律工作志愿者等基层法治资源力量带头组成，开通专业的法律咨询服务和法条智能检索，形成具有专业性的法援团队。

最后，数字平台实现了群众的媒介近用权，促进了乡村社区的多元主体参与。建立在基层群众充分参与基础上的民主管理，是基层民主自治的根本环节。有学者认为，随着移动网络发展，数字社区公共领域成为社区构建社会关联、社区公共舆论、发起社区公共行动的重要场域，数字社区公共领域与社区权力机构之间并非必然处于对立状态，而是具有更强的实践取向，群众经由动员更容易形成线上和线下的公共行动，可以生成影响权力机构决策的公共舆论，不过更多是琐碎的"拉家常"式互动，而正是这些日常交往信息，成为强化社区连接的重要因素。村民通过网络实现了"共同在场"，强化了公共舆论作用，开展公共行动，维系了乡村秩序。[2] 因此，移动互联网的公共性和开放性，使得村庄（社区）中不同地位、阶层、偏好的人群均可参与到移动网络平台。一些不善表达被社会排斥的村民、自闭青年、外出务工人员、留守妇女在网络平台更容易实现相互的交流。

（三）数字应用的智能化和个性化

探索创新推进数字化法治建设，着力体现数字应用的智能化，如全面推动网上调解工作，开展线上立案、视频调解；创新推出"1963法润"矛盾纠纷预防定期网播平台，群众可在线咨询法律问题；推行交通事故处理"一件事"，构建交

---

[1] 陈泳：《加强"三资"管理规范农村财务——浙江省诸暨市加强农村集体"三资"管理工作实践与思考》，载《中国农业会计》2011年第2期。

[2] 牛耀红：《建构乡村内生秩序的数字"社区公共领域"——一个西部乡村的移动互联网实践》，载《新闻与传播研究》2018年第4期。

通事故"快速处警、调解、理赔""三快"模式，还首创"滴滴式处警"，处置不满意还能给"差评"，打造路上"龙山经验"等。[1] 因此，数字化改革需要将"技术"与"体系"深度融合，实现社会治理体系和社会治理能力的双重现代化。

首先，人工智能等数字技术在国家治理现代化的过程中有着广泛的应用前景，建立部门协同、线上线下联动治理模式。应用矛盾纠纷多元化解平台，开展"1963法润"直播普法宣传，对于群众关心的热点问题开展针对性的网络普法教育，引导群众运用法治思维和法治方式预防化解社会矛盾，直播互动答疑，实现个性化普法教育，帮助老百姓更多地了解法律知识，将更多的矛盾纠纷化解在基层。换言之，基层社会治理数字化概念中"数字"的内在要义绝非传统计数上的含义，数字化治理是数字技术、数字化经济发展而产生的新型治理方式。数字治理体现着数字要素和治理要素的结合，是对现实治理实践活动的真实反映，使得公众可以借助信息技术所开辟的通道，参与到政府决策过程中来，进而促进政府管理走向"以公民为中心"的治理转型之路。[2]

其次，"要运用大数据提升国家治理现代化水平"，必须建立健全大数据辅助科学决策和社会治理的机制，推进政府管理和社会治理模式创新，实现政府决策科学化、社会治理精准化、公共服务高效化。[3] 通过打造统一的基层政府信息平台，在此基础上借助机器学习来分析和处理海量数据，可以为基层政府决策提供精准的信息支持。创新了"微信+村务"服务方式。通过建立微信群，有效整合了基层治理信息。永康市30多个乡镇（街道）均开通"一张网"微信公众号，村（社区）通过建立网格员信息交流微信群，有效拓展了群众参与基层社会治理的渠道，有效表达了人民群众的诉求。同时，群众可以充分了解别人的意见和自由表达自己的意见，充分体现个性化需求。

最后，建立基层群众自治数字应用系统平台的统一数据库。将已有的纸质档案转换为电子存档，分类分级归口，如村（社）实有人口、住房情况、党建数据、村（社）会议纪要，将村（社）真正关心的热点信息电子化，比如宅基大审批、土地承包、招待费开支等，充分发挥自治的强大群众基础优势，将动态、零散的基础信息汇集整合，通过编码进行集成式管理，形成基础块数据和

---

[1] 杜萌颖：《数字"枫桥经验"推进智慧化治理》，载《诸暨日报》2021年3月9日，第2版。
[2] 颜佳华、王张华：《数字治理、数据治理、智能治理与智慧治理概念及其关系辨析》，载《湘潭大学学报（哲学社会科学版）》2019年第5期。
[3] 参见马颜昕等：《数字政府：变革与法治》，中国人民大学出版社2021年版。

可感知、可体验、可追溯的数据场景，搭建"一个口子进、一个口子出"的电子平台，以便提高基层治理的数据应用和分析，做到事前预防、事中处置、事后善后。

综上，政府基于大数据的开放性和公众化特质，打开信息传播和反馈的双向渠道，对于群众的诉求、需求等将描述得更加清晰、更加精准，同时数据平台可以将政府制度政策下达到基层，促进农村（社区）公共服务基础数据与政务公开的大数据有机对接，实现协同智慧治理，形成有效的上下联动机制，整合各方力量、资源，对于群众的利益诉求和矛盾纠纷及时知情、及时分析、及时处置。这类集成式的数字化治理模式不仅使人类在既有物理空间中的活动能力和范围得到了提升和扩展，而且创造了无限延展、能量无际的双重空间。这种线上线下、虚实同构的双重空间呈现开放流动、自由交互、跨越时空的突出特性，在进行即时在线社交和沟通分享的同时成为促进共享秩序、参与场景治理、强化多元塑造的重要力量，也进一步促进了双向互动、社会创新和治理参与。

结　语

数字化治理建设是一项涉及社会理念变革、政企合作关系重构、数字技术创新应用等方面的系统工程，必然会给传统的法律体系带来新的挑战。当前，数字化治理模式是基层社会治理中最前沿也最富有活力的治理模式。但各种新技术在为政府赋能的同时，也带来了法律方面的挑战。因此，让乡村城市"更聪明一些、更智慧一些"，是推动城市治理体系和治理能力现代化的必由之路，具有广阔的前景。换言之，数字乡村的建设是数字中国建设的重要方面，是促进基层治理全面发展的重要抓手。因而加快推进数字基层建设，有助于进一步解放和发展基层数字化生产力，有利于建立层级更高、结构更优、可持续性更好的基层现代化经济体系和灵敏高效的现代乡村社会治理体系，将全面开启我国城乡融合发展和现代化建设新局面。[1] 总而言之，数字化是社会治理迈向现代化的鲜明标志，以人为本，尊重个体差异；以法为依，尊重公平公正；充分发挥现代科技的支撑作用，加快推动"龙山经验"与现代科技深度融合，是全国基层社会治理创新发展的基本方向。

---

[1] 郑军南、徐旭初：《数字技术驱动乡村振兴的推进路径探析——以浙江省德清县五四村为例》，载《农业农村部管理干部学院学报》2020年第2期。

农村公共法律服务的可持续性困境及其应对

华子岩*

摘 要	伴随着农村经济快速发展，农村对法律服务的需求进一步提升。但是，农村日益增长的公共法律服务需求与农村公共法律服务可持续性供给形成了巨大张力。农村公共法律服务可持续性不足表现为供给目标制导偏离、供给服务"治标不治本"以及外部保障不足等三个方面。从本质上讲，农村公共法律服务是一个社会问题，而非法律服务主体抑或是农村人员的一家之"难"。因此，一方面，应从内部建立农村公共法律服务内生动力机制，另一方面，应从外部建立农村公共法律供给服务协同机制，将其纳入社会治理进程中，形成社会多方合力。此外，应建立农村公共法律服务互动保障机制予以保障。
关键词	农村公共法律服务；内生动力机制；外部供给机制；乡村振兴

2019年7月，中共中央办公厅、国务院办公厅联合印发《关于加快推进公共法律服务体系建设的意见》（下文简称《意见》），明确要求应推进基本公共法律服务均等化、可持续性发展，并计划于2022年基本形成覆盖城乡、便捷高效、均等普惠的现代公共法律服务体系。与此同时，伴随着我国城镇化进程不断加快，农村社会矛盾激增且愈显复杂化，各种利益交错横生，农村公共法律服务进入新发展阶段。

现阶段，农村日益增长的公共法律服务需求凸显了农村公共法律服务可持续性不足的问题。对于这一问题，学界已有关注。但是这些研究普遍存在的问题是单纯从供给侧视角对农村灌输公共法律服务，已然形成"大水漫灌"之势，并未从农村内部本身思考应如何解决公共法律服务的需求问题。实际上，农村公共法律服务的可持续性发展并非农村、政府或者社会等某一主体的"一家之难"，而是关涉多方主体的社会问题。基于此，本文在梳理农村公共法律服务可持续性不足的外在表现及原因的基础上，试图建立农村公共法律服务的"需求—供给"协

---

* 华子岩，东南大学法学院博士研究生，主要研究方向为行政法学、土地法学。

同机制，以期为农村公共法律服务可持续性发展实践的理论支撑进行初探。

一、农村公共法律服务可持续性不足的表现

建立可持续性发展的农村公共法律服务体系是《意见》的基本要求。实践中，虽然农村公共法律服务成效明显且服务体系已初具规模，但是深入观察即发现其可发展可持续性发展仍有待提高，主要表现在以下三个方面。

（一）农村公共法律服务供给目标制导偏离

准确聚焦农村公共法律服务的供给目标是可持续性发展的前提条件。实践中，农村公共法律服务供给目标制导呈现偏离既定航线之势，具体表现为以下两个方面。

1. 农村地区法律资源供给中精英俘获现象凸显。"精英俘获"作为一个经济学概念，意指精英掠取优势资源。杜塔将其界定为"在政治或经济上强势的少数群体利用优势地位占有了本来为多数人而占有的资源的一种现象"[1]。具体到农村公共法律服务之隅，"精英俘获"是指乡村社会中的精英群体通过自身资本优势获取更多资源，而使较为弱势的群体利益受损。改革开放以后，农村地区之间、农村居民内部资源分配差距愈发明显，并在个体和群体两个维度展现出不同特征。就群体来看，公共法律服务供给应向法治建设落后的农村倾斜，但是现实中发展较为强劲的农村地区反而获取了更多的资源，导致发展落后的贫困村镇"雪上加霜"，村落之间的法律服务发展差距进一步拉大。譬如，以村（居）法律顾问制度建设为例，作为试点推广地的广东省2015年5月底即实现了全省2.6万多个村（居）法律顾问全覆盖[2]，相比之下，内蒙古自治区通辽市于2017年11月才勉强达到1名律师平均担任5个村（社区）的法律顾问的水平。就个体而言，由于对农村提供的法律服务有限，往往同一村组内只有少数村民能够享受。此外，地方政府为了使法律服务投入具有较高的回报率，往往将法律服务资源倾斜流向农村的非刚需乡镇和非刚需人员，这也加剧精英俘获现象的出现。[3]

2. 农村公共法律服务的认识偏差导致供给服务不精准。农村公共法律服务是指建立在一定社会共识的基础上，由政府主导、社会参与提供，与农村经济社会

---

[1] Dutta D, *Elite Capture and Corruption: Concepts and Definitions*. National Council of Applied Economic Research, 2009, 1 (1): 1-16.

[2] 张紧跟、胡特妮：《论基本公共服务均等化中的"村（居）法律顾问"制度——以广东为例》，载《学术研究》2019年第10期。

[3] 张祁伟：《市场化与反贫困路径》，中国社会科学出版社2001年版，第18页。

发展水平和阶段相适应的，旨在保障农民群众及农村各类组织基本权利与合法权益、实现农村社会公平正义与和谐稳定的一项农村公共服务。[1] 目前，我国农村公共法律服务识别对象不精准导致资源浪费主要体现在两个方面：一是对尚无须法律服务的对象基于硬性的量化考核标准向其提供形式上的法律服务；二是政府作为主导者统筹水平有待提高，未广泛发挥服务提供主体的不同资源优势。另外，内容识别不精准也导致公共法律服务协同作用发挥受限，表现在传统模式与创新模式混杂，多种公共法律服务项目开展未细化落实和互联网平台与线下实体平台脱节，未形成良性互动两个方面尤为明显。

（二）农村公共法律服务供给"治标不治本"

1. 针对居民个体只解决一时之困，忽视培养维权之心。这种"治标不治本"的方式只关注如何满足眼下农民现实的法律服务需求，而忽略了对农民本身法治意识的培养。村干部、农民群众在农村公共法律服务供给机制中实则扮演着服务需求主体与部分供给主体的角色，农村公共法律服务构建农民参与平台和参与制度是形成积极农民[2]的重要条件，然而现实中，积极农民的形成情况并不乐观。首先，与自身相关的程度、经济利益的取得多少是农村居民参与农村公共事务管理最主要的影响因素，暂时无法律需求的农民对农村公共法律服务的推广漠不关心，未取得经济利益的村干部对培养农民法治意识的宣传活动敷衍了事。比如，山西省2015年3月开展的"一村（社区）一法律顾问"活动对于农村公共法律服务体系构建确实形成了一定的推动作用，但在具体执行方面，村干部与农民群众认可度并不高。[3] 其次，农村地区长久存在"息诉""厌诉"现象。在"人情味"浓郁的农村地区求助法律并非农民解决问题的"最优选择"，甚至成为农民"嗤之以鼻"的方式。发生纠纷时，农民首先想到的是"找关系""找长老"或内部调解等私力救济方式，对由法律诉讼定分止争的公力救济方式持排斥心理。

2. 农村公共法律服务运作机制表现为"一帮就好，一走就乱"。由于任务艰巨，时间紧迫，对农村社会的公共法律服务供给长期采取"外部输血"的方式，通过调动外部社会多方资源直接补齐公共法律服务短板，对农村地区采取超常规

---

[1] 杨凯：《乡村振兴下的公共法律服务》，载《民主与法制时报》2020年2月20日，第7版。
[2] 吴帅、郑永君：《反贫困治理中"积极农民"何以形成——以湖北省Z县为例》，载《西北农林科技大学学报（社会科学版）》2021年第3期。
[3] 王霞：《对农村公共法律服务体系构建的几点思考》，第八届中部崛起法治论坛论文集，2015年第8页。

的法律支持,的确短期内取得了显著成效。然无形之中农村政权组织的自治性消减,"依法治村"能力远不能满足乡村实际需要,过度依赖上级政府,缺乏自主发展的意识和动力,以"无为"方式损害农村治理的可持续性。现代社会科学的研究已经证明,自律的实现是有条件的,他律的实现则是无条件的,他律的存在是自律发挥作用的基础,否则自律就是一种善意的乌托邦。[1] 例如,如何将法律人才留在农村一直都是困扰农村法治发展的难题,但许多农村地区的政府只想着外界何时输入人才,却不重视从农村本土培养自己的法律人才。如果采取合理的分配机制,尊重人才、尊重技术、尊重知识,培养法律人才对乡土的热爱,给予财政补助保障,最终将逐步发展出农村本土的法律服务团队。

(三) 农村公共法律服务外部保障不足

现阶段,我国农村公共法律服务采用"输血式"模式,无法解决农村公共法律资源短缺这一根本问题。也就是说,现阶段服务主体倾向于直接向服务对象提供法律物质资源、人才资源、知识资源,帮助其走出法律困境,保障其基本权利不受侵犯。基于效率价值与公平价值的考虑,对于生活条件、自然环境恶劣,人口密度大,发展落后地区依赖内生动力机制难以实现公共法律服务均等化,故而更加依赖外部扶持以缩小地区间差异。

按照主体不同,农村公共法律服务外部供给机制可分为农民群众类公共法律服务(如普法教育宣传或法律服务基础设施建设)、农村组织类公共法律服务(如针对集体经济组织、地方政府领导班子等提供的公共法律服务管理制度设计)以及农村个体类公共法律服务(如具体的辩护、代理、公证服务)三类,即大众型、组织型、个体型。但是针对不同主体的不同法律需求,公共法律服务外部供给机制实际运行中出现了不同程度的失衡现象,重点表现为以下两点。

1. 治理模式失衡:过度依赖技术治理,忽视真正的现实需求。大数据时代下,"互联网+法治"成为法治建设探索创新渠道的首选,信息技术的发展带来了数据的爆炸式增长,但是,技术治理模式在农村地区的契合性存疑。网络监督构成了农村党组织较远的虚拟问责,而农民期望则构成了农村党组织较近的现实督促。[2] 具体而言,技术治理在农村公共法律服务领域的适用存在大数据与现实情况不符、技术平台适用不佳两大困境:一是以大数据为基准的绩效考核机制

---

[1] 李侠:《科技界的自律与苏格拉底悖论》,载《科学时报》2011年5月16日,第A3版。
[2] 王华华:《大数据时代农村党组织的社会治理能力研究——信息裂变与合作共治》,载《理论与改革》2017年第5期。

并不能准确反映服务推广实效。首先，对于线下服务（法律服务点分布、法律顾问覆盖率、涉案件件数等）的数量统计存在片面性，而基础设施建成后实际投入使用情况才是关注重点；其次，农村居民对于信息裂变传递并不熟悉，其长期形成了只信任小范围"熟人"的偏向性，故而对农村公共法律服务的评价反馈的真实性或存疑。二是"12348热线""12348网上法律服务平台""掌上公共法律服务微信公众号"等"互联网＋法律服务"的新型模式在落后农村地区的效果欠佳。原因在于落后农村地区的人员文化素质偏低，对高科技产品的掌握程度并不能完全满足技术平台的相关要求。我国的农村社会治理要避免大数据环境下的信息霸权，保障人民群众的基本权利，将其利益诉求作为制定各项政策、制度的重要依据。[1]

2. 监管模式失衡：考核流于形式，缺少服务效果评估机制。现有绩效考核机制流于形式，无法真实反映公共法律服务的状态。长期以来，我国的法治建设评估实践"形式主义"始终存在，注重形式不重实际效果的服务评估导向导致了对公共法律服务评估部分出现评估畸形的状况。监管不力导致农村地区的公共法律服务无法做到高效协同，表现在服务内容不清晰、服务标准不明确、服务水平不统一等方面。一方面，农村公共法律服务监管制度滞后且粗糙，传统以政府为主导的一元公共法律服务模式无法满足现实需要，要逐步形成政府、律所、政法高校为主的多元主体公共法律服务协同机制，需要配套的健全服务标准与效能评价监督制度。另一方面，农村公共法律服务监管制度的绩效考核标准忽视了乡村的伦理因素，"政府失灵"状况下公共产品供给不足，越来越多的政府倾向于用更"市场化"的方式提供公共法律服务，对政府购买服务项目的监管缺失了其与乡村实际融合度的考量，不走进农村，走近群众，即使在数据上达到合格标准，也无法解决农村地区的实际需求。

二、农村公共法律服务可持续性不足的原因

（一）内因：农村社会结构导致"造血"功能障碍

中国特有的环境造成了城乡之间地理条件、政治、经济、文化、卫生等方面不同程度的差异，公共法律服务方面的不足只是农村社会环境中所暴露的众多问题之一，其本质是一种多因素形成的社会结构导致的后果。因此，研究农村地区的法治建设需要先从村落的结构性质与交换方式出发。

---

[1] 徐拥军：《大数据时代国家治理中的文化生产与文化整合》，载《求索》2021年第3期。

对于村落的结构性质存在三种学说：第一种是共同体结构。清水盛光在《中国社会的研究》一书中指出中国村落具有强烈的共同体性质，整个村落是一个宗族或准宗族的共同体。第二种是马铃薯社会结构。马克思这样形容法国农村：小农人数众多，他们的生活条件相同，但是彼此间并没有发生多种多样的关系。他们的生产方式不能使他们互相交往，而是使他们互相隔离。[1] 村民像一个个马铃薯般装进村落这个麻袋里，相似而又独立。田玉川认为中国农村社会也是这种结构。第三种是阶级分化说。福武直认为中国的阶层分化促进了地主富农与贫农的分离，村落的阶级关系表现为赤裸裸的剥削与对立关系。[2] 中国农村社会的不断演变，大量的村落结构发展为介于第一、第二两种结构的中间结构。在村落中，马铃薯般的村民们大多自力更生，自给自足，对需要帮扶的家庭，通常采取"礼尚往来式"的劳务与物资交换方式[3]，"人情"在村落中流动，是一种无形但可量化的交换方式，区别于商品交换方式，并成为村民的长期习惯保留下来。基于此，可从传统的村落结构解析农村公共法律服务面临的现实困境。

1. 农村环境局限性产生的差异化。马铃薯结构性质决定了农村社会不可能内生出"公共事务意识"，加之生产方式落后，农村所拥有的环境、社交、知识、经济范围都存在或多或少的局限，较城市差距大。以经济基础为例，农村集体经济正面临着地位取代、功能缺失、资产流失以及运行效果不佳等困境，大部分地区所采取的资产集中管理体制限制了农村资金转换使用效率，阻碍了通过经营性活动发展农村经济的步伐。[4] 经济基础的不足引发基层法律服务收入普遍偏低，法律专业技术人员不足、质量不高、设置结构不合理，群众法治意识薄弱，农村法治建设落后等连锁反应。而城乡差异决定了城市地区法律资源供给更充分，居民接受服务更快速便捷，这进一步加剧了城乡公共法律服务发展水平新的不均衡。另外，由于相关法律法规政策规定不科学，城乡二元结构下，乡土传统文明的阻碍、法治资源的缺乏、农民法治意识的淡薄等问题注定乡村振兴战略下农村公共法律服务可持续性发展任务的开展将更具挑战性。

2. 共同体结构下形成的人情社会并非法治意识形成的有利土壤。梁漱溟强调

---

[1] 参见[德]卡尔·马克思、弗里德里希·恩格斯：《马克思恩格斯选集》，人民出版社1974年版。

[2] 李国庆：《关于中国村落共同体的论战——以"戒能—平野论战"为核心》，载《社会学研究》2005年第6期。

[3] 费孝通：《乡土中国》，青岛出版社2019年版，第81—91页。

[4] 刘涛：《农村集体经营性资产法律制度研究》，载《农业经济》2021年第1期。

乡村建设不是单纯的乡村救济，或经济、政治和教育的建设，而是一种广义的文化建设。[1] 这样的说法无疑是一语中的，乡土传统中的人文情怀对于农民法治思想的影响即使在新时代也是深刻且具有独特效用的。如果概括地将社会学理论上的社会分为有机结合社会与机械结合社会，前者表现为"情理社会"，后者则表现为"法理社会"。农村公共法律服务的适用困境很大原因是农村社会是一个"重情理、轻法理的社会"。情理法的复杂关系在农村的生产和生活中体现得淋漓尽致，受古代伦理法"德主刑辅"的人文人治文化影响，导致农村"重情轻法"的文化底蕴深厚。[2] 礼治秩序下，不知礼是大错，打官司也是大错（认为破坏了教化这种理想手段的实施），长此以往，农民形成"息诉"甚至"厌诉"心理。在这种法治土壤下，农民法治意识偏低，

（二）外因：农村公共法律服务供给"输血"能力不足

困境问题是深层矛盾的外在表现。就农村公共法律服务可持续性不足而言，除了农村社会结构本身无法形成法治生长的有利土壤，还存在供给侧的外部因素，进言之，就是未处理好农村公共法律服务供给过程中的两对矛盾关系。

1. 农村公共法律服务供给的精准性与需求的非规范化之间的矛盾。在农村公共法律服务供给领域，供给侧主要关注相关制度完善程度、资源统筹整合分配、服务提供协同效能，需求侧主要关注主体基本权利维护、法治文化培养、内在激励机制，两者统合于农村经济状况改善，利益结构及生产方式转变，进而实现乡村振兴，建成社会主义现代化强国的最终目标。然而，供给模式的固化与法律需求的多样性之间的矛盾揭示了农村公共法律服务可持续性不足的困境。具体而言：

一是现阶段农村公共法律服务的供给模式固化。农村法律服务一般采取定期定点的供给模式，这与法律服务主体需求的变化性与偶发性形成抵牾。大部分地区农村公共法律服务资源的获取依赖于政府这样的强制性管理者，实现效率价值的同时限制了发展价值的实现。目前，公共法律服务专业人士多来自政府司法部门，服务方式多采取窗口值班，设置固定工作站、服务点，摆点宣传等。创新探索中采取的网络平台提供服务，借助信息技术手段进行宣传，政府购买服务减轻负担等方式或功能发挥效果不佳或推广范围深度不够。[3] 仅依靠传统的管理型

---

[1] 黄群：《梁漱溟乡村建设理论及其现代意义》，载《贵州社会科学》2009 年第 7 期。
[2] 张晋藩：《综论独树一帜的中华法文化》，载《法商研究》2005 年第 1 期。
[3] 宁琪：《农村公共法律服务供给体系完善与创新研究》，载《农业经济》2020 年第 6 期。

政府作为主体的供给模式，容易导致政府财政负荷过重，并且有限的司法资源与多元主体的多样化需求之间也形成了巨大张力。

二是法律服务需求侧主体识别不精准。农村公共法律服务需求主体类型多样，不同类型的群体对公共法律服务的需求不同。有学者提出当公共服务发展到一定阶段和水平后，公共服务差异化、个性化需求开始崛起，人们对统一僵化的公共服务产生厌烦，提出了差异化供给的要求。譬如，盲人、聋哑人这样的特殊群体所需要的法律服务应是长期的，这类法律需求群体会一直存在；而针对农村普通人群的法律服务则可能呈现出阶段性特征。[1] 再如，针对农民群众、土地承包经营权利人、个体工商户等群众主体，提供的法律服务多见于法律咨询、法律援助、公证、代理等；而针对村委会、集体经济组织、专业合作社等组织主体，提供的法律服务则多见于法律顾问、教育宣传、制度设计、宣讲讲座等方面。

三是法律服务需求侧的内容识别不精准。首先，农村法律问题呈现多样化的趋势，且具有与城镇常见法律问题不同的专业性。农村主体之间的矛盾从简单的个人财产、家庭伦理问题扩展到村民自主权利维护、征地拆迁冲突解决、农村环境污染治理等复杂法律纠纷。其次，由于基层法律专业人才缺乏，服务来源大多为法律援助值班、兼职非常驻或是高校志愿服务，这导致很多基础法律服务项目流于形式，农民参与度不高。最后，临时法律服务人员专业素养不足，许多纠纷甚至从未遇到过，对农村情况知情度低，处理起来"水土不服"，有的服务人员之间相互推诿，不断拖延，时间一到便结束"过场"。长此以往，不仅农村法治建设水平并未提高，农民也会对公共法律服务大失所望，质疑法律专业人士的实务能力。

2. 农村公共法律服务供给的技术理性与价值理性之间的矛盾。法治信仰形成是法治建设的最终目标，农村公共法律服务开展的特殊性在于服务周期的长期性与法治观念的无形性。一方面，农村公共法律服务供给存在个案效果与可持续发展之间的矛盾，立法者注重法治建设，司法者注重个案处理，而执法者需要兼顾法治与个案，实现完成指标的规范价值与长期服务的远期价值的耦合关系。另一方面，农村公共法律服务供给存在制度规范、伦理道德、经济利益之间的矛盾。政府注重制度的完善、公共法律服务体系建设的政绩效果；农民注重国家对自己的伦理关怀、法律的可信度与权威感；市场主体注重社会评价、市场竞争力。三者在互动过程中需要控制规范化与灵活性的平衡，因而，上述平衡关系中任一因

---

[1] 陈朝兵：《农村公共法律服务：内涵、特征与分类框架》，载《学习与实践》2015年第4期。

素的缺失都会导致农村公共法律服务体系失衡。

一是追求效率价值，忽视了远期价值。在"互联网+"视域下，政府治理实践采取了一系列信息化、系统化与数据化的指标技术，制定严格的绩效考核标准来规范和监督基层政府对公共法律服务的具体落实。近年来，政府大力推动"村（居）法律顾问"全覆盖，确定时间节点、数量指标导致一个法律工作者兼职几个村的顾问现象成为常态。试问公共法律服务工作完成了宣传次数指标，快速解决了个案纠纷就能消除农民对"法律无用""乡土正义"的看法？[1]法律服务本身的专业性程度较高，而农村地区拥有特殊的社会条件、农民认知地方化，硬性的输入并不能使农民积极看待法律，短期的法律宣传活动之后，农民群众依旧欠缺遇事找法，解决问题靠法的法治思维。除此之外，农村基层组织同样缺乏寻求法律顾问帮助规范地区管理的意识。从长远利益来看，农村公共法律服务的供给不在于指标满足，而在于彻底脱离法治观念落后的现状。因此，公共法律服务应真正扎根农村本土，这也是当前农村法治建设的迫切需要与难点所在。

二是追求规范价值，忽视了伦理价值。从制度层面看，严格的制度设计使得各级政府的公共法律服务提供规范化运行，形成了以技术为支撑的事本主义导向的公共法律服务供给方式。从精神层面看，在农村法治化轨道中，促进农民群众精神世界发展，提高生活幸福指数，需要在强调物质建设的同时注重对农村的"社会建设"[2]。实质上，"增长只是一种手段，人才是发展的中心，发展的最根本目的是为人谋取福利"[3]。农村公共法律服务均衡化中的技术治理通过各种数据与指标将国家战略目标分解和具体化，提高技术理性与便捷程度的同时，却忽略了法律天然带有公平正义内涵的特性。与政府提供的其他公共服务不同，仅仅加大农村公共法律服务供给领域的现代技术投入与信息技术沟通水平，看似有利于目标达成，实则忽视了服务过程中国家与群众之间的价值交流与伦理关怀，从而弱化了国家法律在农民内心的权威感与约束力。坚持以法律为准绳并不排斥对乡村因素的关照，公共法律服务均衡化过程中的技术治理与指标考核，应强调与本土资源融合去探寻农村地区广大群众的真实诉求。

---

[1] 刘世清：《目标悬浮、技术化治理与可持续性缺失——后扶贫时代教育精准扶贫如何继续前行?》，载《南京社会科学》2021年第5期。
[2] 胡宗山：《农村社区建设："三农"协调发展与乡村共治的生长》，载《当代世界与社会主义》2008年第1期。
[3] ［印度］阿玛蒂亚·森：《以自由看待发展》，任赜、于真译，中国人民大学出版社2002年版。

三、农村公共法律服务可持续不足的纾困路径

农村公共法律服务可持续不足既存在农村本身"造血"不足之内因，也存在公共法律服务供给偏差之外因。是故，应对症下药从内外两方面对农村公共法律服务予以完善。除此之外，建立农村公共法律服务多样化保障机制也必不可少。

（一）建立农村公共法律服务内生动力机制

1. 应加强与乡村发展的互动，为乡村振兴提供内生动力。建设法治化的新农村与完善农村公共法律服务体系之间是一种辩证统一的关系，脱贫攻坚与乡村振兴的有效衔接离不开良好的法治环境，社会主义新农村的发展也为农村公共法律服务均衡化创造了有利条件。

一方面，要以法治建设助推乡村振兴，既要发挥主观能动性又不能脱离客观实际，必须处理好两者之间的关系。实现乡村高质量发展，离不开良好的治理水平与治理能力，而多数学者认为法治是目前人类社会所能想到的最佳治理手段。[1] 农村公共法律服务水平的不断提高可以树立农村基层政权的权威性，保留村民自治的所需空间，融合乡土社会的人文观念，实现法治、自治、德治的有机统一。另外，农村公共法律服务供给的有效输出在促使国家与社会关系融洽程度提高的同时，也有利于农村居民基本权利的保障、矛盾纠纷的解决，逐步实现乡村治理现代化、法治化。

另一方面，"三农"工作的重要部署为公共法律服务体系的完善带来了重要的机遇。一是随着脱贫攻坚到乡村振兴的战略转移，农村公共法律服务的供给定位也应从满足体系基本建成转移到着眼于提供精准服务。二是持续针对乡村建设的倾斜政策也是补齐公共法律服务短板的良好时机。农村公共法律服务建设应当利用大扶贫格局所提供的政府、社会、市场、个人的多方合力，为实现服务水平均等化助力。

2. 应培养农村居民法治意识，促进农村"他扶社会"转为"自生社会"。社会治理问题归根结底是人，在乡土上建立法治社会，实现农村公共法律服务均衡化，需要法治观念深入农村群众的内心，做到农民知法、用法、遵法、守法，实现依法治乡与以德治乡有机结合。因此，其一，重视培养村干部法治思维，使农村公共法律服务供给获得基层政权的全力支持。农村基层"社会生活的转变形塑

---

[1] 周甲禄：《法治是社会治理的最优模式》，载《瞭望》2019 年第 51 期。

着基层社会治理的新生态，催生了基层社会治理需求的新变化"[1]，可乡村的法治建设还处于"硬控制"阶段[2]，农村公共法律服务的供给常常得不到群众的回应。农村公共法律服务改革新生态环境下，价值取向选择面临重大转折，非同质价值观念的人侵冲击着乡土的礼治秩序，村干部需要自觉调整自身定位，主动做起新路径的"带路人"。乡村公共法律服务要实现"软治理"需要改变村干部的惯性他律思维，带头学习法律知识，进而组织推广宣传法治观念，探索引领组成本村的法制宣讲团。

其二，改善农村普通群众对于情理过分依赖而忽视法理的现象，需要加强普法教育工作的力度。一是坚持完善传统宣教形式，推广案例发布，表明推进农村公共法律服务的决心，彰显法律权威。二是积极探索新型宣教形式，进行柔性劝导，从本土挑选第一批志愿者进行组织培训，进而再发展扩大志愿者队伍，不仅提高了群众对于公共法律服务的接受程度，并且有利于持续宣传，贴近当地实情。三是综合运用各种宣传手段，对线下宣讲会、纸质印刷品、网络直播、官方网站等方式的利用需要根据当地实际情况合理安排。

3. 应注重培养本土法律人才、留住外乡法律人才，为公共法律服务输送队伍。城乡不均衡发展的影响下，城乡生活条件、居民工作收入、就业发展前景均存在较大差异，农村人才几乎都单向流动城市。然而公共法律服务需要法律专业人才发挥作用，需要青年一代新鲜血液的注入。农村公共法律服务人员的培养不仅关乎农村公共法律服务水平的提高，也事关我国基本公共法律服务均等化政策能否有效实施。首先，需要发挥党员干部的先锋模范作用，利用党的组织覆盖和工作覆盖的广度和深度，引导法律服务工作人员中的党员带头优质完成工作。其次，应加快农村公共法律服务人员的培养，提高薪酬待遇，制定相关的激励制度吸引并留住人才。针对地区贫困的实际情况，通过继续教育和转岗培训提升乡村法律服务人员的业务素质。最后，司法行政部门应当提高对服务项目的重视程度，切实保障法律资源供给的公平性和针对性，优化法律基础设施建设，提供一个良好的工作环境，有利于充分激发服务人员的活力。

（二）建立农村公共法律外部供给服务协同机制

1. 应构建以政府为主导，社会广泛参与的服务互动协同机制。农村公共法律

---

[1] 周根才：《走向软治理：基层政府治理能力建构》，载《学术界》2014年第10期。
[2] 邹荣：《从"硬控制"到"软治理"：乡村社会治理转型之路》，载《楚雄师范学院学报》2015年第7期。

服务供给模式大致分为三类，一是政府提供制。政府机关与事业单位协作承担公共法律服务的全部成本和责任。二是市场提供制。主要有两种形式：第一种为私有化，即地方政府完全外包给市场主体合作来提供公共法律服务；第二种为地方政府间合作供给，即地方政府之间互相合作，创建公共法律服务市场，提供一定规模的公共法律服务。[1] 三是合作提供制。政府通过购买法律服务项目、给予政府补助，以一种更社会化的方式向农村提供公共法律服务。虽然第三种形式对政府和社会市场主体提出了更高的合作默契要求，但相比前两种形式而言，第三种形式打破供给模式的固化性，更符合需求主体的多样化要求，有利于促进"全能型"政府向"服务型"政府的进一步转化。一方面，政府不可能同时胜任服务者、监管者、领导者、反馈者的所有工作，"政府失灵"会引发公共产品供给不足现象。另一方面，政府仍然是农村公共法律服务的主导者，需强化政府责任，在统筹资源、激励主体、财政支撑上肩负起"领导者"的责任。

笔者建议借鉴美国向农村地区提供公共服务的运行模式[2]，构建合作制下我国农村公共法律服务协同机制。首先，从中央到省一级政府分别整合本辖区内农村地区的现实状况，明确内外互动机制作用整体规划，根据本地区的贫困指数（绝对贫困/相对贫困）确定"外部输血"与"内部造血"的主辅地位，实现因地制宜。然后，由市县级政府制定实施方案，建成线下与线上综合平台后，有条件地交由社会市场主体运作。同时，由中央与地方政府按一定比例共同出资（也可由社会主体捐助）组织实施农村公共法律服务应用培训、技术教学，普法教育活动，消解农村居民认识误区。此外，农村居民所需的"本土性"公共法律服务则由村委会辅助村法律顾问提供。地方政府向辖区内农村居民提供的公共法律服务，与志愿者团队、种类繁多的公益性组织、互助组织和基层自治组织所提供的服务一起，共同满足农民日常法律需求。

2. 应整合本土可利用资源，加大对供给形式统筹监管。一是完善法律服务机

---

[1] 孙海涛：《我国公共法律服务供给模式的革新》，载《江苏警官学院学报》2018年第3期。
[2] 程又中：《国外农村基本公共服务范围及财政分摊机制》，载《华中师范大学学报（人文社会科学版）》2008年第1期。程又中认为，在美国政府向农村提供的公共服务方面，首先，联邦和州政府分别负责投资兴建大中型基础设施，如灌溉和防洪设施、道路、桥梁、河道、垃圾收集和处理设施、排污设施等，建成后交由公共服务部门管理。其次，联邦政府、州政府和县政府按一定比例共同出资（少部分由个人捐助）、由有关政府职能部门组织实施农业科研、农业教育培训和技术推广。此外，农村居民所需的关键性公共服务则由地方政府提供。地方政府向辖区内农村居民提供的公共服务，与种类繁多的公益性组织、互助组织和社区自治组织所提供的服务一起，共同满足农民日常生活的需求。

构的监管机制。首先，制定有关法律服务机构的专门性立法，改变乡镇法律服务所的设立与运作仅依靠司法部各类通知的现状；其次，加大对各类服务主体的审核规范，提升专业素质门槛，引入对执业人员在服务提供过程中违法、违规现象的惩戒机制，强化法律服务机构的执业纪律；最后，优化法律服务机构市场准入制度，立足于农村地区内部仍存在差异的现实情况下，对东西部地区的法律服务机构实行存在合理差异的不同准入标准。

二是规范政府购买公共法律服务项目的实施程序。首先，规定购买法定程序，农村公共法律服务的购买程序是否合理公正，一方面将直接影响购买后的实施效果，另一方面也可以制约政府的购买行为。其次，政府应对购买项目实行动态的、全方位的监管。政府购买农村公共法律服务，实际上并非政府责任的"解脱"，而是政府提供公共服务的方式"社会化"。最后，政府应当加强对于法律服务购买项目的宣传引导，消除农村居民认识偏见，同时给予项目运作适当的补偿，可以有效降低服务质量差，中途违约现象的发生。

三是提高村（居）法律顾问制度实施的精准度。在大多地区已经实现一村（居）一法律顾问全覆盖水平的情况下，村（居）法律顾问制度工作开展的监督重心应放在是否精准解决基层实际需求上，首先明确法律需求，然后针对性地开展公共法律服务。一是需要提高法律顾问对于法律法规熟悉程度、对当地实际情况了解程度、传播法律知识教育的能力；二要建立考核评估制度。探索法律顾问、当地政府、服务对象多元主体评价制度。对基层投诉多、责任心不强、服务质量差的村（居）法律顾问，及时启动退出机制，确保服务质量。

3. 应效仿"分级诊疗制"，探索建立农村法律诊所为基建的长效机制。传统法律诊所模式也称为诊所式法律教育制度，起源于美国。[1] 该模式是指高校法学院学生在老师的带领下，提前进入社会，为急需法律援助但没有相应经济能力的人提供免费服务，帮助他们分析法律问题，提供法律意见，解决法律纠纷。然而，现实中由高校单方努力所达成的效果较为有限，在此笔者建议对"法律诊所"进行创新改革。效仿医疗领域"分级诊疗制度"[2]，具体采取四种模式：

一是基层首诊，在村设置"法律诊所"，组成人员为高校学生（主要负责普

---

[1] 吴青玉、官玉琴：《应用型法律人才培养中援助式诊所教育实证研究——基于地方高校开展实践教学情况调研结果的思考》，载《福建广播电视大学学报》2017年第5期。
[2] 医疗领域分级诊疗制度内涵即基层首诊、双向转诊、急慢分治、上下联动。

法宣传)、村（居）法律顾问（主要负责法律专业事项办理）、村干部（主要负责调解、解析民情），针对常见家庭邻里"小纠纷"，提供细致无盲区上门免费服务，注重调解化解基层社会矛盾。二是双向转诊，在县、镇设法律服务所。组成人员主要为律师、公证员、司法行政人员等具有较高法律专业素养的工作人员，针对土地征用、宅基地征用与继承、房屋拆迁、农民工权益等相对复杂的纠纷，有序从"法律诊所"转入，注重农民权利保障与实现。三是上下联动，是指在农村公共法律服务机构之间建立分工协作机制，促进优质法治资源纵向流动，注重公共法律服务建设的均衡化发展。四是执法与普法并举，指的是"谁处理、谁普法"不仅关注个案纠纷是否解决，同时注重对于农民群众法治意识培养，了解其真实需求，教导其如何预防，"对症下药"＋"未雨绸缪"。

采取新型"法律诊所"模式，既能使学生在实践中获得律师技能，使他们日后在就业市场更具竞争力，又可在帮助农民解决具体法律问题的同时，对农民起到了法治宣传教育的作用，力图从根本上预防纠纷的日后发生，同时采取"政府补贴为主，适当有偿收费"的方式减轻政府压力，解决司法部门人手不够、律师分布不均且兼任多村法律顾问力不从心的困境。当前司法行政改革责任重大、任务艰巨，急需统筹各方力量，多措并举才能建立公共法律服务长效机制。

（三）建立农村公共法律服务互动保障机制

1. 应保障线上与线下服务平台协同发力，实现农村公共法律服务领域线上平台与线下服务的有机融合。一方面，重视线上服务的便捷性，将执法、人民法院、检察院、公安机关以及其他行政部门的可利用资源融入网络平台[1]，快捷的办理模式、便利的咨询机制可以弥补线下服务成本高、流程复杂的不足；另一方面，重视线下服务，走近群众、入户关怀，实现与群众无障碍沟通、零距离接触，对话交流方式可以有效地消解农民群众对于现代化技术的生疏感。

2. 应建立"购物篮式"农村公共法律服务工作队伍保障机制。所谓"购物篮式"是指农村公共法律服务主体视为功能各异、成效相当的各类法律商品，都装进农村公共法律服务体系之中，共同提供公共法律服务。公共法律服务的公共属性决定了政府的不可取代的主导地位，政府应当提高统筹水平，整合政府部门（司法、财政、民生、农业等）、社会机构（公证处、律师事务所、人民调解委员会、司法鉴定所等）、乡村力量（乡村权威人物、村干部等）与其他力量（政法

---

[1] 余静：《互联网＋视域下法治乡村建设的机遇、挑战及实现路径》，载《农业经济》2020年第3期。

高校、公民个人、企业等）的资源优势，倡导各类社会力量积极参与，促进社会资源与公共法律服务资源互联互通。

3. 应加强引进律师人才成为农村公共法律服务工作者，提高服务的专业性。乡镇所执业的基层法律服务工作人员仅3.3万人（截至2019年年底），为3.5万个村（居）担任法律顾问，律师共计47.3万人，办理业务1119万件，其中公益法律服务（农村公共法律服务占比一部分）总计134.8万件，为60万个村（居）担任法律顾问。[1] 由数据可知，农村公共法律服务配备人员法律专业素养整体不高，专业律师占比过低，反映出律师作为优质法律人才资源在城乡配比的严重失衡。然而，农村法律公共服务需要更多律师的参与[2]，提高服务的专业性与效率性。故而在实践中应运用市场手段和市场竞争规律，以利益激励制度吸引律师们的加入，同时，继续沿用法律援助律师值班制度，刚柔并济才能实现乡村治理的规范化。

4. 应重视高校力量，为农村公共法律服务注入新鲜血液。截至2018年，全国1237所高等院校中，开设法学院系的有634所，法学专业覆盖率达到51%。[3] 可以说我国高校法律人才输出足够为农村公共法律服务工作注入活力，法学是一门理论与实践相结合的学科，教师应当带领学生放眼于社会现实生活当中，而不是局限于课堂。深入农村进行志愿服务可以培养学生的同理心，激发对中国乡土的热爱，日后将更易保持一颗正义之心。具体实施中可探索实施支教保研[4]队伍中公共法律服务人才倾斜政策，对接受以提供农村公共法律服务为支教工作的学生予以优先考虑；实施对通过国家职业法律资格考试学生的一年实习期中增加农村公共法律服务工作时长要求；实施对律所实习生、律师助理实习期增加农村公共法律服务工作案件数要求。

5. 应建立农村公共法律服务供给多因素评估机制。乡土伦理因素的介入决定了实现公共法律服务供给均等化进程中对主观效果的评估极为重要，因而要从以

---

[1] 《2019年度律师、基层法律服务工作统计分析》，载中华人民共和国司法部官网，https://www.moj.gov.cn/pub/sfbgw/jgsz/jgszjgti/jgtjlsgzj/lsgzjtjxw/202101/t20210121_132359.html.
[2] 杨凯：《基层治理法治化需要更多优秀律师参与》，载《法制日报》2020年7月6日，第7版。
[3] 《法学专业调查报告》，载https://wenku.baidu.com/view/8280075477232f60ddcca1ea.html.
[4] 支教保研是指某些高校公开招募，选拔一批具备本校推荐免试硕士研究生资格的应届或在读研究生，到西部贫困地区基层中小学进行为期一年的支教活动，支教任务完成后，即可获得高校推免研究生入学资格。

固化的绩效指标考核为准向动态的效果考核为准转变。[1] 服务效果的评估重心应放在实效上而非只关注表面业绩，相较于业绩型评估机制而言，效果型评估机制侧重于对于公共法律服务工作开展的实效评估，反映出乡村法治建设的实际水平，更能满足农村公共法律服务供给这一社会治理问题的特有社会功能。实效测评主要考察和监督公共法律服务基础设施配套是否健全，服务人员的业务水平和服务意识是否能精准满足公众需求，农民群众接受服务的配合度、参与度、满意度。综合采用体验产品评估法（农民对公共法律服务这一产品的参与度）、满意度测评法（群众对服务的主观看法）、权重打分比较法（量化、细化各项工作为分数值）、系统数据指标法（对实事进行数据统计、确定基准线），实现农村公共法律服务供给中效率价值与长效价值的平衡。

结　语

当前我国公共法律服务供给实效在城乡间仍存在相当差距，实现农村公共法律服务均衡化，不断缩小城乡差距，需调整现有公共法律服务供给机制，整合多方主体形成服务协同机制，以政府主导统筹多种资源优势，在原有机制上探索保障农村公共法律服务可持续性发展的创新模式。同时，重视对农村公共法律服务供给机制中的价值分析考量，处理好效率价值与长效价值、规范价值与伦理价值两对矛盾，最终回归社会问题实现主体价值的目标。唯有建设出农民满意的现代农村公共法律服务体系，才能不断增强人民群众的获得感、幸福感、安全感，完成法治乡村建设，实现乡村振兴。

---

[1] 邓蔚、华子岩：《以效果为导向的法治政府建设评估模式》，载《河南财经政法大学学报》2019年第5期。

公共法律服务融入乡村治理的三重演进逻辑

黄卫东*

摘　要　公共法律服务在乡村社会治理中扮演着重要角色，推动了乡村治理的现代化进程。纵观公共法律服务融入乡村治理的历程，从供给主体视角来看，呈现由"一元主体"到"多元主体"供给服务的模式转变；从受益对象角度来看，呈现由"送法下乡"到"迎法下乡"的理念变革；从公共法律服务制度定位视角来看，呈现由"生存照顾"手段到"综合治理"手段的定位升级。

关键词　公共法律服务；乡村治理；法治乡村；公共服务

公共法律服务是满足人民日益增长的法律服务需求的一项重要民生制度，在城乡基层社会治理实践中发挥着重要作用。一般而言，公共法律服务是指由政府主导的，为满足各类主体法律服务需求而提供的各类法律设施、产品、活动或其他相关法律服务，旨在保障公民基本权利，维护公民合法权益以及实现社会公平正义。[1] 我国自逐步探索建立公共法律服务制度以来，在乡土社会中提供了包括法制宣传教育与法治文化建设、法律援助、基本法律服务、矛盾与纠纷调解等四种类型的法律服务，涉及法治宣传教育、律师、公证、法律援助、基层法律服务、司法鉴定、人民调解等事项。公共法律服务契合了乡村社会治理的现实需求，具有特定的价值属性。乡土社会中的公共法律服务具有公益性与营利性双重属性，并有涉农性、乡土性、地方性等多重特征[2]，在乡村治理中扮演着重要角色。

---

* 黄卫东，西南政法大学 2021 级宪法学与行政法学博士研究生，主要研究方向为行政法学、基层社会治理。
本文系教育部哲学社会科学研究重大课题攻关项目"全面依法治国视域下司法行政职能定位及作用发挥问题研究"（项目号：20JZD021）阶段性成果，2021 年度"西南政法大学成渝地区双城经济圈公共法律服务人才培养协同创新团队专项课题"（项目号：TDZX-2021002）资助成果。

[1] 刘炳君：《当代中国公共法律服务体系建设论纲》，载《法学论坛》2016 年第 1 期。
[2] 陈朝兵：《农村公共法律服务：内涵、特征与分类框架》，载《学习与实践》2015 年第 4 期。

乡村治理是由乡土社会内生秩序实践和外生秩序实践两部分形成的[1]，公共法律服务融入乡村治理的发展历程体现了乡土社会内生秩序和外生秩序的复杂关系。公共法律服务的"公共"属性凸显了国家的义务和责任，其融入乡村治理的过程反映了国家和乡土社会二元场域的互动。其一，从国家层面的治理需要来看，公共法律服务融入乡村治理契合了国家公权力渗透进基层社会的现实需求。人民公社制度退出历史舞台后，乡土社会以自治为主，国家层面对乡村的掌控力度在一定程度上有所削弱，公共法律服务融入乡村治理契合了国家身影逐步走向乡土社会的需要。其二，乡土社会的发展与变革，为公共法律服务融入乡村治理提供了主客观条件。随着城镇化的推进，乡村民众思想观念发生了巨大变化，民众利益诉求多元，为公共法律服务在乡土社会扎根与发展奠定了基础条件。总之，从"国家—乡土社会"二元架构中审视，公共法律服务融入乡村社会治理，契合了乡土社会发展的现实需求。虽然我国公共法律服务体系建设始于2013年，但公共法律服务在乡村治理中的实践却早已开展[2]。可以说，公共法律服务制度是伴随着我国乡村治理实践不断发展完善的，二者相互促动。过去很长一段时间内，我国治理重心在城市场域中，乡村社会治理较为粗放。进入新时代，党和国家对乡村社会治理展开了一系列顶层设计，这为公共法律服务融入新时代乡村治理提出了新的理论和实践命题。有鉴于此，本文拟依次从供给主体、受益对象、制度定位三个维度对公共法律服务融入乡村治理的演进逻辑展开梳理分析，以期有助于更好地发挥公共法律服务在新时代乡村治理中的制度效能。

一、由"单一主体"到"多元主体"供给服务的模式转变

从公共法律服务供给主体来看，乡土社会公共法律服务的供给经历了由"单一主体"向"多元主体"提供服务的转型。公共法律服务发展至今，其内涵外延虽然一直存在争议，但"公共"一词所圈定的国家义务和责任几乎少有疑问。实际上，在很长一段时间内，乡土社会的很多服务需求都是通过私主体供给完成的，比如在我国有着悠久历史渊源的人民调解制度发展早期，其调解主体多来自

---

[1] 贺雪峰：《村治的逻辑——农民行动单位的视角》，中国社会科学出版社2009年版，第2页。
[2] 比如有学者在2008年时曾对乡镇法律服务所展开研究认为，自1980年代以来，乡镇法律服务所提供的法律服务属性经历了从准公共服务到准私人服务再到社区性公共服务的变迁历程。参见陈荣卓、唐鸣：《乡镇法律服务所服务属性的变迁——农村公共服务视野下的一种阐释》，载《东南学术》2008年3期。

乡土社会内部的乡绅、贤能之人。但随着社会的发展，国家对乡土社会的关注力度不断增强，并试图嵌入乡土社会。中华人民共和国成立之后，国家政权试图嵌入乡土社会内部的尝试就未曾中断过。为此，我国推行人民公社制度，瓦解乡绅治村的传统，让接受过革命洗礼的、对党忠诚的人员进入乡土社会开展乡村治理。公共法律服务融入乡村治理的过程也包含了国家权力嵌入乡土社会的意蕴。因而，早期乡土社会中的公共法律服务供给更多的是在政府全面主导下开展的，政府是公共法律服务的直接供给主体，这是一种单一主体供给服务的模式。其中，司法行政机关是政府提供公共法律服务的重要力量，承担着大量公共法律服务职责，比如基层司法所、法律服务所及其工作人员开展的法律咨询、法律援助活动，以及司法行政机关指派律师提供法律服务等工作。总之，早期乡土社会中的公共法律服务主要是在政府主导下开展的，其他私主体提供的法律服务逐渐退场或者被国家吸纳，比如曾在乡土社会中存在的"赤脚律师"等群体，即面临合法性质疑而逐渐在乡土社会隐退。公共法律服务单一主体供给模式下，政府更多扮演着管理者角色，自上而下供给服务，着力推动国家权力深入乡土社会，对乡村社会治理更多采用了家长式的、强制性的管理手段，社会力量参与力度不足。政府为乡村供给公共服务产品时，对社会具有较强控制力，这种服务实质上并非建立在双方平等的基础上，未能有效鼓励公民自身成为自我管理的主体，也未能有效促成行业组织成为行业自律的典型范式。[1] 这种供给模式下，国家治理规模和负荷较重，且欠缺"民众"视野，未能很好地站在乡土社会及其民众的需求角度考量公共法律服务产品供给。

随着乡土社会公共法律服务需求的增多，完全借由正式政府组织完成公共法律服务供给的模式已经独木难支。同时，随着公私合作行政理念兴起以及公私合作治理模式的开展，传统行政法发生整体性变革[2]，越来越多的社会力量参与到行政任务的履行中。于是，在一些经济比较发达的地区出现了政府购买公共法律服务的现象，政府不再完全直接供给服务，而是通过购买的方式让律师事务所等主体承接公共法律服务。政府购买公共法律服务意味着公共法律服务模式的转变，其他主体进入公共法律服务供给体系中。在我国，政府购买公共服务模式始于20世纪90年代的上海。随后，政府购买公共服务的范围不断扩大，逐渐扩展

---

[1] 蒋银华：《政府角色型塑与公共法律服务体系构建——从"统治行政"到"服务行政"》，载《法学评论》2016年第3期。
[2] 章志远：《迈向公私合作型行政法》，载《法学研究》2019年第2期。

至"法律服务"项目。[1] 自2013年广东省将"法律服务"项目列入政府集中采购目录中伊始，浙江、上海、江苏、山东、安徽、湖南等地紧随其后，对政府购买法律服务作出规定。比如，山东省出台办法将法律援助、人民调解、社区矫正、安置帮教、法律服务等事项明确纳入政府购买服务内容，江苏多地也明确将公共法律服务列入采购目录中。[2] 政府购买公共法律服务能够充分利用社会力量丰富法律服务产品的类型、弥补政府自身法律资源供给能力的不足。同时，能有效化解"更多的政府服务和更小的政府规模"之间的矛盾。[3] 现代社会的快速发展决定了政府直接包揽所有公共法律服务不具有现实性，通过政府购买的方式提供公共法律服务是重要的保障渠道。我国乡村地区面积广大，群众数量众多，从法律服务资源的需求范围和广度等现实情况考虑，政府购买公共法律服务是其履行职能的一种重要方式，且日益占据着越来越多的比重。

政府购买公共法律服务如火如荼开展的同时，其存在的问题也一定程度上影响着公共法律服务的质量。一方面，政府在公共法律服务产品购买过程中处于主导地位，部分政府的购买行为产生异化，契约合作精神并未得到很好的落实，承接法律服务的市场主场、社会力量的独立性受到政府限制。此外，政府主导下的服务质量考评体系不健全等因素也造成法律服务"内卷"问题[4]。政府购买公共服务，引入市场主体、社会力量参与服务供给，理论上能够降低政府成本、提高服务质量及效率，但实践中的异化表现影响了公共法律服务的质量。另一方面，实践中存在服务承接者资质不清、市场竞争性不足等问题，也削弱了公共法律服务质量。[5] 对此，2020年出台的《司法部 财政部关于建立健全政府购买法律服务机制的意见》，进一步规范政府购买公共法律服务机制。《法治社会建设实施纲要（2020—2025年）》也指出要完善政府购买公共服务机制，其中包含对新时代政府购买公共法律服务机制完善的要求。

此外，公共法律服务制度发展至今，除政府自身作为公共法律服务的直接提供主体、履职主体，以及政府作为提供主体、其他主体作为服务承接主体之外，

---

[1] 方世荣、付鉴宇：《论法治社会建设中的政府购买公共法律服务》，载《云南社会科学》2021年第3期。

[2] 张怡歌：《政府购买公共法律服务的异化与法治化破解》，载《法学杂志》2019年第2期。

[3] 方世荣、付鉴宇：《论法治社会建设中的政府购买公共法律服务》，载《云南社会科学》2021年第3期。

[4] 张怡歌：《政府购买公共法律服务的异化与法治化破解》，载《法学杂志》2019年第2期。

[5] 李丹萍：《政府公共服务外包承包者选择的法律规制研究》，载《广西社会科学》2019年第4期。

公共法律服务的供给主体正逐渐朝向多元化发展，目前正经历由政府主导到市场主体参与，再到其他内生性主体参与供给服务的变化。2007年开始的"法律明白人"培养机制便是很好的印证。党的十八大以来，党和国家对乡村"法律明白人"的顶层设计力度不断强化。2019年中共中央办公厅、国务院办公厅印发的《关于加强和改进乡村治理的指导意见》指出"实施农村'法律明白人'培养工程，培育一批以村干部、人民调解员为重点的'法治带头人'"。2021年印发的《关于加快推进乡村人才振兴的意见》要求"以村干部、村妇联执委、人民调解员、网格员、村民小组长、退役军人等为重点，加快培育'法律明白人'"。中央宣传部、司法部、民政部等部门于2021年11月联合印发《乡村"法律明白人"培养工作规范（试行）》，着力培养一支群众身边的普法依法治理工作队伍，为实施乡村振兴战略、推进法治乡村建设提供基层法治人才保障。乡村"法律明白人"旨在培养具有较好法治素质和一定法律知识，积极参与法治实践，能够发挥示范带头作用的村民。该培养机制的布局预示着公共法律服务"内生"机制的生成，也揭示了当下我国公共法律服务供给主体的多元化发展趋势。乡村公共法律服务的供给主体包含司法所、基层法律服务所（站）、法律援助机构、人民调解组织等特定司法组织及其法律工作者。同时，市场主体、乡村群众自身以及其他社会力量正逐渐成为公共法律服务的供给方，这种变化趋势适应了权力的结构性转移的现实，同时迎合了民众的内在需求。

二、由"送法下乡"到"迎法下乡"的理念变革

乡土社会中公共法律服务的主要受益对象是乡村民众，公共法律服务立足于受益对象视角，融入乡村治理体现了由"送法下乡"到"迎法下乡"的理念变革。自古以来，中央和地方的关系就是统治者所必须考量的现实问题。乡村社会属于集中度较低的生产生活区域，在古代中国，"皇权不下县，县下惟宗族，宗族皆自治"是理论界的主流观点，乡绅、地主等阶层在传统乡土社会治理中起着决定性作用。新中国成立以来，我国乡村治理经历了"政权下乡""政社合一"以及改革后的"乡政村治"等发展阶段，并通过税费改革等一系列制度措施推动乡村治理转型。[1] 这是国家权力在乡村场域中一定程度的退场，为乡村的民主、自治创造了条件，但基层自治并不意味着国家权力在乡土社会全然退场。相反，

---

[1] 易外庚、方芳、程秀敏：《重大疫情防控中社区治理有效性观察与思考》，载《江西社会科学》2020年第3期。

国家权力以更为柔和的方式融入乡村社会治理，始于20世纪80年代的以公共法律服务供给为主要内容的"送法下乡"活动便是国家权力深入乡土社会的另一种途径。该活动曾在国内引起广泛讨论，论点涉及法律移植与本土资源、法律的现代性和地方性、国家法和民间法等领域。1986年以来，我国政府主要通过数次五年普法规划以及年度计划开展普法宣传、法制教育等活动，以促动"送法下乡"目的的达成，强化乡村社会的法治氛围。基层群众自治制度确立以来，"送法下乡"范式在传统的熟人社会中承担重要任务，在这种自上而下的法治实践中，乡村民众更多地扮演着国家权力规训客体的角色，被动地接受法律实践，国家法试图冲破乡土社会中原有的以民间法、道德、礼仪、习俗等构成的规范秩序，实现法治下沉，这是"使国家权力意求的秩序得以贯彻落实的一种努力"[1]。但彼时的乡土社会对国家法的需求力度有限，"送法下乡"存在受众主动性、积极性不高的尴尬境遇。在"送法下乡"的过程中，由于各个区域之间的差异，村庄经济社会分化程度和村庄社会结构的不同，公共法律服务融入乡村社会治理的效果也存在差异，服务质量参差不齐。

一方面，自上而下供给公共法律服务过程中，监督救济机制不健全，容易出现科层消耗，降低公共法律服务质量。比如在农村普法方面，农业税费改革后，地方存在不同程度的财政压力，基层干部普法时缩短时间，减少内容，或者进行"形式主义"普法，马虎了事，影响普法实效。[2]

另一方面，民众法治意识不足，使公共法律服务融入乡村治理过程中出现社会消耗，降低服务质量。比如部分民众在化解争议或者分歧时缺乏法治意识，试图规避国家法或者通过"钻法律空子"获益，影响乡村法治生态。当然，随着城镇化的深入推进以及农村税费制改革的推行，传统熟人社会和礼俗秩序受到冲击，乡村民众对法律的需求力度不断增加，"迎法下乡"具备现实可能性，乡村群众转变为具有主动性、积极性的法律实践主体。[3] 同时，我国乡村建设取得的巨大成就也为"迎法下乡"提供了物质保障，公共法律服务体系建设等重要工作的推进也为民众知法用法提供了便利。[4] 总体而言，从乡土社会中公共法律服

---

[1] 苏力：《送法下乡：中国基层司法制度研究》，北京大学出版社2011年版，第23页。
[2] 张丽琴：《从国家主导到草根需求：对"法律下乡"两种模式的分析》，载《河北法学》2013年第2期。
[3] 郭星华、邢朝国：《从送法下乡到理性选择——乡土社会的法律实践》，载《黑龙江社会科学》2010年第1期。
[4] 陈柏峰：《送法下乡与现代国家建构》，载《求索》2022年第1期。

务的主要受益对象视角出发，公共法律服务融入乡村治理经历了由"送法下乡"到"迎法下乡"的理念变革。

其一，这种理念变革反映了乡村自治秩序同公共法律服务所代表的国家秩序间的冲突与博弈。公共法律服务融入乡村治理过程中，面对政府全面主导的公共法律服务供给，乡土社会中的自治秩序同公共法律服务之间产生了一系列互动与博弈。苏力在《法治及其本土资源》一书中曾谈到，由于政府当时尚不能够为农村提供足够的或对路的法律服务来维持乡土秩序，因而当时的乡村在一定程度上、一定领域内是超脱国家法控制的。[1] 这一现象在一段时间内将持续存在。21世纪初，贺雪峰曾在调研笔记中谈道："自上而下的司法系统对农民来说仍然太贵，而纯民间的传统调解系统，大多不能指望，农民可以指望的，也就只有韩德强说的村组干部这个最廉价的司法系统了。"[2] 另外，就律师供给法律服务而言，彼时也存在不小的障碍，"律师这个成本高昂的调解人也出来替代政治的和传统的调解人，农民之间的社会交易成本增加了"[3]。足见，乡村自治秩序在彼时的乡土社会中还有很大的需求空间，生存土壤较为丰厚，契合了当时的社会发展现状。国家层面通过"送法下乡"、法治宣传等工作提供公共法律服务，但却面临着乡土社会内生秩序的对抗，产生了新的"秋菊"和"山杠爷"。比如，鲁西地区曾出现过让地方政府头疼、让当地百姓称快、让新闻媒体追逐、让学界人士惊讶的"周广立现象"[4]。但随着乡村的不断发展，乡村民众的思想也逐步发生转变，民众不再单一地依靠乡土内生秩序解决问题，而是开始寻求法律途径解决问题、诉诸诉讼手段化解争议，传统的"饿死不做贼、冤死不告官"理念发生改变，公共法律服务以往单一的供给主体、相对单一的产品供给也不再契合乡

---

[1] 苏力：《法治及其本土资源》，北京大学出版社2015年版，第33页。
[2] 贺雪峰：《新乡土中国：转型期乡村社会调查笔记》，广西师范大学出版社2003年版，第80—81页。
[3] 贺雪峰：《新乡土中国：转型期乡村社会调查笔记》，广西师范大学出版社2003年版，第123页。
[4] 周广立现象：自1995年9月至2005年12月，阳谷县周广立创造出了一个让地方政府头疼、让当地百姓称快、让新闻媒体追逐、让学界人士惊讶的"周广立现象"。在周广立的影响下，以阳谷县为核心的周边地区已经初步形成了一个赤脚律师网络，一股乡民自发地学法用法的热浪正在鲁西地区悄然兴起。这个赤脚律师网络的兴起在乡村大大拓展了法律服务市场的边疆。但由于国家对乡村社会的治理方式与乡村社会自生自发的利益表达方式之间存在着冲突，所以，以周立广为代表的赤脚律师们面临着一些深层次的困惑，也即所谓"周广立式的困惑"。参见应星：《"迎法入乡"与"接近正义"——对中国乡村"赤脚律师"的个案研究》，载《政法论坛》2007年第1期。

村社会治理的发展趋势，群众一方面有迎接公共法律服务的客观需求，另一方面也希望提供自己主观所需的、个性化的公共法律服务产品。

其二，这种理念变革体现了国家法的逐步祛魅与民众的理性选择。一方面，在公共法律服务融入乡村治理过程中，为有效适应乡土社会实践，国家法不再过分强调法律移植，而是更多地融入了中国本土基因，逐步祛魅，比如人民调解立法、乡规民约入法、社会主义核心价值观入法等，乡土民众不再对国家法敬而远之，开始主动"拿起法律的武器"。徐勇曾对20世纪90年代末期，村民对违法选举行为上访明显增多这一现象展开研究，并认为1998年后，党和国家对村民自治的重视，加强立法和立法宣传工作，群众掌握了国家政策和法律制度，让许多在1998年之前被看作"自然现象"，实则"不正常"的一些现象受到民众质疑和挑战，村民上访上告增多。[1] 国家法在乡土社会的逐步突围，民众法治意识获得有效提升，公共法律服务所取得的成效得到进一步彰显。另一方面，公共法律服务在乡土社会治理中的成功突破也基于乡土民众利益诉求逐步多元、矛盾纠纷多元的现实。民众多元化的利益诉求使民众不得不寻求新的纠纷化解方式，来维护自身的合法权益。换言之，"迎法下乡"是民众的理性选择，法律服务需求的增加激发了乡村民众对公共法律服务的接受度。虽然个体对法律服务需求存在差异，但传统的礼俗秩序确已难以全面维系乡土社会有效运转，公共法律服务需求增多成为必然。每个人都是自我利益的最佳判断者和实现者[2]，在乡土社会中，个体"迎法下乡"的原因多种多样，或为化解邻里纠纷，或为保障合法权益，但最终指向都是"迎法下乡"范式的到来。当然，民众理性选择公共法律服务过程中，钻"法律空子"获益[3]、占国家便宜[4]等现象或心理依然存在。同时，部分民众对公共法律服务保有的热情逐渐消退、疏远法律的情形也在一些乡村法治

---

[1] 徐勇：《乡村治理与中国政治》，中国社会科学出版社2003年版，第24页。
[2] 张晓燕：《公法视野中的自治理性》，复旦大学出版社2015年版，第39页。
[3] 比如在一些资源型乡村地区（煤、石油、天然气等资源丰富的地区），基层群众集体决议过程中，存在多数人通过表决分割少数人合法利益的现象，这种看似民主的方式实则是民主原则的异化，产生了"多数人暴政"。参见黄卫东：《西北地区乡村产业兴旺的法律供给——基于陕西省的调研》，载《天水行政学院学报》2020年第4期。
[4] 费孝通在《乡土中国》一书中曾指出"一说到公家的，差不多就是说大家可以占一点便宜的意思，有权利而没有义务了"。参见费孝通：《乡土中国》，长江文艺出版社2019年版，第23页。时隔半个多世纪，乡土社会民众占国家便宜的心理仍旧存在。比如贺雪峰在《监督下乡：中国乡村治理现代化研究》一书中就指出，民众占取国家便宜时，规制手段欠缺，存在"不占白不占"的心理。参见贺雪峰：《监督下乡：中国乡村治理现代化研究》，江西教育出版社2021年版，第194—196页。

实践中凸显[1]。这些现象反映出当前乡土民众对公共法律服务的欢迎与接受是一种有限的、残缺的理性选择，是公共法律服务融入乡村治理不完善的表现，法治理念并未完全深入人心，离法治意义上、乡村治理现代化意义上的"迎法下乡"还存在距离。

三、由"生存照顾"手段到"综合治理"手段的定位升级

公共法律服务制度起源于西方，是公共服务的重要组成部分。作为一种行政给付行为，通常认为公共服务是以"生存照顾"为主要目的的授益行为。因为，随着社会的发展，社会的整合度越来越高，人与人之间的联系日益密切，传统农业社会中自给自足的状态已经不能够适应现代社会的发展。个人的生存必须依靠社会团体以及国家提供的生存所需要的物资和服务，体现出个人生存由"自力负责"到"集体负责"，再到"政治负责"的转变逻辑。这种逻辑变换是德国行政法大师福斯多夫"生存照顾"理论的起始点，其中，人们生存所依赖的公共服务的妥善解决是"生存照顾"理念的集中体现[2] 现代社会的公共服务理念正在向激励并促进个人和社会全面发展的方向转变，它要求建立面向广泛社会成员的、全方位的公共服务法律体系[3] 从公共法律服务制度的定位及发展历程来看，其供给主体逐步多元化的同时，也开启了从传统意义上的"生存照顾"手段到"综合治理"手段的定位升级之路。

在我国，公共法律服务制度开端于20世纪80年代，主要在广东、福建等沿海地区先行探索开展[4]，20世纪90年代中期，我国首家法律援助机构由政府建立[5]，公共法律服务制度进一步发展。这是由于村民自治制度实施以来，基层政权在乡土社会一定程度上"选择性退出"，同时也在一定方面"选择性介入"。人民公社制度废除初期，基层政权退出了对乡村社会公共基础设施、社会治安等公共服务的提供，一定程度上影响了农村社会秩序。为有效开展乡村社会治理，各种公共法律服务项目便陆续在基层社会中实践开来，司法所、法律服务所（站）等专门的法律机构延伸到乡村，乡镇设立巡回法庭、派出法庭开展"送法

---

[1] 杨子潇：《由"迎法下乡"遇冷看农民法律意识的生成机制》，载《求索》2022年第1期。
[2] 喻少如：《行政给付制度研究》，人民出版社2011年版，第33—34页。
[3] 陈云良、寻健：《构建公共服务法律体系的理论逻辑及现实展开》，载《法学研究》2019年第3期。
[4] 胡晓军：《我国基层法律服务的定位与发展研究》，载《中国司法》2014年第7期。
[5] 廖常英：《构建公益性法律服务体系的几点思考》，载《法治论坛》2009年第1期。

下乡"活动，村委会设立人民调解委员会开展人民调解工作等。此时的公共法律服务更多是在政府家长式的主导下进行的，产品供给相对单一，服务内容也相对简单，更多体现了其作为"生存照顾"手段的制度定位，也尚未引起理论界和实务界的过多关注。

进入21世纪，司法部先后发布多部办法规范基层法律服务工作的开展。随后，公共法律服务在实践中逐渐发展，但起初仍未引起太多关注。直到2011年，随着江苏省公共法律服务的"太仓模式"映入公众眼帘，"公共法律服务"才在国内被系统提出。2011年年底，太仓市委十二届三次全体扩大会议确定要"加快建设市法律服务中心，努力构建覆盖城乡的公共法律服务体系"。2012年11月，江苏省司法厅提出加快建设具有江苏特色的公共法律服务体系建设之路。而后《法制日报》（现已更名为《法治日报》）报道了太仓市公共法律服务体系建设经验，"公共法律服务"的概念在全国范围内迅速推广。[1] 不久，公共法律服务的"太仓模式"得到普遍认可和推广。"太仓模式"的成功同经济社会发展具有很大关联。彼时，太仓经济快速发展的同时，各种社会矛盾相伴而生，维护社会稳定，促进经济发展是当时的重要任务，对公共法律服务的需求达到前所未有的高度。于是，通过提供公共法律服务为城乡居民了解法律、化解纠纷、保障合法权益的法治方式成为主流渠道。[2] 2014年司法部发布《关于推进公共法律服务体系建设的意见》并对"公共法律服务"概念进行界定。党的十八届四中全会首次在党中央层面使用"公共法律服务"表述。随后，《中共中央 国务院关于加强和完善城乡社区治理的意见》《中共中央关于坚持和完善中国特色社会主义制度 推进国家治理体系和治理能力现代化若干重大问题的决定》《中共中央 国务院关于加强基层治理体系和治理能力现代化建设的意见》等党和国家文件明确规定要从治理现代化的角度完善基层公共法律服务体系。

由此观之，公共法律服务不再仅仅作为一种满足"生存照顾"需要的行政给付行为，在我国顶层设计中更是将其视为一种基层社会治理的手段。社会治理不同于社会管理，社会治理是多元主体的共同治理，提前预防、化解社会治理矛盾与危机是社会治理的最高境界。[3] 公共法律服务在推动"预防式管控"方面具

---

[1] 王国其：《构建公共法律服务体系是太仓现代化建设重要方面》，载《法制日报》2013年8月22日，第12版。
[2] 顾潇军：《新时代公共法律服务均等化"太仓模式"改革与发展前瞻》，载《中国司法》2018年第5期。
[3] 黄文艺：《新时代政法改革论纲》，载《中国法学》2019年第4期。

有重要作用，比如村（居）法律顾问制度在推动矛盾纠纷预防与化解，加强公共安全风险监测预警等方面具有诸多益处。有"东方智慧"之称的人民调解制度在预防化解社会矛盾、修复社会关系方面发挥了巨大作用，是政府治理基层社会的强有力"润滑剂"。随着实践的不断发展，融合了法律援助、法律咨询和司法调解、司法公证及司法鉴定等事项的公共法律服务体系不断构建完善。理论研究中，也有学者认为要将行政信访也纳入公共法律服务体系当中，将其定位为公共法律服务的特定供给。[1] 循此，公共法律服务制度逐步由"生存照顾"手段迈向"综合治理"手段，这种定位升级凸显了党和国家对公共法律服务在基层社会治理中重要地位的肯定。

四、结　语

从供给主体、受益对象以及制度定位三重维度来看，公共法律服务融入乡村治理分别呈现出主体由一元到多元的发展态势、由国家"送法下乡"到受益对象主动"迎法下乡"的改变，以及公共法律服务制度本身由传统的"生存照顾"手段到"综合治理"手段的转型升级。公共法律服务在乡土社会治理场域中的发展演进历程表明，公共法律服务制度随着乡村治理深度与广度的不断拓展而发展完善，二者相互促进。一方面，公共法律服务推动了乡土社会善治；另一方面，乡村治理实践的发展也倒逼和促进了公共法律服务制度变革与调试。本文仅立足不同维度对公共法律服务融入乡村治理的发展逻辑作了梳理分析，尝试为公共法律服务更好地融入新时代乡村治理提供一定的理论积淀。党的十八大以来，中国特色社会主义进入新时代，党和国家对乡村社会的关注力度进一步加强。乡村振兴战略、法治乡村建设等一系列布局为乡村治理注入了新的活力，同时也对乡村治理体系和格局提出了更高要求。在实现第二个百年奋斗目标新征程中，公共法律服务融入新时代乡村治理需要契合乡村政治、自治、法治、德治、智治的"五治"要求，以适应乡土社会的发展变化。对这一时代课题，有待进一步深入研究。

---

[1] 廖原：《行政信访的法治定位——以公共法律服务体系建构为视角》，载《信访与社会矛盾问题研究》2017年第5期。

美国公共法律服务制度形成及其困境应对
——兼评对我国公共法律服务建设的启示

侯嘉淳*

摘　要　美国公共服务制度分为刑事领域和民事领域两个独立的体系，经过多年的制度建构和实践发展形成一套较为系统的公共法律服务制度。从规范上看，美国的公共法律服务制度主要由《经济机会法》《法律服务公司法》以及美国律师协会制定的《专业行为示范规则》构成。从组织上看，确保美国的公共法律服务制度运作的包括国家层面、行业层面、教育机构以及民间机构等不同形态的组织。在公共法律服务制度形成过程中，面临着对私人执业者的经济威胁、对法律援助的忠诚度质疑、利益冲突等问题。通过对美国公共法律服务制度形成及其困境应对的研究，可对我国公共法律服务制度建设提供参考。

关键词　公共法律服务；规范保障；组织保障；比较法

引　言

建设法律服务体系是推进全面依法治国、实现国家治理体系和治理能力现代化的必然要求，也是更好地满足人民群众对法律服务的迫切需要和深入推进司法行政改革、更好地发挥司法行政职能作用的重要抓手。随着公证申请、法律援助、司法鉴定、人民调解、社区矫正等一系列司法行政事务被归入司法行政机关的管理范围，"公共法律服务"作为公共服务体系的有机组成部分，逐渐形成了一种有机的制度体系。从 2014 年 10 月党的十八届四中全会提出"推进公共法律服务体系建设"开始，公共法律服务制度构建和制度实践得到中央和地方各级政府的高度重视。2019 年 7 月中共中央办公厅、国务院办公厅印发了《关于加快推进公共法律服务体系建设的意见》，明确提出"到 2022 年，基本形成覆盖城乡、便捷高效、均等普惠的现代公共法律服务体系"。2021 年 1 月，中共中央办公厅印发了《法治中国建设规划（2020—2025 年）》，提出到 2022 年基本形成覆盖城

---

* 侯嘉淳，东南大学法学院 2019 级博士研究生，研究方向为行政法。

乡、便捷高效、均等普惠的现代公共法律服务体系。

如何满足广大人民群众的法律服务需要，是公共法律服务建设的核心问题。狄骥提出，公法上主权理论已经破产，主权概念已经为公共服务的观念所取代。[1] 服务是现代政府职能的重要内容和发展趋势。公共服务，是指为社会公众提供的、能公平享有的服务，核心是满足社会公共需求，体现了机会均等、共享发展的价值追求。[2] 当前，我国公共法律服务建设仍处在制度探索的阶段。而欧美等发达国家对公共法律服务制度建设时间较早，已经形成相对完备的制度体系，值得我国借鉴。美国在公共法律服务建设上，基于"为贫困群体提供平等的诉诸司法的机会"的目标，建立了公共法律服务制度，逐步实现了公共法律服务"均等普惠"的价值追求。通过比较法的研究，考察域外公共法律服务建设的制度发展与实践经验，可为我国公共法律服务制度建设提供参考。

一、美国公共法律服务制度的基本概述

美国公共法律服务体系的构建发轫于19世纪，其特点可概括为兼顾公平与效率、注重市场参与。政府在提供公共法律服务项目时引入了市场机制，通过招投标等市场竞争方式选择公共法律服务提供者。此外，非政府组织和志愿服务者也是美国公共法律服务体系的重要组成部分，政府设立专门机构对其加以引导与支持，资助其参与的公共法律服务项目。在美国，公共法律服务制度可以分为刑事领域和民事领域两个独立体系。

（一）刑事领域的公共法律服务制度

一般而言，刑事领域的公共法律服务制度通常又称为法律援助制度。美国宪法第六修正案规定了被控有罪的人有权获得律师辩护。在刑法方面，美国最高法院的判决扩大了被告的权利，并确立了在所有重罪案件中被告人获得政府免费提供律师辩护的权利。[3] 在联邦、州和地方各级，通过委派公设辩护人、组织指定的律师或者扩展其他法律服务项目，来实现对贫困群体的法律援助。

刑事领域的公共法律服务主要在诉讼阶段。在美国刑事领域的法律援助中，主要有指派律师项目、合同律师项目、公设辩护人项目以及免费公益性法律服务

---

[1] [法] 莱昂·狄骥：《公法的变迁》，郑戈、冷静译，商务印书馆2018年版：第40—47页。
[2] 柳玉祥：《以均等普惠为目标 推进覆盖城乡的公共法律服务体系建设》，载《中国司法》2017年第8期。
[3] See Gideon v. Wainwright (1963); Argersinger v. Hamlin (1972).

等法律援助的方式。[1] 具体而言，指派律师是指刑事法官直接从愿意从事此项辩护业务的律师当中直接指定；合同律师项目则是依托政府与律师事务所或个人签订的法律援助合同当中挑选辩护律师；公设辩护人则是志愿于公共法律服务的非营利组织中的律师；免费公益法律服务则来源于律师协会的行业准则要求。

（二）民事领域的志愿法律服务制度

与刑事领域的法律援助制度不同，民事领域的志愿法律服务制度并不是基于公民基本权利保障而建立的。政府支持民事领域的志愿法律服务，主要来自其公共服务的政府职能，以及福利国家背景下行政给付扩张的现实要求。20世纪60年代，美国社会动荡，美国前总统林登·约翰逊（Lyndon Johnson）开展了著名的"消除贫困战争"行动。在这项行动中，联邦政府建立了公共法律服务项目，开始对贫困群体在民事领域提供公益的志愿法律服务。但是，大多数民事案件被限定在特定类型。譬如，离婚和儿童监护、社会保障和对有抚养子女的家庭的援助等家庭纠纷案件、合同违约、追收债务等财产案件，还有汽车事故和医疗事故等人身伤害案件。

为进一步发展民事领域的公共法律服务，美国联邦政府成立了专门的法律服务公司，不断提高为贫困群体提供公益法律服务的质量。随着技术的发展，法律服务公司通过咨询热线、网络平台问答等形式提供民事领域的公共法律服务逐渐增多。

二、美国公共法律服务的制度规范

（一）《经济机会法》构建的OEO法律服务计划

1964年，美国前总统林登·约翰逊的"消除贫困战争"行动的一项目标被制定为法律，即《经济机会法》。[2] 法律服务是在该法第二章的总授权下启动的，该法律创建了由经济机会办公室（OEO）协调的社区行动计划。在总统经济办公室的主持下，OEO负责运营一些反贫困计划以及其他协调计划。在1966年，《经济机会法》修正案获得通过，根据法律的授权，美国联邦政府制定了公共法律服务计划方案。

1. 基本理念。首先，该方案基于这样一个观念，即司法制度应当保障贫困群体，使其获得与有能力支付律师费的人对等的法律服务。其次，贫困群体的代理

---

[1] 宫晓冰：《外国法律援助制度简介》，中国检察出版社2003年版，第145页。
[2] *Economic Opportunity Act of* 1964, Pub. L. No. 88-452, 78 Stat. 508 (codified at 42 U. S. C. §§2701-2981 (1964)）

律师应具有独立性,并且不受外界影响。最后,法律服务计划在处理有争议的案件时,应该具有独立性与自主性。[1] 制订这一计划的领导者,最初只将法律服务计划的功能设想为消除贫困战争中使用的众多资源之一,但法律人士对此存在不同的看法,并积极推动其朝向独立公共法律服务制度发展。公共法律服务计划并不是要成为消除贫困的灵丹妙药,而是强调律师在减轻贫困中可以发挥特殊作用。[2]

1969年,公共法律服务计划的主导机构被重新调整。尼克松总统任命法律服务办公室主任为OEO的副主任,直接负责社区行动计划。这种组织上的变化将法律服务确立为OEO中的一个明确的独立实体。[3] 正如最初设想的那样,OEO计划在律师的帮助下挑战造成"贫困循环"的制度,并最终消除贫困。公共法律服务计划旨在保障贫困群体的利益,不仅通过在法庭上的援助律师来帮助贫困群体,还包括帮助他们为自己的利益争取修改法律的努力。[4]

2. 总体目标。该法律服务计划方案的五项总体目标是:分配资金为贫困群体提供法律顾问的社区方案;积累有关法律服务提案中的实验和创新的经验数据,找到最有效保障贫困群体权利的方法;赞助影响贫困群体的程序法和实体法领域的教育和研究,并组织相关人员了解其在消除贫困中的重要作用;教育贫困群体认识到法律可以更好地解决问题。该计划的任务之一是将客户群体对法律服务计划的内容和意见纳入其中,希望贫困群体参与到公共法律服务计划之中。基于群众的参与,当地社区可以对贫困群体的法律服务诉求进行准确的评估,并帮助贫困群体恢复尊严和自我价值感。该方案还强调了各种法律改革途径,以实现对贫困群体生活的持久性改善。社区教育也是该计划内容之一,其鼓励社区成员充分利用各项资源学习法律知识。该方案还提出,要为那些请不起私人律师的贫困人民提供法律咨询和代理,以"促进贫困者的正义事业"。

3. 运作模式。OEO意识到无法获得法律服务可能是贫困群体实现平等发展

---

[1] *For a general description of the OEO Legal Services program*, Law Reform and the Legal Services Crisis, 59 CALIF. L. REV. 1 (1971).

[2] Carlin & Howard, *Legal Representation and Class Justice*, 12 U. C. L. A. L. REV. 381, 437 (1965).

[3] See Statement by the President Outlining Changes in the Office of Economic Opportunity's Structure and Operating Procedures, 5 WKLY. COMP. PRES. Doc. 1132, 1135 (Aug. 11, 1969).

[4] Lowenstein & Waggoner, *Neighborhood Law Offices: The New Waue in Legal Services for the Poor*, 80 HARV. L. REV. 807 (1967)

权的主要障碍，因而为此类服务的计划提供资金。[1] OEO 是现有的法律援助组织、律师协会团体、法学院和私人律师团体的资金来源，这些团体在 OEO 定义的法律服务计划下为当地社区服务。OEO 并未颁布法律服务计划的特定标准模式，而是希望当地社区能够主动制订计划，以满足其特殊需求。这种模糊的政策准则和标准最终导致该计划出现许多问题。[2]

《经济机会法》要求"制订、实施和管理社区行动计划（从中产生法律服务），并在该地区的居民和所服务的群体成员的最大范围参与下进行"。该规定强调了贫困群体的可及性和参与性。这意味着应当确保贫困人员在法律服务计划的决策委员会中任职，以便使这一群体能够在社区发声，并寻求最适合自己的服务活动类型。《经济机会法》旨在使贫困群体能够自力更生，并增强他们对法律的信任和尊重。代表贫困人员的董事会成员自己不一定贫穷，但他们必须能做到真正地代表需要帮助的居民和团体。该方案中的非法律职位应由该地区的居民或所服务的团体的成员填补。

4. 服务对象。OEO 计划强调，贫困群体必须获得与非贫困群体相同的法律援助种类和程度。低收入群体在传统上被认为难以获取律师的帮助。一方面，他们很少寻求外部社区资源的帮助；另一方面，贫困群体面临的法律纠纷大多为劳工纠纷、房屋租赁纠纷等类型，律师很少愿意花大量时间在贫困群体的案件上，因为这些案件的利润很低。如果贫困群体要获得与非贫困群体同等的服务，就必须满足他们面临的现实需求。但是，贫困群体的法律服务需求在传统上是被法律界所忽视的。基于此，法律服务计划应涵盖各种案件，增加与贫困群体相关纠纷的法律服务项目，并明确通过这些计划获得援助资格者仅限于那些无力支付律师费用的人。

总审计署（GAO）曾对 8 名法律服务计划受助人和 19 份评估报告进行了审查研究，结果发现，受助人在向贫困群体提供个性化法律服务方面总体上是有效的。包括住房、家庭关系、行政事务、消费者事务和公平就业等领域的案件。[3] GAO 发现，公共服务计划面临的主要问题是缺乏政策指导方针、统计数据、资格标准和目标，造成了公共法律服务群体泛化的现象。公共法律服务计划仅要求，

---

[1] Brewster, Daniel B. *Legal Services to the Poor: An Opportunity for Public Service.* Student Lawyer Journal, Vol. 11, No. 7, June 1966, p. 17-18.

[2] Office of economic opportunity, guideijnes for legal services programs (1967).

[3] Hee, Joyce E. *Community Law: An Alternative Approach to Public Legal Services*, Santa Clara Law Review, Vol. 18, No. 4, 1978, p. 1066.

将有能力支付法律服务费用的人与没有能力支付法律服务的人分开。法律事务厅既没有规定谁应负责在地方层面制定支付能力的标准，也没有规定如何提供家庭的收入资产和负债等具体标准来确定其是否符合公共法律服务对象的范围。

（二）《法律服务公司法》下的独立法律服务公司

早在1969年，总统行政组织执行咨询委员会（Ash Council）就提倡在独立的非营利性公司的主持下开展公共法律服务。曾有人建议，法律服务计划必须保持中立，交由第三方公司运作。通过独立且免费的法律援助有助于最大程度地减少社区在种族和社会问题上的紧张局势。另外，理事会建议该计划应独立于联邦政府之外运营，以避免可能发生的利益冲突。

1974年7月25日美国通过了《法律服务公司法》，将哥伦比亚特区的一家私人非营利性公司确立为法律服务公司（LSCA）。该公司是一家独立的、无党派的、公立的公司，由总统任命并经国会批准的委员会管理。《法律服务公司法》的制度概要如下：(1) 保障司法系统的各主体地位均衡；(2) 向贫困群体提供法律服务，继续执行现有的法律服务计划；(3) 提供的法律协助应以最有利于司法公正为目标；(4) 提升公民对法律的信仰；(5) 避免政治干扰，确保程序正义；(6) 律师必须根据职业责任守则、道德规范和法律专业标准，自由地倡导其客户的最大利益。

由于在法律服务行业兴起之初，法律服务的目标和优先事项尚不明确，法律服务公司便预先确定了公共法律服务计划的方向。随着新的客户社区和律师人数的增加，人们对社区组织的法律服务需求也逐步增加，法律服务公司需要拓展新的法律援助服务来满足贫困群体对法律服务需求。

（三）美国律师协会《专业行为示范规则》的强制公益法律服务要求

美国律师协会（American Bar Association，简称ABA）制定了《专业行为示范规则》（Model Rules of Professional Conduct）规范律师的法律服务行为，其中第6部分专门规定了律师履行公共法律服务的行业规则，包括律师应自愿无偿提供公益服务、律师应接受法庭指派委任代理、律师可以担任法律服务组织的成员资格、律师可参与可能影响客户利益的法律改革活动、律师应服务于非营利组织和法院附属的有限法律服务计划等5项具体规则。[1]

---

[1] 美国律师协会：《专业行为示范规则》，参见 https://www.americanbar.org/groups/professional_responsibility/publications/model_rules_of_professional_conduct/model_rules_of_professional_conduct_table_of_contents/，2021年5月24日访问。

1. 规则 6.1 规定每位律师都有责任为无法支付费用的人提供法律服务。律师应每年至少提供 50 个小时的公益性法律服务。无偿的法律服务主要面向慈善、宗教、公民、社区、政府和教育组织，其主要目的是解决财力有限人士的法律需求。部分州要求每位律师每年提供至少 50 个小时的无偿法律服务。自从 1993 年通过《专业行为示范规则》修正案以来，美国的部分州讨论将规则 6.1 要求律师每年执行 50 个小时的自愿法律服务工作更改为强制性要求。

2. 规则 6.2 规定律师应接受法庭指派委任代理。本条款规定，除正当理由外律师不得逃避由法庭指派的辩护委托。例外情形包括：（1）律师代理的客户可能会违反《专业行为规则》或其他法律；（2）代表委托人可能给律师造成不合理的财务负担；（3）委托人或诉讼原因使律师不满意，以致有可能损害委托人与律师之间的关系或律师代表委托人的能力。

3. 规则 6.3 规定律师可以担任法律服务组织的成员资格。除律师所服务的律师事务所外，律师可以充当法律服务组织的董事、高级职员或成员。律师不得有意参与组织的决定或行动的情形，包括：（1）参与该决定或诉讼与律师对委托人的义务不符；（2）该决定或行动可能对律师的组织客户代表产生重大不利影响。

4. 规则 6.4 规定律师可以参加可能影响客户利益的法律改革活动。尽管改革可能影响律师客户的利益，但律师仍可以担任法律或其行政管理改革组织的董事、高级管理人员或成员。当律师知道参与其决策可能对客户的利益有实质性好处时，律师应当披露这一事实，但无须透露客户的身份。

5. 规则 6.5 规定律师应服务于非营利组织和法院附属的有限法律服务计划。在非营利组织或法院赞助的计划的主导下，律师可为委托人提供短期有限法律服务，而该律师或委托人均未期望该律师将继续就此事提供代理。此类情形包括：（1）律师仅在知道委托人的代理权涉及利益冲突时，才应遵守规则 1.7（客户利益冲突时的信息保密规则）和规则 1.9（a）（禁止损害前客户利益规则）；（2）仅当律师知道与其在同一律师事务所关联的另一名律师因根据规则 1.7 或 1.9（a）在该事项上被禁止时，该律师才受规则 1.1（律师代理权限规则）的约束。

ABA 重申"对为所有需要法律服务的人，特别是对贫困群体和低收入者提供法律服务的问题，深表关切"，并决心"改善现有方法并开发更有效的方法来解决这一问题"。ABA 强调，要满足公众对适当法律服务的需求。它专门承担了与经济机会办公室和其他适当团体合作，制定和执行各种方案，扩大向贫困群体和低收入者提供法律服务的范围。这些方案在最大程度上利用可行的经验、便利的法律援助、法律辩护人、律师推荐以及法律职业道德标准来给贫困群体提供法律公共服务。

该协会还在重新研究其道德准则和提供法律服务的贫困标准。在美国律师协会和国家法律援助与辩护者协会的密切合作下，OEO 和司法部主办的全国法律与贫困协会被成功组建，其构成单位包括州和地方律师协会以及法律援助单位。

三、美国公共法律服务制度的组织保障

（一）国家咨询委员会

在国家层面，由法律服务办公室主任主持的国家咨询委员会旨在促进律师与 OEO 法律计划之间的合作。在国家咨询委员会中有很多法律服务律师，他们关心一些客户委托人认为不重要的问题。有时法律服务律师会与委托客户之间存在直接冲突，而国家咨询委员会则可以促进律师与客户之间实现更好的沟通。

（二）社区派驻的邻里法律服务机构

在 1961 年《青少年犯罪和青少年犯罪控制法》综合示范项目以及 1964 年《经济机会法》下的社区行动计划的基础上，邻里法律服务部门应运而生。邻里法律服务通过社区派驻等形式，最大限度地满足社区中贫困群体的法律需求。法律服务的价值被越来越多的人认可，越来越多的人将法律作为社会变革的手段。人们认为，这是实现社会正义的必要组成部分。扩大法律服务范围帮助传播了人们对法律领域问题、活动和机会的认识。随着在邻里法律服务单位和其他地方法律服务的日益普及，公共法律服务计划得以将客户和服务结合在一起。

（三）哥伦比亚特区就业司法中心

哥伦比亚特区就业司法中心为低收入工人提供法律权利相关的建议。哥伦比亚特区就业司法中心每周运营一家诊所，旨在"保障和执行低收入者的权利"。华盛顿特区大都市地区的就业司法中心向低收入工人提供有关就业法问题的法律帮助。100 名经验丰富的就业律师与客户在诊所合作，讨论每位客户投诉中涉及的法律问题。大约 20 名就业司法中心的工作人员在每次诊所会议中为 30—50 人提供法律咨询。

（四）法学院"法律诊所"项目的使用

美国大部分法学院都将"法律诊所"作为其核心的专业课程。一方面，这些法律诊所课程帮助学生们获得了将来从事法律职业所需要的职业技能；另一方面，法律诊所使用法律系学生作为实习生也可以为社会提供公共法律服务。例如，法学院的学生可以在听证会之前为客户提供建议，可以在听证会上代表客

户，可以为社会工作者和其他工作人员提供法律事务的信息，并且在检查代理机构的政策和程序等方面可以发挥专业能力。

（五）公益性法律事务所

美国有一些民间自发成立的公益法律服务机构，它们并不是美国公共法律服务制度中正式的组织机构，但在公共法律服务事业中发挥着重要作用。例如，环境保护组织、妇女团体、残障权利团体等，其中一些团体内部包含着法律服务机构。此外，还有专门的公益性法律事务所，自发承担起公共法律服务的责任。

四、美国公共法律服务制度面临的挑战

在美国公共法律服务制度的发展过程中，不可避免地遭受部分利益相关者的质疑，其中包括公共法律服务制度本身存在的律师伦理问题，也有待于进一步讨论和研究。

（一）对私人执业者的经济威胁

随着法律服务计划的开展，私人执业者可能遭受的财务损失也引起了批评。[1] 他们赞成传统的法律援助活动，主张贫困群体参与社会决策过程和公共法律服务方案本身的活动，但反对协助贫困群体组织自助团体。在1925—1934年，新泽西州一个地区的律师，一半左右的人认为OEO的公共法律服务计划损害了他们的执业。[2] OEO公共法律服务计划的客户群体由国家贫困准则定义的贫困者组成。经济不景气导致很多人负担不起私人顾问的费用而寻求公共法律服务，这损害了律师的经济利益。

民事领域的公共法律服务范围，取决于可用于支付代表贫困者的律师费用的政府财政，而不取决于实际需要的客户数量，这时常导致民事法律服务计划无法帮助所有符合条件的人。虽然有许多私人律师事务所会无偿地代理贫困者的民事案件，但律所自愿的无偿工作和政府的公共法律服务仍无法覆盖所有需要帮助的人。有观点认为，许多贫困群体被剥夺了平等利用民事司法制度的权利。美国律师提供的自愿无偿服务需要公共财政的支出，其费用约占美国可用免费法律援助费用的10%。虽然美国联邦政府不断增加用于公共法律服务的资金投入，但截至1994年，美国仍然落后于许多其他西方国家。例如，英国的人均支出是美

---

[1] A. Kenneth Pye&Raymond F. Garraty, *Involvement of the Bar in the War Against Poverty*, 41Notre Dame Law. Rev. 860 （1966）.

[2] Marjorie Girth. *Poor people's lawyers*, Exposition Press, Hicksville, N. Y. 1976, p. 81-83.

国的 7 倍，德国的支出是美国的 2 倍。[1] 公共法律服务制度发展程度较高的国家通常较少依赖律所自愿的无偿工作，这是因为要求私人律师免费提供与政府支付费用律师相同的服务是不切实际的。[2]

一方面，政府资助的计划可能会削减律师的收入。因此，必须尽一切努力确保仅向真正的贫困群体免费提供法律援助，明确接受法律援助人员的收入标准。在华盛顿地区，邻里法律服务仅适用于每周收入低于 55 美元并为家属提供津贴的人。而且，公共法律服务计划人员应设计出弥补这些律师损失的方法。

另一方面，公共法律服务计划也为年轻律师提供了更多的工作机会。虽然公共法律服务计划似乎会损害律师的生计，但可能促使更多的人主张自己的权利，扩大了法律服务市场，律师也可借此提升自身的法律经验和专业知识。对于司法系统来说，法院的案件审理工作已经非常繁重，有些案件根本不应该进行诉讼，通过法律服务计划可以在诉讼之前解决部分纠纷，这成为一种减轻法院负担的方法。

（二）对法律援助的忠诚度质疑

有学者曾质疑公共法律服务律师是否对客户忠诚。由于法律援助对象是由公共资金资助的，难免需要代表政府的利益，而律师应以委托人利益为准则。美国律师协会《职业责任守则》要求律师"在法律的范围内热忱地代表他的委托人……"在法治社会中，每个人都有权"根据法律对他的行为进行判断和规范；通过法律允许的手段寻求任何合法目标"。美国前副总统阿格纽（Spiro Theodore Agnew）认为，律师的职业独立性必然与联邦政府资助的社会计划的要求相冲突，后者必须对公众负责和承担责任。因此，如何实现当事人利益至上与政府公共利益相统一，是法律援助制度难以破解的法律伦理难题。

（三）公共法律服务存在利益冲突

美国律师协会承认"严格实施冲突利益规则，可能会限制律师在法律服务计划中提供法律援助服务"[3]。LSCA 禁止承接涉及堕胎、学校种族隔离这两种类

---

[1] Wise, Edward M. *Comparative Legal Services*, Update on Law-Related Education, Vol. 18, No. 3, Fall 1994, p. 52.
[2] Wise, Edward M. *Comparative Legal Services*, Update on Law-Related Education, Vol. 18, No. 3, Fall 1994, p. 49.
[3] Brill, Rachel, and Rochelle Sparko. *Limited Legal Services and Conflicts of Interest: Unbundling in the Public Interest*, Georgetown Journal of Legal Ethics, Vol. 16, No. 4, Summer 2003, p. 553.

型的案例。这些排除给律师带来了问题，因为他们的职业责任"不能由于客户或其他原因而拒绝代表"。律师不能简单地拒绝代表客户。为避免发生冲突，美国检察官办公室会对无偿案件进行内部利益冲突检查。为了避免引起广泛的利益冲突，部分地区规定，律师被限制在四个特定的领域提供法律服务：（1）贫困群体离婚纠纷类案件；（2）儿童利益保障类案件；（3）遗弃类纠纷案件；（4）虐待类案件。

由于公共法律服务普遍存在的利益冲突难以避免，ABA 决定降低对利益冲突的检查标准。ABA 允许律师为贫困群体提供法律意见，承认当律师为客户提供法律服务时，便与其建立了法律服务关系。但是，ABA 规定仅当律师知道存在不符合条件的冲突时，才适用推定规则。

提供有限法律服务的律师，仅可以处理案件中某些类型的纠纷。例如，在离婚诉讼中，有限法律服务提供者可能只处理案件的监护权，而委托人婚姻财产的分割等诉求被分拆搁置。人们开始担心提供有限法律服务的律师没有切实可行的方法来确保其工作符合道德标准。由于潜在的利益冲突，律师可能会出现渎职行为。实践中，那些仅获得有限法律服务的人，在法庭上胜诉的可能性要小于那些能够全面代理的人。

（四）公共部门的律师从事法律服务的障碍

政府和公共部门的律师（Government and Public Sector Lawyers，简称 GPS 律师）在如何适用公共法律服务制度时通常会遇到障碍。部分 GPS 律师面临着利益冲突之类的障碍。GPS 律师使用政府的资源，却需要承担维护客户利益的律师职业责任，而客户利益可能与公共利益相冲突。在最极端的情况下，某些 GPS 律师被禁止提供志愿法律服务。有些 GPS 律师认为，志愿法律服务工作是不必要的，因为他们每天都提供面向公众的服务。

《专业行为示范规则》第 6.1 条规定："律师应提供公共利益的法律服务。律师可以通过免费提供有限费用的专业服务或向有限能力的人提供服务等方式来履行这一责任。"但是，该规则没有为律师提供志愿法律服务的具体指导，对于 GPS 律师的志愿法律服务工作更是完全没有提及。而修订后的规则 6.1 试图解决 GPS 律师面临的特殊考虑。[1] 规则修改重要事项之一是对"法律服务"一词的范围进行扩展。修改后的法律服务范围包括为那些财力有限的人提供免费培训或

---

[1] Rapp, Cynthia. *Volunteer Legal Services and Government and Public Sector Attorneys*, Public Lawyer, vol. 2, no. Issues 1-2, Summer 1994, p. 28.

指导的选项。佛罗里达州法院认为，从事无偿法律服务的 GPS 律师可免除志愿公共法律服务的要求。

五、代结语：对我国公共法律服务建设的启示

法律服务具有市场化的特性。基于"等价交换"的市场交易原则，有限的法律资源往往向富人倾斜，而贫困群体因知识能力较弱、经济收入不佳等原因，导致其难以获得优质的法律服务。当贫困群体的权利难以通过法律得到保障时，最终将会影响社会的稳定和发展。公共法律服务制度最终目标是为贫困群体提供平等的司法救济机会。"获得司法正义"浪潮的兴起，促使法律服务的公共属性成为大众共识。"获得司法正义"运动重点关注贫困、弱势人群，倡导社会公平。通过公共法律服务计划，法律界就可以避免遭受精英主义制度永久化的指控。[1]他山之石，可以攻玉。通过对美国公共法律服务制度形成及其困境应对的研究，对我国公共法律服务建设具有一定启示。

第一，公共法律服务建设应发挥民间法律公益服务组织的作用。美国不同的州和地区都有自发建立的民间公益法律服务组织，这些公益法律服务组织提供了大量的公共法律服务。我国在建设公共法律服务体系时，应遵循政府主导与社会参与有机结合的路径，发挥政府的统筹作用，吸收民间法律公益服务组织，确保多样化的公共法律服务供给，形成完善的公共法律服务体系。具体而言，构建公共法律服务体系必须坚持政府与社会协同，组织和动员法律服务机构以及相关法律服务志愿者进入公共法律服务领域。在此基础上，将其统一集中到公共法律服务事业中，逐步形成公共法律服务的共同参与机制与共同治理架构。当前，我国部分地区建立的民间法律服务组织也取得了一定成效，例如，江苏省自收自支的律师事务所、上海市专业化的人民调解室，以及湖北省的民办法律服务中心等代表性的改革实践都取得了良好的效果。

第二，完善律师职业伦理制度。在美国公共法律服务制度实践过程中，律师的职业伦理是其志愿法律服务发展的基础，但也是形成公共法律服务困境的根源。一方面，ABA 组织通过制定《专业行为示范规则》，要求律师每年完成一定时限的公益法律服务要求，奠定了公共法律服务的人力资源基础。但另一方面，律师在从事公共法律服务过程中，面临委托代理人私益与公益的冲突、代理事项

---

[1] Hee, Joyce E. *Community Law: An Alternative Approach to Public Legal Services*, Santa Clara Law Review, Vol. 18, Issue 4（1978），p. 1067.

与代理对象之间的冲突以及双重代理的冲突，冲击了律师在公共法律服务中的效用。如何解决律师提供公共法律服务过程中面临的伦理冲突，不仅是美国公共法律服务制度面临的难题，也是我国公共法律服务建设过程中需要解决的难题。当前，我国关于法律职业伦理的研究还处在起步阶段，应完善律师职业伦理冲突的解决机制，制定伦理冲突解决规则，为律师进行公共法律服务面临伦理冲突时提供指引。

第三，发挥法学院的社区服务能力。美国法学院法律诊所课程是法学教育与实践相结合的典范，既能够为社会提供公共法律服务，又提升了法科学生的实务经验。当前，我国部分政法院校也效仿美国高校法学院开设了法律诊所的课程，但普及程度不高。加上英美法系的体制和我国司法体制的差异，法学院开展法律诊所课程时无法直接套用美国法学院的课程设置。对此，我国应当加强对法学实践学科课程的研究，并且进一步推广法学实践课程，增强法学院与社区之间的联系，发挥法学院师生的专业技能，实现产教融合。

第四，公共法律服务制度的建设应坚持循序渐进，在实践中不断升级完善。美国公共法律服务制度的建设发展既有政策的推动，也在社会实践的过程中不断修正和完善，实现了制度制定与社会实践协同发展的良性循环。美国公共法律服务制度建设的经验表明，完善、适时、适用的公共法律服务体系对促进社会经济发展和保持社会和谐稳定具有重大意义。在我国，随着经济的快速发展，人们对法治的需求日益扩大，公共法律服务在培养社会群众利用法治方式解决矛盾纠纷中的作用日益凸显。公共法律服务体系的建设应以人们的法律需求为中心，在制度发展过程中不断吸收和总结相关经验，在实践中不断升级完善。

园区政府购买公共法律服务法律问题研究

潘 越*

> **摘 要** 政府购买公共法律服务近十年来在理论与实践中都得到了较好的发展，基本形成了改善现有问题的方向性共识。但园区政府购买公共法律服务与通常意义的政府购买公共法律服务在服务对象、服务内容以及服务对象和政府的法律关系上都有其特殊性，不能简单地套用既有范式。本文在分析园区政府购买公共法律服务特殊性的基础上，指出其遭受使用公共财政的正当性质疑、服务对象的均衡性质疑、政企关系的质疑和公平竞争的质疑。为此，应当在充分考虑园区特殊性的基础上，通过开展政府购买公共法律服务的各项评估以证成政府行为的正当性，从需求导向的动态调整机制和公平竞争审查一正一反两方面框定园区政府购买公共法律服务的范围，并培育及引入多元的公共法律服务主体，以优化公共法律服务体系。
>
> **关键词** 政府购买公共服务；公共法律服务；法治园区；公平竞争审查

引 言

政府购买公共服务的浪潮发端于20世纪80年代的英国和美国，其改革动因是日益增长的"福利国家"职能使政府不堪重负。新公共管理学派应运而生，其经典论述在于政府的职能应当集中于"掌舵"而不是"划桨"，随后新公共服务理论进一步指出，政府应当"服务"而不是"掌舵"，从而提出了在程序和实体上规范政府购买公共服务的策略。[1] 至此，政府购买公共服务的研究取向从是否应当购买走向了应当如何购买。在我国语境下，政府购买公共服务有着更多维度的价值，包括"放管服"改革、建设"服务型政府"、依法行政、法治政府和法治社会三位一体建设等，自21世纪初期以来一直受到学者的关注。2019年中

---

* 潘越，中国政法大学民商经济法学院博士研究生，从事经济法学研究。
[1] [美]珍妮特·V. 登哈特、[美]罗伯特·B. 登哈特：《新公共服务——服务，而不是掌舵》（第三版），丁煌译，中国人民大学出版社2016年版，译者前言3—8页。

共中央和国务院印发了《关于加快推进公共法律服务体系建设的意见》（以下简称《意见》），指出公共法律服务体系"对于更好地满足广大人民群众日益增长的美好生活需要，提高国家治理体系和治理能力现代化水平"的重要意义，2020年12月党中央发布的《法治社会建设实施纲要（2020—2025年）》（以下简称《纲要》）具体提出了建设公共法律服务体系的要求。在此基础上，政府购买公共法律服务的研究得到了特别的关注。

　　学界对政府购买公共法律服务的研究大体可以分为以购买范围为中心的研究和其他研究两类。李海平较早表示了对范围模糊的法治担忧，认为应当明确禁止性购买、确定性购买和裁量性购买范围标准[1]；刘炳君将公共法律服务的外延界定为全民法治素养提高活动、依法进行的专项法律援助、对经济困难的群众进行的公益性法律援助、人民调解需求以及针对群体性法律需求进行的一般性法律服务等五类[2]。方世荣、付鉴宇通过解读《纲要》，将公共法律服务的范围扩展到法治教育、法治宣传、帮助企业合规管理等提高公民守法能力的服务、帮助社会规范制定的服务、推进社会治理的服务等五大类公共法律服务[3]。可以看出，学界对于公共法律服务的界定随着实践深入呈现出扩大趋势。此外，张怡歌较为全面地分析了政府购买公共法律服务的"异化"表现，并从政府与市场的关系等角度探索了"异化"原因和法治化方案[4]。张紧跟、胡特妮以广东省村（居）法律顾问制度为着眼点，提出完善公共法律服务体系的需求导向进程[5]。宁琪特别关注了农村地区公共法律服务的体系完善[6]。戴康、许中波则特别关注了公共法律服务在城市社区治理中的作用[7]。不同领域的公共法律服务体系建构有不同的特点，以上学者问题导向的深入研究呼应了我国法治不断走向精细化的趋势。

　　但是，各类产业园区、高新区、经济发展区（以下统称"园区"）作为中国经济发展的重要推动力，其政府购买公共法律服务的实践呈现出迥然不同的特

---

[1] 李海平：《政府购买公共服务法律规制的问题与对策——以深圳市政府购买社工服务为例》，载《国家行政学院学报》2011年第5期。
[2] 刘炳君：《当代中国公共法律服务体系建设论纲》，载《法学论坛》2016年第1期。
[3] 方世荣、付鉴宇：《论法治社会建设中的政府购买公共法律服务》，载《云南社会科学》2021年第3期。
[4] 张怡歌：《政府购买公共法律服务的异化与法治化破解》，载《法学杂志》2019年第2期。
[5] 张紧跟、胡特妮：《论基本公共服务均等化中的"村（居）法律顾问"制度——以广东为例》，载《学术研究》2019年第10期。
[6] 宁琪：《农村公共法律服务供给体系完善与创新研究》，载《农业经济》2020年第6期。
[7] 戴康、许中波：《公共法律服务的城市社区治理逻辑与路径》，载《城市问题》2020年第6期。

点,既不能为一般政府购买公共法律服务的理论所涵盖,又未有学者对这一细分领域进行深入研究。基于园区在中国经济发展中的重要地位和园区法治化建设的必要性,园区政府购买公共法律服务中的法律问题亟须得到回应和解决。

一、园区政府购买公共法律服务的特殊性

我国自 1988 年批准设立第一个高新技术产业园区至今,已经形成了遍布中国的多层级(国家级、省级、地市级、县级等)、多类型(工业园区、高新技术园区、农业园区、文创园区等)的园区,除推动当地经济发展外,对推动中国城市化建设[1]、区域协调发展[2]、加快产业升级[3]等领域都发挥了重要作用。与传统的行政区政府不同,园区政府[4]以招商引资、发展经济为主要职能[5],其所提供的公共法律服务在服务范围和服务对象方面均与传统行政区政府提供的公共法律服务有所不同,这与园区政府职能的特殊性紧密相关。

(一)园区公共法律服务范围的特殊性:企业业务深度参与

一般行政区政府提供公共法律服务的范围,主要包括法治宣传、法律援助、村(居)法律顾问制度、人民调解、社区矫正等,各地因其经济发展水平和现实法律需求的不同而有微调。

根据笔者实地调研的结果,园区公共法律总体上包括企业业务服务、纠纷调解、法律援助、法治宣传、法律咨询五大板块。其中最能体现特殊性的在于公司业务服务。园区政府可为企业提供"公司治理、债权债务纠纷、风险防控、合同谈判"等服务。在具体的服务过程中,几项服务表现为实地走访、合同审查、法律

---

[1] 葛立成:《产业集聚与城市化的地域模式——以浙江省为例》,载《中国工业经济》2004 年第 1 期。

[2] 罗小龙、沈建法:《跨界的城市增长——以江阴经济开发区靖江园区为例》,载《地理学报》2006 年第 4 期;罗小龙、沈建法:《长江三角洲城市合作模式及其理论框架分析》,载《地理学报》2007 年第 2 期;张贵、王树强、刘沙等:《基于产业对接与转移的京津冀协同发展研究》,载《经济与管理》2014 年第 4 期。

[3] 毛蕴诗、吴瑶:《企业升级路径与分析模式研究》,载《中山大学学报(社会科学版)》2009 年第 1 期。

[4] 关于园区"管委会"的法律性质目前尚存争议。根据《政府采购法》以及国务院办公厅 2013 年发布的《政府向社会力量购买服务的指导意见》规定,是否适用以上法律法规的核心点在于是否使用财政经费。鉴于当前园区主要仍使用财政经费,为本文研究的目的,本文仅在此意义上使用"园区政府"一词。

[5] 在"产城融合"的趋势下,园区"管委会"的职能在范围上越来越接近一级地方政府的职能,只不过在主次之分上仍有不同。

问题讲座、微信文章推送、代理案件等具体形式。其中，法律问题讲座和微信文章推送的形式参与企业较多，具有一定的普适性，兼有法治普法宣传与服务企业的双重功能，而合同审查与代理案件则属于一对一的深度参与。

这种深度参与体现在两个方面，一是参与时间长，二是专业化程度高。在合同审查业务中，法律服务提供方作为企业外部人为了切实服务好企业，必须进行审前沟通，了解业务情况，并参与合同签订后的全流程管理，在一定程度上须获取企业内部的信息。企业的商业行为往往具有高度的复杂性和专业性，需要法律服务提供方付出较高的时间成本，并进行必要的专门准备。可见，企业业务的法律解决需要企业与法律服务提供方建立较为长期的合作关系，需要法律服务方进行专门知识的学习。

（二）园区公共法律服务对象的特殊性：区内企业与投资人

需要事先声明的是，园区与一般行政区政府的职能正在趋同。国家科学技术委员会（现科学技术部）1996 年发布的《国家高新技术产业开发区管理暂行办法》规定了开发区的任务是"促进高新技术与其它生产要素的优化组合，创办高新技术企业……推进高新技术成果的商品化、产业化、国际化"。而一般的民生服务本就不在开发区的职能之中。但在产城融合的背景下，开发区管委会不断向"准政府"乃至一级"政府"转变，其管理范围中增加了大量的一般居民，这才使得其职能因应丰富起来。与此同时，在"大众创业、万众创新"的背景下，在全国"优化营商环境"的建设中，传统行政区政府也更加重视对企业的公共法律服务，二者的差异是量上的差别，而非质上的。换言之，当前园区政府购买公共法律服务面对的问题，也是传统行政区政府将要面对的，只不过在当前时间节点园区政府购买公共法律服务呈现的问题更为典型。在此意义上，园区公共法律服务对象有以下特点。

1. 服务对象以区内企业为主。传统行政区公共法律服务的对象是公民，无论是村（居）法律顾问制度，还是保障特殊群体的基本公共法律服务权益，其预设的服务对象多数是作为个体的不特定的公民。与之相比，园区公共法律服务对象则以园区内的企业为主，虽然在产城融合的背景下，公共法律服务的范围名义上也包括诸多个体居民可以享受的服务项目，但无疑作为产业园区，企业才是最主要的"居民"。

2. 服务对象向潜在投资人延伸。园区政府购买公共法律服务的对象可能并非当前现实存在于园区的企业，而仅仅是有投资意向的投资人。公益法律服务作为"优化营商环境"的组成部分，其目的之一在于促进"投资落地"，对于园区而言更是如此。

逻辑上，行政区上的居民是相对固定的，而园区的"居民"（即企业）是逐步入驻和退出的，即后者具有更高的流动性。行政区政府首先应当服务好本地居民，在本地出现"人才告急"时，才有吸引外地人才的需求。而园区始于一片空白，往往是先进行基础设施建设，再吸引企业入驻，并且即使已经有部分企业进入园区，其仍有持续吸引更多企业入驻的动力。这一逻辑的差异，导致了园区政府购买公共法律服务的对象与园区政府之间关系的特殊性。

（三）服务对象与园区政府关系的特殊性：超越传统职责

在前两项特殊性的基础上，园区政府购买公共法律服务中涉及的服务对象与园区政府的关系，区别于通常意义上行政区政府购买公共法律服务的服务对象与其自身的关系。后者提供的服务往往是基于法律规定，例如对特定对象的法律援助，或者是基于宪法意义的公民权，例如对困难群众提供的基本的公益性法律服务，而前者更多的是一种福利性质的政策，是优化营商环境的措施，并无公民权作为依托。

1. 政府购买公共法律服务基于优化营商环境而非公民权。当前学界对于公共法律服务的界定可以分为传统类和扩展类两类。传统类以传统行政区政府提供的公共法律服务为模板，认为"公共法律服务，是指源于一国政府对其公民在法律义务上和政治道义上的不可放弃、不可转移的责任担当基础和政治伦理要求，基于政府公共服务职能的规定性而由政府统筹提供的、具有体现基本公共资源配置均等化属性和社会公益担当责任，旨在保障公民的基本权利，维护公民的合法权益，实现社会公平正义所必需的一般性法律服务"[1]。其核心在于政府公共服务职能相对应的公民的基本权利。[2]

拓展类以《纲要》作为依据，将"援助和指导""企业合规"纳入了政府职能，属于"优化营商环境的组成部分"[3]。此类学者在定义时仍以行政区政府为蓝本，故而提出了拓展"政府购买公共法律服务范围"的建议。[4]但在园区的

---

[1] 刘炳君：《当代中国公共法律服务体系建设论纲》，载《法学论坛》2016年第1期。
[2] 张梦婉：《政府购买公共服务法理基础的重构——以公民权利为中心》，载《天府新论》2015年第1期。
[3] 方世荣、付鉴宇：《论法治社会建设中的政府购买公共法律服务》，载《云南社会科学》2021年第3期。
[4] 方世荣、付鉴宇：《论法治社会建设中的政府购买公共法律服务》，载《云南社会科学》2021年第3期。

实践中，指导企业合规，乃至更深度的企业业务参与，已经成为一种常态。

但是，由于传统的公共法律服务以公民权为基础，而拓展部分以优化营商环境为基础，基础的不同导致法律关系的不同。

2. 服务对象无权要求政府对服务承担担保责任。在传统的行政区政府购买公共法律服务形成的三方关系中，政府是提供公共服务的第一责任人，从"划桨"到"掌舵"不能免除其服务的责任。如果政府购买公共服务的第三方未能提供高质量的服务，那么政府应当承担"担保责任"，或者通过代履行进行救济。[1] 其间逻辑即在于背后公民权的支撑。

而在园区政府购买公共法律服务过程中，拟服务的投资人根据园区政府提供的服务可以选择入驻园区或者不入驻园区，但不能主张园区政府到底应当提供何种服务；区内企业如果认为公共法律服务的提供方服务质量不好或者未提供服务，可以向服务提供方或者园区政府投诉，但不能要求政府代履行。

以霍菲尔德分析法学的术语描述上述过程，在传统行政区政府购买公共法律服务过程中，公民与政府之间是权利（claim）和义务（duty）的关系。而在后一种情况下，企业与政府之间是自由（privilege）与无义务（no-duty）的关系。政府未能提供好的营商环境，可能会被上级政府问责，但并不直接对企业负有法律责任。而企业可以通过用脚投票，"逼迫"政府改善营商环境。

二、园区政府购买公共法律服务法律问题

由于园区政府购买公共法律服务存在诸多特殊性，这导致了以传统行政区政府购买公共法律服务为蓝本所建构的分析范式在评价园区政府的行为时，存在诸多解释力不足的困难。由此可能导致的后果是，要么园区政府购买公共法律服务的行为被不恰当地给予了较低的评价，而影响园区政府提供公共法律服务的积极性；要么园区政府因现有行政区政府购买公共法律服务评价体系解释力不足而置之于不顾，处于"法治裸奔"的状态。

因此，有必要对园区政府购买公共法律服务的法律问题进行重新梳理，结合法治社会的普遍要求和园区购买公共法律服务的特殊性，甄别出园区政府应当回应的法律问题。

---

[1] 邓霂：《论政府在购买公共服务中的角色定位及其法律责任——以法律关系基本构造为分析框架》，载《行政法学研究》2018年第6期。

（一）园区公共法律服务内容正当性问题

对于传统行政区政府提供的公共法律服务而言，其提供的公共法律服务具有政府职能法律依据和公民基本权利的双重支撑，其正当性考量主要在于服务提供是否及时、到位，是否存在通过政府购买公共法律服务的方式规避政府责任的情况。[1] 园区政府购买公共法律服务的正当性考量则不同，由于其提供服务的范围超越了传统政府职能的范围，而其使用的资金又来源于公共财政，就必须对资金使用的正当性进行证明。同时，由于政府购买公共法律服务的内容涉及了企业日常经营业务中的法律服务，而这部分服务市场已然能够提供，购买行为是否对市场的不正当的干预也需要回答。

传统行政区政府购买公共法律服务与园区政府购买公共法律服务的论证逻辑不同。前者是一种充分性论证，即考量某项服务的性质是否属于政府职能的范围，是否属于公民的基本权利范围，是一种定性分析的论证逻辑。后者是一种必要性论证，即考量政府所采取的各项措施（购买公共法律服务作为措施之一）是否能够优化营商环境，优化营商环境的程度与效率等，需要进行成本效益的分析，是一种定量分析的论证逻辑。

然而，优化营商环境作为一种整体性的公共产品[2]，并不能为其内部每一项具体的政府措施提供直接的正当性依据。而在部分构成整体系统的过程中，内部要件可以继续进行优化，具体到营商环境组成部分的公共法律服务体系，就是要考察该公共法律服务供给在提升营商环境方面的成本收益，并与其他提高营商环境的政府措施进行比较，观察其是否能被更有效率的措施所替代。因此对园区政府动用公共财政购买公共法律服务之正当性质疑的正面回应，需要证明两个问题：第一，园区政府购买公共法律服务的行为切实提高了园区的营商环境水平；第二，购买公共法律服务的形式较其他提高营商环境的举措而言，具有不可替代性或更具有成本效率的优势。

（二）园区公共法律服务对象均衡性问题

政府购买公共法律服务的均衡性长期受到学者的关注，尤其是对于农村地区和欠发达地区公共法律服务的可获得性的研究。[3] 园区政府购买公共法律服务

---

[1] 孙彩红：《政府购买公共服务的条件与制度建构》，载《新视野》2016 年第 6 期。
[2] 娄成武、张国勇：《治理视阈下的营商环境：内在逻辑与构建思路》，载《辽宁大学学报》2018 年第 2 期。
[3] 宁琪：《农村公共法律服务供给体系完善与创新研究》，载《农业经济》2020 年第 6 期。

的服务对象集中为企业而较少涉及公民，自然会遭受到均衡性质疑，因为"从行政权来源于人民民主的政治前提和财政来源于税收的经济前提，相对人享受公共服务属于应有的自然权利"[1]。如果一项政府服务只能为少数人所享有，那么该项服务就很难被称为公共服务。

但是，均衡性不能理解为每个人不论需求差异和自身能力而获得同等的公共服务，而是要从整体角度对公共法律服务体系进行分析。历史上，园区整体上被视为一个"功能区"而非独立的"行政区"，因此判断公共法律服务体系的均衡性的地域范围不能局限于园区，而应当是园区所属的行政区。园区对企业的专门服务是在同一个行政区内依据"居民"聚集程度的差异而进行的合理分工。随着园区发展，其独立性越来越强，一部分行政区的功能也进入园区，园区本身也开始了"产城融合"的进程，此时这种整体均衡性考评也应纳入园区之中。

简言之，不能孤立地看针对企业的公共法律服务是否可以为全体公民所享有，而应当从园区整体提供的公共法律服务体系来判断均衡性。如果园区在为企业的公共法律服务中使用了过多的公共财政，以至于影响了对区内一般公民的服务供给，则应视为违反了均衡性原则；同理，如果园区针对企业的公共法律服务主要集中在少数几个"纳税大户"企业之上，其他企业所能获得的公共法律服务就会相应减少，这也是违反均衡性的表现。

（三）园区公共法律服务中政企关系问题

园区政府购买公共法律服务对政企关系也有影响。一方面，由于在园区政府购买公共法律服务的过程中政企力量对比悬殊，以及服务提供方所具有的利用政府行政资源的动机，可能加剧服务提供方对政府的依附性[2]；另一方面，由于园区政府的绩效考评机制的影响，园区企业的纳税表现、上市情况将与特定工作人员乃至园区政府的考评挂钩，因而园区政府具有"借公共法律服务之名，行不正当企业补贴之实"的动机。

笔者在调研过程中发现，重点园区企业占用的公共法律服务资源要远远大于其他企业。有的园区为其区内大型企业成立专门的工作小组，为该企业与其他企业的商业纠纷组织经年累月的谈判，虽然最终谈判取得了良好的效果，但该过程所耗费的行政资源也是惊人的。对此类行为的鼓励可能进一步促进大型企业和当地政府的利益绑定，给地方保护主义穿上"优化营商环境"的外衣。

---

[1] 孙丽岩：《政府购买公共服务的法经济学分析》，载《财政研究》2017年第10期。
[2] 张怡歌：《政府购买公共法律服务的异化与法治化破解》，载《法学杂志》2019年第2期。

此外，还有一些园区政府为被行政处罚的企业"求情"的情况，理由是该企业正在筹备上市，为了"优化营商环境"，不应对该企业进行行政处罚。"法治是最好的营商环境"，对于企业违法行为的处理，应当严格依照法律程序，以符合比例原则的方式进行查处，禁绝官僚主义行为。如无法治底线，不从制度的思维而是从具体个案的思维考虑"优化营商环境"，反而走向了"优化营商环境"和法治的反面。

习近平总书记2020年在企业家座谈会上讲到，要"构建亲清政商关系"，政府应当是市场公平的维护者。政府对企业的服务应当有所为有所不为，把握法治的底线。

（四）园区公共法律服务的公平竞争问题

不同于传统行政区在政府购买公共法律服务过程中仅需要接受来自对所购买之服务的市场竞争所面临的质疑，园区政府购买公共法律服务面临来自法律服务市场，接受法律服务的园区企业与未接受或接受不充分的园区企业之间，以及园区与园区之间的三重公平竞争质疑。

1. 对法律服务提供市场的竞争质疑。许多园区提供给企业的公共法律服务均是"免费"的。不过，享受服务的企业也需要符合园区规定的各项条件。也有园区采取先通过政府与法律服务提供主体谈判定价，由企业选购法律服务包的形式供给法律服务，此种形式下虽然企业仍需付费，但该费用约为市场价的二分之一。此外，有的企业已经具有自身法务，因此对于园区政府购买的公共法律服务并无需求，以至于公共法律服务提供方认为其"开展工作困难"，影响了对公共法律服务提供方的绩效评估。

事实上，企业日常经营中面临的法律纠纷，已经可以通过内部聘请法务或者外部聘请律师的行为来解决，并且无论是法务的人才市场还是律所的法律市场，都已经是一个成熟市场，仅从企业成本的角度出发，而不考虑对市场的影响，其正当性存疑。而通过政府的谈判能力为区内企业法律服务降价的行为，并非平等的市场主体之间的博弈，可能导致法律市场的"内卷化"。[1]

根据《意见》的精神，政府购买公共法律服务应当是为了弥补市场之不足，例如推动法律服务跨区域流动，支持欠发达地区律所建设等。这是空间维度的弥补市场缺陷，此外一些园区实践反映了时间维度的弥补市场缺陷。例如有的高新区在疫情期间提供的"应急公共法律服务"，针对疫情期间特殊的法律问题，如

---

[1] 张怡歌：《政府购买公共法律服务的异化与法治化破解》，载《法学杂志》2019年第2期。

工时计算、合同履约等开展 24 小时的法律咨询服务，促进了全面复工复产的有序进行。

根据以上规范及实践经验可以得出，如果园区政府不能证明某种法律服务存在时间或空间的缺陷，而以政府购买的形式为企业提供公共法律服务，则不具有正当性，反之则具有正当性。

2. 对园区企业及园区之间的竞争质疑。从建构国内统一市场的角度出发，园区政府通过包括购买公共法律服务在内的系列优惠政策"招商引资"还会引发是否造成区内企业与区外企业获取公共法律服务的公平性问题；园区与园区乃至园区与行政区之间是否会因为招商引资而产生"恶性竞争"的问题等[1]，两个问题互有关联。

与前述为了弥补市场在空间上或者时间上的缺陷而提供的公共法律服务不同，为企业的日常经营业务的法律需求提供服务将对市场提供的法律服务构成直接的替代关系。对于区内企业而言，其享受了更便宜的乃至免费的法律服务，而区外企业则不可避免地将为同种服务花费更多的成本，区内企业结余出的成本将成为市场竞争优势。其他园区及行政区为了不使自身管辖范围内的企业处于竞争劣势乃至被淘汰，即会通过模仿和创新形式来抵消这一优势。这一过程类似于学者提出的"县域竞争"模式。

竞争本身往往是积极的，但也应区分"良性竞争"和"恶性竞争"。通过全方位、系统化地优化营商环境，构建优势互补的产业链结构，降低企业各项成本，形成可持续的经济发展态势的，属于有积极意义的"良性竞争"；而在零和博弈下，通过损害整体利益谋求企业自身发展的行为，则是"恶性竞争"。国际上频频出现的低税区和"避税港"就是"恶性竞争"的产物，许多国家都通过国际协议限制这种"恶性竞争"。由于公民权只能决定政府服务的下限，而"优化营商环境"不存在上限，园区之间的"恶性竞争"或许在一定程度上已经成为事实。

与国际法类似，园区"恶性竞争"的问题需要中央进行顶层设计，而非单独某一园区"退出"竞争可以解决。

三、园区政府购买公共法律服务改进措施

园区政府购买公共法律服务存在的多重质疑中，一部分是可以通过园区购买

---

[1] 程玉鸿、阎小培、林耿：《珠江三角洲工业园区发展的问题、成因与对策——基于企业集群的思考》，载《城市规划汇刊》2003 年第 6 期。

公共法律服务的特殊性加以解释，但该解释责任的主体应当是园区政府，如不能给出合理解释的，仍应认定其措施存在法律问题，例如园区运用公共财政向企业提供法律服务的正当性问题和公共法律服务的均衡性问题；一部分质疑确实存在，需要园区政府积极进行回应，例如政府购买公共法律服务对市场的影响；最后一部分问题虽然确实存在，但需要中央的顶层设计。对于前两类问题，园区政府都可以采取适当的改进措施进行优化。

（一）开展购买公共法律服务评估工作

如前所述，园区政府所提供的针对企业的公共法律服务并无公民权作为支撑，虽然整体上作为"优化营商环境"之组成部分，园区政府购买公共法律服务值得倡导，但这并不是必要的，该行为的正当性基础在于其提升营商环境方面的成本收益。园区政府购买公共法律服务需要动用公共财政，因此其对购买行为有作出说明的义务。而最直接的证成方式，就是通过开展购买公共法律服务的事前事后评估，拿出具有专业性、合法性的证据。

事实上，自2004年起，随着法治国家、法治政府、法治社会建设的推进，指标化的量化评估方法已经在我国兴起，地区评估与全国性评估、综合评估与专项评估、自我评估与第三方评估，各类评估不一而足，园区政府也作为评估对象参与其中。可以说，我国已经积累了一批政策评估的专家，形成了较为完善的评估指标，开展评估工作是可行的。

不过应当注意的是，由于法律服务是一种主观体验，并且"公共服务效率其实依赖于民众对政府行政的认可度"[1]，因此不能仅仅考虑政府财政支出的增减，还必须考察公众（企业）对服务的认可程度。但是，与传统行政区开展此类评估只能依据模糊的公众满意度调查不同，园区需要以其公共服务吸引新企业入驻，而企业入驻的数量和增长率是可以有客观数据可依的。虽然公共法律服务仅仅是诸多配套基础设施之一，上述客观数据主要反映的是园区基础设施的整体吸引力，还需要对公共法律服务所提供的原因进行分解。

（二）调整公共法律服务的范围

公共法律服务的范围较早受到学界关注，对此进行的研究也较多，但此前研究未充分考虑园区的特殊性。园区政府购买公共法律服务的范围总体上可以较传统行政区政府购买公共法律服务更宽，但仍需要受"一正"（应当购买哪些法律服务）"一反"（不应购买哪些服务）两个方向的限定。

---

[1] 孙丽岩：《政府购买公共服务的法经济学分析》，载《财政研究》2017年第10期。

1. 建立需求导向服务范围调整机制。如前所述，园区政府购买公共法律服务的正当性需要评估证明，而公众（企业）对服务的满意度具有重要影响。民众对某一项公共服务的需求越迫切，就越能实现公共服务产品的组合效率，并且由于公共服务产品具有不同的生产率，这个组合应当是动态调整的。[1] 因此，有必要建立一个需求导向型的服务范围调整机制。

不过，园区的服务对象有其特殊性，即不仅包括园区现存企业，还有拟招商引资的对象，因此这里的需求既有现存企业的需求，也有潜在投资人的需求。现有企业的需求可以通过调查问卷的形式掌握，但潜在投资人的需求并不一定能够清晰呈现。因此，园区的需求导向型服务范围，将更加需要借鉴其他园区和地区优化营商环境的经验，并更多地带有试验性质，需要定期开展事后评估，对园区政府购买公共法律服务的范围进行调整。

2. 以公平竞争审查检视购买公共法律服务的范围。就审查范围而言，园区政府购买公共法律服务的公平竞争审查应该较为宽泛。园区政府购买公共法律服务援助弱者的公益性稍弱，而市场性更强，并且这一购买程序通常会涉及对法律服务提供方进行招投标。但是，既有的公平竞争审查体系主要关注的是投标方所在行业的竞争秩序，而较少考虑到服务接受方所处行业的竞争秩序。在园区的语境下，这一竞争秩序可以具体化为园区内企业间的竞争秩序和区内企业与区外企业之间的竞争秩序。园区政府购买公共法律服务的公平竞争审查应当同时涉及三者。

就审查内容而言，园区政府购买公共法律服务的公平竞争审查应该更多。2016 年发布的《国务院关于在市场体系建设中建立公平竞争审查制度的意见》确定了对"妨碍全国统一市场和公平竞争"两方面的审核内容，尤其指出了"违法给予优惠政策"这一表现形式。

根据笔者实地调研，当前政府决策的公平竞争审查往往采用在"公平竞争审查表"中对固定问题进行勾选的形式来完成，是一种从"规范"到"规范"的书面审查，极易流于形式。并且，国务院所发布的《重大行政决策程序暂行条例》中的决策后评估程序，由于设定了诸多例外而基本没有在实践中展开。但是现代经济下，各主体行为的外部性显著增强，政策对市场活动的影响是复杂的，与社会结构、相关市场的发育程度等法律规范之外的因素紧密相关[2]——即在

---

[1] 孙丽岩：《政府购买公共服务的法经济学分析》，载《财政研究》2017 年第 10 期。
[2] 许燕：《我国政府购买公共服务的界限分析》，载《河北法学》2015 年第 11 期。

空间属性上，可能一份重大决策在 A 地并不会产生排除限制竞争的效果，在 B 地则可能产生消极的后果。此外，从时间角度上看，由于各项影响因素是动态变化的，有的决策可能在制定时对市场影响较小，但经过较长时间的"发酵"而可能产生排除、限制竞争的效果。可见，仅仅在决策制定时进行形式上的公平竞争审查不能达到审查效果。

园区政府购买公共法律服务的公平竞争审查应当更多地走向实质审查，并在审查的时间尺度和空间尺度上有所扩展。这是因为园区政府"招商引资"仍为主要职能，各种优惠政策更为频繁，其间还包括大量针对个别企业的"个案决定"，后者并非规范性文件或重大行政决策，这些"个案决定"往往并未受到形式上的公平竞争审查，但却会对市场竞争形成实质的影响。

简而言之，在通过需求导向型的动态调整机制确定政府购买公共法律服务的大致范围后，相关部门还需要对公共法律服务的内容进行实质性的公平竞争审查，在审查对象上纳入"个案决定"，在审查过程中紧密结合当地市场环境和社会环境，并在决策后定期进行市场影响的评估。由于园区政府优惠政策更为频繁，市场环境与社会环境的评估可以与后续优惠政策或"个案决定"中的市场环境评估合并，从而节省评估成本。

（三）培育及引入多元的公共法律服务主体

建立公共法律服务体系对于建设法治社会、培育企业法治意识是必要的，因此前述建议中限制政府购买公共法律服务的范围，不能理解为是削减公共法律服务的总量，而应当是对其进行结构性的优化。为此应当增加公共法律服务供给主体的多样性以及公共法律服务本身的多样性。

1. 培育公共法律服务市场与市场主体。党的十九大报告指出，当前我国社会的主要矛盾已经转化为"人民日益增长的美好生活需要和不平衡不充分的发展之间的矛盾"。《关于加快推进公共法律服务体系建设的意见》（以下简称"《意见》"）中就相应地提出了公共法律服务体系的建设。所谓体系，必然意味着多层次和多样性，能够满足不同群体对于公共法律服务的多样性需求。党的十八届三中全会已经明确要使市场在资源配置中起决定性作用，同时要更好地发挥政府的作用，这就展开了建立公共法律服务体系的应然图景，即首先应当研判当地法律服务市场的状况，明确哪些服务是市场能够自发提供的，哪些服务是当地市场所欠缺的，哪些服务是需要政府、市场、社会组织等主体协同提供的。

对于其他地区有的市场化程度比较高的服务，但本地没有的，优先考虑鼓励其他地区的法律服务主体在本区开设分支机构，以及理清外地法律服务机构在本地开展业务的模式，培育和引入法律服务市场主体。如果本地该类需求较少，外地法律服务机构在本地开展业务不符合市场主体营利性趋向的，则可以由政府购买公共法律服务，以较低水平的业务量维持公共法律服务种类的多样性，例如《意见》中提及的鉴证和公证服务。购买公共法律服务还应当注意"量"的因素[1]，当园区内部企业需求发生变化，已经能够独立支撑法律服务机构的营业的，园区政府应当逐步降低购买数量，以至于最终退出该市场。

而对于一些细分领域，可能尚不存在有关的市场服务。通常的商业聚集具有社会协作性与时间连续性[2]，与特色产业链相匹配的法律服务可以随之一起发展。但是园区的产业集聚是由园区政府招商引资快速建立起来的，因此与主产业有关的配套基础设施更多地依赖园区政府具有预见性而建立的，而非自然的市场发育。此时，园区政府需要培育有关的法律服务细分市场，即通过政府购买公共法律服务来培育市场，但与前一种情况相同，当市场已经培育成功，园区政府应当及时退出，以避免形成细分市场中的行业垄断。

2. 扫除社会组织提供公共法律服务的障碍。现实中，有一些法律服务并不具有营利性，例如一些公益性的法律援助，但除了依法应当由政府提供的法律援助，还有许多社会组织提供此类服务。但是，"大量的法律类社会组织合法身份缺失"[3]，这导致其提供公共法律服务具有实质性障碍，而且这一部分法律服务正好对应着园区公共法律服务的短板，即主要针对无法负担正常法律成本的公民。

诚然，该类公共法律服务可以由园区政府全面提供，并且其属于有公民权支撑的政府购买公共法律服务的内容。但是，在服务企业仍然是园区的主要职责的基础上，园区政府为公民提供的公共法律服务可能构成利益冲突。例如在劳动争议案件中，园区政府购买公共法律服务体系将同时面对劳动者与企业两个服务对象。而社会公益性法律组织"'第三方'的身份优势，既容易获得当事人的信任，方便当事人依法维权，也有利于矛盾纠纷在法治的轨道上妥善解决"[4]。在"放管服"改革的大背景下，也应当解除对社会组织的不当限制，加强对其合法监管。

---

[1] 许燕：《我国政府购买公共服务的界限分析》，载《河北法学》2015年第11期。
[2] 蒋三庚：《论商业集聚》，载《北京工商大学学报（社会科学版）》2005年第3期。
[3] 叶穗冰：《法律类社会组织的社会价值及生存环境》，载《宁夏社会科学》2015年第2期。
[4] 叶穗冰：《法律类社会组织的社会价值及生存环境》，载《宁夏社会科学》2015年第2期。

简言之，园区政府应当秉持共治共享的理念，为园区公共法律服务提供方、公共法律服务的种类以及公共法律服务的总量创造增量的同时，依据不同服务提供方的特点，进行结构性的优化，使其各自发挥自身优势。

结 论

园区政府购买公共法律服务的特殊性决定了该过程面临的法律问题的特殊性，和传统行政区政府的同类行为相比，园区政府要遭受更多的正当性、均衡性、政企关系以及公平竞争方面的质疑。有的质疑虽然是基于园区政府特殊性而产生的，但解释的责任仍在政府，有的质疑的确代表了改进的方向，二者都应当得到积极回应。

园区政府购买公共法律服务的正当性应当通过成本收益及效率来证成，而依法开展的科学评估是最直接的回应方法；关于对均衡性、政企关系以及公平竞争方面的质疑，都与园区政府购买公共法律服务的范围有关。应构建服务内容需求导向型的动态调整机制，严格落实且适当地扩大公平竞争审查的范围，能够缓和对以上问题的质疑。最后，要长效地解决上述问题，需要理顺各主体的关系，尤其是政府和市场的关系，园区政府主要应当培育市场及市场主体，当培育合格后要适时退出。

本文仅就园区政府购买公共法律服务法律问题中特殊性的一面进行了分析和应对，但在产城融合的大背景下，园区政府实际上同时面临着传统行政区政府的普遍问题和自身的一般问题，二者之间还可能因为职能冲突而使得问题更加复杂化，这需要后续的研究加以解决。

高校法律人才：
公共法律服务的后备力量

谭孝敏*

摘　要	我国提出"到 2022 年形成覆盖城乡、便捷高效、均等普惠的现代公共法律服务体系"，面对法律人才短缺和分布不均的问题，将高校法学院系中的优秀法律人才纳入公共法律服务的队伍是可行的办法，一方面是填补缺口，另一方面是培养学生的实践能力。然而目前高校存在参与基层公共法律服务的渠道尚不健全，学校教学中重理论、轻实践，学生观念固化以及经费不充足等种种困难阻碍了"后备力量"的发挥，克服重重障碍有赖于政府、高校师生、社会力量的共同努力。
关键词	公共法律服务；高校法律人才；政府购买；教学体制

一、引　言

自党的十九大以来，公共法律服务这块土地逐渐显露于公众视野。党的十九大提出要将全面依法治国作为新时代中国特色社会主义基本方略之后，党的十九届四中全会提出了要完善公共法律服务体系的主张。相继，中共中央办公厅、国务院办公厅印发《关于加快推进公共法律服务体系建设的意见》提出要在 2022 年以前，基本形成覆盖城乡、便捷高效、均等普惠的现代公共法律服务体系的近期目标，以及到 2035 年基本形成与法治国家、法治政府、法治社会基本建成目标相适应的公共法律服务体系的中远期目标。于是各地政府都开始探索适合本地区的公共法律服务建设。

公共法律服务的提供主体是政府，但是与政府提供的日常服务相比，公共法律服务既具有公共属性也具有法律属性。这就要求提供这种服务的主体应具备法律知识，而政府工作人员中，具备法律属性并且能够专门面向社会提供日常法律咨询服务的人员少之又少，于是就需要向社会吸纳法律人员担任提供公共法律服

---

*　谭孝敏，西南政法大学 2021 级硕士研究生，主要研究方向为行政法学。

务的职能。从各地政府购买公共法律服务的实践中可以看出，提供公共法律服务的机构主要包括司法行政机构、律师事务所、律协、法律援助机构、人民调解机构、基层法律服务所、公证机构、鉴定机构等。[1] 很少有地区将高校作为提供公共法律服务的主体，即使有的地方开始了这样的实践，也是由高校中资深的教授等担任，而高校法学专业学生较少直接接触公共法律服务，即使有，也是参与一些普法宣传活动，很少能一对一解决民众困难。本文就立足于从高校中具备法学专业知识的人员这一主体出发，论证由高校法学专业人员提供公共法律服务的可行性。

二、公共法律服务：重在基层建设

2020 年是不平凡的一年，经过中央和地方的共同努力，通过点对点精准扶贫，我国已全面建成小康社会。党的十九大报告指出，我国社会的主要矛盾已经转化为人民日益增长的美好生活需要和不平衡不充分的发展之间的矛盾。为了满足人民群众多样化的需求，党中央针对法律服务这一方面提出要为群众提供普惠均等的公共法律服务。由于各地区法律资源不均等，导致城乡之间存在较大差距，尤其是在城市社区和农村地区，法律服务稀缺难以满足大众需求。

公共法律服务中的"公共"是指公平、公益、共享、普惠，即要将法律服务打造得像医疗、交通等服务一样便捷、均等，让普通百姓也能就近、平等地享受，这是现代公共法律服务打造的基本要求和必然趋势。面对城乡公共法律服务不均等的问题应当将重点瞄准基层地区，就像精准扶贫时的要求一样，加大对公共法律服务薄弱地区的扶持力度，只有将法律的触角伸向农村地头、城市社区，这样的法律服务网才算是真正建立。

"社区是打通社会治理的最后一公里"，因此本文所提及的公共法律服务供给，主要是面向基层群众，从他们的法律需求出发，探寻高校能够为基层提供的法律服务的种类与方式。

三、高校法律人才参与公共法律服务建设的价值分析

"法律人才是建设法治国家第一资源"[2]，高校法学教育已经不同于初高中

---

[1] 杨凯等：《公共法律服务体系建构及其评价标准研究》，中国社会科学出版社 2020 年版，第 95 页。
[2] 霍宪丹：《法律人才是建设法治国家的第一资源——从法律职业到法学教育》，载《中国法学教育研究》2006 年第 4 期。

教育，高校法专业学生经过 3 年左右的基础知识学习后已经基本具有法学体系知识，并且具备了分析问题、解决问题的能力，这就为参与公共法律服务的建设提供了理论支持。除此之外，高校学生缺少法律实践，正如美国法学家霍姆斯曾说过："法律的生命不在于逻辑，而在于经验。"[1] 当前我国的高等法学教育注重理论方面的研究，但是在实践方面的付出较少，而法学是一门需要从实践中探寻社会问题并解决社会问题的学科，所以更加离不开实践。具体而言，让高校法律人才参与公共法律服务建设，对高校、学生以及对基层公共服务体系建设都具有特殊的价值，以下进行具体论述。

（一）解决法律人才供给不足的缺口

政府向社会购买公共服务这一过程中，由于面向的群体是法律专业人士，所以双方就价格方面难以达成共识，而价格低廉容易导致提供的服务不合标准，如何用较低的价格购买到优质的法律服务是当前需要解决的问题。笔者认为从高校中挖掘法律人才可以暂时弥补这一短板，因为高校中从来都不缺乏具备优秀法学专业知识的人才，并且这群青年有理想、有担当，他们时刻准备着踏入社会，为社会出一份力，法学实践经验对这群青年来说更为重要，所以在经费使用方面，更多的是用来培养他们。

目前各地提供公共法律服务主要通过三种方式：实体服务、热线电话以及网络平台服务。[2] 通过观察重庆市建立的重庆法律服务网（也称 12348 重庆法网）平台，可以看出，重庆市提供的法律服务种类比较健全，但是从基层法律服务所这个板块可以看出，基层法律服务所设置的位置不均衡，每个服务所配备的人员也参差不齐，甚至有的服务所仅设置了一名服务人员。在这些服务所中，重庆市政府也在街道、社区或者乡镇穿插了人民调解机构，但是人员配备难以满足需求，导致很多地区设置的调解机构没有法律服务人员。

如今群众对法律的需求日渐增加并多样化，但是法律人才的配备却很少，尤其是在基层地区，要缓解这对供需矛盾，从高校中遴选法律人才是不错的选择。

（二）丰富公共法律服务供给渠道与方式

目前公共法律服务的提供主体主要包括司法行政机关、律师事务所、公证

---

[1] [美] 小奥利弗·温德尔·霍姆斯：《普通法》，冉昊、姚中秋译，中国政法大学出版社 2006 年版，第 1 页。
[2] 杨凯：《公共法律服务元年新观察》，中国社会科学出版社 2020 年版，第 225 页。

处、法律援助机构、调解委员会、基层法律服务所等[1]，这些机构的人员配置仅够满足处理本职范围内的工作，如果再额外增加向公众提供其他法律服务的业务，在时间和精力上，这些机构恐怕都有些分身乏术，所以建议将高校也作为提供公共法律服务的主体，由高校和相关社会机构一起带领学生应对公众的法律需求。

另外，各大高校的法学专业设置了不同的学科，大多高校的法学专业都要求学生先学习法学大类，培养学生的法学素养，之后才会根据学生的兴趣和专长进行分流，因此应对群众各方面的需求，不论是经济纠纷方面还是婚姻家庭矛盾方面，法学生都是具有一定专业理论知识的。此外，因为高校开设了关于法律各方面的多样化的课程，如公证、司法鉴定、人民调解、普法宣传等各方面法学生都有所涉猎，具有一定的应对能力。

因此，将高校列入提供公共法律服务的主体拓宽了解决群众法律诉求的渠道，高校多元化的教学方式和内容也扩展了学生运用法律解决问题的能力。从理论上而言，高校法学专业师生都是可以作为提供公共法律服务的后备力量。

（三）完善高校法学专业教学体系

英国柯克大法官曾说过一句话："法律是一门艺术，是需要经过长期的学习和实践才能掌握的。"[2] 英国早期从事法律的人才是在十二三岁时就跟着长期从事法律实践的长者学习，这也印证了法律需要从实践经验当中获得真知。但是笔者并不推荐在没有系统学习法律理论知识之前就从事法律实务工作，只是强调实践经验对于法学工作的重要性。

反观当前我国高校的法学教学体系，在理论方面较为注重，但是在实践方面投入的精力不够。在较为注重培养学生实践能力的高校一般要求本科生在大四毕业前需要有三个月以上的法律方面的实习经历，研究生在毕业前需要有六个月以上的实习经历，由于一些学校的审核机制不完善，学生抱有应付心理，加上这两年来新冠疫情的影响，在实习方面更是大打折扣。

因此，高校为法学专业的学生打通一条提供公共法律服务的实践路径，既可以为学生的实习提供更多样化的选择，又是推进高校法学专业教学改革的重要途

---

[1] 杨凯：《公共法律服务体系建构及其评价标准研究》，中国社会科学出版社2020年版，第95页。

[2] [美] 罗尔斯·庞德：《普通法的精神》，唐前宏、廖湘文、高雪原译，法律出版社2001年版，第41—42页。

径。目前，法学专业类院校大多是与律师事务所、法院、检察院的联系较为密切，学生也大多会选择这些机构、单位实习，但是这些地方的实习岗位是有限的，难以满足众多法学生的实习需求，相反，基层的公共法律服务场所缺少服务人员，为缓解这样的配比不均衡的局面，由高校出面推进此项工作对改良和完善学校的实践教学体系无疑是一种有益的尝试。

（四）提升学生实践能力水平

古人云："读万卷书不如行万里路。"从书本中学习的理论知识，最终要到实践中得到检验。高校法学生经过十几年的寒窗苦读，在理论上已经拥有了一定的知识储备，加上心智的逐渐成熟，已经具有在社会实践中检验自身能力的需求和动力。笔者将公共法律服务定位在基层，是因为基层产生的社会问题更能磨砺人的心智，引发人的思考。

苏力教授在《法治及其本土资源》中提及"一个民族的生活创造它的法制，而法学家创造的仅仅是关于法制的理论"[1]。任何法学理论、法律制度的提出都离不开人们的生活，而基层就是在校学生很好地接触社会的地方。有人可能会提出，基层生活过于复杂，笔者却认为基层才是最为淳朴最具有生活气息的地方，让学生进入普通百姓的生活，倾听他们的诉求，为他们排忧解难，未尝不是提升自身能力的好方法。21世纪的青年不是温室里的花朵，他们风华正茂，满腔抱负，一心想着奔向社会闯出一番大业绩，在这之前，为何不先体验一下为基层提供公共法律服务的生活呢？一方面是磨砺自己的勇气，另一方面也是锻炼自己运用专业知识解决实际问题的能力。

杨凯教授专门研究公共法律服务，他曾在书中提出："实践出真知，基层是沃土。"[2] 他也鼓励青年送法下乡，深入农村基层，用自己的能力和修养为百姓普法、讲法、送法。青年这一支力量是堪当重任的，习近平总书记非常鼓励青年参与农村经济、文化等各方面的建设。如今，公共法律服务出现人才缺口，青年也应一马当先。青年人只有在社会实践中检验自己的法律本领，才能提升法律应用水平，基层是一片亟待开垦的沃土，在基层实现青年人的法治理想与信仰，这对青年人的能力提升以及对公共法律服务的全覆盖而言，都是上佳的选择。

---

[1] 苏力：《法治及其本土资源》（第三版），北京大学出版社2015年版，第308页。
[2] 杨凯：《公共法律服务元年新观察》，中国社会科学出版社2020年版，第90页。

四、高校参与公共法律服务的难点分析

（一）高校与基层联系不畅通

基层公共法律服务主要归司法行政机关管辖，但高校法学院系一般与律所、法院、检察院等机构、单位联系密切，与司法行政机关少有往来，司法行政机关也很少会将实习项目委托给高校；并且从高校法学院系分流的专业来看，也没有与司法行政机关直接相对应的专业，因此在临近毕业实习时，学生们更倾向于去优秀律所、国企法务、当地中基层法院和检察院寻找实习机会，有些高校与这些机构、单位之间具有长期合作关系，会直接安排学生去实习。相比于上述机构，司法行政机关的业务涉及的法律专业性可能不强，更多是偏向于行政方面，但是就公共法律服务而言，它不仅要求学生具备相当的法律知识，而且要熟悉地方立法和风土人情，所以还是值得法学生锻炼尝试的。

（二）高校教学体制缺乏创新

古人云："师者，所以传道授业解惑也。"当前我国的法学教育也是注重理论研究领域，对实践探究较少。学生在校期间接触的法学社会实践主要是普法宣传活动，或者是一些文艺活动，但是这些活动一般都是由学生社团自行组织，在学校重视度不够又缺乏经费的情况下，这些活动形式较为单一，学生也存在应付心态，很难真正地普法下乡。[1]由于课时有限，学生在课堂上所学的案例大多较为出名，虽然这些案例非常重要，但并不是与群众日常相联系、息息相关的那些平常又烦琐的纠纷，学生从课堂上很难体会到社会生活现状，而从事基层的公共法律服务，可以对此进行弥补。

另外，笔者认为大部分高校教师主要从事科研课题研究，而与社会实践的联系，如何创新教学体制，让学生既能在课堂上学习专业理论知识，又能接触到社会发生的常见案例，是值得思考的问题。

（三）学生的观念较为陈旧

让学生下基层参与公共法律服务需要应对的不仅是教学体制问题，而且需要转变学生的观念。虽然青年一代斗志昂扬，但是让学生选择去基层深挖还是去待遇较好的地方，大多数学生都会选择后者。如何调动学生的积极性是需要考虑的。如果将下基层参与公共法律服务作为一项学生必须完成的任务，可能会适得

---

[1] 包红光：《地方高校法学院系参与公共法律服务探索》，载《黑龙江教育（高教研究与评估）》2020年第9期。

其反，收效甚微，而且，缺乏自愿性的选择，往往难以调动学生的积极性，一方面不利于教学资源的配置，另一方面也浪费了学生的时间。虽然去基层历练有很多优点，但是也不能否认，基层的社会环境复杂、工作强度和压力较大，学生需要转变自身观念去接受。如果校方为学生打通了通往基层的渠道，但是又没有学生愿意去，这不仅会损害校方的利益，也会挫伤基层公共法律服务机构的期待与热情。

（四）实践经费缺乏

实践活动离不开经费保障，如果没有经费支持高校对接公共法律服务活动，相应活动恐怕很难开展。目前高校在校学生实习方面的保障力度是不够的，以笔者的本科学校为例，在毕业实习方面，学校有强制规定时长，由学生自己去找实习机构。一般来说，像法院、检察院这种国家机关，实习生不仅没有工资，可能连日常的补贴都没有；像律师事务所、国企法务这种机构，由于实习生的实习时间较短，而且能否留下继续工作的变动性较大，所以一般给予实习生的待遇较差。从接收实习生的单位角度考虑也可以理解，另外学生实习也是需要付出成本的，比如租房费、伙食费、交通费等。所以经费问题是困扰当前高校法学院系参与公共法律服务的因素之一。

除了实习方面，目前高校法学院系参与公共法律服务还有一种形式，就是普法下乡。[1] 此类活动往往是由学生社团组织，然而社团的经费是不足的，所以往往依靠的是学生自愿参与，组织形式也较为单一，普法收效甚微。

经费问题有待于国家财政支持，需要高校和基层公共法律服务机构的共同努力，也需要切实可行的实践规划。

（五）特殊的社会环境影响

自新冠疫情暴发以来，目前的管控措施已经比较完善，但仍时有无症状感染者出现，一旦出现，相应地区就启动应急管理措施，如果高校所在地区属于防控区域，学校就会采取封校措施，管控学生进出校园。面对这种大环境的影响，建立稳定的线下模式，将学生输入基层公共法律服务所进行面对面地提供法律咨询的做法已经不现实，所以需要创新服务提供的形式，当然线下模式是首选，但是如果条件不允许，就需要考虑采取线上网络平台提供帮助或者在校建立公共法律服务热线平台等方式，总之目的是让学生真正地参与到相关实践中。

---

[1] 包红光：《地方高校法学院系参与公共法律服务探索》，载《黑龙江教育（高教研究与评估）》2020年第9期。

另外，除了实习，学生在日常空余时间也可以在校提供公共法律服务，例如，笔者所在的研究生院就已开通志愿者服务平台，可以在平台上预约提供服务的时间并获取相应服务时长的志愿者认证。但从目前的活动来说，主要是对接校内的活动，例如清洁校园、校园安保等，对接校外的活动较少。高校法学院系想要参与到基层公共法律服务当中，需要高校和基层之间建立往来，为学生开通一个参与的途径。

五、高校参与公共法律服务的建议

（一）加强与基层法律服务机构的联系

当前，公共法律服务主要是由司法行政机关管辖，高校参与公共法律服务，不可避免地需要加强与司法行政部门的联系。与此同时，相关司法行政部门也应转变固有观念，对高校的参与持开放包容、鼓励支持的态度。根据杨凯教授对统筹协调定位下公共法律服务的定义，即指为了满足社会经济发展中人民群众日益增长的法律需求，弥补市场供给不足和资源配置不均衡，实现社会公平正义及和谐稳定，由政府主导、社会力量参与，以保障公民、法人和其他组织法律需求为主要目的而组织提供的必要服务设施。[1] 因此，提供公共法律服务的主体应当多元化，不仅包括政法机关、人民政府、基层群众性自治组织，还应当包括设有法律专业的高等院校。

高校法学专业具有参加公共法律服务的资格，那么后续保持高校和司法行政部门之间的联系，可以通过双方合作，给学生提供实习机会、协助学生社团普法下乡和在校园中建设公共法律服务站点等方式进行。

（二）完善教学体制

我国的法学教育重理论轻实践是自专业设置以来就一直存在的问题，苏力教授很早就提到过"理论脱离实际的情况仍然是课程设置和教学内容的重大和急需解决的问题"[2]。从笔者的上课感受而言，理论和实务相联系的课程更能引起我的兴趣。法学是一门交叉学科，同时也是一门需要理论联系实际的课程，当前我国法学教育当中，纯理论的课程稍显乏味，应当多增添一些实务课程，并且授课的教师可以考虑外聘具有实务经验的法律工作者。从提供公共法律服务的角度出

---

[1] 杨凯：《公共法律服务体系建构及其评价标准研究》，中国社会科学出版社2020年版，第32页。

[2] 苏力：《法治及其本土资源》（第三版），北京大学出版社2015年版，第321页。

发建议开设关于公共法律服务的相关课程，或者增设关于公共法律服务的知识讲座，由有相关从业经历的法律从业人员讲授，鼓励学生参与其中。另外，学校法学院系可以考虑建立公共法律服务人才培养基地，专门开展一些针对基层出现的法律问题进行研究。

教学体制的完善是多方面的，在此只针对公共法律服务板块，如果将公共法律服务融入实习当中，高校需加强对学生实习情况的审核，除了审核学生提交的报告以外，应当与学生的实习单位保持联系，抽查学生实习期间的表现，并作为评定的依据，这样做的目的是改善当前学生实习注水的现象。

（三）建立激励机制

一方面通过教学体制的完善让学生在课堂中或者在课余讲座中了解公共法律服务的基本内容，另一方面学校需要设置一些激励措施让学生能够主动自愿地参与到公共法律服务中。例如可以通过志愿者服务认证程序，认可学生参与公共法律服务的时长，以此作为评定学生奖学金或者申请荣誉称号的依据之一，也可以通过校内参与公共法律服务站点的热线电话、网络平台提供法律帮助等，将参与时间纳入实习的评定，并由学校或者实习机构提供实习证明。在学生实地参与公共服务的过程中，需要由学校和实习机构联合提供相应的补贴，以此调动学生参与的积极性。

此外，调动学生导师的积极性也不容忽视。导师是与学生联系最为密切的老师，其鼓励学生参与公共法律服务的说服力很大，并且学生在参与过程中遇到的难题，也需要导师协助解决，因此，学校应当认可导师在这方面的付出，可考虑将导师带领学生参与公共法律服务纳入职称评级、日常公共表现等的考核中。

（四）拓宽经费来源

参与公共法律服务的资金是需要解决的问题。从政府购买公共法律服务的实践来看[1]，是否可以考虑将高校也纳入购买的范围呢？笔者认为，高校法学生的培养不只是学校的义务，还是全社会的责任，所以在资金方面应当打通政府购买这条渠道。当然也应当承认，在校学生提供的法律服务的总体质量不能与真正的法律服务者相比，所以资金方面可以有所降低，并且主要是政府与学校方面联系，用于学校对学生该方面的投入。另外国家也应当出台相关政策，让下层的活动有理有据。高校法学院系的资金是不充足的，想要在实践方面有更多的投入，

---

[1] 方世荣、付鉴宇：《论法治社会建设中的政府购买公共法律服务》，载《云南社会科学》2021年第3期。

除了依靠政府补贴之外，自身也需要拓宽经费来源，例如校友会的捐赠、设置相关课题研究项目等。

（五）创新服务模式

当前公共法律服务提供模式主要通过实体服务、电话热线和网络平台的方式，这三种方式高校法学院系都能参与。实体服务可以通过毕业实习的方式进行；热点电话可以通过在学校内部打造公共法律服务站点进行；网络平台可以利用学校现有的网络教学资源，在资金允许的情况下，可以建立专门的办公室，或者在打造公共法律服务人才培养基地时将办公用地和教学用地同时考虑进去。

除了这三种模式之外，也可以考虑在学校周边社区打造公共法律服务咨询模式，即仿照值班律师制度，由学校组织学生驻守，为居民提供相关的法律咨询。另外，学校社团组织的普法下乡的活动方式和内容也应当多样，不能停留在走过场上，而要真正达到活动的目的。普法的内容除了宣传法律之外，也可以宣传高校提供公共法律服务的途径，并欢迎群众多支持高校对公共法律服务活动的开展。为充分利用在校学生的优势，网络平台模式应当充分利用起来，仿照法院执行庭视频会议交流案件情况的模式，在学校中也可以建立与基层公共法律服务所对接的视频会议，由基层法律服务所为群众提供场所和设备，连接校内的会议室，这种方式可以不受外部环境的影响，在尽可能完善的情况下，可以推广适用。

六、总结与反思

近两年，随着中央对公共法律服务的重视提高，学界对该领域的研究也在增多，但大多集中在比较广泛的领域去研究，很少能瞄准单个主体[1]，例如将律师群体、高校师生作为特定主体去研究参与公共法律服务的必要性和可行性，所以可供笔者参考的相关文献较少，文章显示出笔者的设想居多，在很多方面都论证得不够成熟和系统，仅供抛砖引玉。

笔者认为，公共法律服务应当鼓励在校大学生参与，就像一直以来都鼓励青年下乡服务一样，青年应该把知识带到底层群众需要的地方，法律知识更是如此，公共法律服务检验的是较为全面的法律知识，而且考验学生把专业知识和乡土人情融合的能力，这是很好的历练机会。重庆市非常重视公共法律服务的建设，在《重庆市司法局关于印发〈重庆市基层法律服务队伍发展方案〉的通知》

---

[1] 杨凯：《论现代公共法律服务多元化规范体系建构》，载《法学》2022 年第 2 期。

中的措施中有一条规定，原来从事公共法律服务者需要通过国家统一法律职业资格考试，现在放宽标准，只要通过客观题考试的人员就可以申请实习，这就给更多的在校生提供了实习的契机。总之高校法学院系参与公共法律服务是可行的，相比于政府购买其他法律服务，其向高校购买优质师生资源是不错的选择，而且体现了政府承担培养青年法律人才的社会责任。

成渝地区双城经济圈公共法律服务一体化构建路径试析

王 宁*

摘 要 成渝地区双城经济圈战略呼应新时代构建以国内大循环为主体、国内国际双循环相互促进的新发展格局，其肩负打造国家经济第四极的重大发展使命。公共法律服务一体化构建为这一战略部署的纵深推进提供强大助力。从现实背景看，公共法律服务一体化的构建以成渝双城经济圈建设全局为战略支撑；以自上而下的政策体系为政治保障；以多层次建设成效为社会基础。目前，成渝地区双城经济圈公共法律服务一体化构建面临着区域合作形式松散、联通机制有待加强，公共法律服务人才配置不均、服务市场能力有待增强，规范性评价指标欠缺、监督机制不足的问题。为此，需要着力加强高层合作、均等配置公共法律服务人才资源、优化营商法治环境、建立公共法律服务评价指标体系、提升成渝公共法律服务信息化水平。

关键词 成渝；公共法律服务；一体化

一、引 言

成渝地区双城经济圈是我国继京津冀、长三角和粤港澳大湾区之后的又一重大战略部署，担负着西部发展核心的重要使命。经济的高质量发展离不开法律的有力保障。随着战略部署的深入推进，政府陆续出台一系列政策文件引导成渝地区双城经济圈公共法律服务体系的构建。作为新兴学术热点，学界与之相关的直接研究成果尚不充分，但已有的从不同侧面进行的研究结论为本文打开了新思路。综合看来，主要包括以下三个方面：

其一，关于公共法律服务基本内涵的合理界定，学者立足不同层面界定和论述了公共法律服务的概念、性质与类型。最具代表性的成果如邓伟青通过比较研究的方式，明晰公共法律服务的理论边界，并突出其基本内涵、显著特点与社会

---

* 王宁，西南政法大学 2020 级法律史专业硕士研究生，主要研究方向为法律史。

价值[1];杨凯认为除传统起到民生支持和保障作用的基本公共法律服务之外,又提出非基本、市场化、社会公益化公共法律服务的概念,拓展了研究视野。[2]

其二,关于公共法律服务体系构建,学者立足不同视角,分层论述了具体构建路径。徐尚昆以行为科学和新制度经济学的研究成果为理论基础,从理念转换、政府边界、知识社会化、约束与激励四个方面构建理论体系。[3] 宋婷立足资源联合重组视角,分别从健全顶层设计、优化多元供给渠道、充实基础保障资源三个方面展开思考。[4] 此外,更多学者如张梦婉[5]、邓搴[6]从政府购买的角度阐释公共法律服务理论架构与实践路径。

其三,关于跨域公共法律服务发展路径研究,学者聚焦本地公共法律服务跨域发展的特点与不足之处,提出具体举措。田加知综合粤港澳大湾区公共法律服务政策的导向与社会背景,认为公共法律服务体系跨域建设应当重点消除法律适用机制障碍并细化公共法律服务标准。[7] 张翼杰通过分析评价山西各地公共法律服务体系建设过程中的共性问题,提出一站式、多层次的解决方案。[8] 袁宗勇分析了构建成渝法律服务联盟的重要意义与基础条件,就联盟目标与机制、路径布局、协作体制等方面进行探究。[9]

综上,可以看出学界主要围绕公共法律服务的基本内涵、体系建构与跨域发展路径展开研究且成果丰硕;但多数研究停留在理论层面,没有深入田野调研,研究结论与实际脱节,缺乏运用价值;在公共法律服务跨域发展研究中,学者较少关注区域发展宏观战略部署与公共法律服务深层次、全方位的互动关系,

---

[1] 邓伟青:《广东省构建公共法律服务体系问题及对策研究》,湘潭大学 2017 年硕士学位论文。
[2] 杨凯:《论现代公共法律服务多元化规范体系建构》,载《法学》2022 年第 2 期。
[3] 徐尚昆:《推进公共法律服务体系建设的理论探讨》,载《中国特色社会主义研究》2014 年第 5 期。
[4] 宋婷:《现代公共法律服务体系构建的内在逻辑和路径探析》,载《沈阳干部学刊》2022 年第 1 期。
[5] 张梦婉:《政府购买公共服务法理基础的重构——以公民权利为中心》,载《天府新论》2015 年第 1 期。
[6] 邓搴:《政府购买公共服务的法律关系研究》,载《江汉大学学报(社会科学版)》2019 年第 4 期。
[7] 田加知:《粤港澳大湾区公共法律服务体系建构基础和发展试析》,载《中国司法》2021 年第 8 期。
[8] 张翼杰:《完善地方养老服务法律体系和制度的对策研究——以山西省为例》,载《陕西理工大学学报(社会科学版)》2021 年第 1 期。
[9] 袁宗勇:《关于构建成渝法律服务联盟服务成渝地区双城经济圈建设的建议》,载《中国司法》2021 年第 5 期。

相关结论具有片面性。此外，在成渝地区双城经济圈建设方案的研究与实践中，公共法律服务的理论价值与边际效用未引起足够重视，相关理论仍较为薄弱。因此，在探究成渝地区双城经济圈公共法律服务一体化构建路径过程中，需要以学界既有理论成果为基础，全面梳理其现实背景，总结发展难点并寻求因应之道。

二、成渝地区双城经济圈公共法律服务一体化构建现实背景

（一）战略背景：成渝双城经济圈全局战略的强大支撑

成渝地区双城经济圈建设战略的纵深推进激发公共法律服务需求，并为其构建一体化提供有力的经济支撑，在公共法律服务一体化发展进程中始终起着基本的保障功能与强大的推动作用。成渝地区双城经济圈是为了适应新时代构建以国内大循环为主体、国内国际双循环相互促进的新发展格局，形成优势互补、高质量发展的区域经济布局，并为拓展市场空间、优化和稳定产业链、供应链而提出的一项重大举措，目的在于以重庆市和成都市为中心，充分利用其经济区位优势与地缘优势，"以核带圈，以圈促群"，建设西部经济发展的新引擎与国家经济新的增长极。

成渝地区双城经济圈建设战略有着深刻的地理、历史与社会背景。从地理位置上看，成渝地区位于长江上游，地处四川盆地，东邻湘鄂、西通青藏、南连云贵、北接陕甘，有着得天独厚的地理优势，是维持社会经济发展与保障国家安全的天然"大后方"；从历史与社会发展历程看，党和政府高度重视成渝地区经济一体化发展，1999年党中央提出西部大开发战略将成渝地区视为西部经济增长的重要一极，成渝两地在经济上开始了密切的合作；2007年6月，国家发展和改革委员会（以下简称"国家发展改革委"）下发《国家发展改革委关于批准重庆市和成都市设立全国统筹城乡综合配套改革试验区的通知》，正式批准重庆市和成都市设立继上海浦东新区、天津滨海新区之后也是在西部设立第一个全国统筹城乡综合配套改革的试验区；2011年，经国务院批复，国家发展改革委印发《成渝经济区区域规划》，将成渝经济发展上升到国家战略高度，为成渝地区经济发展提供了重要指引；2016年，国家发展改革委、住房和城乡建设部联合印发《成渝城市群发展规划》，明确到2020年，成渝城市群要基本建成经济充满活力、生活品质优良、生态环境优美的国家级城市群；2030年，成渝城市群完成由国家级城市群向世界级城市群的历史性跨越；《2019年新型城镇化建设重点任务》明确将成渝城市群与京津冀城市群、长三角城市群和粤港澳城市群并列；2020年1月，

习近平总书记在中央财经委员会第六次会议上提出推动成渝地区双城经济圈建设的战略部署，明确其战略定位和战略目标；同年 10 月，中共中央政治局审议通过《成渝地区双城经济圈建设规划纲要》，标志着成渝地区双城经济圈建设迈入新的征程。

双城经济圈建设有利于发挥成渝地区沟通西南西北、连接国内国外的独特区位优势，引领中国西部地区发展，形成中国经济增长"第四极"。"法治是最好的营商环境"，经济社会的有序运行离不开法律的保驾护航，同时经济发展又促使法律的进一步完善，以适应和匹配经济发展总体战略布局和社会改革前进方向。因此，公共法律服务一体化构建是成渝地区双城经济圈战略的题中应有之义。

（二）政策背景：公共法律服务一体化构建的系统规划

从中央到地方自上而下的政策体系构成了成渝地区公共法律服务一体化发展坚强有力的政治保障，同时也分领域、分重点、分阶段地对其实现路径作出方向明确、目标既定、措置得当的系统规划。

2014 年《司法部关于推进公共法律服务体系建设的意见》出台，将公共法律服务定义为由司法行政机关统筹提供，旨在保障公民基本权利，维护人民群众合法权益，实现社会公平正义和保障人民安居乐业所必需的法律服务；党的十八届四中全会通过《中共中央关于全面推进依法治国若干重大问题的决定》，提出要推进覆盖城乡居民的公共法律服务体系建设，加强民生领域法律服务；习近平总书记多次对公共法律服务工作作出重要指示，强调要立足现实、补齐短板，统合城乡发展，加快构建覆盖城乡、便捷高效、均等普惠的现代公共法律服务体系；2019 年 6 月，中共中央办公厅、国务院办公厅印发《关于加快推进公共法律服务体系建设的意见》，明确现代公共法律服务体系的指导思想、总体目标、主要任务和实现举措；2021 年 1 月，中共中央印发了《法治中国建设规划（2020—2025 年）》，指出要建设完备的公共法律服务体系，同时明确未来五年全国司法行政工作的指导思想、基本原则、主要目标和 2035 年远景目标并对阶段工作进行具体部署，绘制高质量建设法治中国的宏伟蓝图。2021 年 10 月，中共中央、国务院印发了《成渝地区双城经济圈建设规划纲要》，为成渝双城经济圈的建设提供了重要指引，也为司法机关深化司法协作、创新法治实践，加快推进成渝地区公共法律服务一体化提供了重要遵循。2021 年 12 月，司法部印发《全国公共法律服务体系建设规划（2021—2025 年）》，为我国"十四五"时期建设完备的公共法律服务体系进行全方位的系统性设计。该规划对公共法律服务基本内涵的深刻把握超越了传统理论主张法律援助、扶危济困等无偿、公益性的基本法律服务范畴，立足"在法治轨道上推进国家治理体系和治理能力现代化"的重要目标以及"十四五"时期"把握新发展阶段、贯彻新发展理念、构建新发展格局"的战略全局，进一步将"服务经济高质量发展""加强涉外法律服务"等非社会公益性法律服务纳入公共法律服务范畴。强调要围绕成渝地区双城经济圈建设等国家重大发展战略，建设高水平公共法律服务中心。

在中央各项政策的全面指导、大力支持与强势推动下，成渝地区双城经济圈公共法律服务一体化建设步伐稳健有序地向前迈进。2020年10月，成渝两地司法局签署《关于发挥重庆主城都市区和成都市双核作用推动成渝地区双城经济圈法治建设重点项目合作协议》，并逐步确立成渝法律服务一体化发展"1+4+16"总体思路：制定1个总体合作框架，签订成渝律师、公证、仲裁、司法鉴定行业一体化4个发展协议，明确推进行政复议协同、社区矫正联管、人民调解协作等16个重点项目，将成渝公共法律服务合作推向纵深。2021年9月，成都市、德阳市、眉山市和资阳市四地司法局共同召开公共法律服务工作同城化建设推进会，助力成德眉资打造具有全国影响力的区域性公共法律服务中心，为成渝地区双城经济圈建设提供有力的法治保障，同时为成渝地区公共法律服务一体化建设形成有效的经验借鉴。

（三）社会背景：多层次建设成效的激发助推

政策的科学性在于其本身以真实社会实践为基础，深入特定社会领域的总体发展趋势、发展现状及问题，统筹把握该领域的普遍规律，从而由表及里、去伪存真，引导该特定社会领域的发展由量的积累迈入质的飞跃。成渝地区双城经济圈公共法律服务的建设成效在实践中围绕不同发展目的呈现出多层次的特点，既包括社会公益性质导向、由政府保障的基本服务，又包括金融市场性质导向的非基本公共法律服务，主要有"政府定价的非基本服务、市场化服务、社会公益化服务"[1]等领域。理论与实践的创新拓展为政策的不断优化与更新提供了依据。

在基本公共法律服务方面，成渝两地政府关切社会需求，加快建设基本公共法律服务保障体系。重庆市人民政府推进实体、热线、网络三大平台融合发展，完善公共法律服务网络，便利人民诉求；2020年，律师累计提供法律援助案件12272件，参与社会公益事业和社会活动25540次，基层法律工作者代理诉讼案

---

[1] 杨凯：《论现代公共法律服务多元化规范体系建构》，载《法学》2022年第2期。

件 29111 件，代理非诉案件 2997 件[1]；四川省人民政府累计建成基层公共法律服务中心 39542 个，建成省级"枫桥式司法所"80 个，上线运行新版"12348 四川法网"；"三大平台"共提供接待咨询服务 86 万人次；2021 全年办理律师代理案件 57.5 万余件、公证 118 万件、司法鉴定 18 万件、仲裁 5634 件，法律援助 6.3 万余件，建立省级"金牌调解室"50 余个[2]。

由此可见，人民群众对基本公共法律服务有着巨大需求，这要求成渝两地政府能够切实加强合作，以双城经济圈建设为发展契机，相互借鉴、优势互补，健全一体化公共法律服务体制机制，发挥合力作用，更好地满足两地人民群众获得基本法律服务的诉求。

在非基本公共法律服务方面，两地政府立足经济社会发展大局，着力提升现代化法律服务效能，加快构建适应资本金融市场的高质量法律服务高地，同时也包括发展现代公共法律服务业。重庆市司法局协同多部门联合印发《建设西部法律服务高地规划（2021—2025 年）》，就法律服务业高质量发展作出全面规划，提出以现代法律服务业的快速发展助力增强重庆发展能级与城市核心功能；依托"两江四岸"经济优势，建设"重庆两江中央法务区"与高端法律服务聚集区；打造高能级、国际化法律服务引领核心区。四川省委印发《法治四川建设规划（2021—2025 年）》，提出加快构建天府中央法务区，将其打造为集公共法律服务、法治理论研究、法治文化培训等全链条法律产业链、生态链于一体的市场化、国际化法治创新聚集区，成为全国范围内具有示范、引领作用的法治创新高地。

在加强自身法律服务产业建设、汇集高质量法律服务资本的同时，两地政府也在积极探索一体化发展的合作共赢之路。如：推进川渝两地"12348"公共法律服务热线并网运行，逐步实现公共法律服务"川渝通办"；建设川渝高竹新区公共法律服务中心；探索建立成渝地区双城经济圈商事调解中心；完善调解协作机制，共享调解专家库；等等。

据此，成渝地区双城经济圈建设过程中金融资本市场的发展要求有更高定位、更高层次与水准的公共法律服务体系作为保障，这极大地激发了非基本公共法律服务的市场需求，同时也明确其发展方向、阶段目标与具体路径。

---

[1]《重庆统计年鉴》，载重庆市统计局官网，http：//tjj.cq.gov.cn/zwgk_233/tjnj/2021/indexch.html。

[2]《四川省司法厅 2021 年推进法治政府建设工作情况》，载法治四川网，http：//sft.sc.gov.cn/sftzww/sfxzyw/2022/3/1/406c2a3d45d14087a8dc5d4c33c48fad.shtml。

三、成渝地区双城经济圈公共法律服务一体化构建难点

（一）区域合作形式松散，联通机制有待加强

完备高效的合作联通机制是成渝地区双城经济圈公共法律服务一体化构建的组织基础，而合作联通机制的不足同样也是成渝地区公共法律服务一体化构建面临的最大挑战。成渝两地历史渊源颇为相近，有"川渝一家亲"之说。自1997年重庆被划为直辖市后，四川省与重庆市分别建立了一级地方省级政府，各自处理经济行政事务，这便使得两地从原来一体化亲密无间的合作关系变成了合作兼竞争的关系，甚至竞争大于合作，甚至可能出现"零和博弈"的现象。在公共法律服务一体化发展进程中，合作联通机制不足可能导致的"无序竞争"会造成诸多困境。

一是两地政府高层合作有待加强。目前，成渝两地司法行政机关在公共法律服务领域已签订多项合作协议并形成"1+4+16"总体发展思路，但作为一项综合性的系统工程，公共法律服务牵涉面广，服务资源的跨区域流动更需要不同政府机关紧密配合，省级人民政府是地方一级最高行政机关，应当主动承担居中协调的重任。但事实上，成渝两地多项公共法律服务合作协议的签订主体仅仅是两地的司法局，缺乏省政府的直接参与。这最终会影响协议的落地实施的效果，不利于公共法律服务资源跨区域流动。

二是两地重大法律服务项目协商频次有待提升。在推进公共法律服务重大项目时，两地政府会根据现实情况的需要量身打造适合自己的政策，没有过多地考虑另一方的需求或双方的长远利益，例如双方政府都在着力支持构建西部法律服务高地，但究竟如何将具体的构建举措融入成渝两地双城经济圈公共法律服务一体化发展这一总体战略框架中，两地政府并未进行充分协商与合理规划，不免会造成优质法律服务资源事实上的浪费与错配。虽然成渝两地各自的实际情况不尽相同，但一体化是两地公共法律服务向前推进的必经之路，因此在建设重大公共法律服务项目之前，两地政府应当进行充分的协商，合理配置有限的法律服务资源。

（二）公共法律服务人才配置不均，服务市场能力有待增强

优质丰富的法律人才资源能够保障公共法律服务的市场供给。但要实现供给的有效性与稳定性，则需要对人才资源进行合理配置，同时要确保法律人才的服务能力符合市场需求。成渝两地双城经济圈公共法律服务的一体化构建在人才资源方面，存在两项突出短板：

1. 公共法律服务人才地域配置不均，存在明显的城乡差异与民族差异。成渝两地双城经济圈整体规划以成都市和重庆市主城区为极核，充分发挥辐射效应，带动全域经济发展。除极核城市之外，川渝存在大量欠发达区域及民族聚居区，而公共法律服务人才的资源分布总体上呈现以极核城市为中心的辐射状，缺乏均衡性与普惠性，经济发达地区人才资源过剩，而经济落后的区域及民族聚居区人才稀缺，无法充分满足人民群众基本的公共法律服务需求。

2. 优质法律服务资源不足，金融、知识产权、涉外法律服务人才匮乏。成渝双城经济圈"两中心两地"战略定位的实现需要以体系健全、发展充分的金融、知识产权、涉外商业产业为重要基础。两地以此为中心展开充分协商业已形成诸多共识。如2021年2月，川渝两地高级人民法院、知识产权局签署备忘录，建立多项合作机制，推动形成知识产权保护合力，助力成渝地区建设具有全国影响力的科技创新中心；2021年12月，中国人民银行等部门联合印发了《成渝共建西部金融中心规划》，预计至2025年建成西部金融中心，服务于国家重大战略。此外，成渝双城经济圈在西部陆海新通道建设、"一带一路"建设等重大对外开放的国家级战略中所具有的重要地位，推进涉外金融贸易产业的发展。快速成长的金融、知识产权与涉外产业形成了对高端公共法律服务人才的庞大需求，而成渝地区现有的人才储备不足以满足市场需要。据司法部统计，高端涉外律师人才中重庆市有17人，成都市25人，就此而言，成渝两地缺乏一支精通金融、外贸等领域法律业务，通晓国际规则、具有全球视野、经验丰富的高素质法律服务队伍，懂法律、懂经济、懂外语的复合型涉外律师领军人才不足。

（三）规范性评价指标欠缺，监督机制不足

规范性评价指标是公共法律服务内容的重要组成部分，同时也是服务有序开展的客观依据，对于评价服务过程是否依法依规、服务结果是否达标有着重要的指导与监督作用。公共法律服务评价指标应当兼顾不同地域和领域的突出特点，分层分类规定完善的质量评价与监督、失信惩戒机制，重点发挥评价指标的实践导向作用。成渝两地已经就公共法律服务的评价指标制定各自的实施细则，如四川省人民政府制定和公布的《四川省法治社会建设实施方案（2021—2025年）》《四川省"十四五"公共法律服务体系建设规划》《四川省基层法律服务条例》等；重庆市人民政府制定的《重庆市法治政府建设实施方案（2021—2025年）》，各区县政府也制定了《公共法律服务领域政务公开标准目录》。但总体看来，各政策文件制定导向偏向于宏观全局的把控，统筹指导性强，但缺乏对各项公共法律服务完成标准、监督方式与责任机制的具体规定，实践应用性不足。此外，两地政府尚未联合出台一致的适用规范，高位推动力有待增强。

四、成渝地区双城经济圈公共法律服务一体化构建难点因应之道

（一）加强高层合作，突出一体化构建导向

成渝地区双城经济圈公共法律服务一体化构建需要两地各级政府部门密切配合、协同一致地开展工作。但事实上，两地毕竟分属不同行政区域，"经济、产业等方面都有不同的诉求，相近相同产业布局带来的项目、人才竞争始终客观存在[1]"。如何平衡竞争与合作的二元对立，消解过度内耗、引领构建良性竞争秩序是目前两地面临的最大难题。究其根本是利益分配不均产生的问题，而全面协调各方矛盾，实现利益分配的均等化是解决问题的关键。为此，需要两地政府高层密切协作，充分发挥高位推动、高位引领、高位聚能作用，合理分配利益，"逐步消除成渝地区双城经济圈乃至与其他周边区域的行政壁垒，不断降低制度性交易成本[2]"。

一是要充分认识成渝两地双城经济圈公共法律服务一体化构建的重大意义，凝聚思想共识，牢固树立公共法律服务共建共享、合作共赢的根本理念。二是由两地省级政府共同制定公共法律服务发展规划。聚焦一体化发展进程战略全局，分阶段明确建设路径及具体目标，建立由各级政府部门分工协作、立体交叉的发展格局，健全权利、义务与责任分配机制，实现发展利益由两地共享。三是构建协同发展机制，通过省级政府高位推动，引领创建政策、产品、平台、人才等协同机制，拓展两地司法行政交流合作的"深度、广度、维度"。

（二）维护公共利益，均等配置公共法律服务人才资源

公共法律服务以维护公共利益为出发点，具有均等、普惠的基本特性。但成渝地区公共法律服务人才资源配置受市场经济因素影响较为显著，大都集中于经济发达区域，经济欠发达的区域人才力量较为薄弱，不能充分保障人民群众获得基本法律服务的权益。为解决这种不平衡的现状，政府应当发挥主动作用，积极作为，推动实现公共法律服务人才资源的合理配置。

其一，深入各区域进行调研，全面掌握公共法律服务人才资源的总体配置状

---

[1] 唐振宇：《促进法律服务资源有效聚集和高效供给为成渝地区双城经济圈建设提供优质法律服务》，载《中国公证》2021年第12期。

[2] 刘治彦、邓兰燕：《成渝地区双城经济圈建设难点与推进策略》，载《城市与环境研究》2021年第3期。

况，形成人才资源配置地形图，明确人才资源均衡配置工作的堵点与难点，精确把握工作重点。其二，充分发挥政策与财政的激励作用，"加大政策和财政扶持力度，鼓励支持优秀律师事务所到贫困落后地区开设分所，使更多的成熟法律资源向欠发达地区倾斜"[1]。其三，鼓励多方积极参与公共法律服务，扩大市场供给。要注重发挥司法行政机关统筹协调作用，调动律师协会、司法鉴定协会、基层法律服务所等专业法律群体参与公共法律服务；鼓励高校法学教师、律师界退休人士、社会知法人士等社会个体力量积极投身公共法律服务；同时"探索建立激励机制，对参与公共法律服务的社会机构和人员，通过物质和精神奖励等方式加以补偿和激励[2]，"并加大对向贫困地区提供法律服务人员的补偿力度。

（三）落实战略部署，优化营商法治环境

成渝地区双城经济圈建设战略的稳步、持续推进需要有配套金融、知识产权、涉外等重点领域的高质量公共法律服务人才队伍作为坚实的保障，并将推动构建法治化营商环境作为根本目标。为此，两地政府需要以人才工作为中心，围绕人才引进、培养与使用的工作重点切实留住人才、培育人才、用好人才。

在做好人才引进工作方面，要坚持国内外并重，既要引进国外高端公共法律服务人才以增强成渝地区国际竞争优势，又要引进国内不同省份人才以取长补短、提升本土竞争优势。同时，要对被引进人才的知识储备、职业素质、业务本领等各方面进行科学评估，以便于专业对口，最大程度发挥人才的优势与长处，充分利用人才资源。

在做好人才培育工作方面，要把握市场需求，以培育实践型、复合型公共法律服务人才为基本目标，坚持理论联系实践的工作导向，建立校企校地相结合的人才培育模式。要善于依托成渝地区强大的教育教学资源，制定公共法律服务人才培育计划，加强教育培训，夯实人才理论基础。同时要支持政府与企业向公共法律服务人才开放优质的实习资源，通过结对"传帮带"，让理论型人才尽快熟悉并掌握金融、涉外、知识产权等高端商业领域的法律服务技能，满足市场需求。

在做好人才留用工作方面，要进一步加大政策支持和平台建设力度，为实现人才自身充分发展营造良好的外部环境。"人才是发展的第一资源，环境好，则人才

---

[1] 宋婷：《现代公共法律服务体系构建的内在逻辑和路径探析》，载《沈阳干部学刊》2022 年第 1 期。

[2] 周新楣、刘景文、史士零：《以成德眉资公共法律服务同城化助推成渝地区双城经济圈建设的思考》，载《中国司法》2020 年第 9 期。

聚、事业兴[1]"。一方面，要加大对人才的政策支持力度，保障人才基本住房与生活需求并充分考虑人才家庭状况，着力解决优秀人才夫妻异地分居，父母、子女无人照顾等实际困难，将人才引进政策用足用活，在政策范围内帮助办理子女入学，配偶工作调动、安置等，解决人才后顾之忧；对公共法律服务行业领军人才、作出突出贡献的人才要进一步加大鼓励力度，形成争先创优的竞争氛围。另一方面，要着手创建良好的人才发展平台。如协调构建成渝地区高水平公共法律服务中心；统筹推进国际商事仲裁中心建设，聚力打造高水平仲裁机构；加强保护知识产权，"在成都公证处知识产权保护中心基础上，组建'成渝知识产权联合保护中心'，推动建立'一带一路'沿线国家和地区公证知识产权合作机制"[2]，深化协同创新机制，形成集法治理论研究、金融法务、知识产权法务、涉外法务等功能于一体的法治创新聚集区，满足成渝地区经济高质量发展对公共法律服务的需求。

（四）完善监督机制，建立公共法律服务评价指标体系

形成公正、客观的评价标准是确保公共法律服务提质增效的关键，针对成渝地区双城经济圈公共法律服务缺乏评价指标的突出问题，应当着重加强规范性评价指标体系及其运行机制的建设，确保服务质量。首先，要根据不同种类公共法律服务的基本特征，分类制定评价指标。对于法律援助、法律调解等基本公共法律服务，要将人民群众满意度作为重要评价指标，全面规定服务供给主体、服务内容、服务流程与规范标准，并建立系统严格的失信惩戒机制；对于金融、涉外、知识产权等密切联系市场的非基本公共法律服务，在严格规定客观评价指标的同时也要依据市场经济的不同发展状况赋予其一定的灵活性，重点将市场满意度作为评判导向，着重评价其是否有利于促进经济发展与市场稳定。其次，还要完善评价指标体系的调节与监督机制。公共法律服务评价指标体系的生命力在于能够适应变动不居的客观情势，避免陷入教条主义的条框。这就要求成渝两地政府探索建立公共法律服务评价指标的反馈机制，重视人民群众的意见，"要通过公共法律服务评价让人民群众不仅是公共法律服务的享受主体，还要成为公共法律服务的建设主体和监督主体。[3]"及时依据反馈获得的信息调整评价指标中违

---

[1] 唐振宇：《促进法律服务资源有效聚集和高效供给 为成渝地区双城经济圈建设提供优质法律服务》，载《中国公证》2021 年第 12 期。

[2] 袁宗勇：《关于构建成渝法律服务联盟服务成渝地区双城经济圈建设的建议》，载《中国司法》2021 年第 5 期。

[3] 杨凯：《以新发展理念引领公共法律服务评价指标体系建构》，载《中国党政干部论坛》2021 年第 6 期。

背社会现实、阻碍经济发展的项目，平衡公共法律服务建设投入与结果产出的关系，确保公共法律服务优质高效。

（五）重视科技赋能，提升成渝公共法律服务信息化水平

5G通信、人工智能、大数据、云计算等新兴科技的广泛应用已成为信息时代的鲜明特色，深刻地影响了民众权利和义务的配置结构、政府服务与管理方式乃至社会整体发展趋向。将信息技术应用于公共法律服务领域是时代大势所趋，同时也有利于促进政府与人民群众的有效互动，精准了解群众诉求、合理配置公共法律服务资源。其一，要构建成渝地区公共法律服务一体化指挥调度中心，实现"一键式"受理、"一站式"服务，打破行政壁垒与时空阻滞，保障两地公共法律服务的获取与反馈更加便利；出台数字化公共法律服务互通共享机制建设方案，建立成渝公共法律服务信息数据库，提升规划部署的针对性与系统性。其二，持续推进"互联网＋公共法律服务"发展路径，大力开发公共法律服务创新科技，"优化升级共享型公共法律服务的网络平台[1]，同时拓展线上业务种类，提高在线服务的质量和效率，构建一体化、综合性的"网络公共法律服务超市"，实现公共法律服务线上业务的常态化运作，同时，加快推进公共法律服务实体平台、热线平台、网络平台融合发展。

五、结　语

公共法律服务一体化构建为成渝地区双城经济圈的建设提供了强大助力，相关研究方兴未艾、正当其时。本文以成渝两地在公共法律服务领域签订的政策协议以及合作现状为基本出发点与中心立足点，深入联系两地公共法律服务合作的历史背景、现实社会基础，发展规划导向，打通法学、社会学、管理学等学科壁垒，放大分析格局、促进交汇融通，形成立体综合的基本研究框架，同时以实践为靶向引领，将成渝地区公共法律服务发展现状贯穿于研究过程的方方面面，以此为基础，形成对成渝地区双城经济圈公共法律服务一体化构建路径较为科学合理的认识。

---

[1] 徐娟：《数据化时代构建共享型公共法律服务平台的实践与探索——以四川为实证样本》，载《中国司法》2020年第10期。

论成渝地区双城经济圈公共法律服务的协同立法保障

鲜翰林*

> **摘　要**　成渝地区双城经济圈公共法律服务协同立法作为一项涉及立法体系、立法内容和立法进程的制度性安排，这既是提升区域公共法律服务水平的有效途径、实现区域公共服务体系建设目标的客观要求，也是促进成渝地区双城经济圈共同发展的重要举措。近年来，地方公共法律服务立法迈入了起步和发展阶段，并对区域公共法律服务协同规范构造进行了探索实践，这为成渝地区双城经济圈公共法律服务协同立法提供了有益经验。在未来，成渝地区双城经济圈公共法律服务协同立法应从逻辑上确立以制度功能、区域发展和以人为本三个维度的立法目标，同时将兼容性、协商性和共享性作为立法理念，并通过完善公共法律协同立法体系、健全公共法律服务协同制度以及渐进式的协同立法进程，为成渝地区双城经济圈公共法律服务协同立法提供保障，以提升区域公共法律服务的一体化水平。
>
> **关键词**　成渝地区双城经济圈；公共法律服务；协同立法

党的十八大以来，以习近平同志为核心的党中央锐意进取、高瞻远瞩，从国家宏观发展的角度提出了京津冀协同发展、长三角一体化发展、粤港澳大湾区建设和成渝地区双城经济圈等一系列国家重大区域发展战略。国家区域发展战略的提出在为区域发展一体化指明方向的同时，也为区域协同立法提供了条件。近年来，地方对区域协同立法进行了有益的探索。2014年，江苏省、安徽省、上海市等地人大常委会法制部门就立法协作达成共识，决定采取协调互补的立法协作模式，并通过了《大气污染防治条例》，其立法目的明确提出在于建立区域大气污染防治协作机制，实现信息互通与互享。[1] 2020年1月，京津冀三地人大常委会共同制定和通过《机动车和非道路移动机械排放污染防治条例》，其在核心条款、

---

* 鲜翰林，西南石油大学宪法学与行政法学2020级硕士研究生，主要研究方向为行政法学。
[1]　毛新民：《上海立法协同引领长三角一体化的实践与经验》，载《地方立法研究》2019年第2期。

基本标准和关键举措上保持一致[1]；2021年3月，四川省与重庆市人大常委会制定和通过了第一个川渝协同立法项目《重庆市优化营商环境条例》与《四川省优化营商环境条例》，对协同推进和优化营商运营环境作出了相同规定。[2] 基于上述区域协同立法实践，2022年新修改的《地方组织法》明确认可和赋予了地方人大及其常委会的协同立法权限[3]，这为进一步完善和推动国家重大区域发展战略奠定了法制基础。

与此同时，2019年7月，中共中央和国务院办公厅共同印发的《关于加快推进公共法律服务体系建设的意见》和2022年司法部发布的《全国公共法律服务体系建设规划（2021—2025年）》，提出了要促进公共法律服务资源流通和均衡化发展。在此背景下，通过完善成渝地区双城经济圈公共法律服务协同立法保障，以构建区域公共法律服务制度，从而提升区域公共法律服务一体化水平和促进成渝地区双城经济圈的发展，不失为一种好的选择。

一、成渝地区双城经济圈公共法律服务亟须协同立法保障

（一）公共法律服务协同立法是提升区域公共法律服务水平的有效途径

随着成渝地区双城经济圈政治、经济、文化等交流需求日益增多，也催生了区域内公共法律服务的资源互联和服务互享。然而，目前成渝地区双城经济圈内公共法律服务协同立法的落后和协同机制的不完善，导致区域内公共法律服务资源共享的能力有限。以成都与周边城市律师资源拥有量为例，成都每一万人平均拥有律师数量为8.8名，而德阳、眉山、资阳三地每1万人平均仅拥有律师1.4名。[4] 区域内发展水平较低城市的公共法律服务供给不足，难以满足当地群众的法律服务需求，从而制约了区域公共法律服务水平的提升。

为缓解公共法律服务资源分布不均和促进区域公共法律服务资源要素流通，《关于加快推进公共法律服务体系建设的意见》中提出，要"均衡配置城乡基本公共法律服务资源"和"加强欠发达地区公共法律服务建设"。在该意见的政策

---

[1] 高枝：《5月1日起京津冀同步施行机动车和非道路移动机械排放污染防治条例》，载北京市人民政府官网，http://www.beijing.gov.cn/ywdt/gzdt/202004/t20200428_1886151.htm.

[2] 韩梦霖：《协同立法引领区域协调发展，川渝协同立法"成果初现"》，载新华网，http://www.xinhuanet.com/2022-01/05/c_1128235379.htm.

[3] 《地方各级人民代表大会和地方各级人民政府组织法》第10条规定：省、自治区、直辖市以及设区的市、自治州的人民代表大会根据区域协调发展的需要，可以开展协同立法。

[4] 周新榴、刘景文、史士零：《以成德眉资公共法律服务同城化助推成渝地区双城经济圈建设的思考》，载《中国司法》2020年第9期。

引导和支持下，2021 年 12 月，司法部下发《全国公共法律服务体系建设规划（2021—2025 年）》，提出公共法律服务要推进建设地区的协调机制，推动公共服务资源的整合和要素流通，并以此提高公共服务水平。

不管是成渝地区双城经济圈公共法律服务协调机制的建立，还是公共法律服务要素的整合流通，都需要通过公共法律服务协同立法加以完善。成渝地区双城经济圈公共法律服务协同立法能够在城市之间相互平等交流的基础上，结合经济圈内各地公共法律服务资源的实际情况，通过法律的刚性约束和制度安排，从而提升成渝地区双城经济圈公共法律服务的水平。

（二）公共法律服务协同立法是实现区域公共服务体系建设目标的客观要求

2021 年 10 月，中共中央、国务院印发《成渝地区双城经济圈建设规划纲要》。在公共服务领域，该纲要确立了建立基本公共服务标准体系的目标，并旨在通过公共服务的标准化管理，促进成渝地区双城经济圈基本公共服务体系的均等化、普惠化和便利化。

公共法律服务作为公共服务体系的基本要素，其在成渝地区双城经济圈中作用巨大，系成渝地区双城经济圈公共服务体系建设的重要组成部分。通过公共法律服务协同立法保障，在提升政府、社会和公民的法治能力与法治素养的同时，凝聚三者公共服务共识，并反哺公共服务体系的建设实施。

而区域公共法律服务立法作为成渝地区双城经济圈公共法律服务体系建设的基本前提，其不仅关系着成渝地区双城经济圈公共法律服务部门职能的划分与界限，也影响着经济圈内公共法律服务资源的协调与整合。然而，当我们的视野从政策指引转向立法实践时，可以发现，成渝地区双城经济圈协同立法仍处于起步阶段，而公共法律服务的协同立法更处于缺位状态。当缺乏区域公共法律服务法律规范时，公共法律服务资源的使用就极易陷入"囚徒困境"，最后走向"公地悲剧"。[1] 而公共法律服务协同立法就是将法治手段共建区域内公共法律服务制度设施，并将区域公共法律服务资源和建设的成果与人民群众共享，以实现成渝地区双城经济圈基本公共服务体系的均等化、普惠化和便利化目标。

（三）公共法律服务协同立法是促进成渝地区双城经济圈共同发展的重要举措

成渝地区双城经济圈是一项涉及提升区域发展一体化的重大国家战略。《成渝地区双城经济圈建设规划纲要》提出了成渝地区双城经济圈发展要大幅提升经

---

[1] 陈建平：《国家治理现代化视域下的区域协同立法：问题、成因及路径选择》，载《重庆社会科学》2020 年第 12 期。

济实力、发展活力和国际影响力，并进一步彰显区域发展特色。作为政府公共职能的重要组成部分和一项改善和保障民生的工程，区域公共法律服务协同立法有助于促进成渝地区双城经济圈发展。

其一，公共法律服务协同立法，能够提升成渝地区双城经济圈的经济实力、发展活力和国际影响力。竞争是公共法律服务机构经济实力积累、法律科技创新的动力源，任何专业领域的发展都离不开市场化竞争。[1] 尽管公共法律服务是一项民生工程，但并不意味着服务提供主体只是政府，除政府之外，还包括以服务公司为主的各类市场主体。完善成渝地区双重经济圈公共法律服务的协同立法，一方面能够营造法治化的营商环境，激发各类公共法律服务市场主体的信心和积极性，以此提升市场发展活力和经济实力；另一方面，公共法律服务协同立法也能够通过区域资源的整合，打造与国际社会衔接的法律服务和经济发展平台，并借助"一带一路"，提高成渝地区双城经济圈的国际影响力。

其二，公共法律服务协同立法能够彰显成渝地区双城经济圈的区域发展特色。区域发展特色不仅包括了区域的经济特色，也包括了区域法律文化的特色。目前，由于全国公共法律服务的协同立法还处于起步阶段，加之《地方组织法》对区域协同立法的授权，这就为建立一套具有成渝区域特色的公共法律服务制度体系提供了条件。通过成渝地区双城经济圈公共法律服务协同立法的开展，在为全国协同立法提供"成渝协同立法经验"的同时，也能够经由区域协同立法所塑造的法律文化，进一步彰显成渝地区双城经济圈的区域发展特色。

二、地方公共法律服务立法与协同规范的实践探索

目前在实践中，地方还未开展专门的区域公共法律服务协同立法实践，其立法形式仍是以各地方单独制定公共法律服务条例或办法。然而，在地方公共法律服务相关规定中，我们已经可以看到地方寄希望于通过公共法律服务的协同规范构造，以倡导开展区域公共法律服务协同立法工作，这也为未来的成渝地区双城经济圈公共法律服务协同立法提供了有益经验。

（一）地方公共法律服务立法的实践

2019年7月，中共中央和国务院办公厅颁布《关于加快推进公共法律服务体系建设的意见》，其中明确提出到2022年要基本形成公共法律服务的标准化和规范体系。在该意见的支持下，地方陆续进行了关于公共法律服务的立法实践。

---

[1] 杨凯：《加快推进现代公共法律服务体系建设》，载《中国党政干部论坛》2019年第8期。

2020年作为公共法律服务地方立法的元年，山东、黑龙江和湖北三省作为地方立法的先行者，其地方人大常委会分别于2020年9月、10月、11月相继通过了公共法律服务的地方性法规《山东省公共法律服务条例》《黑龙江省人大常委会关于加强公共法律服务体系建设的决定》《湖北省公共法律服务条例》。2021年到2022年，地方公共法律服务迈入快速发展阶段。2021年8月，厦门市人大常委会通过《厦门经济特区公共法律服务条例》；2022年1月，上海市通过政府规章《上海市公共法律服务办法》；2022年3月，广州市通过政府规章《广州市公共法律服务促进办法》。

从现行地方公共法律服务立法实践来看，目前公共法律服务的立法的基本框架已经确立。

其一，从地方公共法律服务的规范属性来看，是管理型立法和激励型立法的结合。管理型立法以规范确立和禁止设限为宗旨，对较为稳定的社会关系进行规制调整，传统的管理型立法以"假定、处理、制裁"三部分为主要规范构成，但随着我国由管理型政府迈入服务型政府，管理型立法在服务型政府建设中逐渐由加强行政管制走向了实现公民"权利保障"的功能转向。[1] 在我国宏观经济调控和公共事业发展中存在大量"权利保护型"的管理型立法，如反垄断法、消费者权益保护法以及教育、文化、卫生、环境等方面立法。激励型立法具有激励、引导新产业、新兴公益事业或业态及社会行为的立法功能，主要针对那些社会关系尚未得到良好发育而急需鼓励的领域。[2]

具体到地方公共法律服务立法实践，地方立法既有对公共法律服务的管理性规定，也有激励性规定。前者如《湖北省公共法律服务条例》第43条就规定了司法行政部门对公共法律服务机构和人员的管理职能。后者例如《广州市公共法律服务促进办法》《厦门经济特区公共法律服务条例》都将公共法律服务划分为基本服务、非基本服务和专业化多元化服务三类，同时将三类服务职能赋予政府和市场[3]，并进行差异化规范构造，规定了对各类社会主体参与公共法律服务的资金奖励、政策扶持等激励条款。

其二，从权利属性来看，公民获取公共法律服务成为一项法定权利。长久以来，我国立法模式以规定政府的职能义务为主，而对于公民的请求权利却较少涉

---

[1] 文华、钟晓凯：《从"管理型"迈向"权利保障型"的地方立法——基于内地与澳门公共安全技术防范立法的经验比较》，载《地方立法研究》2017年第1期。
[2] 龙飞：《多元化纠纷解决机制促进法研究》，中国人民大学出版社2020年版，第65页。
[3] 杨凯：《论现代公共法律服务多元化规范体系建构》，载《法学》2022年第2期。

及。就该现象成因，立法者可能认为正面规定公民权利容易导致公民权利的泛化和行政诉讼的泛滥。[1] 但与此同时，该模式也容易导致各项政策法规虽形式上呈现出一幅"制度建设"景象，但制度的完善与其本身的执行存在落差。例如在基层法律服务方面，普法工作形式主义屡禁不绝，甚至有的地方编造普法会议记录、突击临时填写普法试卷等。[2] 为改善上述现象，在地方公共法律服务立法中，湖北省率先将公民的公共法律服务相关权利纳入《湖北省公共法律服务条例》总则，使之成为法定权利并受到保护。[3]

（二）地方公共法律服务协同规范构造的探索

上述地方立法原则上虽是对本行政区域的公共法律服务进行规制，但在国家区域重大发展战略的背景下，公共法律服务的区域协同规范的构建也在上述立法中有所体现。例如，《广州市公共法律服务促进办法》第35条就要求整合区域法律资源服务，推动形成现代化法律服务产业发展聚集带，并通过广州的法治资源的吸引和辐射作用扩大到周边区域，旨在建立辐射粤港澳大湾区、面向世界的中央法务区。[4]《上海市公共法律服务办法》第44条的长三角协作条款提出要推动长三角洲区域公共法律服务的资源整合以及机制共建共享，并建立跨区域的公共法律服务信用体系建设。[5]《厦门经济特区公共法律服务条例》第33条也提出打造专业化、国际化、市场化和科技化的法律服务的聚集区，以提升区域法治竞争力和影响力。[6]

---

[1] 杨凯：《论现代公共法律服务多元化规范体系建构》，载《法学》2022年第2期。
[2] 张怡歌：《政府购买公共法律服务的异化与法治化破解》，载《法学杂志》2019年第2期。
[3] 《湖北省公共法律服务条例》第5条规定：公民、法人和其他组织享有获取、监督、评价公共法律服务和对公共法律服务提出建议的权利。
[4] 《广州市公共法律服务促进办法》第35条规定："推动建设法律服务集聚区，整合法律服务、法律教育和法律研究等法治资源，优化现代法律服务业结构，鼓励优质高效的法律服务机构进驻，建设法律服务创客基地，培育法律服务领域社会组织，形成空间布局合理、产业特色明晰、配套功能完善的现代法律服务产业发展集聚带。鼓励集聚优质法治资源，探索建设立足广州、牵引广东、辐射粤港澳大湾区、面向世界的中央法务区。"
[5] 《上海市公共法律服务办法》第44条规定："本市推动长江三角洲区域公共法律服务政策共商、机制共建、平台共用、资源共享，简化、优化法律服务机构和法律服务人员跨区域执业行政审批程序，推动跨区域公共法律服务信用体系建设。"
[6] 《厦门经济特区公共法律服务条例》第33条规定："探索建设法律服务集聚区，整合资源，拓展领域，健全机制，形成集法律服务、法治宣传、法治研究、法治教育、智慧法务、法治文化交流等功能于一体的综合性法务中心和法务创新实践中心，持续营造和优化法治化营商环境。法律服务集聚区建设应当坚持专业化、国际化、市场化方向，推动线下聚合与线上融合相统一，创新法律服务模式，加强涉外法务建设，深化两岸法务交流合作，提升区域法治竞争力和影响力。"

从上述规范来看，公共法律服务的区域合作成为协同立法的一项重要内容。不管是厦门、上海还是广州，公共法律服务资源和机制建设不再是单一的地方立法构建，而是与国家区域发展战略相适应，为进一步细化区域公共法律服务协同立法奠定了法律基础。厦门、上海和广州三市的公共法律服务规范协同构造主要包括以下四个特点。

一是强调法治资源的聚集和共享。由于三市具有优越的地方和经济条件，并且处于经济特区、长三角经济圈和粤港澳大湾区，其公共法律服务资源也较为丰厚，因此通过立法凝聚当地的资源并带动经济带的公共法律服务资源区建设具有可行性。以广州市为例，2020年年底，广州共有2942个公共法律服务实体平台、12个法援机构、3316个人民调解委员会、12个行政复议机构，为群众提供基本保障性法律服务。此外，广州共有835个律所、10个公证机构、39个司法鉴定机构、1个仲裁机构、18个基层法律服务所。[1]《广州市公共法律服务促进办法》第35条也希望通过丰厚的公共法律服务资源吸引更多法律服务产业的进入，形成聚集效应，从而带动公共法律服务产业区的建设，并与周边区域共享公共法律服务资源。

二是注重公共法律服务机制的协同建设。区域法治资源的聚集和共享离不开完备和高效的区域公共法律服务机制。然而，由于区域周边在公共法律服务资源禀赋、审批事项、执行程序、服务标准等方面存在差异，不可避免地会影响公共法律服务的实效性。因此，通过立法规范，加强区域公共法律服务机制的协同建设就显得极为重要。以《上海市公共法律服务办法》第44条为例，其中就规定了要加强公共法律服务机制共建，并优化法律服务机构和人员跨区域行政程序，以推动现代公共法律服务区的形成。

三是提倡智能化和数字化的区域公共法律服务模式。随着人工智能和大数据的广泛应用，云计算、互联网让信息自由传递，法律服务质量得到质的提升，而人工智能等现代化技术将会让传统的法律服务行业发生颠覆性的改变。[2] 因此，政府对于区域公共法律服务的模式也需要不断改善，与时俱进。在地方公共法律服务的规范协同构造中，也呈现出这种趋势。如《厦门经济特区公共法律服务条例》第33条中就规定了在法律服务区域内，要创新公共法

---

[1] 张林菲、赵青：《亮点抢先看！〈广州市公共法律服务白皮书（2020）〉发布》，载《南方都市报》2021年3月12日。

[2] 杨凯：《加快推进现代公共法律服务体系建设》，载《中国党政干部论坛》2019年第8期。

律服务的模式，灵活运用线上加线下的服务手段。《广州市公共法律服务促进办法》第 35 条提出要建设创客基地，其目的就在于实现区域公共法律服务模式的升级转型。《上海市公共法律服务办法》第 37 条也强调在建设区域法律服务机构时，要建设智能精准的法律服务功能平台，从而打造科技化的公共法律服务相关示范区。从上述立法实践可以看出，不拘泥于传统的公共法律服务模式，通过智能化和数字化的手段，创新区域公共法律服务模式，已成为地方立法者的共识。

四是旨在建设成为具有地区和国际影响力的公共法律服务聚集区。区域规范的协同构造，其目的不仅在于实现公共法律服务资源的聚集与机制的共建共享，也在于通过区域公共法律服务水平的提升打造先进、具有影响力的公共法律服务产业，吸引全国乃至全世界优秀的法治资源，从而也带动本地区政治、经济和文化的发展。在《广州市公共法律服务促进办法》中，就提出通过本市带动区域的作用，建设面向世界的中央法务区；《厦门经济特区公共法律服务条例》提出通过区域公共法律服务的合作，提升区域法治的竞争力和影响力；《上海市公共法律服务办法》第 37 条和第 44 条，提出了要通过长三角洲周边城市的公共法律服务区域协作，从而达成辐射全国、面向世界的中央法务区的协作目标。由此可见，在地方立法实践中，公共法律服务规范的协同构造的目标离不开国家发展战略和本地区经济发展的实际。

尽管上述立法已经将区域公共法律服务的协同规范纳入地方公共法律服务的立法中，为区域公共法律服务协同立法创造了条件。但总体来看，地方公共法律服务协同立法仍处于探索阶段，公共法律服务协同立法内容也存在缺陷。一方面，公共法律服务协同立法内容体系性不足。从上述实践探索中可以看到，区域公共法律服务的合作仅是本地区公共法律立法内容的单独规定，而并无专门的区域公共法律服务立法。另一方面，公共法律服务协同立法内容规定较为原则。在上述协同立法内容规定中，不管是深化区域公共法律服务交流合作还是推动建设法律服务聚集区，其都是从宏观角度出发，以强调区域公共法律服务的重要性。原则性的目标倡导而缺乏微观具体的规则，就容易导致相关职能部门无法就公共法律服务协同配套制度进行具体构建。

因此，在未来成渝地区双城经济圈协同立法中，需要通过一部专门的区域公共法律服务立法，既在宏观上明确成渝地区双城经济圈公共法律服务的发展方向，也要在微观上细化成渝地区双城经济圈公共法律服务协同制度的规定。

三、成渝地区双城经济圈公共法律服务协同立法的逻辑

（一）成渝地区公共法律服务的协同立法目标

公共法律服务体系的构建不是一朝一夕的工程，而是需要日积月累的持续积淀。而通过立法先行，确立成渝地区双城经济圈公共法律服务协同立法的目标，既是加强规划引导、提升立法质量的现实考量，也是统筹全局、加强经济圈内区域合作发展协同度的客观要求。成渝地区公共法律服务的协同立法目标应该包括以下三个方面。

第一，完善公共法律服务制度。在成渝地区双城经济圈公共法律服务的协同立法实践中，尽管其在签订的重点项目合作协议中已经明确规定了平台载体一体化、法律服务一体化、法治保障一体化[1]，但总体看，成渝地区双城经济圈内，各地在公共法律服务存在公共法律服务资源整合力度不够和协同程度不足等问题。因此，在成渝地区双城经济圈协同立法中，将完善区域公共法律服务制度，提升区域公共法律服务水平作为立法目标有助于发挥政府部门和市场主体的能动作用，通过结合区域实践经验，探索和创新公共法律服务模式，以推动成渝地区双城经济圈公共法律服务体系的高质量发展。

第二，打造具有区域竞争力和影响力的公共法律服务聚集区。完善成渝地区双城经济圈公共法律服务制度、提升公共法律服务水平，其目的也在于吸引更多丰富和优秀的法治资源，从而建设具有区域竞争力和影响力的公共法律服务聚集区。在司法部发布的《全国公共法律服务体系建设规划（2021—2025年)》中已经明确要求公共法律服务体系要服务国家重大战略，成渝地区双城经济圈作为国家重大发展战略之一，建设公共法律服务聚集区的意义不言自明。另外，在地区协同立法的实践中，上海、深圳和广州已经将建设具有全国影响力甚至是世界影响力法律服务资源聚集区或中央法务区作为区域协同立法的目标。因此，在未来的协同立法中，立法者应当结合成渝地区双城经济圈发展战略，将打造具有区域竞争力和影响力的公共法律服务聚集区作为立法目标之一。

第三，满足人民群众公共法律服务需要、保障公民公共法律服务权利。服务型政府既是现代政府的基本特征之一，也是公共法律服务的主要内涵，而公民基

---

[1] 叶宁：《成都市政协助力"加快推进成渝公共法律服务一体化"工作——打造全国公共法律服务示范城市)》，载《四川政协报》，2021年11月25日第3版。

本权利的实现效果是衡量现代政府的重要指标。[1] 因此，成渝地区双城经济圈公共法律服务的协同立法需要满足人民群众公共法律服务需要并保障公民的公共法律服务权利。虽然该权利未纳入我国宪法的基本权利体系，但公共法律服务作为一项基本权利，可以从世界范围的公民权利和我国宪法相关规定中得到证成。一方面，1948年通过的《世界人权宣言》第25条赋予了每个人享有为维持生活所需的社会必要服务的权利。由于公共法律服务旨在保障公民的基本法律需要，因此公共法律服务的获取属于"社会必要服务"的范围，联合国《关于在刑事司法系统中获得法律援助机会的原则和准则》也规定各成员国"应尽可能在本国法中保障获得法律援助权，酌情在宪法中保障该权利"[2]。据此，公共法律服务作为一项基本人权已成为国际社会的共识。另一方面，我国《宪法》第24条规定了国家普及法制教育和推动精神文明建设，第33条规定了国家尊重和保障人权，第45条规定了公民获得物质帮助的权利，第46条规定了公民受教育的权利，第41条规定了公民对国家机关及其工作人员有批评、建议权。[3] 虽然公共法律服务在一定程度上能够被上述权利所涵盖，但公共法律服务是一套整体的制度，它既包括了国家通过公共法律活动提升公民法治素养，也包括公民在活动过程中参与民主政治的实践，并实现公民权利话语的表达。

鉴于国际社会与我国宪法相关规定已经为公共法律服务权利提供了法理基础，湖北省率先在地方立法中明确了公民享有公共法律服务获取、监督、评价以及提出建议的权利。[4] 而成渝地区双城经济圈建设公共法律服务协同立法的目标不管是完善区域公共法律服务制度、提升区域公共法律服务水平，还是提升区域的竞争力和影响力，其最终目的和价值归依仍然是彰显和践行"以人为本"的服务型政府理念，因此在立法的协同建构中，应当在目标中明确满足人民群众公共法律服务需求，实现公共法律服务的均等化、普惠化和便利化，以体现协同立法对公民的公共法律服务权利的尊重和保障。

---

[1] 江必新、李育：《论行政相对人公共服务请求权——兼议公民教育请求权之实现》，载《湖湘论坛》2017年第6期。

[2] Auke Willems, *The Unit Nations Principles and Guidelines on Access in Criminal Justice Systems: A Step Toward Global Assurance of Legal Aid*, New Crim. L. Rev. No. 17, 2014, p. 201.

[3] 杨凯：《论现代公共法律服务多元化规范体系建构》，载《法学》2022年第2期。

[4] 《湖北省公共法律服务条例》第5条："公民、法人和其他组织享有获取、监督、评价公共法律服务和对公共法律服务提出建议的权利。"

(二) 成渝地区双城经济圈公共法律服务的协同立法的理念

1. 兼容性。兼容性是指成渝地区双城经济圈在协同立法内容中要兼顾结合区域发展情况，并对各区域的公共法律服务规范予以取舍融通，使其达到一种和谐共存的状态。由于成渝地区双城经济圈内各区域城市的经济发展水平不同，加之公共法律服务资源的差异，导致区域内公共法律服务的立法进度和立法内容也有所不同。例如，成都已经率先出台了《法律援助条例》，将公民申请法律援助的经济困难标准确定为最低生活保障标准的 2 倍[1]，而德阳、眉山等地还未就此进行针对性立法规定。因此，公共法律服务规范的进度以及内容的不同就需要在协同立法中予以考量。在成渝地区双城经济圈协同立法中，要根据经济圈内各城市公共法律服务资源实际情况，兼容各城市的具体规定，并差异化配置和确定经济圈内各城市公共法律服务范围、标准和评价考核。只有兼顾各城市的公共法律服务的特性，才能够从中寻找到区域公共法律服务的共性，从而提升成渝地区双城经济圈公共法律服务协同立法的质量和水平。

2. 协商性。协商性是指在公共法律服务协同立法中，各地方人大常委会之间、各地方政府之间要进行充分协商、对话和合作，以体现成渝地区双城经济圈公共法律服务的区域特色和共识。2022 年 3 月新修改的《地方组织法》对地方立法机构开展协同立法的授权认可，为成渝地区公共法律服务立法进行交流合作奠定了合法性基础。一方面，协商性需要体现在区域政府之间。例如，政府之间可以就公共法律服务相关事项达成一致，并缔结区域合作协议；同时，在进行经济圈内公共法律服务协同立法时，可以由组建区域司法行政部门组建公共法律服务协调机构，就公共法律服务立法目标、立法原则、立法框架等进行交流对话，形成初步草案。另一方面，协商性也要体现在各地人大常委会之间。例如，建立人大常委会负责人年度联席会议制度[2]，在交流对话的基础上编制公共法律服务协同立法规划。另外，也可以成立成渝地区双城经济圈区域人大常委会协调小组，就区域公共法律服务协调机构所提交的协同立法草案进行审议和修改。通过区域人大常委会之间和区域政府之间的协商，能够为各城市提供一条畅通、有序的沟通渠道，并平等地表达各城市的意见，从而在既能够体现成渝地区双城经济

---

[1] 周新楣、刘景文、史士零：《以成德眉资公共法律服务同城化助推成渝地区双城经济圈建设的思考》，载《中国司法》2020 年第 9 期。

[2] 陈光、孙作志：《论我国区域发展中的立法协调机制及其构建》，载《中南大学学报（社会科学版）》2011 年第 1 期。

圈公共法律服务协同立法特色，也能够凝聚共识，提升协同立法的实效。

3. 共享性。共享性是指在协同立法中要体现和促进成渝地区双城经济圈内公共法律服务的资源要素流通、服务主体共建和服务成果的普惠。近年来随着合作治理理论的兴起，府际合作、公私合作等多种类型，也成为代替政府管制的新形式。[1] 公共法律服务虽然是作为一项公共产品和民生工程，其服务供给主体主要是国家和政府，但随着我国市场经济体系的逐步完善，公共法律服务的类型也呈现多元化趋势，除了政府服务之外，还包括政府定价的非基本服务、市场化服务和社会公益化服务。[2] 而服务类型的多元化也决定了服务实施主体的多样化，如律师事务所、公证处和鉴定所等机构都参与到公共法律服务的实践中。

在成渝地区双城经济圈公共法律服务协同立法中，要根据不同类型的公共法律服务明确政府部门与市场主体的各自定位与职能，促进区域内公共法律服务资源流通，将合作成果共享。例如，如建立跨区域法律援助申请、认定、指派、承办的规范性细则等；搭建政府与市场主体共同建立的公共服务共享平台；完善成渝地区双城经济圈公共法律服务人才共同培养及互换机制。通过共享理念的形成，推动成渝地区双城经济圈公共法律服务的一体化水平。

四、成渝地区双城经济圈公共法律服务协同立法的设计

（一）协同立法的体系

1. 制定《成渝地区双城经济圈公共法律服务条例》。目前，在厦门、上海和广州公共法律服务协同立法的实践中，厦门将公共法律服务立法定性为地方性法规，而上海和广州立法性质则为政府规章。对于成渝地区双城经济圈来说，《成渝地区双城经济圈公共法律服务条例》的性质应该为地方性法规，一方面地方性法规在层级和效力级别等方面都比政府规章高，有助于提高区域公共法律服务协同合作的合法性，也便于服务成渝地区双城经济圈重大战略的发展；另一方面，随着经济社会的发展和公民权利的拓展，公共服务事项的内涵和范围也会变化。因此，通过地方性法规性质的立法也有助于人大对地方政府进行立法授权，以制定更加完善和详细的公共法律服务细则。

2. 完善配套区域公共法律服务合作规范与协议。其一，应发挥政府规章及规范性文件的法律作用。由于《成渝地区双城经济圈公共法律服务条例》的制定难

---

[1] 胡敏洁：《作为治理工具的契约：范围与边界》，载《中国行政管理》2015 年第 1 期。
[2] 杨凯：《论现代公共法律服务多元化规范体系建构》，载《法学》2022 年第 2 期。

度大以及考量因素较多，在制定该条例前，各地方政府之间可以以规章形式进行专门立法，就区域内具有共性的公共法律服务制度构建进行协商交流。制度的内容应该包括：区域公共法律服务协调管理机构的内部管理制度、区域公共法律服务的标准与评价、区域公共法律服务的程序规则、区域公共法律服务第三方评价和社会监管机制以及区域公共法律服务的责任追究。

其二，坚持和完善成渝地区双城经济圈公共法律服务合作框架协议。目前，区域行政协议的缔结与运行已孕育出一种以平等协商、互信互利、自愿遵从为基础的新型公法治理模式，在一定程度上弥补了硬法滞后性、刚性引起的制度缺位与失灵。[1] 而在成渝地区双城经济圈的发展背景下，区域内各城市通过达成契约化的合作协议，将政府部门职能予以细化，也已成为趋势。例如《关于发挥重庆主城都市区和成都市双核作用推动成渝地区双城经济圈法治建设重点项目合作协议》《为成德眉资同城化发展提供高质量司法服务保障的合作框架协议》。合作协议既有助于城市之间公共法律服务合作平等交流，也有助于城市之间的服务监督。在未来，应当进一步签订关于区域公共法律服务合作的协议，并通过明确合作协议的效力、完善协议的解释、构建协议履行的方式和协议纠纷的解决机制。通过配套公共法律服务合作规范与协议的发展和完善，构建一套区域高效协同的公共法律服务模式，以带动成渝地区双城经济圈公共法律服务的一体化发展。

（二）协同立法内容的制度安排

1. 设立区域公共法律服务协调管理机构。为了保障成渝地区双城经济圈内公共法律服务的可持续度、参与度，也为了提高成渝区域公共法律服务的协同度，需要专门设置一套跨区域的协调管理机构。协调管理机构的设置可以在成渝地区双城经济圈公共法律服务协同立法、公共法律服务基础设施建设、公共法律服务标准等方面发挥统筹作用，以提升区域内公共法律服务一体化水平。从实践来看，成渝地区双城经济圈公共法律服务的职能管理主要由公共法律服务管理处执行，其在行政级别上附属于省司法厅。未来建设协调管理机构时，可以将四川和重庆司法厅公共服务管理处合并为川渝公共法律服务管理处（或是在两地机构内新增一个区域协调机构），该机构在管辖本地区公共法律服务活动的同时，也综合协调统筹区域内的公共法律服务事项。同时，通过立法明确该机构的工作职能、人员范围构成、工作程序流程和组织活动方式等内容，以确保区域公共法律

---

[1] 季晨溦：《论区域行政协议的法律效力及强化对策》，载《江苏大学学报（社会科学版）》，2022年第2期。

服务工作的顺利进行。

2. 明确建立区域数字一体化公共法律服务平台。要提升成渝地区双城经济圈公共法律服务一体化水平，就是要促进公共法律服务信息的交流公开、推动资源要素的互联互通，因此建立区域统一的公共法律服务平台极为重要。2020年，在成渝两地签订的法治建设重点项目协议中明确了平台载体一体化、法律服务一体化、法治保障一体化。[1] 同时，在成都与周边城市的区域公共法律服务实践中已经初具雏形。例如，成都与德阳共建公共法律服务中心实体平台、法律服务网络平台和相关服务热线[2]，上述平台建设的实践为成渝地区双城经济圈搭建统一和共享的公共法律服务平台提供了经验。具体而言，成渝双城经济圈各城市之间应通过公共法律服务协同立法，明确由协调机构逐步建立统一的公共法律服务平台，平台内容包括各城市公共法律服务资源信息、区域公共法律服务资源概况、区域公共法律服务立法规划以及相关法规、规章文本制定等内容。

3. 确立差异化和科学化的区域公共法律服务标准。高度全球化、市场化、数字化和网络化的当今世界标准无处不在，标准已成为与法律同频共振的规范体系。[3] 同时，公共法律服务标准的制定不是将公共法律服务同质化，而是因地制宜、因类制宜。在成渝地区双城经济圈公共法律服务协同立法中，应根据城市差别、城乡差别和服务类型的差别确定相关服务标准。例如，立法可以就区域内城市与乡村之间的法律顾问服务分别规定内容方式、服务流程和履职义务等标准。另外，在划分基本服务、非基本服务和专业化多元化服务类型的同时，也可以确立各个服务的收费标准、考核指标以及评价指标。通过差异化和科学化确立成渝地区双城经济圈内的公共服务标准，有助于政府部门和各类市场主体优化服务质量，提升区域内的服务水平。

4. 构建区域公共法律服务协同工作机制。成渝地区双城经济圈公共法律服务一体化的形成和服务工作能否高效、持续、顺利开展，有赖于区域协同工作机制的建立和运行。因此，在成渝地区双城经济圈公共法律服务协同立法中，要构建协同工作机制。具体而言，应包括三个方面的内容：第一，公共法律服务立法规划的协同。区域各地需要对公共法律服务立法资源和立法信息进行交流对话，从

---

[1] 《双城记：重庆市司法局、成都市司法局召开成渝法治建设合作交流座谈会暨合作签约仪式》，载重庆司法局，http://sfj.cq.gov.cn/sy_243/fwfz/202010/t20201026_8092831.htm。

[2] 周鸿：《省政协委员康琼：探索成渝经济圈公共法律服务同城化机制》，载四川新闻网，http://news.china.com.cn/live/2020-05/08/content_810420.htm。

[3] 杨凯：《论现代公共法律服务多元化规范体系建构》，载《法学》2022年第2期。

而推动公共法律服务立法的协调与同步。第二，公共法律服务立法内容的协调，包括立法论证机制、利益补偿机制、立法成果共享机制以及立法解释机制等。[1] 第三，公共法律服务事项的协作。协同立法可以就区域内公共法律服务群体互联互通作出规定。例如探索成渝地区双城经济圈公证跨区域执业试点、建立跨区域矛盾纠纷调处联动机制[2]以及推动区域内各人民法院的调解协议、仲裁裁决的跨地区互认以及建立区域内法院在庭审协作等方面的合作共享。

5. 注重公民公共法律服务法定权利与诉讼相衔接。公共法律服务的权利属性决定了当公民无法获得必要的公共法律服务或其公共服务权利遭受侵害时，有权获得国家的帮助和救济。而法院作为权利救济的第三方机构，一方面能够在查清事实的基础上尽可能公正地向公民提供救济，另一方面，存在于社会发展中公共法律服务的矛盾也能够在法院审判的过程中予以呈现，并经法院的判决起到良好的社会示范作用。因此，成渝地区双城经济圈公共法律服务协同立法应当与行政诉讼法相关内容衔接，打造跨区域的公共法律服务诉讼模式。同时，为保障权利的正当行使，避免滥诉，立法可以强调和规定公民法治宣传教育、法律文化建设及服务对象具有广泛性的特征，不具有服务请求权。而在法律援助、矛盾纠纷调解等具有具体对象和具体权利义务影响的法律服务事项，公民享有服务请求权。[3]

（三）渐进式的协同立法进程

随着国家对公共法律服务体系建设的重视，各地区城市也在2020年后对公共法律服务进行针对性立法，湖北、广州、上海、厦门等省市都相继通过了具体法规和规章，2021年11月，江苏省也出台了《公共法律服务条例（征求意见稿）》。

在笔者看来，成渝地区双城经济圈公共法律服务的协同立法不宜操之过急，应坚持渐进式的立法进程。其原因在于经济圈内各城市的经济发展水平不同，导致公共法律服务资源的差异较大，而协同立法中相关制度的安排也需要一定实践经验的积累，加之成渝地区双城经济圈协同专门立法的经验有限，决定了不宜过快制定《成渝地区双城经济圈公共法律服务条例》。具体步骤包括以下两个方面。

一是在2022—2025年，进行协同立法的经验积累。成渝地区双城经济圈公共法律服务协同立法一方面仍可以采取合作协定的方式，例如签订《成渝地区双城

---

[1] 陈光、孙作志：《论我国区域发展中的立法协调机制及其构建》，载《中南大学学报（社会科学版）》2011年第1期。

[2] 周新楣、刘景文、史士零：《以成德眉资公共法律服务同城化助推成渝地区双城经济圈建设的思考》，载《中国司法》2020年第9期。

[3] 杨凯：《论现代公共法律服务多元化规范体系建构》，载《法学》2022年第2期。

经济圈公共法律服务发展规划合作协定》，以积累区域公共法律服务的协同立法经验积累；另一方面，各城市也可以通过政府规章的形式，就公共法律服务分别进行立法。但在立法的过程中，经济圈内城市之间需要协同规划，并将"成渝地区双城经济圈公共法律服务协同合作"统一规定为独立的章节，在章节之下，对成渝地区双城经济圈内服务目标的确立、机构的设置、统一化平台的建设等内容作出专门规定。这样既可以通过区域合作协定和分别立法，灵活适时地探索建立成渝地区双城经济圈公共法律服务制度，又能为今后专门的协同立法提供经验借鉴，使《成渝地区双城经济圈公共法律服务条例》更加成熟化和体系化。

二是进行成渝双城经济圈公共法律服务的专门立法。当公共法律服务协同立法的实践及经验准备充足后，成渝地区双城经济圈内地方人大及其常委会可以在2025年就《成渝地区双城经济圈公共法律服务条例》进行正式的立法。

从国家的社会公共管理责任论《法律援助法》的性质

黄 辛*

摘 要	法律援助制度起源于中世纪英格兰，其目的和价值在于保障"法治"这一国家本位下的公共管理体制不致失灵，防止公众因无法接近法律而导致法治这一管理意图的落空。法律援助法则是以成文法律的形式对这种以法治形式展现的公共管理制度的确认。因此，在法律援助法背后推动其演变的力量就是国家的公共管理政策，这也导致了法律援助法在形式上具有了宏观的，跨越公法与私法、实体法和程序法以及各种具体部门法的特征。但总的来说，我国现行的《法律援助法》作为向公众提供济贫性和无偿性公共法律服务的一项法律，其形式上更接近于社会法。但是，随着我国社会管理体制改革和共同市场建设等公共政策的推进和变化，作为社会法的《法律援助法》可能会在未来的进一步演变中拓展社会法的概念边界，形成市场规则体系下国家、市场和个人三方共同参与的一种新型公共管理和法治模式。
关键词	法律援助；法律援助法；公共管理；法治失灵；社会公共法律服务；社会法

引 言

法律援助是国家保障有经济困难的公民和特殊案件的当事人获得必要的法律服务，以维护当事人合法权益，维护法律正确实施和社会公平正义的一项重要法律制度。[1] 按照我国现行《法律援助法》的规定，法律援助"是国家建立的为经济困难公民和符合法定条件的其他当事人无偿提供法律咨询、代理、刑事辩护等法律服务的制度，是公共法律服务体系的组成部分"。这一定义与当前全世界通行的有关现代法律援助制度的基本要求大致上是一致的，也是我国法律援助制

---

* 黄辛，西南政法大学行政法学院2021级法学理论博士研究生，主要研究方向为法学理论。
[1] 胡铭、王廷婷：《法律援助的中国模式及其改革》，载《浙江大学学报（人文社科版）》2017年第2期。

度历经 40 多年[1]的发展后才在立法和学理上达到的新高度。

从现代法律援助制度在我国的发展来看，我国的现代法律援助制度起源于"文革"结束以后。从 1979 年《刑事诉讼法》规定的"指定辩护"制度，到 2003 年的《法律援助条例》，再到 2019 年《法律援助法》的颁布，我国的法律援助制度几乎见证了新中国整个法治复兴的全过程，也取得了傲人的成绩[2]，是一项与我国改革开放、现代化法治国家的建设过程相伴始终的一项制度安排。虽然这一制度"历史悠久"，但其在我国的发展却不像其他部门法一样一帆风顺，也没有得到人们应有的高度重视，其制度设计在科学性和可操作性上也仍有极大的提升空间。在我国法律援助制度的研究者看来，我国的法律援助制度存在各种问题。比如：在制度设计上，我国法律援助制度不利于调动各方积极性，法律援助中各机关协调配合不畅，法律援助机构性质不一、职能混乱[3]；在法律援助经费这一问题上，我国法律援助经费投入总量偏低，法律援助经费保障不均衡不充分现象极其严重，法律援助经费保障政策尚未完全落实[4]；在法律援助的案件覆盖范围上，我国的法律援助制度存在民事援助未能应援尽援[5]，刑事援助全覆盖流于形式等问题[6]。对于这些我国现行法律援助制度中所暴露的问题及对策，已有相关学者作出了深入的研讨，本文不再展开赘述。笔者认为，我国现行《法律援助法》中关于"国家责任"的描述正是对上述制度性、财务性和适用范围等问题的有效回应。按照这一逻辑，本文所主要关注的焦点就是：什么是国家管理责任？这一术语背后的具体理论和现实含义以及《法律援助法》究竟是一部什么性质的法律？

---

[1] 有学者认为，我国现行的法律援助制度起源于 1990 年代。从 1993 年提出到 1996 年试点，至今已 20 余年。参见黄东东：《民事法律援助范围立法之完善》，载《法商研究》2020 年第 3 期。但作为立法的法律援助制度，则晚至 2003 年才由国务院通过《法律援助条例》的形式予以确认。参见樊崇义：《我国法律援助立法与实践的哲理思维》，载《江西社会科学》2021 年第 6 期。但笔者认为，我国现行法律援助制度应追溯至 1980 年《刑事诉讼法》第 27 条关于"指定辩护"的规定。按此标准，我国的现行法律援助制度至今已发展了 42 年。

[2] 此处仅以《司法部 2021 年法治政府建设年度报告》中关于法律援助板块的内容为例："2021 年，全国法律援助机构共组织办理法律援助案件近 150 万件，受援人 166 万余人，提供法律咨询近 1889 万人次。"

[3] 程涛：《法律援助的责任主体》，载《国家检察官学院学报》2018 年第 4 期。

[4] 李雪莲、夏慧、吴宏耀：《法律援助经费保障制度研究报告》，载《中国司法》2019 年第 10 期。

[5] 黄东东：《民事法律援助范围立法之完善》，载《法商研究》2020 年第 3 期。

[6] 吴羽：《论刑事法律援助全覆盖》，载《中南民族大学学报（人文社会科学版）》2021 年 8 月第 8 期。

一、从社会公共管理的视域来看法律援助的"国家责任"

（一）从政府责任到国家责任的转变

我国原《法律援助条例》将法律援助定义为政府责任。这一表述形式是由于该条例是国务院颁布的行政立法这一立法层级所决定的，"因此法律援助中政府的责任就理所当然地被理解为行政机关尤指司法行政机关的责任"，"责任主体被极大限缩"[1]。而这就直接或间接导致了本文在引言中所列举的诸多制度、财政和适用对象等方面的问题。我国在2021年《法律援助法》中首次将法律援助的性质定义为一种"国家责任"，这是我国法律援助制度的一次重大完善。我国学界也适时针对法律援助的国家责任性质有过一定的探讨，有的学者认为国家责任的理论基础来自社会契约、人权保障和人人平等的原则性要求[2]，有的学者则认为"法律援助制度作为一项社会保障制度，如果不以国家责任理念作为先导，它作为一项社会公共服务就难以取得突破性的进展"[3]。这些观点均有科学合理之处。但是，作者认为，对于法律援助这样一种被世界各主要法治现代化国家普遍采纳和重视的一项制度，同时也是我国移植、借鉴而来的一项重要的现代化法律制度，有必要深入这一制度产生的历史语境和现实基础，方能更加深刻地认识到这一制度背后所隐含的作为制度之核心性质的"国家责任"性。

（二）从国家的公共管理视角观察法律援助制度的起源

作为一项古老的普通法传统，法律援助起源于中世纪的英格兰；而作为一项成文法制度的法律援助则与近现代意义上的国家和法治的概念密不可分。有学者认为，《自由大宪章》第40条规定便是法律援助最早的渊源[4]。但是，直到1495年亨利七世法案，英格兰方才以立法的形式将"法律援助"明文规定为一项法律制度。该法明确，"正义应当同样给予贫困的人，以及那些根据他们自己的自由裁量权行事的人。根据正义原则任命的律师应同样为穷苦人服务"[5]。在这一阶段，法律援助明确是为"贫困的人"或者"穷苦人"而服务的，其所使用的术语也非当下通用的"法律援助"（Legal Aid），而是更具欧洲中世纪特色的"穷人诉讼"（forma pauperis）。同时，也有学者认为，亨利七世法案不过只是以

---

[1] 程涛：《法律援助的责任主体》，载《国家检察官学院学报》2018年第4期。
[2] 程涛：《法律援助的责任主体》，载《国家检察官学院学报》2018年第4期。
[3] 樊崇义：《我国法律援助立法与实践的哲理思维》，载《江西社会科学》2021年第6期。
[4] 莫荻：《法律援助的鼻祖——英国法律援助制度》，载《世界文化》2013年第1期。
[5] 程涛：《法律援助的责任主体》，载《国家检察官学院学报》2018年第4期。

成文法的形式对中世纪英格兰长久以来一直实施着的法律援助这一"普通法原则"进行了立法确认。[1]

在亨利七世颁布法律援助立法的 1495 年以前，作为一种组织方式和意识形态的"国家"概念尚在形成过程中；然而，作为"普通法原则"的法律援助在为立法者确认之前已经通行于英格兰各地的法律实践中。因此，作为一种非法律制度化的法律援助最初确实是独立于"国家"概念之外的。

但从亨利七世展开司法改革时起，英格兰便逐渐开始解构中世纪传统的，由王室、贵族和教会相互制衡而形成的封建秩序，并逐步开始构建起现代性的民族国家制度。特别是亨利八世（他于 1531 年颁布立法，对法律援助制度作出了进一步的详细规定）在先后依靠平民出身的三位托马斯（托马斯沃尔西、托马斯谟尔、托马斯克伦威尔，这三位托马斯都曾担任过律师和法官）作出重大司法和行政改革，并有效推动了英格兰的宗教和土地革命后（尽管这一革命也充斥着血淋淋的"羊吃人"问题），英格兰终于开始摆脱了教会和封建制度的掣肘，并在伊丽莎白一世时期急速转型为世界最早的现代性民族国家。在这一从封建体制转向现代性国家的过程中，平民官僚（实际上也是法律官僚）和他们所制订的，包括法律援助制度在内的倾向于平民权利的法律制度，无疑成为集权君主得以通过法制（rule of law）控制社会，打击封建贵族、削弱教会力量的司法保障。从某种意义上说，亨利八世及其官僚集团的法治化改革（rule by the rule of law）实际上促成了王室和平民在程序上相对"和平地"通过法律来瓜分、攫取贵族和教会财产，"和平地"重新配置社会权力的联盟和共谋。为了实现这一新的法权运行机制，并在这种全新机制中获得新的法律利益和财富，平民不得不放弃了自己原有的封建权利义务，转而投身向一种不断"国家化"和"法治化"的生活方式和社会制度安排以取得新制度下的种种（包括在国王的法庭上得到平等对待和获得法律援助）权利。而这些权利的获得往往只能在国家所确立的，新的"法庭游戏规则"中方能有效实现。因此，法庭规则取代了传统的封建权利义务规则，平民从封建权利义务主体变成了法律权利义务主体；但并非所有的法律权利义务主体（甚至是绝大部分此类主体）都具备进入"法庭游戏规则"这一新兴的权力场域的知识和能力。因此，法律援助便成为一种专门的成文法化制度安排，意在确保尽可能多的平民有能力参与到国家"法庭游戏规则"这一制度设计中。从此时开始，

---

[1] Editors, Law Review (1948) *Power to Appoint Counsel in Illinois Habeas Corpus Proceedings*, University of Chicago Law Review：Vol. 15：Iss. 4, Article 11., p. 946, note 11.

法律援助便不再只是一种富有美德的社会上层对下层人士的好意施惠，而是"国家"为了确保其设置的法治规则能在社会和大众层面得以有效施行的制度设计。

纵观这一段历史，其发展的轨迹完全契合了霍布斯或洛克等人所假设的从一种权力状态（自然状态）向另一种全然不同的权力状态（国家状态）的转换。霍布斯和洛克不约而同地将这种转换的原因和依据归结于"社会契约"。但事实上这种在国王或国王的议会与臣民之间的这种契约是不存在的，在某种意义上，它只是巴洛克时期的哲学和法律学者对社会现象进行反思和总结时所使用的术语和符号。那么在这一符号背后的真实情形是什么呢？本文认为，很大程度是因为国家作为一种新兴的权力机构完全改变了过去封建制度下的社会管理体制，开始从封土建邦式的粗放管理迈向了对社会和臣民的精细化、集中化和统一化管理。但是，实施这种管理的权力实际上是通过僭夺传统的，基于神权（教会），血缘、亲族（封建贵族）和地缘性（威尔士）[1]政治权力来实现的。正是为了彰显新的"国家统治"和国家对社会实施管理的正当性，"社会契约"才作为一个能与神权、血缘和地缘相抗衡的符号被提出来。在从作为贵族之领袖的国王（包括作为国王咨议机构的议会）向国家主权者转变的这一过程中，整个英格兰绝大部分的土地、财富和人口都将由该主权者重新按照一定的程序和方法进行再分配。这里的程序就是法律，方法就是法律和自由市场的结合。

综上所述，本文认为，从管理学和社会公共治理的角度来看，《法律援助法》文本中所谓的"国家责任"所指的正是国家作为掌控了一国全部权力（authority）和资源的主权者和立法者所必须承担，也只能由其承担的一种公共管理责任。它和其他社会公共管理的唯一也最重大的区别在于这一管理责任落实的手段是法律，而这也是作为管理学和政治学术语下的"法治"（Rule by the rule of law）的基本内涵。

二、作为预防和补救法治失灵的法律援助

（一）法治失灵的调节阀

从英格兰逐渐走上民族国家的历史来看，法治或曰法律之治这一新的国家公共治理模式也产生了一系列新的问题。比如，随着法律的日趋复杂，讼累也不断增加；自由市场的充分发展又导致了大量的诉讼纠纷和新的贫困。为了解决这个问题并继续维持"法律之治"的权威性和可行性，"法律援助"作为这种法治化管理体制变革的调节阀便在社会管理制度变革的过程中显得日益重要。上文所述

---

[1] 1536年，威尔士和英格兰签署《联合法案》（Act of Union）后，威尔士才正式和英格兰合并。

英格兰这种放弃"封建权利"以换取"国家和法律保护"的机制给予了洛克和霍布斯以"社会契约"的灵感。在他们的设想中，一种法权运行模式将取代另一种权力职责模式，国家将以所谓"主权者"和"立法者"的姿态获得对整个国家范围内一切人、财、物的统一管理权。在封建时期，封建主的"管理失灵"仅局限于其领地之内，即使溢出也不会形成大范围的长期不良影响。但在主权者所管控的"民族国家"中，作为主要社会管理手段的法治失灵则可能演变为大范围的灾难。而"法治失灵"最直接的表现形式就是徒有良法而社会成员却无力接近（access）。因此，法律援助才显然成为主权者和立法者通过法律实施有效社会控制的救济性管理手段，其意在修补法治的失灵，以和平的方式实现主权者和臣民之间所谓契约的稳定性。

此处需要特别指出和强调的是本文所使用的"法治失灵"这一概念。法治失灵不完全等同于法律失灵。有的学者认为，法律失灵表现在"法律的完备与人们对法律的漠视上，以至于法律的规定是一回事儿，人们的行为是另一回事。换句话说，法律规则对人们的行为并不能产生影响，立法者的立法预期不能实现"。而这种人类学视野下法律失灵的典范就是对法律适用的"规避"[1]。还有的学者将法律失灵看作"一种国家机关故意放纵违法犯罪行为致使大量违法犯罪行为没有受到法律追究的社会现象，其实质是部分社会成员凌驾于法律之上"[2]，或者是指在社会矛盾纠纷解决过程中，作为秩序构建的法律权威以及法律解决方式对于调节和恢复矛盾的、冲突的关系失去相应的作用。法律失灵所对应的社会经验现象主要表现为：生效司法判决的执行难、暴力抗法以及由法律裁决次生的群体性上访和群体性事件。[3] 总的来说，这种法律失灵所指的乃是个别的、局部的规则和规范失灵。而法治失灵则是宏观的，国家法治管理层面的失灵。它是一个法律现象，也是一个管理学的现象，其本质是法治作为一种管控社会之手段的"管理"或"治理"失灵。而且，法治失灵所指的不是个别法律规则或在个别规范领域的失灵，而是指宏观的"可管理性"失效。这种法治失灵，宏观失效的最典型表现就是人们无法接近法律，遇到社会冲突时开始寻求法律社会治理体系以外的化解途径，国家的管理意图落空。因此，法律援助作为一项保障至少是多数和主要社会成

---

[1] 李清伟：《法律人类学视角下的法的概念与法律失灵》，载《甘肃政法学院学报》2008年第3期。
[2] 梁清华：《当前中国法律失灵的原因及对策》，载《法学》2008年第8期。
[3] 周梅芳：《乡村纠纷解决中的法律失灵——湖南柳村林权纠纷的个案研究》，载《社会学评论》2014年第4期。该文作者认为，法律失灵这一概念是从经济学中的"市场失灵"引申而来，法学界常用"法律失效"来表述类似的现象。

员得以接近法律的制度设计，就成为防止法治失灵的最后和最重要的保障。

综上可以看出，"法律援助"呈现出一种横跨国家和前国家时代的两种面向。在前国家时代，它是一种不成文的法律实践和非显性的制度传统；在国家时代，它又以成文法的形式表现为一项伴随国家这一组织和社会管理形式而共同产生的重要法律制度。在前国家时代，它是一种通行于法律实务界的慈善行为和"好意施惠"的法律活动；在国家时代，它成为一项被主权者所确认的国家法律义务，是法治国家为有效实现其管理社会的目的而赖以存在的一项重要制度。该制度也被后来全世界所有法治国家通过模仿和移植而加以适用。

进入现代社会后，随着"民族国家"这一概念取得全世界范围内的共识，法律援助制度逐渐开始明显呈现出一种国家通过法律援助活动来将法庭变为权力斗争的战场（site），或者说是通过法律援助制度将社会权力斗争规制在法庭中的现象。这一时期的权力斗争、群众运动等各类尖锐的社会矛盾冲突被国家尽可能多地纳入法治化的有效解决框架中，并促使权力斗争的成果"法律化""制度化"[1]。通过这种社会权力斗争的法治化，欧美各国化解了20世纪五六十年代的统治危机和社会危机；而在法律援助制度的帮助下参与权力斗争的各社会团体（穷人、工人、学生、妇女、退役军人、黑人、少数民族群体等）则因为自己所获得的法庭胜利而进一步强化了他们对法庭的信心和对法律之治的信念；从某种意义上讲，欧美各国"法律中心主义"和"法治至上"的观念恰是在这种社会斗争和剧烈动荡的法治化解决机制中得以形成的。[2] 作为一种古老制度设计的法律援助为这种以法庭斗争之样貌呈现出来的社会和权力斗争提供了制度性和可行性保障。

在这一时期，作为一种国家制度安排的法律援助已经和法治国家的社会管理甚至是统治基础实现了更为深刻的绑定，它既是各国宪法所明确的"法律面前人人平等"这一根本性要求的现实载体，使得任何具有一定利益诉求，却无力接近

---

[1] 参见"布朗诉教育委员会案"（Brown v. Board of Education of Topeka, 347 U. S. 483 (1954)）。
[2] 参见 Jennie Abell, *Ideology and the Emergence of Legal Aid in Saskatchewan* (1993) Dalhousie Law Journal 16 Dalhousie L. J. (1993), p. 150。该文作者认为：美国联邦最高法院的胜利始于 1954 年的布朗案，该案在证明"法庭斗争"这一策略有用的同时，也巩固了法院至高无上的地位。这种胜利很容易被理解为"法律"的胜利，它来自法庭的确认而非斗争的胜利，这反过来又强化了法律的中心地位（In the U. S., the Supreme Court victories starting in 1954 with Brownseemed to confirm this strategy as a useful course and also to solidifyconfidence in the 'highest court in the land'. One of the difficulties is thatvictories may readily get translated into 'legal' ones, as something thecourts give rather than something won by struggle, and this may in turnperpetuate the centrality of law）。

法制的人士均能有效进入（access）法庭、有效利用法律资源来争取其所欲求的权利；同时，法律援助制度也使作为秩序管理者和资源掌控者的主权者能在矛盾冲突突破管理临界点前就调动各类社会和法律资源，通过向法庭疏导社会矛盾化解社会冲突并由此将可能引发大范围剧烈社会动荡的事件和人群和平有序地安置在法治的管理框架之内。

严格地从法社会学角度来看，很少有法律是纯粹的技术性规范而不是国家用以控制社会的手段。但作为一项基本的法律安排而言，法律援助制度却从其诞生伊始便具备着在宏观社会管理层面维护国家管理秩序和社会和平稳定的功能，它是国家和公民之间的"黏合剂"，将矛盾冲突的各方规制到一个由国家所创设的、完整的、被称为"法治"的社会秩序管理中来。这种通过法律援助以吸纳社会多数人士进入法庭以争取权利的做法，无论是在英格兰都铎王朝早期还是在20世纪中期的众多法治国家，一直都起着帮助主权者维持其法统，调解法治失灵和维护社会和平的重要功能。

因此，公民获得法律援助既是一项法律面前人人平等的宪法性权利，也是国家为了维持其合法、和平统治的宪法性责任，还是一项国家为有效实现其社会管理的法律安排，起着预防和补救法治失效的"调节阀"的作用。

（二）以法治形象示人的国家公共管理政策

我国作为一个后发的法治国家，在法律制度的建设上存在着对法治现代化国家成熟法律制度的学习、模仿和借鉴，这种学习可谓是一种制度建设的捷径。但这也意味着我们没有经历过或尚还未经历那些被模仿之制度的原创者在特定历史时期所经历过的，促使某项特定法律制度诞生的历史、政治和法律困境。因而我们在面对某些被移植、借鉴而来的法律制度时便在短期内无法体会和理解这一制度被创设出来的语境，也在短期内无法理解运行在一些看起来"美好"的制度背后的社会和政治现实，以至于会将此类制度的引进和移植误解为一个彰显本国法治现代化的"装饰"或"符号"。法律援助制度就是这种情况的典型范例。作为一种"文革"后才被逐渐重新[1]引入的现代化法律制度，我国在法律援助这一法律制度安排的早期，对于"法律援助"究竟是什么这一问题的认识是模糊的，

---

[1] 中国的法律援助制度发端于北洋政府时期，南京国民政府则以《公设辩护人条例》和《律师公会平民法律扶助实施办法》为依据，创设了一套法律援助体系（该体系至今仍被我国台湾地区沿用）。新中国成立后，1954年的《人民法院组织法》也规定"人民法院在认为有必要时，也可以指定辩护人为被告辩护"。参见樊崇义编著：《法律援助制度研究》，中国人民公安大学出版社2020年版，第1—2页。

甚至是混乱的。

笔者认为,"文化大革命"结束后,最早的法律援助活动可以追溯至1980年"林彪、江青反革命集团案"的审理。在本案中,法庭为涉案各被告"指定"[1]了相应的辩护律师为其提供免费的法庭辩护。在1980年的审判开始前,我国就已经在1979年《刑事诉讼法》中规定,"公诉人出庭公诉的案件,被告人没有委托辩护人的,人民法院可以为他指定辩护人"。这一制度规定随着"林彪、江青反革命集团案"在全国产生的巨大影响,逐渐为后来法律援助制度的引入铺平了道路。因此,我国的法律援助制度和上文所述的那些先行实施该制度的国家不同,它首先是在刑事领域铺开,伴随着刑事诉讼制度的重新完善而产生的。而这就导致了我国的法律援助活动与刑事诉讼程序的改革具有相同的渊源和立法理由。因此,在我国改革开放以后相当长的历史时期内,我国的司法从业人员都将法律援助等同于以指定辩护形式出现的刑事法律援助。按照这种理解,法律援助的责任人就是司法机关(至少是承办刑事案件的法院。事实上,就刑事法律援助而言,这种理解也无可厚非。由法院等司法机关承担刑事法律援助责任的做法至今还存在于日本、美国和我国台湾地区等一部分依旧沿用"公设辩护人"制度的国家和地区),而我国大部分现今最活跃的,对法律援助制度展现出最大学术热情的研究者,也都是刑法和刑事诉讼法学者。

但在我国正式建立法律援助制度的前后,即从1994年,时任司法部部长肖扬在讨论《中华人民共和国律师法(草稿)》时第一次正式提出"建立和实施中国的法律援助制度"的设想时起,直到2003年《法律援助条例》的正式实施[2],我国的法律援助制度开始由指定辩护这一狭窄范围转向了覆盖面更为广泛而全面的法律援助综合服务。2003年条例规定将援助的范围扩大到刑事指定辩护以外包括特定的行政诉讼、民事诉讼和劳动纠纷等领域。而且,该条例通过"省、自治区、直辖市人民政府可以对前款规定以外的法律援助事项作出补充规定"这一陈述,在理论上已经不再对法律援助的范围作出刚性的规定。随着援助范围的扩大,以法院为代表的司法机关显然不宜再作为法律援助的责任主体。随着援助案件覆盖范围的"大而化之",条例将法律援助笼统地归结为"政府责任"。这种责

---

[1] 笔者认为,"指定辩护制度"就是法律援助制度法律化以前的"法律援助"活动。法律援助的法律化只是对这种早已存在于《刑事诉讼法》中的刑事法律援助在《法律援助条例》上进行了确认和重申并重新命名为"刑事法律援助"而已。因此,我国广义上的法律援助制度理应追溯到1979年《刑事诉讼法》的制定。

[2] 吴宏耀:《法律援助的管理体制》,载《国家检察官学院报》2018年第4期。

任的归结方式虽然体现了法律援助立法的一定进步，但这一制度安排也同样直接或间接地导致了本文在引言中所引述的诸多问题。在司法机关那里，这一制度的目的在于保障合法的诉讼程序的展开；而在政府、社会大众和法律援助机构眼中，法律援助制度则更多地表现为一种"慈善"性质的"济贫"和"施惠"活动，是和"民生"问题紧密结合的一种制度安排。这种对法律援助之性质的认识偏差导致人们对法律援助责任主体的模糊认识。此外，一旦将某种行为定义为具有"慈善性质"的行为，那么基于慈善和施惠活动的随意性和单方的"给予"性，便很容易使施惠的主体各方以各种看似正当的理由（比如财政储备不足、供给短缺和理应存在其他援助主体等）推卸责任，这反过来又进一步加剧了法律援助责任主体的模糊性和对法律援助之性质认识的混乱性：人们已经弄不清法律援助究竟是一种关涉诉讼的程序性活动，还是政府和社会的慈善性活动，又或者是某种国家关于国民基本人权保障的法治安排或现代国家对国民的民生福利保障。这种混乱认识的表现形式就是从政府部门到社会公众对法律援助制度的"轻视"，认为法律援助只是我国法治现代化建设中的"装饰"和"点缀"，是政府和法律界人士单方面的施舍，或者只是刑事诉讼程序中的"走过场"。而谁才是法律援助活动这一可有可无的制度设计的责任主体，反倒不那么重要了。比如我国在2013年的《关于刑事诉讼法律援助工作的规定》中将刑事指定辩护的权力从法院移交到法律援助机构时，当时的最高人民法院几乎未做任何试图保留该权力的争取。而在其他法治现代化国家，刑事援助的主导权一直是法律援助机构和法院之间的争议焦点，以至于在今天的日本、我国台湾地区以及美国部分州在法律援助机构充分扩充的同时依旧设计有内置于法院系统内部的"公设辩护人"。

但是，诚如本文所述，法律援助制度作为一项和"现代性国家"这一公共生活的安排方式所共生的法治化管理手段，是现代国家实施社会治理和公共管理所必需的环节。现代性国家即法治国家，法治国家的基本特征就是尽可能多地将一切社会矛盾都纳入可控的、法治化的解决机制并凸显法律的中心地位。因此，公共政策借由法律的形式来设立游戏规则，而法律援助制度就是促使全体民众都尽可能参与到这一游戏规则中，防止游戏规则流于虚设的必要社会管理制度。如果缺少了这一设计，那么民众中的一部分甚至是绝大部分便无法进入这一规则体系中，以法治为基础的现代国家希望通过法律来实现社会公共管理的企图便会落空，法治就会失灵。

综上所述，法律援助是国家为了实现法治化社会管理的和平统治所必须承担的基本责任，也是其通过法律的形式兑现"法律面前人人平等"这一宪法性承诺的根本义务。这也是为什么我国现行《法律援助法》要将"国家责任"明确写进法条的重要原因,而这也契合了当下我国深化管理体制改革的基本政策要求。

三、由公共管理政策的转变所引出的《法律援助法》

(一)《法律援助法》的性质

研判《法律援助法》究竟是一部什么性质的法律,对于理解法律援助制度的性质而言是极其重要的。按照大陆法系最传统的分类,法律分为公法和私法。按照法律的内容和功能的区别,法律又分为实体法和程序法。[1] 按照法律所调整的具体范畴,又可分为民法、刑法、行政法、经济法和社会法等各法律部门。按照这些分类标准,可以确认《法律援助法》应属于以上哪种性质的法律吗?笔者认为不能。

1.《法律援助法》既不是公法,也不是私法。《法律援助法》不是完全和典型意义上的公法。

首先,法律援助所保护的重要客体之一是涉法涉诉的主体能有平等地接近法律的机会和地位。就这点而言,它所关涉和保护的对象是私人的诉讼或平等参与个人纠纷解决机制的权力。在这个过程中,国家公权力和行政力量严格恪守其中立性和谦抑性,不会参与到纠纷的实体解决机制中;它甚至不会像诉讼法一样会以"援助程序的瑕疵或失格"为由而强令改变案件实体处理的结果(至少在非刑事诉讼中是如此)。

其次,法律援助制度的参与人不是国家机关,法律援助律师(包括狭义的,具有国家工作人员身份的援助律师)也不以国家机关工作人员的身份,而是以某一受援主体的代理人身份参与到援助工作当中。

最后,法律援助制度保护的不是国家或社会的公共利益。虽然其制度的展开在于维持国家法治的社会管理秩序,但它在实质上却表现为对涉法涉诉的受援人个体的利益保护。

但以上几点也无法说明《法律援助法》是私法。因为仅凭公民个人的私力是无法启动和完成法律援助程序的,它需要国家力量的介入,需要国家责任的承担和履行,这一点前文已有论述。

2.《法律援助法》既是实体法,也是程序法。《法律援助法》并不是纯粹保

---

[1] 付子堂:《法理学初阶》,法律出版社2021年版,第128页。

护受援主体诉讼利益的实体法。按照"实体法是规定法律关系主体之间的权利与义务关系、职责与职权关系的法律"[1]这一定义，法律援助法当然是一部实体法（其中明确规定了公民申请和获得法律援助的权利以及国家法律援助机构向适格主体提供法律援助服务的责任和义务）。但是，《法律援助法》同样也将援助程序和实施规定在同一部法律中。之所以会有这种现象，与法律援助制度本身所具有的鲜明的程序性是密不可分的。此处将以"刑事法律援助"[2]为例展开探讨。

总览刑事法律援助制度和现代刑事诉讼程序的演进可以发现，刑事法律援助制度就是广义的刑事程序法的一部分。虽然现代法律援助制度在当下看来理所当然地应包括刑事法律援助，但在法律援助活动制度化的早期（即上文所提及的1495年亨利七世法案），法律援助的范围仅限于"民事案件"[3]，此后才逐渐而缓慢地向刑事案件扩大其边界，但能获得援助的人士也仅限于贫穷的原告（受害人）。在18世纪末以前的英国，很少有律师会出现在刑事案件的庭审中。而那些作为出现在刑事审判中的律师凤毛麟角，也被认为是学艺不精、品行不佳的底层法律人士。而且，与我们一般的理解不同的是，这一时期出席刑事案件审判的律师（包括援助律师）多为控方代表，他们代理和维护受害人而不是刑事被告的利益。英国在1827年改变"有罪推定"（presumption of guilt）这一刑事原则前，人们认为"诚实而明确的辩护不需要精湛的技巧"（威廉霍金斯[4]语），而至于刑事被告的利益则全仰赖法官的保护。但随着"无罪推定"原则和"交叉询问"制度（Cross Examination）的发展以及"穷人诉讼"制度的不断深入和扩展，英国法官才于1820年代逐渐开始指派律师代表重罪刑事被告参与诉讼。但是，该阶段的刑事援助仅及于部分重罪被告人，其惠及的范围较小，直到1903年英国颁

---

[1] 付子堂：《法理学初阶》，法律出版社2021年版，第128页。

[2] 本文从刑事援助角度切入法律援助制度的"程序性"，一是因为我国现阶段尚未在民事、行政诉讼程序法中明确规定法律援助制度（这一点笔者认为将来的相关程序立法还有待完善），二是因为刑事诉讼的程序性要求极为明确和典型，三是因为我国的刑事法律援助在《法律援助法》和《刑事诉讼法》中均占有重要地位，而且是我国法律援助制度从无到有的源头。

[3] Editors, Law Review (1948), *Power to Appoint Counsel in Illinois Habeas Corpus Proceedings*, University of Chicago Law Review (1948): Vol. 15 : Iss. 4, Article 11., p. 946.

[4] William Hawkins, *A Treatise of the Pleas of the Crown*, vol. 2, p. 400 (London, 2 vols., 1716, 1721).

布《贫穷罪犯辩护法》(the Poor Prisoner's Defence Act of 1903)[1]后,刑事案件的法律援助才逐渐覆盖到轻罪被告人。

因此可以看到,20世纪初期以前的"前现代的法律援助制度"所关注的焦点并不是贫穷刑事被告的法律权利。它所强调的乃是对"贫穷受害人"之实体权利保障,进而将被告人(无论贫富)作为待处分之"物"而非法庭上具有同等地位之"人"。但随着启蒙思想的扩散以及在此基础上所形成的近现代"法律面前人人平等"和"无罪推定理论"等观念的不断发展,英国开始逐渐改良其原有的刑事诉讼程序,逐步将刑事审判程序从"极力压制被告人"的状态转向对控辩双方的平衡调整。但这种有效调整的前提则是"穷人诉讼"能对无力聘请辩护律师的贫穷被告施以援助辩护。

综上,法律援助制度和刑事诉讼程序的现代化改革在英国几乎是同时发生的;对于那些无力聘请律师的刑事被告和需要被告律师出席法庭审理的法官来说,法律援助制度就是整个刑事诉讼程序的一部分。这一时期的英国,甚至是后来世界上所有的文明法治国家,在接受了文明且科学的刑事审判程序,接受了无罪推定原则和法律面前人人平等这一宪法性原则后,就已经不自觉地将法律援助制度中关于刑事辩护援助的部分条款和刑事程序法融合在一起了(尽管此类规定可能分别同时存在于刑事程序法和法律援助法这两个部门法当中)。我国"文革"后的《刑事诉讼法》制定于1979年,其中就已经包含了"指定辩护"的相关内容,其逻辑和目的与本文此处所指英国于19—20世纪的刑事诉讼改革也基本是一致的。

因此,对于被告人甚至是主持审判的法官而言,刑事法律援助制度所追求的乃是在实体正义之外的,对刑事被告在刑事诉讼过程中的有效"参与权"的保障,是能让他们和控方律师或公诉人一样"有技巧"地进行诚实而有效辩解的最基本、最重要的保障;此外,刑事法律援助也是协助法庭查清案件事实,维护审判公平正义,保护刑事被告基本人权的重要保障。现代刑事法律援助制度就其性质而言,本身就内化在程序正义之中,维系着整个刑事审判中的程序正当性,是广义的刑事诉讼程序法在法律援助制度上的延伸。如果没有法律援助制度在刑事程序改革上的有效参与,就没有我们今天所看到的现代刑事诉讼——它是在法律援助制

---

[1] Clive Emsley, Tim Hitchcock and Robert Shoemaker, *Crime and Justice-Trial Procedures*, Old Bailey Proceedings Online (www.oldbaileyonline.org, version 7.0, 08 February 2022), 'The role of lawyers'.

度改革的基础上才充分完成的。就保护刑事被告人平等的诉讼权利、保证正当刑事程序的展开和查明案件事实、保证刑事审判的公平正义这几点来说，法律援助制度和刑事诉讼程序制度在法律的价值追求、制度的设计目的和制度所欲实现的功能上高度重合。正因如此，法律援助制度才是内化于刑事诉讼程序中的一个十分重要的环节，大部分正当的刑事诉讼程序[1]都有赖刑事法律援助方能依法展开。

此外，虽然法律援助制度规范国家法律援助机构（机关）与受援人之间在实施法律援助活动时的关系，但二者明显不是行政管理人和被管理人的关系，而是社会公共服务的提供者和被服务者的关系。因此，《法律援助法》不属于行政法的范畴。

3.《法律援助法》是社会法吗？按照我国通说的定义，社会法是指"规范劳动关系、社会保障、特殊群体权益保障、社会组织等方面的法律规范的总和"[2]。截至本文写作时止，《法律援助法》刚在我国颁行不足半年，迄今尚无将《法律援助法》纳入我国社会法体系的观点。但是根据上述社会法的定义将《法律援助法》纳入社会法体系当中是合理的。根据《法律援助法》总则第2条的规定，法律援助是"公共法律服务体系的组成部分"。按照这一规定，法律援助作为一种特殊的社会（法律）服务似乎确实符合社会保障、特殊群体权益保障的要求。此外，《法律援助法》还规定了其他社会组织可以在法律援助机构外作为法律援助服务的提供主体，因而也满足规范社会组织的行为这一要点。

作为一种社会公共服务的法律援助，其至少具有"济贫性"和"无偿性"两大特征。

如上文所述，作为一种制度性安排的法律援助最初就是一项济贫制度。比如英国《1494年法案》和《1531年法案》均要求受援人年收入不足五英镑[3]。《1949年法律援助与咨询法案》则放宽了接受法律援助的资格条件，扩大了受助人的范围，规定受援人"每月可支配收入不足三百英镑；可支配资产不足三千英

---

[1] 比如2018年，我国的刑事辩护率只有30%。如果按照刑事法律援助全覆盖的要求，那么至少（因为还要出去30%这一数据中已经由法律援助律师所提供的辩护）有70%的刑事案件办理需要法律援助服务。参见吴羽：《论刑事法律援助全覆盖》，载《中南民族大学学报》（人文社会科学版）2021年第8期。

[2] 李飞：《立法法与全国人大常委会的立法工作》，十三届全国人大常委会、专门委员会组成人员履职学习讲稿。

[3] 莫荻：《法律援助的鼻祖——英国法律援助制度》，载《世界文化》2013年第1期。

镑……如果法律援助申请人属于低保人员、正在领取失业救济金的或者正在享受其他政府补助的，则无须接受经济状况审查即获得免费民事法律援助服务资格"。与之类似，我国《法律援助法》在其总则第2条就明确指出，我国法律援助的对象是"经济困难公民"和其他符合法定条件的当事人。从"其他"这一用语的表述中可见，前者才是本法所主要调整的对象范围，后者（其他）是对前者可能存在遗漏项的补充或个别例外规定。[1] 因此，无论各国法律援助制度关于受援人标准如何变化和扩大，"贫穷"都一直是法律援助制度赖以存在的现实基础。按此推论，认为法律援助制度究其性质而言就是一部"穷人法律"并非不合理，英国甚至直接在近500年的时间里直接用"穷人诉讼"这一术语来描述对无力负担诉讼成本人士的法律援助服务。一项济贫性的社会服务以及规范该服务的法律，自然符合社会法的标准。

以制度的济贫性为起点，自然便引申出了"无偿性"的观念。它强调对无法依靠自身力量而获得法律服务的人们提供无偿的包括咨询、调解、诉讼等众多法律服务在内的帮助。比如，我国原《法律援助条例》规定，符合规定的公民将依条例获得"无偿法律服务"。我国现《法律援助法》同样强调，法律援助制度是向符合条件者"无偿"提供相关法律服务的制度。可见，"无偿性"同样构成了法律援助这一制度安排的重要基石，它是"济贫"这一概念在法律援助实践中的扩展。从"无偿"的角度，似乎《法律援助法》属于社会法这一论断又得到了补强。

但是，笔者对于《法律援助法》的社会法属性还是存有一丝疑虑的。这是由于我国现阶段《法律援助法》在立法体例和立法思想上依旧略显滞后而决定的，而这种滞后集中体现在"济贫性"和"无偿性"这两个法律援助制度的重要面向上。

4.《法律援助法》的立法滞后性。毫无疑问，《法律援助法》主要是一部关于"贫穷"（或者说"经济困难"）的法律。但随着时代的发展和进步，"贫穷"这个概念本身却发生了一系列的变化。

---

[1] 这种用"其他"来表示补充或作例外规定的用法在我国立法体例中极其常用。比如《中华人民共和国行政处罚法》第9条行政处罚的种类：（一）警告通报批评；（二）罚款、没收违法所得、没收非法财物；（三）暂扣许可证件、降低资质等级、吊销许可证件；（四）限制开展生产经营活动、责令停产停业、责令关闭、限制从业；（五）行政拘留；（六）法律、行政法规规定的其他行政处罚。或者《中华人民共和国民法典》第471条规定，当事人订立合同，可以采取要约、承诺方式或者其他方式。此处的其他意指合同主要由要约或承诺构成，但在主要方式以外的个别其他缔约形式也可能受到法律的保护。

现代学者普遍认为,"贫穷"或"贫困"所指的绝不只是收入的匮乏或者缺衣少食甚至无衣无食的赤贫状态(当然,这种状态自然也是一种"典型的贫困")。按照现代贫困经济学的理论,"贫穷"的概念至少包含了"收入贫困"、"能力贫困"和"权利贫困"这三层含义[1]。

"收入贫困"无须多言,它所指的就是传统的、古典意义上的"贫穷"。"能力贫困"(Capability poverty)的概念是由阿马蒂亚·森所独创的概念,它指一种因人的能力被剥夺而产生的贫困。有的学者认为,这种因基本能力的剥夺而产生的"能力贫困"甚至可以被看作是在一个相对并不那么匮乏的时代和社会中贫穷赖以滋生的根源。"人们之所以贫困,是因他们难以借助现代教育、信息扩散、知识外溢、社会资本积累等效应来充实自身的经济能力,故人力资源含量、知识与技能水平极低,以致在发掘经济机会、参与政策决策、提升对自身的投资、应对不确定性和风险、从创新性经济活动中获利、分享经济增长成果等方面的'无能为力'"[2]。

除了能力的困乏,"贫穷"的概念还包括了"权利贫困"(Entitlement poverty)这一面向。它指一种因缺乏基本和必要的政治、法律、经济和文化权利而导致的贫穷。权利贫困的概念也被描绘为"社会排斥"(Social exclusion),即将缺乏权利和能力的个体排除在主流的社会公共生活之外,变相剥夺了"权利上的穷人"参与社会政治、法律、文化教育和福利制度的安排的机会。而且,一个人如果被排斥在主流的经济、政治以及社会活动之外,那么,即便他拥有足够的收入和能力,他依然可能很穷,而且,更重要的是,"穷人在经济上被边缘化往往在政治上和社会上也被边缘化了,他们在资源分配上没有发言权,他们缺乏法律的保护,不受尊重、被禁止利用新的经济机会,在社会上处于受排斥的境地"[3],而这也是为什么那些权利上的贫穷者在暂时摆脱贫困后,"贫穷"却依然如幽灵般在这些人群的代际间不断循环往复的原因。

由此可见,至少在本文上述论证的范围内,传统的"贫穷"观念已经发生了深刻的变化。而隐含在"贫穷"这一概念之多重面相下的实质乃是"贫穷"这一概念本身的"相对化"。贫穷绝对不是一种人们看待某些匮乏的个体或群体所秉

---

[1] 郭熙保:《论贫困概念的内涵》,载《山东社会科学》2005年第12期。另参见叶普万:《贫困概念及其类型研究述评》,载《经济学动态》2006年第7期。

[2] 杨菊华:《贫困概念"元内核"的演进逻辑、认识误区与未来反思》,载《江苏行政学院学报》2021年第3期。

[3] 郭熙保:《论贫困概念的内涵》,载《山东社会科学》2005年第12期。

承的一种稳定的"意识形态"[1]，它作为一种社会学、人类学甚至是法律的概念，往往会随着时空和语境的转换而发生相应的变化。而古老的，仅仅将贫穷界定为"收入匮乏"和"经济困难"的观念（甚至毋宁说是偏见）是无法满足社会现实对"贫穷"这一现象的想象的。而且，随着社会经济的发展，"收入匮乏"的赤贫者事实上也已经成为相对富足的社会中的"个案"，有一定收入和财产的中层人士才是构成"富足而文明的社会"的中坚力量。但这也并不意味着这些脱离了"收入匮乏"阶段的中层同时也不再受到"能力贫困"和"权利贫困"的侵扰。现代法律援助制度在某种意义上正是对这种"非典型贫穷"所带来的担忧的回应。

有学者认为，法律援助是"社会必须实现的，对其并不那么富裕（less fortunate）的个体成员所应承担的义务"，而这样做的原因有二：一是避免这些不那么富裕的成员堕入最底层的深渊进而威胁其他社会成员并最终成为社会更大的负担（greater expense）；二是让这些不富裕的社会成员感到自己依然有来自他人的关怀而非被社会所排斥（outcast），他在这个组织良好的社会或安排中依然有自己的一席之地。[2] 根据这一定义，现代法律援助制度所应惠及的对象便不只是"收入匮乏"的赤贫群体，更要将其援助之手伸向那些"典型贫困人士"以外的"能力"和"权利"上的匮乏者。他们可能有着相对稳定的收入和财产，也有一定的知识和能力，但这些财富和能力不足以支撑他们度过一场可能会消耗其精力和财富的法律纠纷。随着现代法律之治和国家公共管理的日益科学和精密，法律将触及人们生活的方方面面，人们在日常生活中的涉法涉诉风险也在不断提高，而一般人在能力和权利上的限制往往注定他们无力应对这种随时可能发生的法律风险。因此，作为"济贫法律制度"的法律援助，其在性质上更应被强调为一种对"能力贫穷"和"权利贫穷"的救济。这既是世界主要法治国家对现代法律援助制度的共识，也应该是我国在新时期已经消灭了传统意义上的贫穷，全面建成小康社会后法律援助制度发展的主要方向。从现代法治和社会公共管理体系的宏观角度来看，《法律援助法》和法律援助制度也是防止法律体系从"权利的保护

---

[1] 此处所谓之意识形态，是指一类未经质疑便被人们广为接受的"常识"。人们往往都"假设"这些常识已经被真理所验证，并将其用于维持或支持某些被刻意隐藏的，或想要力图去证明其合理性的主流社会关系。如果此类意识形态或常识被社会公众所接受，那么它便成为一种"霸权"（Hegemony）。参见 Jennie Abell, *Ideology and the Emergence of Legal Aid in Saskatchewan* (1993) 16：1 Dal LJ 125., p. 129。

[2] Jules Prud'Homme, *Legal Aid Societies*, Canadian Bar Review 2 Can. B. Rev. (1924), p. 181.

者"异化为"权利的掠夺者"的最后保障,它既要保护收入、能力和权利的贫困者,也要防止刚摆脱了基本贫困状态的社会中下层不会因为法律纠纷而重归贫困的窘态。

与"贫穷"概念的流变相对应,建基其上的"无偿性"观念也理应作出相应调整,而调整的核心在于是否要将"无偿"和"免费"相等同。关于"无偿"是否就意味着"免费"这一问题,本文是持否定态度的(而将法律援助视作"免费"服务的观点却是我国当前绝大部分法律援助申请人、司法机关和援助机构的所普遍认可的观点)。事实上,随着我国经济社会和法律援助制度的发展和完善,我国已经在《法律援助法》中将法律援助制度明确定义为社会"公共法律服务"。2019年,中共中央办公厅、国务院办公厅印发的《关于加快推进公共法律服务体系建设的意见》对公共法律服务体系建设作出详细的规划,指出公共法律服务是人民群众日益发展的法治需求的重要组成部分,也是实现全面依法治国基本方略的重要基础性工作。[1] 所谓公共法律服务,理所当然地是社会公共服务的一部分,它和社会医疗、就业、教育等其他社会公共服务一道形成一国的社会公共服务体系。随着我国近几十年来的发展,社会对于"公共服务"不等于免费服务的观念已经大致达成共识,比如我国的医疗、就业保障体系就是由国家、用人单位和公民个人三方分摊而形成的一套完整且运行良好的系统。公民从多方分摊的制度安排中享受到了应有的社会公共服务,而一旦有未被纳入分摊体系的他人来从这一分摊的体系中享受"免费的午餐",这一现象便显得既不公平,也不合理。既然医疗和就业等公共服务需要公民承担合理的分摊费用,为什么法律援助这一"公共法律服务"就只能是"免费的午餐"呢?因此,"无偿"不应等同于"免费"。"无偿"这一术语的表述只是站在国家(即社会管理者和公共服务提供者)的立场上强调公共法律服务系统和服务活动的"非营利性",即公共法律服务的提供者并不要求或追求能从服务中获得对价补偿的权利。但这不意味着受援人可以无差别地免费享用该公共服务。

当前世界上大多数现代化法治国家和地区已经针对"贫穷"概念的延异,开始要求希望获得法律援助的受援人分摊一定比例的法律援助费用。比如,我国香港地区便通过"法律援助辅助计划"来为年收入超过普通法律援助限额,但确实需要援助的人士提供法律援助服务。按照香港特区2013年的最新数据,享

---

[1] 宋方青、李书静:《比较视野下的中国公共法律服务建构》,载《人民论坛·学术前沿》2021年第24期。

受普通法律援助服务人士的年收入不得超过 433010 港币。超过该收入限额，而年收入尚在 2165060 港币以下的人士，则可以通过辅助计划来获得法律援助。索偿额不限，但获得法律援助辅助计划所提供的法律援助的受助人在诉讼成功并获得赔偿后，须从其获赔款中扣除 15% 拨入法律援助辅助基金作为法律援助辅助计划的经费。[1]与之类似，英国《1949 年法律援助与咨询法案》规定"如果申请人每月可支配收入超过三百英镑但不足六百九十八英镑，或者可支配资产超过三千英镑但不足某个具体的上限时，经其本人同意，申请人可以获得分担费用的法律援助服务"[2]。简言之，法律援助在域外的很多地方已经不再是"免费"服务了。参考香港特区法律援助署的数据统计，其仅在 2021 年度讨回的讼费（收取的法律援助服务费）就高达令人瞠目结舌的 394300000 元港币。扣除其年度支付的法律援助费用 249800000 元后，净收入为 144500000 元。按照该年度所获之法律援助证书（即申请后获得的许可）4916 个为计，平均个案收费高达港币 80207 元。[3]

虽然我国内地尚未就法律援助辅助计划和收取法律援助的分摊费用作出相关的计划和安排，但我国法律援助制度巨大的财政负担和日益捉襟见肘的法律援助经费，已经促使部分学者倡导参考香港特区的法律援助辅助计划。比如，"可以借鉴香港法律援助辅助基金的形式，对经济有一定困难但尚未达到特别困难程度的申请人提供非完全免费的法律援助，待受助人诉讼成功并获得赔偿后，从赔款中扣除一定比例拨入法律援助辅助基金，将基金及其投资所得作为法律援助辅助计划的经费。这种做法不但能够扩大法律援助对象的范围，而且可以增加法律援助机构的资金收入，对于解决经费问题不失为一个双赢的策略"[4]，这种经费来源多元化的制度可以使法律援助具有发展的可持续[5]。

可见，在许多法治发达的国家和地区，法律援助不再只是专属于"经济困难者"的免费法律服务。随着我国小康社会的全面建成和人民群众对法律援助服务日益增长的需求，我国的《法律援助法》也可以适应时代和社会的发展变化，在适用人群和"免费"这一问题上作出相应调整。

---

[1] 栗阳：《香港地区与中国内地法律援助制度比较研究》，载《中州学刊》2006 年第 6 期。
[2] 莫荻：《法律援助的鼻祖——英国法律援助制度》，载《世界文化》2013 年第 1 期。
[3] 此处仅包含民事"证书"，刑事"证书"未收取分摊费用。参见香港特区法律援助署官网https：//www.lad.gov.hk/chs/statistics/index.html。
[4] 栗阳：《香港地区与中国内地法律援助制度比较研究》，载《中州学刊》2006 年第 6 期。
[5] 房保国：《香港法律援助的新发展及启示》，载《中国司法》2010 年第 6 期。

综上所述，本文认为，我国现行《法律援助法》是一种"社会法"。但随着社会和经济的发展，它有可能突破社会法的现行概念，扩展社会法范畴的边界，重新定义社会法。参考法治发达国家的法律援助制度，法律援助是一种由国家主导、财政补贴、个人参与的市场活动。这种活动以市场规律为原则，将公民个人的宪法性权利、国家的社会管理职能和法律服务市场紧密结合。这一体系以政府为"买方"，法律服务者为"卖方"，以受援人为服务受益人，完整地形成了一个独具一格的三方公共服务供应闭环。这种服务型的社会管理恰好是我国强化公共服务职能，深化行政体制改革的需要，也契合了建立市场有效、政府有为的全国统一法律大市场的内在需求。

结　语

从历史的角度来看，法律援助从其起源伊始便明显具有宏观性、综合性的社会管理特征；而从我国《法律援助法》的体例和性质来看，它是一门跨越了公法和私法、横亘在程序法和实体法以及多个部门法之间的社会性立法。促使《法律援助法》成为这样一种"四不像"法律的根本原因在于国家公共管理政策（Public policy）所具有的前瞻性和传统法理学、部门法学在学理上的滞后性。纵观中世纪的英格兰和20世纪五六十年代的欧美各国以及我国现行的《法律援助法》，可以感受到，是国家的公共管理政策，而不是法律形而上学在主导法律援助制度的演进。按照传统的法哲学思维，法律援助的很多规定和现象是经不起缜密推敲的[1]。

因此，法律援助法就最生动地展现国家的公共管理活动是如何被纳入法治化轨道这一动态过程的。我国《法律援助法》适逢我国进入社会主义新时代，这也是国家强化公共服务职能，深化行政体制改革的关键阶段。强化政府的公共消费职能、建立国家统一市场已经成为政府公共服务职能的时代需求。一种政府向市场购买，向公众提供的服务型管理政策已经初见轮廓。为了更好地实现国家管理政策的改革转向，作为一种传统社会治理手段的法律援助制度和法律援助法在未来必定大有可为。

---

[1] 比如：为什么一个人仅仅因为"贫穷"就可以完全免费地享受（由全体国民纳税所得的财政支出所提供的）帮助，而经济条件稍好的，却刚好被拒在法律援助门外的人就必须竭其所能地自行花费相当数额的金钱和精力来参与同一场诉讼呢？这究竟是在保护"法律面前人人平等"还是在滋生一种新的不平等？为了实现形式上的法律平等带来另一种实质上的不平等是否必要？参见 Stamps, Norman L., *Legal Aid in England*, Oregon Law Review 32 Or. L. Rev. (1952-1953), p. 15。

下篇　研究报告

以手语普法为抓手，优化残疾人法律服务和权益维护

张 伟[*]

摘　要	通过手语普法开展法治宣传教育，为患有听障的特殊群体提供专门法律服务是公共法律服务体系建设的重要内容。为更好地发挥手语普法在新时代的重要作用，提高残疾人事业法治化水平和提升残疾人法治素养，需要用好国家通用手语资源、公共法律服务平台资源、法治宣传教育队伍资源三类资源，突出强调权利义务规定、告知犯罪危害后果、普及高频法律知识三项任务，同时强化三方面的保障，即深化法律手语理论研究、创新法律手语人才培养、健全手语普法评估体系。
关键词	手语；普法；残障群体；公共法律服务

党的十八大以来，以习近平同志为核心的党中央高度重视公共法律服务体系建设，为公共法律服务体系的建设与完善指明了道路和方向。针对全国听障群体等特殊群体无专门法律服务人才的问题，西南政法大学于2020年11月在全国率先开设了卓越公共法律服务人才实验班，专门培养面向特殊群体，提供优质法律服务的卓越法治人才，填补了中国特殊群体法律服务人才培养的空白。2021年6月，西南政法大学正式成立"法律有声"公共法律服务平台，通过线下指导与线上咨询相结合的方式，为听障群体、低收入群体、农民工、老年人、青少年等特殊群体提供便捷、优质、高效的法律咨询服务。据了解，在开展定点服务之余，实验班还坚持走进企业、走进机关、走进社区、走进中学，大力宣传宪法及相关法律知识，班级师生以手语普法传递法律温暖的先行示范已经引发了社会各界的广泛关注。

《中央宣传部、司法部关于开展法治宣传教育的第八个五年规划（2021—2025年）》提出要分层分类开展法治教育，即根据妇女、残疾人、老年人、农民

---

[*] 张伟，法学博士，西南政法大学教授、硕士生导师，主要研究方向为中国法律史、公共法律服务。本文已发表在《司法所工作》2002年第2期（总第95期）。

工等群体特点,开展有针对性的法治宣传教育活动,提高其依法维护权益的意识和能力。[1] 通过手语形式开展法治宣传教育是以党的十九届六中全会精神为引领,聚力解决残疾群众"急难愁盼"问题的生动举措,应当成为新时期面向听障群体提供公共法律服务的主要形式。

一、用好三类资源

一是国家通用手语资源。在整理、研究各地手语的基础上,形成能在全国范围内通行的通用手语,一直是我国语言文字工作的一项基本政策和重要组成部分。[2] 2019 年《国家通用手语词典》正式出版,新版手语词典保存了我国听障群体已被认可、尚未在全国通行的词目,基本满足了社会各界学习基础手语的现实需求。新时期手语普法应当注重发挥《国家通用手语词典》的基础语言工具作用,助力听障群体法治宣传教育工作。

二是公共法律服务平台资源。自《关于加快推进公共法律服务体系建设的意见》提出保障特殊群体的基本公共法律服务权益以来,各地积极探索公共法律服务平台建设,公共法律服务网络不断完善,公共法律服务能力持续提升。新时期手语普法要充分依托现有平台,将法治宣传教育融入为听障群体提供手语服务的过程中,完善公共法律服务平台无障碍功能。

三是法治宣传教育队伍资源。《中央宣传部、司法部关于在公民中开展法治宣传教育的第七个五年规划(2016—2020 年)》实施期间,"谁执法、谁普法"的普法责任制得以广泛推行,以案释法制度和典型案例发布制度逐步完善,社会普法力量不断壮大。国家机关工作人员、人民团体、社会组织、法律服务工作者、法律专业师生在法治宣传教育中发挥了积极作用。新时期手语普法应进一步畅通和规范社会志愿者参与渠道,并积极吸纳听障人士加入手语普法工作队伍中。

二、突出三项任务

一是强调权利义务规定。法律信息接收困难,法律意识培养缓慢导致听障群

---

[1]《中央宣传部、司法部关于开展法治宣传教育的第八个五年规划(2021—2025 年)》,载《人民日报》2021 年 6 月 16 日,第 1 版。

[2] 中国聋人协会、国家手语和盲文研究中心:《国家通用手语词典》,华夏出版社 2019 年版,第 1 页。

体长期忽视自身权利义务。在面向听障群体宣传宪法、民法典、法律援助法、残疾人保障法等与残疾人权益密切相关的法律法规时，需要适度降低普法深度与目标要求。现阶段，手语普法的基础任务应当是帮助听障群体厘清自身权利义务并掌握权益维护基本方式。

二是告知犯罪危害后果。对犯罪行为的成本及危害认识不足是听障群体刑事犯罪频发的重要原因。在手语普法过程中要讲清犯罪行为必须承担的责任，深入剖析犯罪行为对自己、对被害人、对双方家庭造成的危害，从反面角度为听障群体敲响警钟，避免其走上违法犯罪的不归路。

三是普及高频法律知识。通过司法数据、调研走访等方式总结出听障群体常见的法律问题，确定如"道路交通安全""日常消费""就业创业""校园生活"等普法专题，提炼出实体法与程序法的核心内容，简化法律信息吸收过程，减少听障群体理解困难。

三、强化三个保障

一是深化法律手语理论研究。手语普法涉及的法律术语是听障群体不熟悉的抽象概念，既没有现成的手语可以迁移，也难以用一两个动作将概念的全部含义形象地表现出来。[1] 因此，手语普法深入开展需要法律手语规范工作齐头并进。一是要组建法律手语研究团队，确保法学教师、公共法律服务工作者、特殊教育学校教师、残联手语工作者、聋协代表等人员参与。二是要开展法律手语语料采集，重点搜集全国范围内听障群体趋同或基本趋同的法律相关手语表达。三是要完善法律手语词目内容，统一或创制《国家通用手语词典》中缺失的法律手语词汇。听障群体作为手语普法的主要受众，应当成为法律手语理论研究的"裁判"，因此，必须要注意保障听障群体在法律手语理论研究全过程中的发言权与决定权。

二是创新法律手语人才培养。我国听障群体高达 2700 余万人，而既懂法律，又懂手语的复合型人才却寥寥无几。推动优质法律服务资源在不同群体间合理流动，实现优质法律服务资源普惠共享，必须做好法律手语专业人才储备。应以现实需求为导向，整合教学资源，强化师资建设，修订培养方案，创新教学方法，构建与司法机关、残联组织、律师事务所等主体的联合培养机制，打造育人共同

---

[1] 顾定倩：《加强学科手语研究应用，努力构建教育类国家通用手语体系》，载《现代特殊教育》2020 年第 21 期。

体。不断探索多元教学平台支持下的卓越公共法律服务人才培养新模式，培育具有扎实法学功底与丰富实践经验的复合型、应用型法治人才，缓解手语普法专业力量不足问题，为公共法律服务标准化、规范化、精准化目标的实现提供稳定的人才供给。

三是健全手语普法评估体系。推动手语普法工作健康持续发展需要科学设定评估参数，动态分析手语普法工作开展情况。公共法律服务工作部门要加强从业人员技能培训，将法律手语列为法律服务工作人员培训内容。建立和完善法律手语应用能力个人测评体系，提高法律服务工作人员法律手语应用水平。将规范表达手语、准确传递法律知识、灵活运用法律手语解决实际问题等作为评估手语普法工作成效的重要指标。推动将手语普法工作成效纳入全国普法工作先进单位、先进个人和依法治理创建活动先进单位的评选依据，营造社会各界支持和参与手语普法的浓厚氛围。

习近平总书记强调，"残疾人事业一定要继续推动"。在全面建设社会主义现代化国家的新征程中，要将手语普法理念融入残疾人事业发展进程，以提高残疾人事业法治化水平和提升残疾人法治素养为重点，推动优质法律服务资源不断向残疾人延伸，努力提升残疾人在法治国家、法治政府、法治社会一体建设中的获得感、幸福感和满意度。

建党以来人民调解制度的百年演变历程与经验成就研究

黄卫东[*]

> **摘　要**　人民调解在矛盾纠纷化解方面有着独特的制度优势，对基层社会治理具有重要作用。建党一百年来，在党的领导下，人民调解制度从新民主主义革命时期的萌芽与初创，到社会主义革命和建设时期的发展与探索，到改革开放和社会主义现代化建设新时期的重塑与完善，再到中国特色社会主义新时代的优化与转型。百年发展历程积累了丰厚的经验成就，人民调解服务国家政权建设，回应"为何调解"的目标指向；注重调解队伍建设，回答"谁来调解"的主体指向；坚持调解为民，彰显"为谁调解"的根本立场；重视法制建设，完善"如何调解"的规范体系；注重宣传动员，增强调解持续发展的动力支撑。以史为鉴，面向未来，人民调解制度的发展必须要遵循历史发展规律，以党的领导为根本保障；紧跟转型升级大势，以规范化建设为基础支撑；加强民主政治建设，培养民众主体意识；把握时代发展脉搏，以多元共治、自治优先为基本遵循。
>
> **关键词**　人民调解；建党百年；基层社会治理

2021年是中国共产党百年华诞。在党的领导下，随着党和国家治理能力和治理体系现代化的发展，我国人民调解工作砥砺前行，在取得显著成就的同时，也不断面临时代发展带来的挑战。问渠那得清如许？为有源头活水来。党领导人民在各个历史阶段的人民民主法治，是我国社会主义法治的直接历史渊源，也是一笔弥足珍贵的宝贵精神财富和制度遗产。在建党百年的历史交汇点，回溯与总结人民调解的百年发展演变历程及其基本经验，对发展完善新时代法治事业具有重要意义。"以史为鉴，可以知兴替。我们要用历史映照现实、远观未来。"[1] 人

---

[*] 黄卫东，西南政法大学2021级宪法学与行政法学博士研究生，主要研究方向为行政法学、基层社会治理。
本研究报告系2021年度"西南政法大学成渝地区双城经济圈公共法律服务人才培养协同创新团队专项课题"（项目号：TDZX-2021002）资助成果。

[1] 习近平：《在庆祝中国共产党成立100周年大会上的讲话》，载《人民日报》2021年7月2日，第2版。

民调解制度在我国有着悠久的历史渊源，中国共产党自成立以来就领导人民调解工作，立足党的宗旨和中国实际，创造性地发展人民调解制度，历经新民主主义革命时期、社会主义革命和建设时期、改革开放和社会主义现代化建设新时期，并迈入中国特色社会主义新时代。在中国共产党成立一百周年之际，系统回顾和审视人民调解制度的百年演进历程与经验成就，对建设法治国家，提升国家治理体系和治理能力具有特殊意义。

一、人民调解制度的百年演变历程

自中国共产党建党伊始，有别于传统调解的现代意义上的人民调解制度便得以逐步建立发展。建党一百年来，人民调解制度见证了党领导全国各族人民走过的光辉历程，是一段岁月的缩影。梳理人民调解制度的百年发展演变历程，是系统认识人民调解制度的重要面向。

（一）新民主主义革命时期：萌芽与初创

人民调解制度是中国共产党在吸收借鉴传统民间调解经验基础上创立的，真正意义上依靠人民、为了人民的一项纠纷化解机制。中国共产党自成立之日起，便注重利用调解制度处理纠纷矛盾，催生了现代意义上的人民调解制度。马锡五曾言："我们远在工农政权时期，就开始了调解工作。在抗日战争时，更加重视。"[1] 纵观新民主主义革命时期的人民调解制度具有以下几个重要表征。

第一，专门调解组织建立。从中国共产党领导的早期农会组织和一些局部政权组织中逐步发展出专门的调解组织，最为典型的就是农会下设的"仲裁部"、乡村大会选出的乡村公断处。建党伊始，全国 2 万多个农会陆续设立调解组织，调解民众之间的纠纷。这些农会组织除了调处民间纠纷之外，还可以调处轻微的刑事案件以及农会会员的违纪处分。"仲裁部"、乡村公断处等组织是中国共产党领导广大人民群众探索建立自己的人民调解制度的开端。抗日战争时期，各根据地陆续设立"人民调解委员会"这一专门调解组织，且这一表述一直沿用至今。

第二，人民调解进入法制化发展阶段。人民调解工作逐步进入法制化发展阶段始于第二次国内革命战争时期。1931 年制定的《苏维埃地方政府的暂行组织条例》第 17 条规定"乡苏维埃有权解决未涉及违法行为的各种争执问题"。据此，川陕等地苏维埃政府成立"裁判委员会"，专门调解民事纠纷，并分级逐层调解。

---

[1] 李谦：《新中国成立前我国民事调解制度的变迁及特点》，载《人民法院报》2021 年 5 月 14 日，第 5 版。

这一时期的人民调解几乎只涵盖民间纠纷，且政府调解是主要形式，矛盾纠纷实行村、乡、区逐级调解。在调解不成的情况下，向司法机关提出控告是纠纷解决的兜底方式。抗日战争时期，各地结合自身实际也陆续制定人民调解工作相关条例、决定等，人民调解法制化建设力度进一步增强。虽然从内容来看，彼时的规范较为粗疏，但已初步成形，调解工作开展开始有章可循。

第三，"调审结合"处理纠纷。将审判和调解结合处理纠纷是陕甘宁边区发展出来的独特司法经验，"马锡五审判方式"是审判与调解结合的典型代表，目的是为减少民众诉累，方便群众化解矛盾。这种审判方式，不仅是法院调解和审判的合一，同时也是人民调解和审判的合一。诉讼手续简单，审判方法为座谈式，提倡司法工作者深入田间地头调查研究，实事求是，在坚持原则、坚决执行政府政策法令、照顾群众生活习惯及维护其合法利益的前提下，合理进行调解，化解纠纷。审判与调解结合是边区对司法理念以及审判制度的创造性贡献，是我国人民司法制度的源头，为新中国成立后我国审判方式改革提供了宝贵经验。

第四，人民调解工作开展较为依赖司法机关和基层政府。"调审结合"的模式体现出调解对司法的依赖，1948年之前，人民调解如果缺乏司法机关的支持，其应有的功能便无法发挥。[1] 同时，人民调解工作的开展也依赖政府部门支持。比如，1943年以前，陕甘宁边区纠纷的解决主要依靠边区基层政府，如若不能解决则要通过司法处等部门，即多通过行政手段或者司法手段化解纠纷，民间调解缺乏。1948年8月之前，人民调解的发展主要依靠立法机关推动，通过立法规范和参议会的推动，发挥纠纷解决作用。[2] 可见，该阶段的人民调解内生动力相对不足，多依靠外部力量或自上而下的力量驱动。

（二）社会主义革命和建设时期：发展与探索

新中国成立后，人民调解制度一度同司法调解并行，极大地促进了社会主义建设事业的发展。但自20世纪50年代末开始，由于"大跃进"以及"文化大革命"的影响，人民调解制度受到冲击。总的来看，这一时期人民调解制度建设既有成就和经验，也有挫折和教训。

第一，司法调解和人民调解并行，推动矛盾纠纷实质性化解。新中国成立后，面对大量涌现的民事案件，司法机关一度认为是暂时现象，因而对调解采取较为谨慎的态度，但大量积压的案件使得司法机关必须要在司法审判和人民调解

---

[1] 汪世荣等：《新中国司法制度的基石》，商务印书馆2011年版，第240页。
[2] 汪世荣等：《新中国司法制度的基石》，商务印书馆2011年版，第240页。

之间作出制度安排[1]，于是出现司法调解与人民调解并存的局面。1950年，周恩来总理在《政务院关于加强人民司法工作的指示》中指出："人民司法工作的当前主要任务，是镇压反动，保护人民。……人民司法工作还须处理人民间的纠纷……应尽量采取群众调解的办法以减少人民讼争。"[2] 人民调解制度得到党和政府的官方支持，成为化解民间争议的重要渠道。1953年后，全国范围内逐步建立人民调解组织，调解民众纠纷。1954年颁布的《人民调解委员会暂行组织通则》对人民调解委员会的性质、名称、设置、任务、工作原则以及方法等作了规定，标志着人民调解制度在新中国落地，是我国人民调解制度发展史上的重要一步。随后，全国大部分基层地区都设立了人民调解委员会，不仅化解了大量民间纠纷，也极大地促进了社会主义事业的发展。

第二，受"左"倾思想影响，人民调解制度受到冲击。首先，人民调解制度成为司法"大跃进"运动的制度载体之一。1957—1965年，全面建设社会主义时期，人民调解工作出现了偏差。1957年整风运动和反右派斗争开始，反右派斗争的严重扩大化不可避免地波及人民调解工作，人民调解制度发展为司法"大跃进"运动的重要制度载体。[3] 其次，受"文革"影响，人民调解制度一度陷入瘫痪。即便开展调解，也是以"出身"和"成分"作为是非曲直的判断标准，人民调解工作实际上回到了"阶级斗争"层面。所幸的是，1973年人民法院陆续恢复，人民调解委员会得以重新组建，但是彼时的人民调解工作仍然处在"左"的思想影响之下，并没有回归人民调解应有的制度定位，无法发挥人民调解实质性化解纠纷的功能。

（三）改革开放和社会主义现代化建设新时期：重塑与完善

改革开放后，社会格局发生变化，利益诉求多元，人民调解的显性功能一度被隐藏，诉讼成为解决纠纷的主要途径。但诉讼案件的大量增长迫使人民调解制度再度回归纠纷化解的视野中心，人民调解复兴。同时，这一阶段的人民调解法制化程度达到历史最高点，整合人民调解、行政调解、司法调解等调解形式的"大调解"格局逐步形成。

---

[1] 李坤睿：《审判与调解：新中国成立初期的清理积案与制度选择》，载《当代中国史研究》2020年第1期。

[2] 周恩来：《中央人民政府政务院关于加强人民司法工作的指示》，载《山东政报》1950年第11期。

[3] 王丹丹：《法律制度的功能及其异化——人民调解制度演变史》，载《政法论坛》2016年第6期。

第一，人民调解制度的短暂"衰落"。20世纪90年代开始，新型社会矛盾的出现使得人民调解制度受到挑战，纠纷处理数量在一段时间内明显下降。[1] 改革开放以后，随着我国经济的进一步发展，原先的整体型社会聚合体逐步演变成碎片化的利益群体，呈现出利益的多元、分散样貌，容易产生一般性、经常性的生活、生产纠纷。[2] 社会利益关系的变化对纠纷调处机制产生了重要影响，以利益为本所生的多元矛盾影响着法律文化变迁，我国开始整合传统法律文化与域外法律文化，探索中国特色社会主义法律文化，权利本位和利益本位为导向的法律文化得到强化，法制权威也不断得到强化，由此导致诉讼的"爆炸式"增长，人民调解制度进入短暂"衰落"期。

第二，"情、理、法"融合调处纠纷，人民调解制度获得新生。进入21世纪，为适应社会发展和变化，人民调解制度作出针对性调整，纠纷化解数量回升。2010年《人民调解法》制定当年纠纷处理数量激增，"立法年效应"凸显，在人民调解制度发展史上具有里程碑意义。虽然改革开放后的礼俗调解在权利、利益理念的冲击下难以为继，诉讼调解纠纷的兴起更使人民调解在一段时间内式微。但该阶段的人民调解获得了新生，即超脱了原先的礼俗调解和"文革"时期的意识形态化调解，基于"情、理、法"开展纠纷调处的新生调解呈现，国家法、政府权力运作、民间习俗、基层权威都对民间纠纷起到调和作用。[3]

第三，人民调解法制化程度达到历史最高点。1980年实施的《人民法院组织法》第22条第2款规定基层人民法院除审判案件外，还需指导人民调解委员会的工作。1982年《宪法》第111条第2款规定居民委员会、村民委员会设人民调解委员会，调解民间纠纷。人民调解委员会首次在宪法层面得到回应，凸显了人民调解在基层社会治理中的重要地位。1982年颁布的《民事诉讼法（试行）》第14条对人民调解制度作出明确规定，并明确人民调解同民事诉讼的关系。[4] 随

---

[1] 兰荣杰：《人民调解：复兴还是转型？》，载《清华法学》2018年第4期。
[2] 李强：《从"整体型社会聚合体"到"碎片化"的利益群体——改革开放30年与我国社会群体特征的变化》，载《新视野》2008年第5期。
[3] 赵旭东：《习俗、权威与纠纷解决的场域——河北一村落的法律人类学考察》，载《社会学研究》2001年第2期。
[4] 《民事诉讼法（试行）》(1982年10月1日实施，现已失效) 第14条规定：人民调解委员会是在基层人民政府和基层人民法院指导下，调解民间纠纷的群众性组织。人民调解委员会依照法律规定，根据自愿原则，用说服教育的方法进行调解工作。当事人对调解达成的协议应当履行；不愿调解或者调解不成的，可以向人民法院起诉。人民调解委员会调解案件，如有违背政策法律的，人民法院应当予以纠正。

后,《继承法》《村民委员会组织法》《城市居民委员会组织法》等法律也相继对人民调解制度作出规定,这进一步推动了人民调解制度的发展。2010年《人民调解法》的制定直接将人民调解制度的法制化进程推到历史新高。

第四,大调解格局形成。进入21世纪,随着城镇化的推进,城乡纠纷调处呈现多元与混乱局面。基层社会当中传统的平衡状态被打破,纠纷多元的同时,处理纠纷的主观意愿与渠道也变得多元。纠纷调处混乱,个人利益本位逐渐占据上风,礼俗规范力逐渐式微,社会失范局面显现。[1] 基于此,以大调解格局为内容的现代调解形式出现,并在江苏南通首先开始探索,最终生成在全国推广的"南通模式"[2],调解得以重构。这种调解格局不同于传统调解,它整合了人民调解、行政调解、司法调解,以市场经济和现代民主法治为基础。

(四) 中国特色社会主义新时代:优化与转型

党的十八大以来,随着社会的快速发展,新兴领域调解逐步登上舞台中央,党和国家对人民调解制度的发展完善作出部署,加强行业性、专业性人民调解工作建设,人民调解制度在现代社会场域中逐步转型升级。第一,随着对外开放的深入推进,以及"一带一路"建设,国际商事调解、涉外知识产权调解等涉外调解事项增多。一方面,人民调解参与"一带一路"建设,为其提供司法服务和保障是大势所趋。新型国际商事争端的涌现,必然反推新的争端解决机制出现,国际商事调解机制必然要迅速适应社会发展大势。另一方面,长三角一体化、横琴粤澳深度合作区、成渝经济圈等布局彰显区域合作力度不断加强,促动国内、国际商事调解机制的转型升级。第二,互联网、人工智能、大数据等新兴领域快速发展,人民调解工作焕发新的活力。一方面,科学技术的快速发展,为人民调解

---

[1] 温丙存、邢鸿飞:《调解的百年嬗变:本原、异化、新生与重构——基于民事纠纷调处实践的历史考察(1912—2012年)》,载《中国农业大学学报(社会科学版)》2014年第2期。

[2] 最早进行大调解改革的是江苏省南通市。2003年7月,南通市设立了"社会矛盾纠纷调处指导委员会",在县、乡两级设立社会矛盾纠纷调处中心,在村或社区设立调解站、村(居)委会小组调解员和每十户的信息员,在市直部门和行业协会设立调解办公室等六级组织网络,统一受理、集中疏导、归口管理和限期处理社会矛盾纠纷。此后,这一经验受到江苏省委和中央综治委的肯定。中共江苏省委办公厅、江苏省人民政府办公厅于2004年6月转发了江苏省政法委《关于进一步加强社会矛盾纠纷调解工作的意见》,在全省推行"大调解"的制度建设,江苏省的经验很快在全国得到推广。根据中共中央的决定,"大调解"作为一场运动在全国范围内相继展开。2011年4月22日,中共中央社会治安综合治理委员会、最高人民法院等16部门联合印发了《关于深入推进矛盾纠纷大调解工作的指导意见》,标志着大调解工作被全国化和制度化。参见谢岳、汪薇:《从调解到大调解:制度调适及其效果》,载《中共天津市委党校学报》2012年第4期。

提供了重要的科技支撑。人民调解依托互联网、大数据和人工智能等技术，满足当事人更高维权需求。科学技术与人民调解的深度融合，加快了人民调解服务方式与业务创新变革，"互联网＋调解"新模式、新领域涌现。另一方面，传统的人民调解制度面对日新月异的新领域，已经难以招架，个人信息保护、互联网、人工智能、大数据等领域矛盾纠纷的出现，促动和推进人民调解制度和时代接轨，适应社会发展变化，转型升级。

二、人民调解制度百年演变的经验成就

从新民主主义革命时期至今，人民调解制度逐步发展完善，积累了丰厚的实践经验，取得了瞩目的制度成就，是新时代人民调解制度发展的重要智慧来源。

（一）服务国家政权建设，回应"为何调解"的目标指向

国家政权建设，是国家政权的科层化与理性化程度不断提高以及在迈向多层级、具体化基础上对社会管理与引领不断强化的过程。[1] 中央与地方的关系、国家与民众之间的关系是国家政权建设的两个基本维度。[2] 人民调解制度作用于国家政权建设集中体现在调和国家与民众之间的关系层面。理论上，可以进一步将国家与民众之间的关系划分为中央与民众之间的关系，以及地方与民众之间的关系。人民调解制度是作用于中央与民众之间、地方与民众之间，服务国家政权建设的有效手段。

第一，人民调解制度巩固中央与民众之间的关系。一方面，中央不断强调人民是国家的主人，并借助人民调解这一重要制度载体具象化。人民立场是人民调解百年来经久不衰的重要原因，切实体现了以人民为中心，保障人民当家作主的社会主义民主政治的本质要求。人民调解制度培育了人民群众的主体意识，即培育了人民群众的当家作主意识。人民调解制度契合现代基层治理体系中的"自治"要求，这种发端于基层乡土中的特色治理文化具有天然的亲民性，极容易获得民众的支持与拥护，并在实践中扎根发展。构建和谐社会关系的这一"民主合力"同实现人民当家作主这一"民主张力"在人民调解制度中得到彰显。另一方面，通过人民调解制度，民众对中央有着高度的认同感。人民群众的切实感受是

---

[1] 侯利文：《国家政权建设与居委会行政化的历史变迁——基于"国家与社会"视角的考察》，载《浙江工商大学学报》2019年第1期。

[2] 刘磊：《基层政权建设的演变及进路——以政－民关系为视角》，载《中国法律评论》2018年第4期。

司法制度实效的晴雨表。以人为本、司法为民,是我国司法工作的根本出发点和落脚点,指导基层人民调解实践。人民调解为人民,依靠人民,始终把切实化解争议,维护双方当事人的合法权益作为出发点和落脚点,以优质高效便捷的调解服务,不断增强人民群众的信任感、获得感、幸福感。总体来看,人民调解作用于中央与民众的关系主要停留在政治表象层面,这种关系是间接的、抽象的,而非直接可以感触的。

第二,人民调解制度巩固地方与民众之间的关系。不同于中央和民众间的关系,地方与民众之间的关系是直接的、具体的。人民调解制度作用于地方与民众之间的关系上,其效能是直接可观的,尤其是基层政权与民众之间的关系调和上。新民主主义革命时期,党在根据地开展政权建设,通过党对人民调解制度的领导嵌入社会的管理,实现根据地政权对基层的介入。新中国成立后,借助于生产资料公有制、单位制等体制,不断发展人民调解制度的效能。在单位制和公社制时期,基层干部是国家权威向基层社会辐射的重要依托,扮演着人民调解员的重要任务。民众生产、生活对集体的高度依附使得人民调解员权威不断强化,人民调解工作开展顺畅。"正如人们为了表达自己思想而需要依靠一定的语法结构一样,一切社会为了求得生存也不得不服从于某种权威,而没有这种权威,社会就会陷于无政府状态。"[1]虽然调解委员会被视为群众性组织,但是缺乏权威和强制为后盾的调解是无法存在的,基层城乡干部和人民调解员所具有的权威性是人民调解有效运转的基础,"身份资本"在人民调解场域中得到很好的彰显。基层群众对权威的依附深深嵌入强制性的社会权力网络之中。人民公社时期以及城乡二元体制下,农民高度依附公社,公社干部具备决定个体命运的权力,这种组织依附性使得干部具备了高度权威,人民调解工作得以开展。[2] 改革开放后,民众利益多元、矛盾多元,人民调解在维护社会稳定,缓解基层维稳压力方面功不可没。虽然单位制的解体以及农业税费改革的推进,使得基层政权与民众之间的关系紧密度有所下降,但是反而更加释放了人民调解制度在基层社会治理中的作用空间。

(二)注重调解队伍建设,回答"谁来调解"的主体指向

一支合格的人民调解工作队伍是确保调解工作顺利开展的关键所在。最高人民法院原院长肖扬曾道:"人民调解员实际上是一支不穿警服的人民警察,……

---

[1] [美]托克维尔:《论美国的民主》(上卷),董果良译,商务印书馆1988年版,第78页。
[2] 何永军:《断裂与延续——人民法院建设(1978~2005)》,中国社会科学出版社2008年版,第22页。

如果充分发挥……1000多万人民调解员的作用，比增编几万乃至几十万人民警察的代价小得多。"[1] 党历来注重培养政治素质过硬、专业技能优异的人民调解员队伍。土地革命时期，在党的带领下，传统绅权、族权被打破，共产党的干部和积极分子取代传统的乡土精英，成为党领导下的第一代人民调解员工作队伍。雷经天曾说："土地革命斗争锻炼出来的工农干部……政治立场坚定，……至于外来的知识分子，……政治面目还不清楚之前，我们是不敢付以重大责任的。"[2] 由党员、共青团员、工会积极分子、调解委员会成员等人组成的人民调解队伍历经革命洗礼，具备高度的政治信仰，对党和政府无比忠诚，撑起了人民调解工作的历史重担。新中国成立后，军队在一定时期内成为人民调解精英生产的加工厂，广大基层子弟通过征兵通道进入军队，接受严格的教育，对党和国家无比忠诚。诸多军人退伍后回到原籍成为人民公社的一员，并且在基层社会中扮演着干部和人民调解员的角色，成为基层社会的精英人物，为新中国成立后我国基层社会的稳定倾注了大量心力，在人民调解战线上立下了新的功勋。改革开放后，农村大量剩余劳动力进入城市，20世纪80年代中后期的"民工潮"对乡村精英的再生产机制产生了冲击，退伍军人回原籍参与基层社会治理的现象被逐渐修改，军队为农村培育干部和人民调解员的历史逐渐湮灭在历史中。到21世纪，致富能手、乡村"混混"等群体进入基层政治舞台中央，一段时间内承担着人民调解的重任。但是，不具备"革命"色彩的致富能手和乡村"混混"等群体容易受到利益左右，人民调解工作很难对他们产生持久的吸引力。而且，乡村"混混"在基层的胡乱、违法作为，不仅严重干扰到基层社会的正常秩序[3]，更为重要的是积攒社会矛盾、削弱政府威信、隔离政府和民众之间的联系，给基层社会带来无穷隐患。乡村"混混"这种非法治化的群体在一段时间内被基层政府所容忍，行政体制内上下级权、责、利分配的不对称，使得基层政府利用乡村"混混"参与基层治理。但是法治政府背景下的权、责、利对称分配的样态同基层政府容忍、利用乡村"混混"参与乡村治理的"制度创新"之间存在极大不契合。[4] 对基层开展扫黑除恶便是对乡村"混混"参与治理的法治意义上的否定。为有效应对人民调解员队伍在基层矛盾纠纷化解中的真空地带，高校大学生进乡村、进

---

[1] 人民调解编辑部：《肖扬部长高度赞扬人民调解工作》，载《人民调解》1998年第3期。
[2] 雷经天：《关于改造司法工作的意见》，载雷经天：《向前集》，广西人民出版社2009年版，第291页。
[3] 陈柏峰：《乡村"混混"介入的基层治理生态》，载《思想战线》2018年第5期。
[4] 陈柏峰：《乡村江湖、基层政权与"扫黑除恶"》，载《中国法律评论》2018年第4期。

社区部分解决了基层精英缺失的问题,但是扎根意识的缺失、与基层本土文化的疏离、威信不足等问题使得高校大学生扮演一个成功的调解人员具有一定难度。[1] 老法官、老干部、老战士、老教师、老模范、老党员等城乡传统权威回归担任人民调解员成为必然。

(三) 坚持调解为民,彰显"为谁调解"的根本立场

人民调解百年发展史,是一部调解为民的光荣史。红色法治经验的典型代表人物马锡五之所以深受人民群众尊崇和拥护,就在于他在坚持政府政策法令的同时,更加照顾群众生活习惯以及他们的基本合法利益,始终站在群众立场,切实依靠群众,服务群众。马锡五曾说:"真正的群众意见比法律还厉害。"[2] 人民调解制度培育了人民群众的主体意识,即培育了人民群众的当家作主意识。我国传统乡土社会深受传统文化蕴含的"无讼"等理念影响,人民更倾向于选择人民调解制度化解争议,以维护熟人社会中构建的人情关系网络。比如,陕甘宁边区政府大力主张调解民事纠纷和部分刑事案件,全面推行人民调解解决矛盾纠纷,民众参与人民调解的过程,一定程度上唤醒群众的民主觉悟,让边区群众在这一过程中体会到"主体"地位,增强主体意识。构建和谐社会关系的这一"民主合力"同实现人民当家作主这一"民主张力"在边区人民调解制度中得到彰显,边区民主政治建设要求在边区人民调解制度实践中获得土壤。随着经济的发展、城镇化的推进,我国传统乡土社会逐渐解体,熟人社会向半熟人社会乃至陌生人社会过渡,但人民调解在基层社会中的重要作用始终不曾消减。简便、灵活、高效的制度优势使得人民调解具有旺盛的时代生命力。人民调解制度的百年演进历程揭示,发展社会主义民主政治就是要体现人民群众的意志、保障人民群众的合法权益、激发人民群众的活力,保障人民当家作主。

(四) 重视法制建设,完善"如何调解"的规范体系

人民调解的百年发展历程表明,法制建设一直是人民调解工作开展的重要抓手,为人民调解工作开展提供了依托和着力点,是人民调解工作规范化运行及其质量保障的关键所在。即便是在法制不健全的新民主主义革命时期,也制定了大量人民调解专门性规范。比如1941年至新中国成立前这一时期,各地制定颁布《山东省调解委员会暂行组织条例》《陕甘宁边区民刑事件调解条例》《晋冀鲁豫边区冀鲁豫区调解委员会组织大纲》《苏中区人民纠纷调解暂行办法》《关于调解民

---

[1] 何永军:《乡村社会嬗变与人民调解制度变迁》,载《法制与社会发展》2013年第1期。
[2] 雷云峰:《陕甘宁边区史:抗日战争时期(上)》,西安地图出版社1993年版,第112—114页。

间纠纷的决定》等十余部调解规范[1]，对人民调解的适用范围、种类及其主体、基本原则、程序制度等作出了初步规定，同时确立了调解前置程序，建立了人民调解和司法审判的衔接制度。[2] 人民调解法制建设早期经验积累为新中国成立后人民调解制度的规范化发展积累了宝贵经验。新中国成立后，人民调解制度法制化建设持续推进。其中，1982年《宪法》首次将人民调解委员会的设立和工作任务作了明确规定，人民调解制度首次在根本大法中获得回应。2010年《人民调解法》的制定，推动了人民调解制度的现代化转型。《人民调解法》强调了国家和地方政府对人民调解的责任，坚持了宪法对人民调解的基本定位，保持人民调解的群众性，维护了人民调解的特色和价值。同时，开放性的制度设计使得社会团体以及其他组织可以根据需要设立人民调解委员会，为人民调解的多元化发展提供了空间，开启了我国多元纠纷解决机制建构的新起点。明确人民调解协议的法律约束力，确立司法确认程序，推动人民调解与行政程序、司法程序合理衔接。[3]

（五）注重宣传动员，增强调解持续发展的动力支撑

宣传动员是人民调解制度发展的重要助力。首先，党领导下的人民调解制度发展初期便极为注重宣传动员。在革命阶段，官方涌现出马锡五、杨秀峰等典型模范，民间出现了白玉堂、吴殿富、郭维德等调解模范人物。号召劳动英雄、公正士绅、户族长老作为调解主体参与调解，这种调解模式被深深地刻上了"群众路线"的烙印。革命时期，人民调解制度同司法调解相互支持，涌现出一大批基

---

[1] 单从形式上来看，这一阶段的人民调解建章立制力度较大，陆续颁布多部规范。1941年山东省颁布《山东省调解委员会暂行组织条例》；1942年晋西北边区颁布《晋西北村调解暂行办法》；晋察冀边区颁布《晋察冀边区行政村调解工作条例》；1943年陕甘宁边区颁布《陕甘宁边区民刑事件调解条例》；1944年晋察冀边区颁布《关于加强村调解工作与建立区调解处工作的指示》；冀鲁豫行署颁布《晋冀鲁豫边区冀鲁豫区调解委员会组织大纲》；陕甘宁边区人民政府发布《关于普及调解、总结判例、清理监所指示信》；渤海区行政公署颁布《山东渤海区村调解委员会暂行组织条例》；淮海区专员公署颁布《重订淮海区调解委员会规程》；1945年，苏中行政公署颁布了《苏中区人民纠纷调解暂行办法》；山东省人民政府颁布《关于开展调解工作的指示》和《民事案件厉行调解的通令》；1946年冀南行政公署颁布《冀南区民刑事调解条例》。1948年至中华人民共和国1949年成立这段时间，一些新解放区也相继制定和颁布了一些关于调解工作的决定和条例。如1948年的《关东地区行政村（坊）调解暂行条例》(草案)，1949年华北人民政府的《关于调解民间纠纷的决定》，1949年天津市人民政府的《关于调解程序暂行规定》等规范。参见张红侠：《人民调解变迁研究——以权威类型转变为视角》，南京大学2014年博士学位论文，第38—39页。

[2] 韩延龙：《人民调解制度的形成和发展》，载《中国法学》1987年第3期。

[3] 范愉：《〈中华人民共和国人民调解法〉评析》，载《法学家》2011年第2期。

层调解英雄,探索出诸如马锡五审判方式等优秀司法经验,这些民间调解英雄和优秀制度经验为宣传我党政策、动员教育边区民众起到很好的示范效果。1944年1月6日,陕甘宁边区政府主席林伯渠在《边区政府一年工作总结》中指出:"提倡马锡五同志的审判方式,以便教育群众。"[1]"调审结合"的马锡五审判方式不仅作为一种司法审判方式出现,还发挥着教化群众的功能。另外,群众当中享有较高威望的人士参与纠纷调解,也取得极佳的宣传动员效果。比如,陕西绥德西直沟村郭维德等人的调解成为边区典范,边区政府曾发出"学习西直沟,学习郭维德"的号召。[2] 其次,人民调解制度得到大力推行,也是阶级立场的体现。革命时期,人民调解作为我党的一项重要斗争策略,承担着宣传我党政策,改造国民党地方政权机关的重任。国共第二次合作时期,我党主张"无论是红军部队或我们所派之工作团,在友区工作时,应与当地政府取得密切关系,在工作中来影响他们,……对于群众与政府之争执,我们同志在保护群众利益的立场之上,可以处于调停的地位,进行调解"。[3] 另外,1942—1943年,陕甘宁边区曾较为常见的在司法审判中援用国民政府的"六法全书",1943年下半年停止援用"六法全书"后,出现判决无法可依的状况。此时,更符合边区境况的人民调解制度便顺势愈发流行起来。[4] 可以说,陕甘宁边区人民调解制度的发展也是边区意识形态博弈后的制度选择。最后,新中国成立之后,人民调解所承载的宣传教育功能依旧不曾消减。1954年颁布的《人民调解委员会暂行组织通则》第3条规定"调解委员会的任务为调解民间一般民事纠纷与轻微刑事案件,并通过调解进行政策法令的宣传教育"。近现代各种品牌化的调解人物,以及用其名字命名的工作室不仅仅是化解群众争议的重要渠道,更是代表新时代人民调解工作的一张张名片。可见,人民调解发展过程中,通过"树典型",实现调解主体再造。通过对社会权威的利用与改造,实现调解中新的"社会权威"树立,身份作为一种"象征资本"得到充分应用。

---

[1] 《传承马锡五审判方式红色基因——将为民情怀铭刻在人民司法事业的征途中》,载《光明日报》2021年7月17日,第7版。
[2] 张希坡、韩延龙:《中国革命法制史》,中国社会科学出版社2007年版,第444页。
[3] 中共延安市委统战部:《特区统一战线工作中的一些问题》,载中共延安市委统战部组编:《延安时期统一战线史料选编》,华文出版社2010年版,第83页。
[4] 胡永恒:《1943年陕甘宁边区停止援用六法全书之考察——整风、审干运动对边区司法的影响》,载《抗日战争研究》2010年第4期。

三、人民调解制度百年演变的现实启示

立足现在，面向未来，继续发挥好人民调解制度这一具有中国特色的社会治理智慧，必须以史为鉴，汲取人民调解百年发展历程的经验，以习近平新时代中国特色社会主义思想中所蕴含的人民调解制度建设理论为指引。

（一）遵循历史发展规律，以党的领导为根本保障

"以史为鉴、开创未来，必须坚持中国共产党坚强领导。办好中国的事情，关键在党。……新的征程上，我们必须坚持党的全面领导，……充分发挥党总揽全局、协调各方的领导核心作用！"[1] 党的领导和社会主义法治在根本上是一致的。[2] 近代意义上的人民调解制度自始便是在党的领导下逐步发展完善的，进入新时代，坚持党的领导是做好人民调解工作的根本保证和必然路径，不能有丝毫动摇。

人民调解制度诞生之初，就承载着国家介入基层社会管理的重任，是国家通往基层的重要载体。党和国家通过人民调解制度，构建组织网络，将法律、政策以及价值观等融入基层社会的每个角落，以达到国家对社会治理的效果。[3] 在党的领导下，人民调解制度继承和发扬传统调解文化的精华，在革命、建设、改革等阶段的实践中，逐步发展并完善，成为国家权力融入基层治理的重要制度载体。党领导人民调解制度适应社会发展趋势，在不同时期对人民调解制度赋予不同期许。在战火纷飞的革命年代，人民调解不仅仅作为一种司法手段而存在，而是要通过人民调解化解群众内部矛盾，最终达到改造社会、夺取政权的目的。通过对人民调解进行权威再造，革命政权的代表们直接参与到人民调解中，打破以往乡绅、族老等作为调解主体的局面。在陕甘宁边区，"公家人"参与到人民调解当中，他们多为边区党政部门的一员，且大多处在乡间，熟悉地方的民俗人情，具备一定权威，便于参与各种乡村事务，化解乡村群众矛盾纠纷。[4] 新中国成立后，社会矛盾发生变化，治理制度选择受制于治国理政思想和科学技术应用

---

[1] 习近平：《在庆祝中国共产党成立100周年大会上的讲话》，载《人民日报》2021年7月2日，第2版。

[2] 周叶中、庞远福：《论党领导法治中国建设的必然性与必要性》，载《法制与社会发展》2016年第1期。

[3] 崔玲玲：《人民调解制度与现代乡村治理体系之契合》，载《西北大学学报（哲学社会科学版）》2021年第2期。

[4] 韩伟：《司法调解与治理变革——以陕甘宁边区基层司法档案为中心的考察》，载《法学家》2020年第3期。

等因素，人民调解制度随之发生转变，定位为一项社会治理制度，原先服务于夺取全国政权的核心任务褪去，并在此基础上创设发展行政调解、司法调解制度。[1] 随着时代的发展，医疗纠纷、劳动争议、交通事故、知识产权调解委员会等各种专业性调解委员会出现，参与到基层社会治理中，取得了显著成效。同时，在推动地方政府社会管理职能转变中，人民调解也扮演着重要角色，政府转变为矛盾纠纷化解平台的搭建者、服务者、监督者，而非裁判者。[2] 正因为有党的正确引领，人民调解工作才能在每个历史阶段发挥其特定的功效。党领导人民调解工作已经有了丰厚的制度和实践经验，为人民调解制度的后续发展奠定了深厚的领导基础、经验基础以及制度基础。在两个一百年的历史交汇点，只有坚持党的领导，人民调解制度才能更好地实现新时代发展的新目标，交出一份令人民满意的时代答卷。具体而言，党通过领导司法行政工作、基层党组织建设、领导人民调解协会等途径实现对人民调解工作的领导，同时，通过强化人民调解员队伍的政治立场提升调解人员政治素养。

（二）紧跟转型升级大势，以规范化建设为基础支撑

走向法治是中国特色社会主义的必由之路。[3] 随着社会发展，城市化进程加深，陌生人社会的到来，纠纷数量较之于熟人社会持续增长，传统德高望重型的人民调解员逐渐式微，新时代的人民调解作为一种基层社会治理方式，必然要进行现代化转型，朝着规范化不断发展，法治化、专业化、智慧化、品牌化建设力度不断增强。

第一，人民调解法治化建设。法治国家建设背景下，人民调解委员会开展调解工作应当契合法治精神。首先，要明确对人民调解组织以及人民调解员的管理、考评、晋升、激励制度等，确保事前选任、事中监督、事后奖惩等整个环节的规范化。以人民调解员为重点对象，加快培育乡村（社区）的"法律明白人"。建立人民调解事项负面清单制度，列明不属于人民调解委员会调解的事项，并向社会公布，接受群众的意见和监督。其次，树立人民调解协议内在权威。人民调解协议效力问题一直是理论与实务界关注的重点，直接影响到人民调解制度化解社会矛盾的能力。有研究指出，现有的关于人民调解协议效力的立法

---

[1] 李瑞昌：《新中国调解制度变化的内容、路径、动力及未来》，载《复旦学报（社会科学版）》2018年第4期。

[2] 孙彩红：《政府职能转变视角下的专业性调解》，载《贵州社会科学》2017年第4期。

[3] 陈金钊：《对法治作为社会主义核心价值观的诠释》，载《法律科学》2015年第2期。

并没有显著推动人民调解制度的发展，人民调解制度化解社会矛盾纠纷的能力并没有显著提高。[1] 对此，人民法院应当依法做好诉讼与非诉讼矛盾纠纷化解衔接工作。对当事人起诉到人民法院适宜调解的案件，可以引导当事人选择适宜的非诉讼途径，也可以委派人民调解委员会、特邀调解组织或者特邀调解员等进行调解。达成调解协议的，可以依法向人民法院申请司法确认。在调解协议得到执行之后，建立事后回访制度，避免矛盾再次激发，提升源头治理效能。再次，注重调解程序的完善。人民调解作为一种典型的过程性行为，群众体验感极为重要，但在乡土社会，程序化的司法审判不利于乡民维系长久互惠关系，[2] 于是早期的人民调解对程序的关注力度相对缺乏，群众体验感相对不足。随着城市化的推进，从身份到契约的理念革命逐步形成，必须注重调解程序的构建。正义不仅要实现，而且要以人们看得见的方式实现。[3] 但处理好人民调解程序烦琐与简便关系的问题，是人民调解法治化建设必须考量的问题。[4] 人民调解的程序设计不宜过于烦琐，而是要体现人民调解亲民、高效、灵活的制度优势。调解协议一经达成，要及时履行，促使调解协议发挥良好的社会效果。

第二，人民调解专业化建设。首先，人民调解专业队伍建设。习近平总书记指出："全面推进依法治国，建设一支德才兼备的高素质法治队伍至关重要"。[5] 法治工作队伍可分为法治专门队伍、法律服务队伍、法学专家队伍三支队伍。其中，人民调解员队伍属于法律服务队伍范畴，是提供纠纷解决这一法律服务的队伍[6]，必须重视人民调解员队伍建设。人民调解员有不穿法袍的"布衣法官"的美誉，是调解活动的主持者，也是调解能否顺利开展的关键主体。要建立一支专兼结合的人民调解员队伍，大力培养青年调解人员，优化队伍年龄结构，加强专业知识和技能的培养。其次，加强矛盾纠纷易发、多发领域行业性、专业性人民调解委员会建设，优化完善金融纠纷、知识产权纠纷、医疗纠纷、劳动纠纷、交通事故纠纷、物业纠纷等人民调解工作机制。最后，加强涉外调解专业化建设。随着我国对外开放不断深化，以及"一带一路"合作倡议的践行，涉外知识

---

[1] 崔玲玲：《人民调解制度与现代乡村治理体系之契合》，载《西北大学学报（哲学社会科学版）》2021年第2期。
[2] 韩伟：《李增尚争窑案中的革命司法传统》，载《法律适用》2020年第14期。
[3] 陈瑞华：《看得见的正义》，中国法制出版社2000年版，第2页。
[4] 杜承秀：《人民调解法制化进程中若干突出问题刍议》，载《学术论坛》2013年第11期。
[5] 习近平：《论坚持全面依法治国》，中央文献出版社2020年版，第115页。
[6] 黄文艺：《论习近平法治思想中的法治工作队伍建设理论》，载《法学》2021年第3期。

产权、国际商事等矛盾纠纷将越来越多，急需加强涉外专门法治人才培养，同时发展完善涉外调解组织建设，为我国经济社会发展蓄力。

第三，人民调解智慧化建设。人民调解制度的智慧化建设是大势所趋，也是推动人民调解制度发展的有利契机。伴随着智慧社会的到来，人类社会发展步入更高阶段，社会形态朝向网络化、数字化、智能化方向变革，大数据、互联网、云计算、物联网等新兴科技手段应用到社会治理领域成为无法避开的话题。[1] 必须充分结合现代科学技术，推进人民调解智慧化建设。立足信息化时代，搭建"线下调解＋线上调解"的双重平台，加快人民调解信息系统平台建设，强化大数据运用能力，推动调解案例、数据以及专家等资源的共享。充分运用"互联网＋"模式，进一步提升调解质效，实现调解的可视化、移动化、智能化，从而突破时间和空间限制，灵活开展纠纷调解活动，真正建立起"互联网＋"时代的智能化、全方位的纠纷解决体系，为社会治理体系的建设提供大数据分析和决策参考。[2]

第四，人民调解品牌化建设。重视发挥金牌调解员、品牌调解室的作用，努力打造独具特色的地方调解经验。鼓励和支持基层人民调解委员会邀请城市社会中的"五老"（老干部、老战士、老专家、老教师、老模范）、乡村社会中的"三老"（老党员、老村干部、老劳模），以及城乡能人等担任人民调解员，同时帮带青年调解员。鼓励和支持群众威信高、调解经验丰富的人民调解员成立个人调解工作室，权威性是打造品牌化的重要前提。马锡五及其审判方式可以说是在党的领导下最早且最为成功的一次品牌化建设，马锡五审判方式的成功与其本人在群众中的极高威望有莫大关联。马锡五有丰富的革命经验以及群众工作经验，更为重要的是，马锡五清正廉洁，具备很高的人格亲和力，这些重要的因素为其在群众中树立了极大权威，为人民调解工作的开展提供了强有力的保障与支撑。[3]

（三）加强民主政治建设，以主体意识培养为有效抓手

人民调解制度有助于加强民主政治建设，增强人民群众的主体意识。中国共产党成立后，广大人民群众才逐步摆脱权利被无视和剥夺的境遇，开始真正当家作主，成为国家的主人。人民当家作主是社会主义民主政治的本质特征，在我国

---

[1] 张羽琦、何阳：《智慧调解：智慧社会驱动"三调联动"机制创新的机遇与路向》，载《内蒙古社会科学》2021年第1期。

[2] 龙飞：《人工智能在纠纷解决领域的应用与发展》，载《法律科学》2019年第1期。

[3] 任尔昕、宋鹏：《能动司法视角下马锡五审判方式的再审视》，载《甘肃政法学院学报》2011年第3期。

社会主义民主政治实践中，人民调解工作必须坚持人民群众主体地位，培育人民群众的国家治理主体意识。

新时代伟大征程中，完善和发展中国特色社会主义制度，推进国家治理体系和治理能力现代化，其中的重要面向就是要积极培育人民群众的国家主体意识，消除人民群众是国家治理客体的谬误。我国作为社会主义国家，一切权力属于人民，人民有权依照宪法和法律规定，享有全面发展的权利，通过各种方式和形式，参与到国家事务中来。积极培育人民群众的国家主体意识，是推动国家治理体系和治理能力现代化建设的重要环节。[1] 为此，应当积极培育人民群众在人民调解中的主体身份认同。20世纪早期的美国社会学家米德（Mead）认为，塑造个人身份认同的必要前提是自我意识的产生。简而言之，就是一个人对自己属于一个什么样的人的理解是塑造身份认同的前奏。身份认同是后天塑造的，是个体与社会互动的产物，身份认同具有社会属性，我们的身份认同和周围人的身份认同密不可分，相互促动。身份认同可以分为初级身份认同和次级身份认同两种。其中，初级身份认同产生于个体生命历程早期阶段，比如个体的性别、民族等身份；次级身份认同则相对而言更加体现社会性，融入了社会角色、职业、社会地位等因素。[2] 在人民调解制度中，人民群众对自身国家治理主体身份的认同，以及人民群众对人民调解员权威身份的认同都属于次级身份认同，需要加以关注和培养。

在人民调解工作中，人民群众主体意识的培养需要坚持群众路线这一根本工作路线，即人民调解为了群众、依靠群众。群众路线是中国共产党的根本工作路线，以毛泽东为代表的中国共产党在长期斗争中形成了一切为了群众，一切依靠群众和从群众中来、到群众中去的群众路线。[3] 毛泽东主席自井冈山开始就把党和人民群众的关系形容为"鱼水关系"，他说："我党没有人民，便等于没有水，便没有生存的必要条件"。[4]《陕甘宁边区政府指示信：关于普及调解、总结判例、清理监所指示信》指出："要虚心听取群众意见，像郭维德同志说的：'群众是面镜子，什么都能照见'。"[5] 因此，新时代人民调解制度的发展必须坚

---

[1] 桑玉成：《培育人民群众的国家治理主体意识》，载《人民日报》2018年1月15日，第7版。
[2] ［英］安东尼．吉登斯（Anthony Giddens）、［英］菲利普·W. 萨顿（Philip W. Sutton）：《社会学基本概念》，王修晓译，北京大学出版社2019年版，第195—196页。
[3] 杨宪福：《毛泽东领导理论与实践》，山东大学出版社2017年版，第102—103页。
[4] 毛泽东：《毛泽东文集》（第二卷），人民出版社1993年版，第398页。
[5] 艾绍润、高海深主编：《陕甘宁边区法律法规汇编》，陕西人民出版社2007年版，第344页。

持群众路线这一根本路线,将人民调解工作深入群众之中,深入实地调查研究,站在调解对象的立场考量问题,激发群众参与意识、主体意识。

(四)把握时代发展脉搏,以多元共治、自治优先为基本遵循

《中共中央关于制定国民经济和社会发展第十四个五年规划和二〇三五年远景目标的建议》(以下简称《规划和建议》)指出,到 2035 年"基本建成法治国家、法治政府、法治社会",并将"社会治理特别是基层治理水平明显提高"列入"十四五"时期经济社会发展主要目标。在法治国家建设、国家治理等宏伟图景下,人民调解制度必然要不断调适和变化,以适应社会发展。

人民调解制度作为我国法治事业建设的重要环节,其组织形式、人员构成、基本任务和适用范围都体现出人民群众自我教育、自我管理、自我服务、自我约束的自治性质。[1] 作为纠纷化解的"第一道防线",人民调解制度具有纠纷预防和化解的双重功能。社会快速发展带来的是矛盾的复杂多样,需要通过多种途径化解,人民调解的制度优势不可替代。如今,人民调解制度正作为一种社会治理方式朝向"治理性角色"发展演变,作为社会综合治理体系的组成部分、多元化纠纷化解机制的重要构成而逐渐被国家吸纳,突破了地域性、群众性和自治性,通过治理吸纳自治。[2] 从主体要素看,新时代人民调解的主体更加多元,呈现年轻化、专业化趋势。人民调解的适用对象也从熟人群众逐渐向半熟人乃至陌生人群体过渡;从手段要素看,此前相对单一的人民调解方式逐渐被复合式方式所取代,制度运行更加规范化,乃至商品般的品牌化[3]。从目的要素看,当代人民调解制度不单作为一项矛盾纠纷化解机制,也被赋予了更多的意义和期待,已然上升为一种社会治理方式,通过人民调解促进法治中国、平安中国建设,推动基层社会治理。从内容要素看,当代人民调解制度适用场域越发广泛,可纳入调解的事项越来越多。

改革开放以来,随着我国市场经济的发展,催生了商事调解和仲裁制度的发

---

[1] 何杰:《人民调解制度与基层社会和谐》,载《云南民族大学学报(哲学社会科学版)》2007 年第 4 期。

[2] 陈尧、王哲:《中国城市基层社会自治发展的路径——以改革开放以来城市人民调解制度的发展为例》,载《上海行政学院学报》2020 年第 3 期。

[3] 比如,重庆市江北区观音桥街道人民调解委员会"老马工作室"负责人马善祥,扎根基层 30 多年,由于基层工作成绩突出,被党中央、国务院授予改革先锋称号,颁授改革先锋奖章,并获评"最美奋斗者""全国时代楷模""基层社会治理创新的优秀人民调解员""改革开放 40 周年政法系统新闻影响力人物"等荣誉称号,习近平总书记点赞称"我们需要千千万万像老马同志这样的基层干部"。当前司法行政实践中,类似于"老马工作室"的各类调解工作室大量存在,呈现出品牌化态势。

展。新时代下，随着我国对外开放深度和广度的不断增强，以及"一带一路"合作倡议的提出和践行，涉外调解事项逐步增多。另外，可以预见的是，随着人工智能、大数据等新兴技术兴起，不仅会极大助力人民调解工作开展，也将拓宽人民调解的适用领域。比如，涉及人工智能、个人信息保护等领域的纠纷调解工作也将应运而生。面对复杂多变的社会环境，对治理能力提出了更大的考验和更高的要求，《规划和建议》提出完善共建、共治、共享的社会治理制度，强调国家、政府、社会组织、个人等多元主体共同参与治理。多元共治是新时代我国社会治理实践中形成的新标准，是社会治理法治化转型的基本制度模式，是改革开放以来党带领人民团结奋斗和艰辛探索的有益经验，能够有效推动社会治理。[1] 人民调解组织属于"共治"中的社会组织，是基层群众自治组织发挥作用的途径和方式之一。在矛盾纠纷化解中，要坚持多元共治、社会自治机制优位原则。充分发挥人民调解等社会自治机制，把社会自我治理机制前置为社会治理的第一道防线，最大限度地实现社会问题由社会自身解决。[2] 法治国家建设要避免陷入"法律万能论"的误区，一些领域可能超出法律管辖范畴，或不适宜适用法律，法律强行介入未必能达到理想效果。[3] 要引导当事人从和解、调解、仲裁、行政裁决、行政复议、诉讼等途径中优先选择高效便捷、低成本以及有利于修复关系的纠纷化解方式，实现矛盾纠纷实质性化解。

结 语

人民调解制度在中国共产党的领导下，历经百余年发展历程，见证了中国共产党带领中华民族一步步走到今天的光辉历程，是经过历史和实践检验的中华优秀传统文化结晶，无论以往还是现在，都是基层社会治理的重要手段。立足新时代，迈向法治社会建设的新征程中，要建设一种什么样的人民调解制度以及如何建立完善这种人民调解制度是我们面临的时代之问，需要我们不断汲取传统调解文化中的精华，总结建党百年以来人民调解制度的发展历程及其经验启示，将其蕴含的智慧结晶进一步融入新时代人民调解实践中，继续发挥人民调解在基层社会治理中的重要作用。

---

[1] 菅从进、王琦：《共同体视域下社区网格化治理法治化的主体之维》，载《广西社会科学》2021年第2期。
[2] 黄文艺：《中国政法体制的规范性原理》，载《法学研究》2020年第4期。
[3] 宋明：《人民调解纠纷解决机制的法社会学研究》，中国政法大学出版社2013年版，第180页。

大数据融合下诉源智治新范式的构建

杨梦男*

摘　要　随着改革的不断深入，中央全面深化改革委员会审议通过《关于加强诉源治理推动矛盾纠纷源头化解的意见》，构建全面递进式的矛盾纠纷分层过滤体系，把诉源治理作为一项系统工程，纳入法治建设、平安建设和社会治理的大格局部署之中。党的十九届四中全会《中共中央关于坚持和完善中国特色社会主义制度、推进国家治理体系和治理能力现代化若干重大问题的决定》提出，坚持和完善共建共治共享的社会治理制度，保持社会稳定、维护国家安全。为此，成渝地区出台相关规范性文件，明确了一些举措，解决了一些问题。然而，在价值多元、矛盾凸显的社会转型时期，处于城乡差距较大的成渝地区预警预判矛盾纠纷模式存在严重的供应链危机，一定程度上说，已成为影响社会安定的突出问题。以大数据融合纠纷预警预判新模式意味着通过对矛盾纠纷信息数据智能化的收集、快速传递、分析处理，及时发现矛盾风险隐患、分析矛盾性质、评估风险等级、反演风险源特征，采取措施和手段及时排查处理，将矛盾纠纷化解在源头。基于人工智能技术，系统法学理论以及创新社会治理理念，为诉源智能化治理奠定了前提与理论基础。未来，通过构建矛盾评估指标、智能抽取及对比矛盾要素等，构建以大数据驱动的矛盾预警新模式；搭建"一站式"解纷大联动平台，实现诉与非诉、线上线下大联动平台体系化，增强矛盾纠纷解决的动态性和精准性，进而构建让民众可接受、具有世界领先水平的中国特色的社会"智"治共同体。

关键词　诉源治理；矛盾预警；多元解纷；智能技术

一、诉源智能化治理及其初步证成

（一）诉源智能化治理的内涵探析

诉源智能化治理包含两层含义：诉源治理与智能化。诉源治理被视为增进社

---

* 杨梦男，西南政法大学2020级应用法学硕士研究生，主要研究方向为法律适用学、人工智能法学。
本研究报告系2021年度"西南政法大学成渝地区双城经济圈公共法律服务人才培养协同创新团队专项课题"（项目号：TDZX-2021004）资助成果。

会和谐、缓解"案多人少"之矛盾、推动国家治理体系与治理能力现代化的重要举措，是司法体制改革的重要抓手。[1] 在中央层面，习近平总书记强调："坚持把非诉讼纠纷解决机制挺在前面，从源头上减少诉讼增量"，为诉源治理提供了强大的思想基础；2021年2月中央深化改革委员会印发《关于加强诉源治理推动矛盾纠纷源头化解的意见》提出了递进式的矛盾纠纷过滤模式，要求推动诉源治理系统化发展，标志着诉源治理改革不断深入。"诉"是指进入法院的诉讼纠纷案件，"源"是指矛盾纠纷发生的源头，诉源治理是指在矛盾纠纷进入法院诉讼程序之前，解纷主体单独或联合采取非诉讼的各种措施、方法对潜在的矛盾进行预防，对已发生的矛盾进行化解所持续的过程。[2] 而诉源智治（诉源智能化治理）则是将人工智能技术应用于诉源治理的全过程，依托人工智能"深度学习"及处理数据的能力落实诉源治理功能，提高诉源治理效率。

诉源智治新范式是指在数字时代，社会个体及各种机构依托人工智能等科技手段，搭建线上线下共融平台，采取各种措施使纠纷矛盾得以调和，进而减少诉讼性纠纷的活动。司法是解决纠纷的核心方式，而非唯一方式。良好的社会治理，多元化的纠纷解决机制是基层社会治理的重要内容。

诉源智治不同于多元化纠纷解决机制，前者强调减少诉讼案件的产生和延伸，重视纠纷解决方式的层次性[3]；诉源智治不同于大调解纠纷解决机制，其正视司法解决纠纷的特点及边界，诉讼信访纠纷的抑制，通过引入智治的系统性、综合性、源头性、过程性和持续性等要素，建构一个多主体参与、多途径化解、多机制衔接的纠纷治理体系，且随着外部环境的变化不断地丰富与发展。

诉源智治法治化强调把对其他解纷方法的独特性映射效应引入司法的解决方法，发挥其对其他纠纷解决方法的效用，使民众在每一个案件中感受到公平与正义。它不同于传统的统治管理，其更强调注重秩序的微观控制，关照被治理对象自身的内在需求，注重个人的权利保护，通过个人的权利追求来实现社会秩序。因为政治、经济、文化等不同，中国的社会治理不同于西方国家的社会治理。我国的文化治理具有独特性，治理情境具有复杂性并与治理内容呈现共生性特点。针对当前存在的弱势群体、特殊领域等社会转型期间突出的社会问题，诉源智治

---

[1] 曹建军：《诉源治理的本体探究与法治策略》，载《深圳大学学报（人文社会科学版）》2021年第5期。
[2] 郭彦：《共建共赢、内外并举：全面深入推进诉源治理》，载《人民法院报》2016年第8期。
[3] 四川省成都市中级人民法院课题组：《内外共治：成都法院推进"诉源治理"的新路径》，载《法律适用》2019年第19期。

运用人工智能等科技手段，尽可能减少纠纷以及纠纷能够尽可能得到及时解决，社会治理需进一步强化法治思维和法治方式，我国致力于将纠纷的预防和解决放在大司法的视野中对待，尽可能在保障权利的情况下，实现纠纷在有限司法资源的条件下，使民众在每一个案件中尽量获得公平。

本研究报告将从两个角度构建模型以实现诉源智能化治理：矛盾纠纷的预防端与矛盾纠纷的解决端。在矛盾纠纷的预防端，构建以大数据驱动的矛盾预警平台，通过对矛盾纠纷信息数据智能化的收集、快速传递、分析处理，及时发现矛盾风险隐患、分析矛盾性质、评估矛盾等级、反演风险源特征，采取相应措施和手段及时排查处理，将矛盾纠纷化解在源头。自党的十八大以来国家层面就一直强调建立社会稳定风险评估机制，2014年《中共中央关于全面推进依法治国若干重大问题的决定》强调建立健全社会矛盾预警机制；2017年党的十九大指出健全各方面风险防控机制；2019年党的十九届四中全会将重大决策风险评估提升到改进党的领导方式和执政方式的高度。因此构建以大数据驱动的矛盾预警平台有其深厚的政策基础。在矛盾纠纷的解决端，搭建"一站式"解纷大联动平台，按地区整合分散的解纷平台并加强各解纷方式之间的协调衔接，优化分层级结构，实现多层次、多领域智能化联合治理。

（二）诉源智能化治理的技术前提

诉源智能化治理所依赖的人工智能技术包括大数据挖掘技术、光学字符识别技术、生成式文本摘要技术与文本相似性对比技术等。在矛盾纠纷的预防端，矛盾预警平台需要对新发矛盾纠纷与已有矛盾之间的相同点以及不同点进行细化对比，通过大数据挖掘技术、OCR以及生成式文本摘要技术，可以对解纷主体上传的大量已有矛盾文本数据进行梳理分析，结合解纷主体以及法律专家人工标注完成对矛盾要素的抽取工作，形成矛盾评估指标并以此为基础构建矛盾要素特征库。大数据挖掘技术具有处理海量信息的能力，并且需要处理的数据量越大，得出来的结果就越可靠。

矛盾要素特征库构建完成后，可以以其中的矛盾评估指标为基础，运用生成式文本摘要技术对新发矛盾文书材料中的矛盾要素进行自动抽取。可以在文本摘要技术中心引入注意力机制（Attention Model），人体的视觉器官能够自动捕捉重点区域的信息，过滤非重点内容，从而投入更多的注意力对重点区域的信息进行理解，注意力机制就是对人体视觉器官的模拟。[1] 注意力机制可以被应用于自

---

[1] Abedinia O, Amjady N, Zareipour H. *A New Feature Selection Technique for Load and Price Forecast of Electrical Power Systems*, IEEE Transactions on Power Systems, 2017, p.62-74.

然语言识别、图片识别等领域，成为矛盾要素自动提取的技术基础。对于文本摘要技术无法提出的语句词汇，可以由解纷主体及平台技术人员对其进行人工标注，形成以矛盾要素为基础构成的案件画像。之后运用文本相似性对比技术将新发矛盾的案件画像与矛盾评估指标进行自动对比，实现对矛盾纠纷的预警预判。

诉源智治构建大科技应用理念，把高新科技应用于治理智能化的强大功能。诉源智治就是运用人工智能等科技手段，尽可能减少纠纷以及纠纷能够尽可能得到及时解决，社会治理需进一步强化法治思维和法治方式。在保障权利的情况下，实现纠纷在有限司法资源的条件下，使民众在每一个案件中充分获得公平。以法治为核心，以民众为主体，以自治德治融为一体，构建新时代基层治理战略，强化矛盾化解链条，将诉源智治涵盖矛盾纠纷全过程，包括纠纷产生、升级、化解、终结消亡的全过程，既关注矛盾产生后的处理，更加注重矛盾的源头防范，从而实现对纠纷的全流程治理，直接针对纠纷源头，加强根本性、持续性的纠纷防范措施。

（三）诉源智能化治理的理论基石

系统法学理论为诉源智能化治理奠定了理论基石。系统科学的方法是研究社会科学的重要方式之一。[1] 法学是社会科学的分支学科，同样需要系统科学的方法来认识法学。系统法学派是一个由辩证唯物主义思想指导的方法学派，它融合了系统论、控制论、信息论等现代科学方法，将其运用于法学领域。系统法学派善于从整体出发，采用立体网络式思维研究法学现象。[2] 从宏观角度上讲，系统法学派认为法律的运转依赖于不同法律部门之间的相互衔接，通过法律衔接使各独立的法律部门相互联系和相互作用，形成一个具有互补性、协调性、连贯性的有机整体，从而使法律的整体功能得以发挥；从微观角度上讲，单个法律部门内部的不同法律要素也需要相互配合、相互补充，形成一个协调自洽的子系统，助力法律的整体运转。[3]

系统法学注重研究法律内部系统的衔接与演化[4]，与诉源智能化治理的理

---

[1] 陈志耕、郭立志：《社会主义事业领导核心的系统中心要素原理》，载《社会科学》1996年第4期。
[2] 熊继宁、李曙光、王光进等：《新的探索——系统法学派的崛起》，载《政法论坛》1985年第3期。
[3] 张斌峰、乔聪：《系统法学视野下监察委员会运行机制的法律衔接》，载《江西社会科学》2021年第2期。
[4] 熊继宁：《系统法学导论》，知识产权出版社2006年版，第11页。

念不谋而合。诉源智治核心理念有三：一是共治共赢。实现诉源智治联建共享，通过共建共治共享，实现纠纷共治效果和共赢目标。二是全面、全流程覆盖。运用智能化手段，将诉源智治贯穿所有部门、所有案件、所有过程。三是多元主体参与。多元化纠纷解决是基层社会治理的重要内容，在法治现代化进程中，法院越来越重视发挥自身在社会治理中的发展引领保障作用，不断推动多元化纠纷解决机制的完善。诚然，司法是公平正义的最后一道屏障，但不是唯一评价良好的社会治理，需要立足于多元纠纷解决机制的整体，形成多元主体参与的控制局面。广泛动员社会主体参与综合治理，把预防措施，解纷解决与修复措施并重，诉讼内外结合，政策工具和社会工具兼顾，线上线下融通。诉源治理是中国特色社会主义法治系统中的一个重要子系统。在这个子系统中，矛盾的预警与矛盾的解决又可以作为一个独立的小系统存在；在矛盾的解决系统中，各解纷方式又成为该系统的独立元素，各元素之间联系紧密，不可分割。因此，矛盾的预警与矛盾的解决之间的联系、各解纷方式要素之间的联系、各要素与子系统之间的联系、子系统与大系统之间的联系就成为发挥诉源治理与多元化纠纷解决机制最大功能的关键点。在系统论与系统法学方法的指导下，搭建系统性的数据收集、整合、分析平台，以丰富多元的数据模型识别社会领域中矛盾纠纷的形成机理与性状分布，为相关部门对矛盾纠纷的及时预警、精准预判、妥善预防奠定坚实的基础。

（四）创新社会治理理念的价值导向

党的十八届三中全会将"推进国家治理体系和治理能力现代化"确立为全面深化改革的总体目标，并创造性地提出了"创新社会治理"重要理念，这是中国特色社会主义现代化的新内涵、新目标。[1] 社会治理需要朝着法治化、精细化、智能化、社会化、开放化方向发展，将人工智能技术引入诉源治理体系，加强和创新社会治理，通过智能化平台的搭建，实现数据的联动互补，在此基础上以数据分布作为依托，优化调解、仲裁、诉讼解纷层级的递进融合机制，修复司法供应链，实现纠纷的供需平衡；同时加强诉讼内外互动，将街道社区、机关、派出所等基层性纠纷处理部门纳入进来，实现多层次、多领域的依法治理与信息共享，形成共建共治共享的社会治理态势，提升区域治理体系和治理能力的现代化。因此，诉源智能化治理符合"国家主导、司法推动、社会参与、多元并举、法治保障"的现代纠纷解决理念，也符合习近平法治思想中关于创新社会治理的

---

[1] 许耀桐：《习近平的国家治理现代化思想论析》，载《上海行政学院学报》2014年第4期。

新思想、新理念。

二、成渝地区多元解纷现代化模式的现状及不足

（一）成都市多元解纷现代化模式分析

成都市的多元解纷现代化模式主要是以法院为主导的，如"天府智法院·e法亭"。2021年6月3日，四川自贸区法院打造的"天府智法院·e法亭"在天府中央法务区正式投入使用，首次在线审理一起教育培训合同纠纷。"e法亭"与通常的网络电子法律服务平台不同，它兼具实体的外观，同时搭载着电子信息的技术。它目前被投放于四川自贸区法院的服务大厅，是一个外观酷似电话亭的独立小型建筑，当事人及法律工作者只需要进入其中，就能使用里面的电子设备获取法律服务。与普通审判庭相比，"e法亭"可移动，不受地域时空限制；与电子诉讼平台相比，"e法亭"提供了一个专业场所，环境更舒适、功能更齐全、网络更稳定。但由于"e法亭"不具有移动平台的便携性，对于无法到法院进行诉讼的人们来说不够便利，会对诉讼造成一定的阻碍。

最为典型的则是成都市中级人民法院建设的"和合智解"e调解平台。2015年以来，成都市中级人民法院正式启动建设"和合智解"e调解平台重点项目，全力打造新型互联网在线调解司法应用平台，努力实现解纷需求与解纷供给均衡匹配，以解纷供给的改革，满足解纷需求，使纠纷化解在前端、化解在萌芽状态。"和合智解"e调解平台现在已经在四川省内尤其是成都市范围内推广使用。当事人和法律工作者只需要登录"和合智解"小程序或者通过天府市民云APP进入"和合智解"平台，就能享受公共法律服务。"和合智解"e调解平台主要侧重于便民调解，当事人进行实名认证后只需要自助填写纠纷相关信息，也可以录制上传短视频加以阐述，提交后可以自行筛选调解员进行调解，并且在该平台上能够随时看到自己纠纷调解的进度。通过该平台远程视频调解后，当事人只需在线确认调解协议就能完成调解，无须再现场确认，而线上调解也不影响与诉讼的对接，当事人也可以在该平台直接在线起诉立案。"和合智解"e调解平台操作简单，过程清晰，在实践中的优势较为明显，当事人只需要一部手机就能完成调解。但这种全新的智能化法律平台不可避免有一些通病，对于复杂的案件当事人与调解员之间的沟通可能无法像面对面沟通一样的高效便捷，而调解效率反而会降低；同时对于老龄当事人、有视力障碍的当事人而言，该种调解方式可能无法适用。

(二) 重庆市多元解纷现代化模式分析

重庆市目前使用率较高的公共法律服务平台主要是"重庆法院纠纷易解平台"（以下简称：易解平台），作为官方的法律服务调解平台，易解平台致力于调解，涵盖了包括期货证券类纠纷等 7 大类纠纷案件，当事人需要在计算机端登录平台网页，登记信息后申请调解。与其他平台不同的是，易解平台关联跳转了在线诉讼平台"易诉平台"以及重庆市司法局、重庆广播电视集团联合推出的线上人民调解客户端"巴渝和事佬"，当事人能够一站式解决诉讼和司法调解、人民调解等问题。而易解平台与"巴渝和事佬"等其他智能化平台早已实现了数据共享和信息的互联互通，由此达到的信息集合整理效果显然是 1+1 大于 2 的，也正因为智能化法律服务平台集合群的信息公开、透明，当事人和法律工作者能够自由选择纠纷处理方式，大大提高了纠纷处理效率。

同时，易解平台作为官方平台不仅仅是在重庆法院内推广使用，重庆的各商事调解中心也将智能平台纳入日常工作中。例如"一带一路"国际商事调解中心在智能化平台的助力下已经突破空间的局限，截至 2020 年 10 月已在国内外成立了 68 个"云调解室"，为当事人解决两千多件纠纷。

此外，由于重庆本地的纠纷案件数量较多，重庆率先在合川地区试点应用易解平台的子平台"合舟共济 e+平台"，该子平台能够做到有效分流合川地区案件，缓解易解主平台的案件压力。而当事人在子平台上搜索选择调解员时，子平台也会主推当地的调解员进行调解；同时，针对合川地区的案件，子平台能够更有针对性地筛出有价值的类案来服务于当地当事人。"合舟共济 e+平台"的使用大大提高了合川地区法院的纠纷调解成功率。据统计，短短两个半月，通过子平台分流调解纠纷达 329 件，约占该院同期受理民商事案件数量的 10%，而子平台办结案件平均周期 7 天，极大地提高了纠纷处理效率。

2021 年以来，重庆法院推出了线上线下一体化一站式综合审理方案，以易解平台为基础，其他平台相结合，致力于构建"数智庭审+云上共享"全渝数智法庭新模式。据统计，全市法院 2021 年"云上调解、开庭"使用智能化法律服务方式达 34.8 万次。

（三）成渝地区多元解纷现代化模式的不足

尽管成渝地区积极开展了智能化解纷平台实践的尝试，但是其不足与短板同样较为明显，主要体现在以下几个方面。

1. 矛盾预警预判缺位。不管是成都市中级人民法院的"和合智解"平台还是重庆市的重庆法院纠纷易解平台，其关注的重点都是纠纷矛盾发生后的解决阶段，而没有关注矛盾纠纷发生的源头。

2. 系统化不足。各解纷平台的资源较为零散，各平台各自为政，并且存在数据壁垒，数据互通不足。以重庆市商事调解为例，根据课题组的调研访谈，重庆市商业调解主体主要有"一带一路"国际商事调解中心、重庆两江商事调解中心、中国（重庆）自由贸易试验区商事调解中心等，它们之间既有人民法院主管，也有司法局主管，甚至还有社会组织发起成立的，这就导致其调解数据并不互通，以及调解与其他解纷方式之间相割裂，无法系统有效地解决矛盾纠纷。

3. 平台利用率不高。根据课题组对"重庆法院纠纷易解平台"的调研，发现该平台的实际利用率并不高。首先，根据对该平台工作人员的电话访谈，许多有调解意愿的当事人更愿意以直接的方式（如拨打电话）联系调解主体对其矛盾纠纷进行处理。若通过该平台提交申请，则首先需要对该平台进行注册，注册之后需要使用支付宝进行实名认证；认证过后进入调解申请页面，进行烦琐的材料填写流程后还需要平台进行审核，审核通过后联系被申请人询问其是否同意调解。该流程设置并不能完全满足当事人的调解需求，及时有效地解决矛盾纠纷。

同时，该平台的某些功能形同虚设，不能有效地点击进入，比如该平台首页的"司法确认""诉前/诉中调解""多元解纷评测"选项无法点击进入，也会降低平台的使用效率。

三、以大数据驱动的矛盾预警平台之构建

在矛盾纠纷的预防端，以大数据智能化为牵引，构建大数据预警预判矛盾纠纷模型，实现数据的互通，对现有或潜在的矛盾多发领域进行数据检测并呈现相应的数据分析报告，构筑解纷防线，使诉前向诉外分流，优质高效的层级解纷。以大数据驱动的矛盾预警平台由数据获取、数据解析、要素对比三个部分构成，具体模式构建如下。

（一）数据获取

能否获取大量法律信息数据是人工智能技术应用于法律领域的关键所在。[1] 在矛盾预警平台运行过程中涉及两方面的数据获取：解纷主体处理的具体案例以及人民群众的诉求，即数据信息主要来源于解纷主体和矛盾主体。

1. 解纷主体数据获取。在诉源治理的背景下，各解纷主体是矛盾的第一接触

---

[1] See Henry Prakken, *AI & Law on Legal Argument: Research Trends and Application Prospects*, 5 SCRIPTed: A Journal of Law, Technology and Society, 2008: 449-451.

人，能够对矛盾纠纷有一个较为全面的了解，因此矛盾预警平台的数据应当主要由解纷主体进行上传。解纷主体上传平台的信息分为解纷完毕的具体案例以及调研数据，此类信息一般经过解纷主体的整合处理，内容较为全面、系统和真实。但是在上传数据的过程中，应当避免对矛盾事实要素部分进行过分的人工剪裁，尽量还原矛盾的全貌，对矛盾要素部分进行标签化及结构化处理。对于相同的法律现象使用统一的法律语言进行表述，减少人工智能进行深度学习的难度，为后续的要素分析工作提供便利。

2. 矛盾主体的数据获取。矛盾主体的诉求是对解纷主体上传数据的重要补充。人民群众是矛盾纠纷的亲历者，能够为矛盾预警平台提供两个重要信息：一是矛盾发生后矛盾主体的首选解纷方式。当纠纷发生后，矛盾主体将面对多种途径解决纠纷，或是双方自行协商，或是求助社区居民委员会进行调解，抑或是直接以诉讼的方式解决。[1] 二是矛盾发生后矛盾主体的次选解纷方式。当纠纷发生后，矛盾主体的首选解纷方式并没有解决其矛盾纠纷，或者矛盾主体对其解纷结果感到不满意时，则会诉诸其他解纷主体。平台通过获取矛盾主体的首选解纷方式数据，能够准确地定位矛盾纠纷最有可能发生的领域及一定时间段内矛盾主体最青睐的纠纷解决方式，从而加强该领域和相应机关部门的人员配置及纠纷处理能力，做到矛盾纠纷的精准防控；通过获取矛盾主体的次选解纷方式数据，能够实时监测矛盾主体寻求解纷途径的变化路径，监测首选解纷方式的不足之处以便及时对其进行补正，尽量减少解纷方式选择的二次流动，提高矛盾化解的能力与效率。

（二）数据解析

完成数据的收集工作后，平台将利用相应的人工智能技术对数据进行集中、归类、分析及研判，最后形成矛盾评估指标，具体模型构建如下。

1. 抽取矛盾要素。所谓矛盾要素是指构成一个矛盾纠纷所必须具备的、能够用于确定矛盾主体资格、矛盾性质、权利义务关系等对解纷结果具有实质性影响的核心要素。矛盾要素与案件事实要素相似，它是抽象化的矛盾基本事实，是以证据为基础，以法律规范为纽带并从涉案材料中提取出来的矛盾的基本元素。[2] 当矛盾纠纷进入诉讼阶段时，矛盾要素就会转化为案件事实要素。以劳动纠纷为例，在相应的矛盾纠纷解决过程中，解纷主体主要获取的核心要素包括劳动者的

---

[1] 梁平：《多元化纠纷解决机制的制度构建——基于公众选择偏好的实证考察》，载《当代法学》2011 年第 3 期。
[2] 朱福勇、高帆：《审判案件事实要素智能抽取探究》，载《理论月刊》2021 年第 6 期。

入职时间、劳动者工作岗位、劳动合同签订情况（是否签订劳动合同及签订劳动合同的时间与期间）、月工资标准、工资发放周期、考勤方式、工作制、工作时间、社会保险缴纳情况、劳动关系的状态等。只要明晰了核心的矛盾要素，解纷主体就能较为高效地处理矛盾。同一种类的矛盾纠纷其要素具有一定的确定性，如上述劳动纠纷，该类矛盾的基本矛盾要素通常是相对固定的，这样就使解纷主体及相关法律工作者人工抽取某类矛盾的核心要素成为可能。

2. 构建矛盾要素特征库，形成矛盾评估指标。通过整合矛盾主体与解纷主体的信息，解析矛盾信息本体，归纳该类社会矛盾的共同要素。对整理出来的共同要素，运用大数据算法进行集中、归类、分析和研判，尽可能穷尽列举某类矛盾所必须的核心要素，构建该类矛盾所特有的要素特征库，作为矛盾评估指标，支撑后续的社会矛盾的智能对比与预警预判。

对解纷主体及矛盾主体上传的数据进行要素化处理，能够将繁杂的具体案例数据化约为简单的以矛盾要素构成的案件画像，构建形成各类社会矛盾评估指标。矛盾评估指标作为平台构建的顶层设计，其作用为引导寻找合适解纷手段与作出社会矛盾预警。当新型矛盾纠纷发生后，矛盾预警平台将对该新型案件与要素特征库中的矛盾评估指标进行智能要素对比研判，实现矛盾的精准预测和预判。

（三）要素对比

平台对获取的数据进行处理并形成矛盾要素特征库之后，当发生了新的矛盾纠纷事件，解纷主体将该事件上传至平台中，平台则对其进行矛盾要素的智能抽取，将抽取的矛盾要素与矛盾评估指标进行对比，分析其矛盾性质。具体路径构建如下。

1. 矛盾要素的智能抽取。矛盾评估指标构成了矛盾要素智能抽取的基础模型。建立了矛盾要素特征库与矛盾评估指标后，新矛盾纠纷与已经解决的矛盾纠纷之间的对比就能够化简为矛盾要素之间的对比。矛盾要素智能抽取的目的是从无序的涉案材料中抽取矛盾的核心要素并形成以要素为基础的矛盾画像，之后通过文本对比技术将新旧矛盾要素进行智能化对比。具体来说，就是以矛盾评估指标为基础，当出现新矛盾纠纷时，通过 OCR 自然语言识别技术以及文本自动摘要技术从涉案文书中识别矛盾中的当事人、行为、法律关系、权利义务等要素，快速提取出纯文本数据信息，并对提取的数据信息进行数据降噪，完成矛盾纠纷的要素抽取与识别。[1] 为了实现对矛盾要素的智能抽取，需要诉诸文本自动摘

---

[1] 朱福勇、高帆：《审判案件事实要素智能抽取探究》，载《理论月刊》2021 年第 6 期。

要技术。有学者认为，文本自动摘要的首要目标是立足于法律知识的独特性，基于法律文书原文自动生成通顺、关键并且具有概括性的内容摘要。[1] 按照输出结果可以将文本自动摘要分为抽取式摘要和生成式摘要。[2] 基于矛盾预警平台的智能性与法律工作者语言认知习惯，生成式摘要技术更适合完成矛盾要素的抽取工作。生成式摘要立足于人工智能深度学习的特征，能够根据法律文书原文语义自动生成不同于原文的文本摘要，并最大程度还原原文语义。[3]

当然，生成式摘要技术对于矛盾要素的快速获取也面临一定的问题。首先，法律语言具有一定的模糊性，但是矛盾要素特征库中的矛盾评估指标是确定的，因此在进行文本摘要的过程中其准确性就会产生一定的问题。其次，诉源治理层面的矛盾纠纷与诉讼阶段的纠纷不同，诉讼阶段对法律文书的要求较高，需要对文书做格式统一化及规范化处理。但是诉源治理层面的矛盾纠纷通常发生在基层，双方当事人提交的相应涉案文书以及陈述结构化程度都不高，表达习惯大相径庭，使得生成式的文本摘要技术路径面临较大的挑战。针对这种情况，可以对OCR文本识别技术及文本摘要技术无法识别和生成的模糊性用语及争议性用语所涉及的矛盾要素进行人为的要素标注和泛化描述，通过解纷主体和相关技术人员共同标注及技术半自动标注的方式，构建矛盾纠纷的要素标签体系，完整地刻画出矛盾纠纷的画像。[4]

2. 矛盾的智能对比。经过上述对新矛盾纠纷的要素抽取程序，平台将会得到一份以要素为基础构建起来的矛盾画像，这时平台将通过一定的对比算法将该矛盾画像与矛盾要素特征库中的矛盾评估指标进行文本相似性对比分析。

在中文信息处理领域，针对中文文本的相似性对比主要有基于字符串的方法、基于序列对比算法、基于知识库的方法以及基于语料库的方法。[5] 由于矛盾要素特征库中的矛盾评估指标都是确定的，因此可以通过基于知识库的方法对矛

---

[1] 周蔚、王兆毓、魏斌：《面向法律裁判文书的生成式自动摘要模型》，载《计算机科学》2021年第12期。

[2] HOU S L, ZHANG S H, FEI C Q. *A Survey to Text Summarization: Popular Datasets and Methods*, Jounrnal of Chinese Information Processing, 2019, p. 1-16.

[3] LI F, HUANG J Z, LI Z J, et al. *Automatic Summarizationg Method of News Texts Using Keywords Expansion*, Journal of Frontiers of Computer Science and Technology, 2016, 10 (3): 372-380.

[4] 朱福勇、高帆：《审判案件事实要素智能抽取探究》，载《理论月刊》2021年第6期。

[5] 赵登鹏、熊回香、田丰收等：《基于序列比对算法的中文文本相似度计算研究》，载《图书情报工作》2021年第11期。

盾纠纷进行文本相似性对比。基于知识库的方法本质上是通过使用知识库中的数据信息对两个文本之间的相似度进行量化对比[1]，分为基于本体（Ontology-Based）和基于网络知识两种相似度分析方法。[2] 基于本体的相似度对比方法本质上是以语义词典中的信息来量化两个文本之间的关联程度，平台内的矛盾要素特征库就相当于是一个语义词典，因此可以采用基于本体的相似度对比方法将矛盾要素与矛盾评估指标进行对比。

（四）矛盾的预警预判

通过上述的矛盾智能对比程序，可以得到新矛盾纠纷与矛盾评估指标之间的对比结果。具体平台模型如图 1 所示：

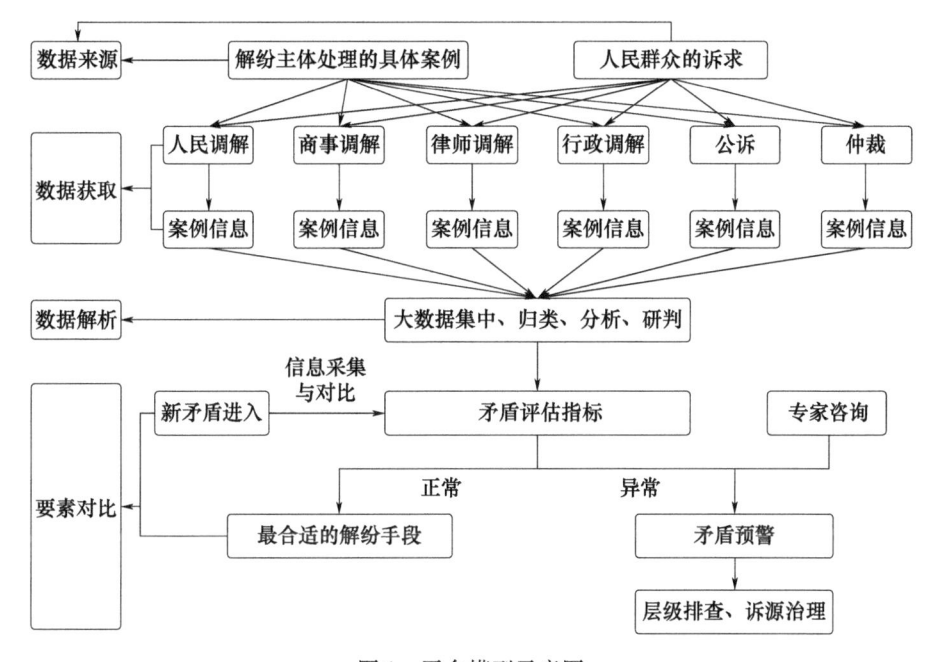

图 1 平台模型示意图

若该矛盾纠纷与矛盾评估指标中的某一类矛盾相似度高度重合，平台预判指数将会显示正常，证明该矛盾属于社会常见矛盾，可以按照同类矛盾的处理方式

---

[1] Mihalcea R, Corley C, Strapparava C. *Corpus-based and Knowledge-based Measures of Text Semantic Similarity*, National Conference on Artificial Intelligence and the Eighteenth Innovative Applications of Artificial Intelligence Conference, 2006, p. 775-780.

[2] Melamed I D. *Automatic evaluation and uniform filter cascades for inducing n-best translation lexicons*, /Proceedings of the 3rd Workshop on Very Large Corpora, English, 1995, p. 184-198.

提前引导其适用最合适的纠纷解决手段；若该矛盾纠纷与矛盾评估指标中的任何一类矛盾相似度都不高，则平台预判指数将会显示异常，表明案件问题较为复杂，属于新型纠纷，可以加以专家咨询，作出社会矛盾预警，并通过层级排查及时发现问题来源，预先实行防控措施，做到矛盾纠纷的诉源治理。

值得注意的是，以大数据驱动的矛盾预警预判平台构建是一个比较大的数据工程，如果建立全国性的矛盾预警平台势必会耗费巨大的人力、物力以及财力，回报率较小，而且可能会存在数据获取不全面的情况，影响平台功能的正常运转。因此可以以地区为划分，立足于地方矛盾纠纷发生的特点，建立各地方的矛盾预警平台。以成渝双城经济圈为例，这种类型的经济合作体多发商事类纠纷，可以在合作区域内开展协作探索，携手并进、相互支持，构建以商事纠纷矛盾预警为主，全方位、多层次的矛盾预警合作平台，这样既能兼顾地方特点，又能够最大程度地减少运行成本，将诉源智能化治理真正落地实行。

四、搭建"一站式"解纷大联动平台

若在矛盾纠纷的预防端没有能够成功地预防矛盾的发生，那么纠纷就会通过当事人的申请进入矛盾纠纷的解决端。目前，针对成渝地区"一站式"解纷平台构建的不足之处，可以从整合解纷平台、加强各解纷方式之间的协调衔接两方面进行完善。

（一）整合解纷平台

目前国内智能化解纷平台主要有人民法院调解平台、中国（杭州）知识产权·国际商事调解云平台以及河北"冀时调"一站式多元解纷平台等。但是基于各解纷主体的性质与智能的差异，这些解纷平台"各自为政"，平台间缺少系统性与联动性。解纷平台碎片化运行的现状阻碍了实现数据信息间的有效沟通、针对矛盾性质对症下药，社会矛盾难以得到最优解方案。针对上述问题，应当以法院为中心，以地区为标准将本地分散的解纷平台进行系统整合，实现集调解、和解、仲裁、诉讼等功能于一身的"一站式"解纷大联动平台。

1. 数据壁垒的消弭。首先，建立和完善数据库。大数据重在数据规模和质量，而数据不准确、不合法和不可用，不仅造成数据分析错误，更将导致贻误决策时机，激化矛盾的不良后果。由于矛盾纠纷具有显著共性，在收集数据时，通过要素解析，将共性要素进行分解并识别，可以有效提升数据处理的精确性。为此，在预警方面，从矛盾纠纷表现形式上看，可以分解出争吵、打架、投诉、信访、举报、报案、复议、起诉等因子；从矛盾纠纷的当事人上看，可以分解为人

数、年龄、性别、民族、位置、工作单位、具体诉求等；在矛盾纠纷领域，可以分解出矛盾纠纷的情节、性质，谁有主管权或者管辖权等。通过深度学习和算法运用，将矛盾纠纷划分为低、中、高三个风险等级，并在相应风险等级事由出现时，自动将风险预警推送给相关解纷部门。在预判方面，完善法律法规、政策文件等基础规范的输入，使智能预警预判按照法律规定和逻辑规则的运行，做到有法可依、有迹可循，而非自由任意处断。

其次，提升数据挖掘与分析的效用。在完善数据库的基础上，主要通过对海量数据的分析处理，特别是具有数量变化关系法律现象的计量研究，并以数据为基础来思考、设计和实施科学研究。具言之，以法律文本和法律文书为基础，运用逻辑规则，分析法律文本和司法判决。例如，如前文所述，在矛盾纠纷预判中，人工智能可以实现案件事实要素智能抽取、证据关联分析、预测裁判结果、法条自动推荐、类案检索与裁判偏离预警功能；以法律数据库为基础，运用计算机技术对数据进行提取与分析；以基层组织和人员以及法官的信息为基础，运用统计学的方法分析基层组织及其人员，以及法官行为，预测相关处理结果。

2. 智能联动平台的搭建。梯度式诉源智能治理离不开智能联动平台的搭建。在智能联动平台的选取中，基于涉及解纷机构较多，且解纷机构处理纠纷范围的差异，具有一定层级性等的特质考量，更宜采用以较高级别的主管部门负责开发建设，其他机构使用后反馈并不断进行优化的自上而下模式。否则，若各解纷机构独立搭建平台，容易出现信息封闭、操作系统不统一、无法联动共享、各自为政等问题。尽管梯度式诉源智能治理需要融合线上、线下平台，且线上平台是主要发展方向和趋势，但是线下平台的功效仍不能忽视，原因在于诸多矛盾发生在乡村偏远地区且以老年人为主，或出于对线下的信任，或文化程度不高，或网络技能缺乏，无法独立完成线上平台操作等客观原因所限。在以往的线下信息平台建设中，确实存在各解纷组织的独立完成，造成信息重复收集，费时费力且引发民众不满，甚至存在解纷组织间难以形成合力，如解纷组织不跟进、跟进不处理、处理效果不明显，解纷组织间配合不顺畅等问题，从而导致矛盾激化等问题。故整合人民调解、公证、仲裁与诉讼的智能平台，打通相关节点，为矛盾纠纷预警预判及其化解提供适宜的选择方式和途径，确保矛盾纷争的解决在科学、规范的轨道上运行尤为重要。

平台内各解纷方式之间的优势互补作用能够最大程度地发挥系统的整体功能，当新的矛盾纠纷发生时，矛盾主体可以进入解纷平台，依据自身矛盾纠纷的性质自行选择解纷方式，或者平台根据矛盾主体输入的信息智能研判该矛盾的性质并为矛盾主体推荐最适合的纠纷解决方式。这样能够依托大数据技术，统筹各解纷主体实现一站式纠纷解决平台建设，实现社会纠纷数据的体系化处理。2020年1月，"上海法院一站式多元解纷平台"正式上线，该平台与上海市多家法院及调解机构签署了对接协议，当事人可以登录该平台先行申请调解，各级法院也可以通过该平台委托（派）各调解组织进行诉前、诉中调解实现案件的分流。[1]上海模式实现了以法院为中心集成主渠道，最大程度地汇集了解纷资源，证明对现有解纷平台进行整合能够提高"一站式"解纷平台的使用效率，做到矛盾纠纷的源头预防，真正发挥前端治理的作用。

（二）加强各解纷方式之间的协调衔接

在构建诉源智治新范式的过程中，需要注重统筹性、系统性与整体性。在整合后的解纷大联动平台，各纠纷解决方式之间的协调衔接更为重要。解纷大联动平台功能的最大化发挥不仅需要各解纷元素发挥功效，更为重要的是各元素之间的相互协调，优势互补，对现有解纷资源进行整合。从矛盾的初级及次级源头阶段开始，在解纷平台内，需要加强诉与非诉、线上线下之间的协调衔接；在解纷平台外，还需要加强与矛盾预警平台之间的协调衔接。

1. 矛盾的初级及次级源头阶段：实现基层多元治理的智能化。初级及次级源头是指产生矛盾的初级源头，以及矛盾纠纷发生后、激化前。该阶段矛盾纠纷程度较轻。以社区为载体，通过大数据研发，使解纷机构有序参与社区诉源治理。一方面，在完善社区自治章程、村规民约、智能研判处理矛盾纠纷的同时，结合数据分析，提出有效应对建议，以避免因源头决策失误而引发矛盾；另一方面，依托社区自治组织和人员，围绕重大项目、主导产业，以及矛盾纠纷多发领域，如道路交通、金融借款、房地产、物业、医疗、劳动和婚姻家庭等领域，建立纠纷受理、调处和结果智能反馈机制，实现资源集约化利用、数据智能化管理和机制无缝衔接，引导促进纷争的预防和化解，提升多元解纷供给的持续性和效率。同时，通过社区调解平台的搭建，协调相关部门将刑满释放人员、社区矫正人员、信访缠诉人员等纳入其中，提升社区自我消化矛盾和化解纠纷的能力。此外，通过司法力量下沉、司法职能延伸等活动，指导社区法治，把法治与德治融为一体，彰显"礼法合治""德主刑辅"的中华民族传统文化，把崇德向善、遵法守信等内化于心、外化于行。

2. 诉讼与非诉解纷方式的衔接。为了加强诉讼与非诉解纷方式之间的衔接，

---

[1] 乔文心：《上海二中院：输入智慧拢聚民心》，载《人民法院报》2021年1月18日，第1版。

解纷大联动平台必须以法院为中心，实现司法机关、行政机关、调解组织三合一对接。实现诉与非诉的流畅衔接需要做到以下两点：首先，要扩大司法确认的适用范围。目前，司法确认的范围仅限定在人民调解领域，将其他如商事调解等类型的解纷方式作出的解纷结果也应当对其进行司法确认。解纷大联动平台是由法院为中心主导的，因此平台内的各解纷方式均可以进行解纷结果司法确认的探索，最大限度地促进纠纷解决的效率。其次，加强诉调对接平台的建设。在对解纷平台进行整合过后，当事人的纠纷需要在平台内进行诉前分流，按照矛盾纠纷的性质选择适合的解纷方式，在经过辅导释明、委托（派）调解、专家咨询等步骤后纠纷依然没有得到有效解决时，建立与诉讼的快速衔接机制，平台将依据当事人的意愿自动将纠纷过渡至立案程序。对于在诉前解纷中当事人提交的证据以及确认的事实可以在解纷程序结束后予以固定，立案后对案件进行繁简分流，在后续的诉讼程序中可以继续有效使用前述内容，提高司法效率[1]，实现诉与非诉之间的资源共享。

3. 线下解纷方式与线上解纷平台的衔接。目前我国的线上解纷平台建设正处于起步阶段，系统性不足、平台数据欠优、人工智能技术运用不足等问题导致解纷平台的利用率不高，解纷效率低下，对矛盾的解决可能存在一定的滞后性。针对这一情况应当加强线上解纷平台与线下解纷方式的衔接，实现二者的灵活转化。具体来说，当发生矛盾纠纷时，当事人可以在平台内按照指示输入基本案情，平台可以对纠纷进行风险评估，引导当事人对解纷方式进行适当的选择。当事人可以自行选择在线解决纠纷或线下解决纠纷，若当事人选择在线解决纠纷，则平台引导当事人提交相应证据并组织专业人员在线进行纠纷解决；若当事人因时间成本、对平台运行管理规则存疑等原因选择线下解决纠纷，则平台可以协助当事人寻找合适的线下解纷主体或者直接委托（派）解纷主体为当事人提供服务，实现线上与线下解纷的有效联动。[2]

4. 矛盾预警平台与解纷大联动平台之间的衔接。各地区可以将统筹矛盾预警平台的建设与解纷大联动平台的建设，前者作为矛盾纠纷的预防端，主要负责对数据进行获取与配置，扩展矛盾纠纷解决路径；后者作为矛盾纠纷的解决端，主

---

[1] 龙飞：《论多元化纠纷解决机制的衔接问题》，载《中国应用法学》2019年第6期。
[2] 参见陈叶君：《互联网背景下诉调衔接机制的优化路径研究——以Z省ODR在线矛盾纠纷多元化解平台应用为切入》，载胡云腾主编：《司法体制综合配套改革与刑事审判问题研究——全国法院第30届学术讨论会获奖论文集（上）》人民法院出版社，2019年版。

要负责对现实存在的矛盾纠纷进行多元化解。当发生矛盾纠纷时，矛盾预警平台以矛盾评估指标对其进行评估处理，若矛盾评估指标显示正常，则说明该纠纷较为常见，并将该纠纷传输至解纷大联动平台选择最合适的解纷方式对其进行处理；若矛盾评估指标异常，则说明该纠纷属于新型纠纷，则作出社会矛盾预警，并通过层级排查及时发现问题来源，加以专家咨询设计出较为完善的解纷方式预先实行防控措施，当纠纷解决后将相应的解纷数据与解纷大联动平台进行互通，今后再次出现类似纠纷时则可依照程序对其进行精准处理。

结　语

　　我国正处于社会转型时期，社会矛盾类型多样。对此，应当以习近平新时代中国特色社会主义思想为指导，秉持共建共治共享理念，立足实际，针对矛盾纠纷源头，将大数据技术应用理念融入矛盾纠纷预警、预判与解决之中。在今后的学科发展上，需要破除矛盾纠纷预警、预判与大数据智能化之间的壁垒，打破部门法与学科之间的藩篱，以系统的方法构建多元化纠纷解决机制；借鉴域外社会学、人工智能法学等研究领域的理论成果，提高诉源治理智能化水平，适应社会转型需要，提高重大社会风险防范及解决的能力。

司法所助力基层公共法律服务能力提升的研究报告

薄越荣*

摘　要	法治社会要求充分发挥司法所基层司法行政贴近群众、集中法律资源的优势，同时也强调为基层群众提供及时、精准、普惠的公共法律服务。司法所与公共法律服务站作为司法行政的基层单位，是基层公共法律服务的直接提供者。两者在运行时因对"法律专业性"的考量而不断靠拢，最终发展成为司法所主导基层公共法律服务实体平台建设的局面。但经过实地调研，司法所在提供基层公共法律服务时存在缺位现象，理应从管理体制、权责配置、可用资源、工作意识方面剖析原因，并在此基础上为司法所增强提供公共法律服务的实效提出相应建议。
关键词	法治社会；司法所；公共法律服务站；基层公共法律服务

第一部分　实地调研综述

一、调研背景[1]

（一）法治社会根基建设

随着新时代社会主要矛盾的变化，人民群众不仅要求分享经济发展繁荣的红利，对民主、法治等"基本公共产品"的需求也空前增长。党的十九大强调在新时代的各项工作中全面落实习近平新时代中国特色社会主义思想的丰富内涵，

---

* 薄越荣，西南政法大学 2020 级环境与资源保护法学硕士研究生，主要研究方向为环境法学原理、生态补偿。
本研究报告是 2021 年度"西南政法大学成渝地区双城经济圈公共法律服务人才培养协同创新团队专项课题"（项目号：TDZX-2021015）资助成果。

[1] 对于司法所与公共法律服务的关注，起源于某日笔者在微博本地消息中浏览到重庆市九龙坡区陈姓当事人就合伙纠纷的提问，遂加其微信好友了解情况并建议其向社区法律顾问详细咨询，但后该当事人反馈说已经在社区所属司法所的调解下与对方当事人达成协约。这次经历改变了我之前片面认为司法所行政属性强、服务功能弱的印象。于是，笔者以司法所和公共法律服务为关键词进行专题研究。

要坚持全面依法治国，不断推进法治国家、法治政府、法治社会"三位一体"建设，确保到 2035 年基本实现社会主义现代化的重要目标。而法治社会是法治国家、法治政府建设的基础和依托，法治国家、法治政府建设必须筑牢法治社会根基。[1] 法治社会的根基建设又在基层、在民众，在全民普法、学法、懂法、用法和守法。这就要求国家坚持提供顺应民众需求的"法律产品"这一长期性、基础性工程，提升法律公共服务能力，保障民众权利的同时推动全社会增强法治观念。

（二）要求基层治理深化

基层治理是国家治理的基石，统筹推进乡镇（街道）和城乡社区治理，是实现国家治理体系和治理能力现代化的基础工程。[2] 根据党的十九届四中全会通过的《推进国家治理体系和治理能力现代化若干重大问题的决定》，在加强基层治理方面，国家强调要完善党委领导、政府负责、民主协商、社会协同、公众参与、法治保障、科技支撑的社会治理体系。而法治是营造安定社会环境、优质营商环境、良好生活环境的保证，尤其在依法治国方略下，各地依法治区、依法治街工作广泛开展，即紧扣法治治理的方式、注重增强为民服务能力是深化基层治理的重要内容，应使群众共享法治发展成果，提升居民的安全感与幸福感。

（三）发挥基层站所职能

司法所是我国基层政法部门的重要组成部分，是司法行政工作的基础，在化解民间纠纷、解决人民内部矛盾、维护基层社会稳定、构建和谐社会方面发挥着十分重要的作用。[3] 其于发挥九大职能的履职过程中，在指导管理人民调解工作、指导管理基层法律服务工作、组织开展法制宣传教育工作方面发挥着联系群众的纽带作用。[4] 鉴于司法所面向群众、集中基层法律资源并业已发挥加强建设基层普法阵地、人民调解组织、基本服务网络的前提下，《关于加快推进公共法律

---

[1] 袁曙宏：《坚持法治国家、法治政府、法治社会一体建设》，载《人民日报》2020 年 4 月 21 日，第 9 版。

[2] 《关于加强基层治理体系和治理能力现代化建设的意见》，载中国政府网，http://www.gov.cn/zhengce/2021-07/11/content_5624201.htm。

[3] 司法部：《关于加强司法所规范化建设的意见》，载北大法宝网，https://www.pkulaw.com/chl/d5d8151bca8d4d95bdfb.html。

[4] 司法所的其他六大职能为：承担社区矫正日常工作，组织开展对非监禁服刑人员的管理、教育和帮助；协调有关部门和单位开展对刑释解教人员的安置帮教工作；组织开展法制宣传教育工作；组织开展基层依法治理工作，为乡镇人民政府（街道办事处）依法行政、依法管理提供法律意见和建议；参与社会治安综合治理工作；完成上级司法行政机关和乡镇人民政府（街道办事处）交办的维护社会稳定的有关工作。

服务体系建设的意见》强调要依托乡镇（街道）司法所等现有资源，推进公共法律服务实体平台建设，完成公共法律服务清单任务。[1] 正因司法所履行职责与公共法律服务平台建设与任务要求存在重合之处，故立足于司法所这一传统基层平台，探究基层公共法律服务能力的提升既与立法相契合，也具有极大的现实意义。

二、调研概述

本次研究通过"田野实践"的方式，在实际投入站（所）工作以及访谈的过程中，获取司法所运行与公共法律服务站建设的第一手资料。基于此进行观察分析并发掘问题、剖析原因、思考改进之处。[2]

（一）调研情况简述

案例一　重庆市两江新区鸳鸯司法所[3]

重庆市两江新区鸳鸯司法所是重庆市先进司法所之一，司法所规范化建设取得长足进展。在人员配备方面，全所共有 8 名工作人员，其中正、副所长为法学研究生学历，专职调解员为社区退休干部；同时工作日都会有值班律师在法律服务工作区域坐班。在基础设施方面，该所紧邻鸳鸯街道办，有独立的办公区域，且司法所标识明显、各项设备齐全，包括心理咨询室、普法专区、法律服务智能机器。在工作开展方面，该所全面落实司法部《关于司法所规范化建设通知》要求的九大职能，其中有被广泛报道的司法所"老班长"调解室。在公共法律服务方面，公共法律服务站与司法所是"两个牌子，一套班子"，在街道的领导下举办活动，工作总结由司法所统一汇报。

案例二　山西省应县南河种镇司法所[4]

山西省应县南河种镇司法所是省级示范司法所，规范化建设也有一定成效。

---

[1] 司法部印发的《关于公共法律服务事项清单的通知》（司发通〔2019〕97 号列出了公共法律服务清单，包括：法治文化设施、法治文化作品、法治宣传教育活动、法律咨询服务、法律法规查询、司法行政（法律服务）典型案例查询、法律服务机构和人员信息查询、法律便利服务、法律援助、值班律师法律帮助、人民调解、律师调解、村（居）法律顾问。

[2] 对于调研范围，由于公证和鉴定相关的事项有专门的公证处和鉴定处，且司法所与公共法律服务站重合的职能范围未包含这两者。所以基于笔者在司法所的调研结果撰写该报告时，基层公共法律服务的举例多为调解、普法、法律咨询、法治文化产品。

[3] 笔者于 2021 年 12 月 14 日至 31 日以志愿者身份在鸳鸯司法所进行实地调研。

[4] 笔者原定于 2022 年 2 月 27 日开学后赴重庆市垫江县桂溪街道、四川省成都市高新区肖家河街道和石羊街道进行调研，但因山西省和重庆市的疫情影响，在学校暂缓返校的政策下，笔者未能如期在截至日前返校。故笔者选择对户籍所在地的镇司法所进行了访谈调研。

该所共有 6 位人员，其中所长是法学本科学历，其他工作人员除了县司法局常驻所内管理社区矫正和安置帮教外，另外 4 位由镇辖区内的村书记轮流值班负责。在基础设施方面，司法所标识明显，各职能板块的工作区域划分明确。但是所内无智能服务机器，也未上线掌上产品。在工作开展方面，该所也落实了发挥 9 大职能的要求，但是工作人员的到所率较低，需通过其他方式取得线上联系。在公共法律服务方面，该所内设公共法律服务站牌，具体咨询等由县司法局值班律师和应县法学会成员线上指导，工作汇报由司法所统一进行。

（二）调研对象分析

1. 位置类型对比。鸳鸯司法所地处的两江新区鸳鸯街道位于重庆主城核心区，属于城区型街道，下辖丹鹤、白鹭、金桥、金谷、金岭、金州 6 个社区，幅员面积 22.01 平方公里，总人口近 6 万人[1]，人口密度较大。该司法所紧邻鸳鸯街道办事处，距两江新区管委会 3.4 公里，距重庆市司法局 11 公里。南河种镇司法所地处的应县南河种镇位于晋东北的小县城，是典型的基层乡镇，下辖 25 个行政村，幅员面积达 151.71 平方公里，总人口 3 万多人，[2] 人口密度较小。该司法所紧邻南河种镇政府，距应县政府 14 公里，距省厅 249 公里。

从两个司法所的位置可以看出，鸳鸯司法所属于城区型司法所，向下与各社区联系紧密，且方便到达司法局，即该司法所开展工作占尽"地利人和"。南河种镇司法所辐射的行政村多，且地幅辽阔，产生了管理与服务的天然隔阂；同时其距县司法局较远，导致该出来值班的人和该进去办事的人不愿到岗的局面，最终导致司法所"空空如也，大门紧闭"。即从两个调研对象所处的位置出发，归纳出鸳鸯司法所和南河种镇司法所分属于城区型司法所和乡镇型司法所，城区型司法所与群众接触程度高，便于获取群众意愿、快速落实各项任务；而乡镇型司法所与群众接触程度不高，导致工作更多地以"文件汇报"的方式向上负责，而非切实地向下联系，在群众认识匮乏、需求不足的领域即会产生服务空白。

同时，不同类型的司法所因所能获得的支持资源不同，而在基础设施的完备程度方面存在一定差距，呈现较为突出的城乡差别。虽然在《司法所外观标识规范》的指导下，两司法所都完善了司法行政徽、标准色、专用字、制度公示栏等。但在信息化办公用品，如计算机、可视电话、智能咨询机器、现场预约机

---

[1]《从大农村到大城市，两江新区鸳鸯街道迎沧桑巨变》，载两江新区官网，http://www.liangjiang.gov.cn/Content/2019-10/20/content_574968.htm。

[2] 参见百科词条"南河种镇"，https://baike.so.com/doc/1152004-1218666.html。

器、线上服务程序建设上，城区型的鸳鸯司法所已经实现了"互联网+"服务全覆盖，而乡镇型的南河种镇司法所除了明显划分的工作区域、纸质标识外，无其他服务产品。事实上，这与乡镇型司法所所辖区域大、人口分散，需打破空间距离的要求是不相符的。为达到形成覆盖城乡、便捷高效、均等普惠的现代公共法律服务体系的目标，应该着力缩小该差距。

2. 运行模式比较。实行司法局和乡镇（街道）双重管理的司法所与乡镇人民政府管理的公共法律服务站，在管理主体上具有重合之处，即工作范围也在统一领导下存在交集。这就为司法所与公共法律服务站的一同运行提供了基础，而此处的运行模式比较指的是不同地区的司法所与公共法律服务站在实际开展工作中并存的模式。[1]

第一，两个牌子、一个班子。以鸳鸯司法所为例，鸳鸯司法所和鸳鸯街道公共法律服务站的标志牌分列司法所正门两边，街道办事处以"懂法律的人处理涉法事情"为由，将公共法律服务站普法、提供法律咨询、审核法律援助资格、引导公证和鉴定的事项交由司法所工作人员处理，最终由司法所在汇报所内任务时统一汇报工作，而非单独汇报公共法律服务站的工作。

第二，以司法所为名。以南河种镇司法所为例，工作场所外只有司法所这一标识，于所内再进行划分公共法律服务站的工作区域。经了解，与公共法律服务站相关的事项由司法所做统一调度。

第三，以公共法律服务站为名。以重庆市渝北区龙山街道[2]为例，笔者按照地图指示到达渝北区龙山司法所时，却发现该所的外观标识已经改为渝北区龙山街道公共法律服务站。但在所内交谈之后发现，内设的各项工作区域仍然是司法所的配置。《重庆市渝北区龙山司法所抓品质建设 促司法为民》报道载：为不断提高司法行政全业务、全时空服务能力，让司法行政服务深耕基层、靠近群众的同时，集合社会治理全因素活力，按照"一盘棋谋划、一平台服务、一揽子解决"的工作布局，整合辖区优势资源，让龙山公共法律服务工作站成为"一站所五中心"的主平台，起着上下联通、左右联动的中心枢纽作用。可见，龙山公共法律服务站仍依托司法行政资源，在司法所的框架内开展工作。

---

[1] 这里"运行模式比较"并非探究管理体制的问题，即谁管司法所，谁管公共法律服务站的问题。而是根据实际观察，归纳出当前司法所与服务站运行中两者是如何并存的类型。

[2] 笔者曾向重庆市渝北区龙山司法所提出调研申请，但因各种原因未被接收。龙山司法所也是城区型司法所，获得过"全国先进司法所"称号。

上述三种模式，无论是"两个牌子"或者以司法所为名，还是以公共法律服务站为名，最终都因两者对工作内容有"法律专业性"的要求而靠拢，只是两者服务内容重点不同。由于街道负责民生、安全等诸多事项，而司法所"懂法的人多，要求以法治为主题的汇报多"[1]，所以街道遂倾向于将公共法律服务站的事项划归司法所主管，即基层这两个站所的工作最终由司法所主导，公共法律服务站在利用司法所集中的法律资源基础上发挥着作用。

3. 服务方式比较。鸳鸯司法所在推进公共法律服务站工作过程中采取的方式包括：第一，在街道与各社区设置普法长廊，定期更换宣传作品并发放法律读本。第二，购买律师服务，专职负责法律咨询、文书代写、法援及公证、鉴定事项初步指引。工作日不仅司法所会有律师值班，下辖各社区也有法律顾问值班。第三，返聘退伍军人、社区退休干部等经验丰富者充实调解委员会，与专职调解员、律师调解员以"法与情"共同保障调解成功率，推广"老班长"调解室；第四，校所合作，通过邀请本地高校的教师"进所讲法""社区普法"，为居民提供优质的法律服务。第五，上线"社区法律顾问"的小程序，方便居民线上与律师面对面交流，解决实际问题。第六，配备智能普法机器，便于实现法律法规、相关案例、法律服务机构等的查询。第七，由所长带头，副所长、专职律师组成企业法律顾问团，对辖区重点企业的风险进行把控，同时确保中小企业能获得高效的法律咨询。

南河种镇司法所提供的服务方式包括：第一，在各行政村文化中心设置法治长廊，推出"以事说法""快速联系"等便捷服务。第二，购买律师服务，专职负责法律咨询、文书代写、法律援助等；但律师未到所值班。第三，与派出所调解室、值班村书记形成联动，在"恩与威并行"下提高调解实效。第四，邀请应县法学会定期组织普法活动。第五，司法局对村书记做农业农村法律法规专项培训，由村书记带头形成解决农村土地等纠纷的村委小组。但经对南河种镇西崔庄村村民的询问中得知，该村几乎不开展此类讲解活动，与普法类似的活动是偶尔发放纸质读本。

从以上情况可以看出，两个调研对象在贯彻落实公共法律服务清单时都做了针对性部署，基本的法治文化和作品宣传、下乡（进社区）普法也得到了保障。同时结合辖区内经济和社会发展的具体情况，满足了群众对企业风控、乡村纠纷等的法律需求，不断提升了服务质量和水平。但我们也可以看到普法多在"国家

---

[1] 笔者与两江新区鸳鸯司法所副所长进行交谈时得知。

安全教育日""国家宪法日"等重要节点进行,常态化普法机制不成熟;乡镇地区的值班律师未落实到位,实际服务效果较差等问题,即司法所在推进公共法律服务方面仍有亟须改进的地方。

(三) 调研分析总结

从以上对调研对象的分析可以看出,由于公共法律服务与司法所在"法律性"方面具有向心力,加上司法所在基层集中资源的优势,一般情况下乡镇政府或街道办事处会将公共法律服务站的事项委托司法所推进,即当前司法所作为司法行政在基层的重要机构,仍然是提供基层公共法律服务的主力军。但我们也应该看到,部分司法所在落实公共法律服务工作过程中出现积极设置但鲜有活动的情况,即服务实效仍待落实。

第二部分 主要研究内容

一、司法所在基层公共法律服务能力提升中扮演的角色

(一) 价值的耦合之处

司法所是我国司法行政工作的基础,为促进经济社会发展、维护社会和谐稳定、推进社会主义民主法治建设作出了积极贡献。司法所具有司法行政的特征,如管理性,即社区矫正、安置帮教等的指导、组织、协调、指挥等具有行政管理性;服务性,即司法行政为司法活动正常进行提供各种法律和技术保障或向政府和社会提供的各类法律服务;社会性,即其很多工作都是面向社会、面向群众的,与政府对社会的治理有着极大的联系,许多内容都是社会性事业。[1] 而公共法律服务是政府公共职能的重要组成部分,是保障和改善民生的重要举措。[2] 我国现阶段的公共法律服务体系建设是全面推进依法治国方略,建设法治中国和法治社会最为基本的基础性保证工程之一;是政府公共法律服务职能和有序激发社会公益担当的基本的制度性保障形式。[3] 两者在"依法治国"基本方略的要求下将"法治"作为工作的指导原则,从推进基层治理法治化和提供公共法律服务的不同工作角度出发,将"民本"作为价值取向。对于基层司法所而言,民本

---

[1] 任永安、卢显洋:《中国特色司法行政制度新论》,中国政法大学出版社2014年版,第14—15页。

[2] 《关于加快推进公共法律服务体系建设的意见》,载中国政府网,http://www.gov.cn/zhengce/2019-07/10/content_ 5408010. htm。

[3] 刘炳君:《当代中国公共法律服务体系建设论纲》,载《法学论坛》2016年第1期。

不仅要求其贯彻以法治思维和法治方式处理事务的制度规则，还要求其回应社会主要矛盾的变化、顺应社会经济发展的形势，主动改变行政管理型的治理风格，以公共服务型的治理方式回归政府权力行使的根本宗旨，增强各项事业惠及民众的社会性，包括维护社会秩序、保证居民安全、依法化解社会纠纷、提升公共法律服务质量和水平。对于公共法律服务体系建设而言，民本意味着居民可以享受公共法律服务的普惠红利，包括弱势群体得到基本关怀、经济困难群众权益受侵害时得到法律援助的倾斜性保护，人们在常态化下接受法律宣传、习得法律文化、增强法律意识以参与法治国家并保护自身权利等。即司法所本身就有的服务性、社会性在政府治理范式变革的大环境下，与公共法律服务满足群众的基本需求在民本价值方面存在耦合之处，这也是司法所提升基层公共法律服务能力的基础。

（二）服务开展的支撑

从基层公共法律服务工作的调研情况中可以看出，无论是"两个牌子、一个班子"，或者以司法所为名[1]，抑或是以公共法律服务站为名，最终的工作开展都落脚到司法所主导上来，包括举办具体活动，进行总结汇报等。即基层公共法律服务"法律"向心力的吸引下，依托运行已久的司法所的集中资源发挥功能。司法部2018年1月23日发布的征求对《关于进一步加强司法所建设 努力提高基层公共法律服务水平的意见（征求意见稿）》中表明，司法所作为司法行政机关的最基层单位，具有扎根基层、贴近群众的优势，是基层公共法律服务的直接提供者，在整个公共法律服务体系建设中起着承上启下、统筹协调的重要作用。进一步加强司法所建设，提高基层公共法律服务水平，对于服务保障和改善民生、促进社会公平正义、维护社会和谐稳定具有重要意义。[2] 由此可见，司法所规范化建设的成果已经有趋势地被应用于基层公共法律服务的工作当中，成为基层公共法律服务普及的支撑平台。

将司法所作为提升基层公共法律服务的支撑点不仅有利于充分利用基层法律资源，还可以通过司法所主导公共法律服务站工作的"联合模式"减少部门博

---

[1] 除了调研对象南河种司法所的典例外，重庆市江北区司法局为推进平安江北建设整合，还整合了铁山坪司法所职能，重点打造"一所三中心"，即以司法所为平台，设置人民调解中心、法律服务援助中心和社区矫正帮教安置中心。参见《整合资源 让规范化司法所真正服务于民》，http：//www.360doc.com/content/09/1123/16/513655_9605688.shtml。

[2] 《司法部关于征求对〈关于进一步加强司法所建设 努力提高基层公共法律服务水平的意见（征求意见稿）〉意见的公告》，载中国政府网，http：//www.gov.cn/xinwen/2018-01/24/content_5259949.htm。

弈。从前述分析中可知，司法所属于司法局和乡镇（街道）双重管理，以司法局为主；而公共法律站属于乡镇（街道）主管。在"依法为名"下，街道选择将公共法律服务站的工作委托于司法所。正因司法所也受街道的管理，故司法所在职权范围内揽下了公共法律服务站的工作。这既使得街道借助司法所的专业优势保证公共法律服务工作得到落实，也使司法所与公共法律服务站不再对职能重合的部分产生利大争功、利小推诿的情况。这极大地加强了司法所对公共法律服务工作的认可度，将公共法律服务工作当作本机构的事务集中处理，削减了沟通障碍和合作壁垒。

（三）群众的求助热线

当市场经济改革的风吹到广袤的中国农村时，无论是已发展为城市的村庄还是保持原貌的乡村，在社会关联方面经历了"熟人社会"、"半数人社会"到"理性社会"以后，理性的人际关系占据了人们处理事情的主要地位，传统的"德治"已经无法适应人们思考问题的新思路，也无法支撑矛盾纠纷的解决，[1]这激励着人们不断向外寻求帮助。当国家要维持社会秩序、顺应经济改革大势、试图在有效权力的边缘地带建立权威时，无论是派出所，还是基层法庭、司法所，都体现了国家权力向社会的深入。而广义的"送法下乡"[2]是为了保证或促使国家权力，包括法律的力量向城市或乡村有效渗透和控制。[3]于是，国家权威向下建立时应运而生的经济、政治、民生、法律服务等的管理和服务机构即为向外谋求帮助的居民提供了去处，保障产生需求的人们有地方说事。同时通过乡镇站所全面而具体的事务管理和农村公共服务的提供，让人们对基层政府和站所产生了"无所不包、无所不能、有事找政府"的依赖。[4]

对于群众寻求公共法律服务而言，虽然公共法律服务站这一名称明确的机构是第一选择。但由于司法所统筹安排公共法律服务站的工作，所以最终群众也会回归到具有司法局和街道双重权威支持下的司法所。同时，基于司法所是贯彻落实司法行政要求的认识以及对"大政府"的长期认知和信赖，一旦群众在司法所解决了问题，便会巩固前述认知，进一步强化司法所在基层法律公共服务领域的

---

[1] 贺雪峰：《乡村治理的社会基础》，生活·读书·新知三联书店2020年版，第23—27页。
[2] 本文语境下的"送法下乡"并非指苏力著作中法官下乡审判的活动，而是借用此概念表示国家在居民需要的地方提供法律产品服务。
[3] 苏力：《送法下乡：中国基层司法制度研究》，北京大学出版社2011年版，第35—42页。
[4] 袁方成：《使服务运转起来：基层治理转型中的乡镇事业站所改革研究》，西北大学出版社2008年版，第71—74页。

平台作用，即司法所在与群众的互动中成为获取法律服务的求助热线。

二、司法所推进基层公共法律服务工作时缺位的表现

（一）工作重心有偏移

总结调研情况，虽然司法所统揽了公共法律服务站的工作，但这是乡镇（街道）在实践过程中总结出来的法子，并没有以规则的形式将此固定下来，使得司法所安排工作时有很大的自由空间。由于社区矫正、安置帮教、禁毒办的工作需要固定的人员全天候跟踪、花费时间和精力较多，而人民调解、普法和法律咨询等公共法律服务的工作大多根据需求人的请求或者上级下达的任务才会开展，付出成本较小。所以抛开社区矫正和安置帮教的固定员额外，负责公共法律服务的人手紧张。故司法所的常态工作大多紧盯社区矫正、安置帮教和禁毒这类与社会稳定具有直接关系的事项，而忽视了公共法律服务这类利于提高法治意识、优化纠纷解决手段并对建设法治社会具有长远利益的事项。最终在短视的局限中陷入工作重心偏移的境地，产生公共法律服务常态化、机制化开展不足的问题。

（二）工作能动性不足

公共法律服务被国家纳入公共服务发展总体规划，需要各级人民政府适时而有效地作出制度性的回应[1]，即要求与公共法律服务相关的责任单位主动回应社会的需求、创新性地落实各项制度规定。但是从实际调研情况可以看出，设置法治文化长廊、发放纸质读本、设置坐班律师、普法日做专题推送都是常规化操作。虽然城区司法所和乡镇司法所分别针对企业和乡村土地问题设置了专项负责的小组，但司法所主动进企业、返乡村的活动较少，也没有专门整理相关领域的风险提示。这导致司法所在提供基层公共法律服务时表现出方法单一、以完成任务为目的、保证不了服务实效等能动性不足的问题。

（三）群众知晓率不高

此种表现主要体现在宣传度不高且信息化程度低的乡镇司法所，在传统观念的影响下，部分村民在遇到纠纷时仍以"和解"为主。且由于乡村经济和社会关系的单一性，使得村民对"法律产品"的需求不旺盛，了解欲望也随之降低。因此，以需求为导向提供的部分公共法律服务内容，在司法所队伍及其他物资不足时，便被束之高阁。加上落后偏远乡镇司法所的服务平台有待进一步拓展，故造成了群众知晓度不高、站所使用率偏低、社会参与度低、村民利益诉求机制不畅

---

[1] 刘炳君：《当代中国公共法律服务体系建设论纲》，载《法学论坛》2016年第1期。

的问题。

（四）社会组织的动员力不足

虽然司法所承揽公共法律服务站工作过程中，为落实规范化运行的要求，以政府购买的保障形式购买了律师服务。同时不同司法所也拓展了校所合作、联合当地法学、组织志愿服务队等方式，但总体来说，由于司法所资源不足，在动员其他社会组织参与基层公共法律服务工作过程中存在"不知门路"的困境，这也导致司法所开展公共法律服务工作时大多以司法行政系统内的资源为基础，而其他社会组织可利用的资源较为局限。

三、司法所提供基层公共法律服务时出现偏差的原因

（一）双重管理体制下车多马少的压力

司法所属于司法局与基层政府的双重管理，且以司法局管理为主。司法局的垂直管理称为"条条"管理，基层政府的属地管理称为"块块"管理，"条条"与"块块"相结合的"全能"管理是我国基层治理的一个重要特征，而司法所就是司法局与乡镇（街道）政府"条块"结合的治理结构中最末端的部分。[1] 在此双重管理下，司法局为保持政令的上下一致和畅通，要求司法所集中力量完成各项任务清单，甚至在垂直体系下对任务要求层层加码；乡镇（街道）为保持一级政府的健全和完整，会分解不同领域的事项并落实，如将公共法律服务站的应有工作交由司法所统筹安排、在疫情紧急时刻抽调司法所工作人员参与大排查等。但这在司法所体量未明显增大的情况下，无形中便增加了司法所的工作量。那么，在较大工作量的夹缝中，司法所便会根据对人力物力的具体要求安排工作，任务繁重的多花费精力、任务简单的少花费精力以求减少付出成本、减轻工作压力。

（二）权责配置不均衡下的倾向性选择

在我国，一个非常突出的现象是责任向基层压，权力则向上收，这导致了基层权力与责任的配置不相适应。[2] 司法所处于司法局"条条"管理的底层，也处于基层政府的底端管理中，其更多的是落实依据司法部的规定、在司法局的统筹下执行法规内容，体现了权力范围从上到下不断压缩的特征。但司法局为主的

---

[1] 袁方成：《使服务运转起来：基层治理转型中的乡镇事业站所改革研究》，西北大学出版社2008年版，第89—92页。

[2] 李旭东：《"在地治理原理"对国家治理体系现代化的意义》，载《哈尔滨工业大学学报（社会科学版）》2019年第1期。

管理体制让其作为派出机构在政府的垂直部门体系中，受到上级部门对下级部门关于目标设定权、检查验收权和激励分配权的控制。[1] 当司法所未完成上级管理和服务清单上的任务，不能如实在检查验收环节达成目标，或在检查时发现有违规操作、不良影响，即会在已设定好的激励分配机制内受到责罚。基于"权少办事难、事多责任重"的考量，司法所以"理性人"的立场倾向于选择完成法定职能的任务，而将法律未明确规定归属于其的公共法律服务站的工作放置一边。因此，在权责配置不均衡的局面下，司法所会为了避免"洗碗效应"[2] 而在一定程度上忽视不属于自己职责范围内的事项。

（三）末端位置下资源不足的困境影响

司法所处于司法行政系统最末端的部分，基层经济社会发展程度低及基层政府几乎无财权的状况，影响基层政府对司法所的大力支持。而司法局仅负责主要人员和部分项目的专项资金，对司法所的资源补充也是杯水车薪。在这种资源不足的困境下，司法所主导公共法律服务站的工作，提升基层公共法律服务能力面临着人员配备短缺、资金保障不够、队伍建设不齐、服务购买不足、物资储备缺乏等问题。

（四）"对上意识"下对基层服务的忽视

中国行政管理体制是一种分层级的"压力型体制"，这种体制的优势是执行效率高、动员能力强，事权、财权和干部任免权主要由上级部门主导，这就在实践中形成了"对上不对下"的分层级权力体制。[3] 长期处于此种压力传导体制内，政府机构的工作人员形成了首先完成上级下达的任务的认知，最终导致汇报、报告满天飞等现象。与无微不至地完成上级指标相对比的是，由于无须直接对下，即对民众承担直接责任或无须直接面对民众的考察，所以下级工作人员采取的短视行为忽视了面向基层、面向群众需提供的服务，也未巩固自身工作开展的条件和基础。

---

[1] 周雪光、练宏：《中国政府的治理模式：一个"控制权"理论》，载《社会学研究》2012 年第 5 期。其中目标设定权指组织内部委托方为下属设定目标任务的控制权；检查验收权指在目标设定权基础上，检查验收契约完成情况；激励分配权指针对管理方下属的代理方的激励设置以及考核、奖惩其表现的权力。

[2] 经常洗碗的人难免偶尔失手将碗打破，自责之余，旁边不干活的人也不依不饶："怎么这么不小心?"干半天活却因为小失误落埋怨、受责备，有人把它归结为"洗碗效应"。参见姬建民：《为政何惧"洗碗效应"》，载《人民日报》2015 年 12 月 1 日，第 4 版。

[3] 负杰：《政府治理中"层层加码"现象》，载《文摘报》2016 年 8 月 18 日，第 6 版。

四、司法所提升基层公共法律服务能力的完善建议

（一）立法明确司法所与公共法律服务站的关系

司法所与公共法律服务站是基层公共法律服务普及的重要依托，但事实上二者并未独立运行。从实践情况可以看出，司法所主导了公共法律服务站的工作，并在事多人少的情况下出现了忽视公共法律服务质量提升等问题。这要求我们厘清司法所与公共法律服务站的关系，笔者建议将公共法律服务站设置为司法所的内设机构，这符合《关于进一步加强司法所建设 努力提高基层公共法律服务水平的意见（征求意见稿）》加强司法行政对公共法律服务统筹的趋势。理由在于，第一，根据对法律性的追求，基层政府的普遍做法是将公共法律服务站的工作开展交由司法所部署，立法明确两者的上下级关系后，便于司法所提高对公共法律服务的认知和职责加成，促使司法所尽全力完成公共法律服务站原本的任务；第二，两者的管理主体重合于乡镇（街道）政府，由司法所管辖公共法律服务站既确保基层政府在提供法律服务方面的职能，还有助于司法所向基层政府依事权获取更多的资金及其他保障。第三，立法明确司法所的主导地位可以保证司法所继续发挥集中法律资源的优势，提高公共法律服务的质量和水平。

（二）打通人民调解、法律咨询与诉讼的对接渠道

经过规范化建设的司法所在落实人民调解、普法、法律咨询等与公共法律服务相关的职能方面取得了一定成果。但当调解失败或调解协议未得到执行，或接受普法和法律咨询后，当事人如何转寻诉讼方式以保护自身利益是当前司法所工作的空白之处，也是妨碍公共法律服务转化实效的方面。在衔接过程中要注意避免政府购买了服务的律所利用在司法所面对群众的优势进行商业宣传，导致为获取此部分市场律所争相与司法所合作，最终产生权力寻租的问题。笔者建议由司法所牵头，司法局提供技术保障，上线类似于投标竞标的系统。居民在调解、普法和法律咨询过程中遇到无法解决的纠纷时，可以委托司法所阐明基本案情、基本诉求并编号上线、设置竞标时间。上线后当事人可以等待律所的服务方案，即将超期时由司法所提醒当事人。同时司法所还可以对"竞标"律所的服务过程进行监督并汇报给司法局，加强司法局对律师及律所执业的市场化监管。此种做法更大程度地满足了群众经历了调解、咨询等第一阶段后，寻求司法保护的诉讼需求，打通了司法所与法院联系的渠道，最大程度地保障了当事人的利益；同时也开发了法律服务市场，优化法律服务市场的营商环境。

(三) 继续加大对司法所开展工作的保障力度

有关部门应该认识到司法所在提升基层公共法律服务方面的现实意义，多方面加大对司法所开展公共法律服务工作的支持。如加强司法所政法专项编制使用管理，包括司法所政法专项编制实行专编专用，对于历史原因形成的挤占、挪用或截留司法所政法专项编制问题，要通过清查、整顿及置换等方式收回；要用足用好司法所政法专项编制，通过省级统一招录等方式，积极做好司法所政法专项编制人员招录工作。通过招募高等院校法律专业师生、退休政法干警充实司法所人员。加强经费保障，包括将司法所人员经费、日常运行公用经费、办案（业务）经费、业务装备经费、基础设施建设经费等支出纳入政府预算予以保障，地方财政要落实经费保障责任，根据司法所开展公共法律服务工作的实际需要，给予必要的经费支持。加强设施装备配备，包括便携的执法设备、智能化的公共法律服务机器等。加大政府购买服务力度，建立司法所公共法律服务清单，促进政府购买服务常态化、可持续。[1]

(四) 健全民主式的评价机制和法治化的激励机制

由于司法所提升基层公共法律服务的对象是群众，是以满足群众需求为导向的，因此要坚持人民的主体地位，以广大人民群众为中心，要逐步建立起以基层人民群众的满意度、知晓率、首选率、民主参与率等为内容的评价机制，通过整理汇总"群众意见分析报告"来提出整改措施。[2] 在群众意见的基础上，管理机构制定合理的考核机制，从依法行政、普法活动、辖区守法率等方面进行科学考核，同时可以引进专家评审等第三方机制对司法所的工作做公正合理的监督考核。对公共法律服务落实优秀的司法所进行荣誉称号、资金、设备等的奖励，激励司法所进一步推进基层公共法律服务现代化。

(五) 积极推进司法所的区域协作和参与主体多元化

首先，公共法律服务具有均等化的特征，以公共利益为依归。即政府为城乡特定社会成员提供基本的、与经济社会发展水平相适应的、能够体现公平正义原则的大致均等的公共法律服务，是城乡居民处于文明健康社会环境中所应当享有的最基本的生存和发展的底线，是社会成员共享改革开放和社会发展成果的具体

---

[1]《关于进一步加强司法所建设 努力提高基层公共法律服务水平的意见（征求意见稿）》，载中国政府网，http://www.gov.cn/xinwen/2018-01/24/content_5259949.htm。

[2] 周瑶：《基层治理中的公共法律服务研究》，山东科技大学2020年硕士学位论文。

化。[1] 当前经济欠发达地区的司法所建设与经济发达地区有较大的区域差距，同一地区的乡镇型司法所与城区型司法所的运行状况也有一定距离，公共法律服务均等化要求我们正视并努力缩小差距。笔者认为应充分利用信息化建设突破地域和空间限制的优势，经济发达地区或城区型的司法所对口向基础设施不完备的司法所提供线上服务的帮助。同时可以充分依托国家电子政务网络和国家数据共享平台，分享优秀经验，保证让有网络条件的居民享受优质的线上公共法律服务。其次，"许多人协作，许多力量融合为一个总的力量"，"造就了一种'新的力量'，这种力量和它的一个个力量的综合有本质的差别。"[2] 除了政府这一传统国家权威组织外，与市场经济发展应运而生的还有大量的社会组织。在社会经济复杂因素增多的当下，激发社会组织的活力是创新社会治理方式的重要内容，有利于通过市场的方式解决公共服务仅靠国家单方供给的弊病。在基层公共法律服务能力提升方面，司法所应进一步激发本辖区主要社会组织参与公共法律服务事业。如积极邀请法律服务公益组织定期开展活动，联系学校法律社团进驻社区、壮大社区或村镇"法律明白人"队伍组成志愿服务队以开展常态化公共法律服务。通过社会组织的有效参与，使基层公共法律服务在多元主体协同参与和互动中实现实质性的均等化。[3]

---

[1] 刘炳君：《当代中国公共法律服务体系建设论纲》，载《法学论坛》2016年第1期。
[2] 马克思、恩格斯：《马克思恩格斯选集》（第三卷），人民出版社1995年版，第87—88页。转引自张欢欢：《城乡协调发展视域下农村公共法律服务体系的定位与总体构建》，载《智库时代》2009年第10期。
[3] 部分学者在完善建议部分首指"理顺管理体制"，如刘立明认为造成基层社会治理存在"真空"地带的主要责任在垂直模式，应该改革垂直体制，减轻基层政府为社会治理"真空"买单的压力。以属地原则为准绳设计考核标准。（参见刘立明：《基层赋权中权责配置的法治思维与法治方式研究》，载《安阳师范学院学报》2021年第1期）再如黄蕾等学者认为双重管理体制，司法所的人、财、物管理还存在一定的分离状态，管人与管事相脱节，这种管理体制制约了司法局的指导切实落实到位，影响了司法所相关业务的开展和职能的发挥，她建议加强垂直管理以避免司法所职能的弱化（参见黄蕾、谢慧萍：《基层司法所的演进历程与发展路径——以江西省上饶市辖区基层司法所为例》，载《中国司法》2020年第6期）。但笔者认为司法所人财物资源的不足并非由双重管理体制决定，而是受经济社会的实际发展状况影响，且根据与司法所工作人员的谈话得知，双重管理体制下有双份人财物的保障。若脱离司法局的管理，司法所将丧失法律集中资源的优势；若加强司法局的管理，弱化基层政府的管理，那么司法所的工作开展将没有群众基础和其他部门的协作。因此笔者在建议第一条没有从司法所的管理体制这一大方向入手，而是在双重管理体制的框架内，就基层公共法律服务开展实效的提高提出切实建议。

第三部分 研究报告总结

一、研究总结

基于对两个不同类型司法所的调研资料，笔者从司法所在基层公共法律服务建设中的角色谈起，认识到了司法所是基层公共法律服务提供的直接平台，其对于提升基层公共法律服务能力在法治社会建设、基层治理现代化方面有着极其重要的意义。但是我们也应该看到司法所毕竟有司法行政所属的行政管理性，在行政系统内受管理体制、工作作风、权责不均衡等的影响，造成司法所提供基层公共法律服务时存在重心偏移、参与度不够、宣传力度不大、工作能动性不足等问题，因此应该从厘清站所关系、疏通衔接渠道、加强保障力度、健全评价激励机制、落实服务实效等方面解决问题，切实提高基层公共法律服务水平和质量。

二、不足与改进之处

受新冠疫情影响，本项目组未能如期至四川省开展实地调研，基于已经获取的一手资料，结合别人已经发表的关于四川省司法所或基层公共法律服务建设的成果，对成渝双城经济圈公共法律服务协作进行探究。

在研究人员对成都市高新区基层法治建设的研究成果中指出[1]，基层法治建设亟须解决的问题包括司法所等基层法治建设平台功能需要加强、基层公共法律服务的整体水平仍不够高等，这表明了司法所与基层公共法律服务建设都围绕着有效开展基层法治建设、提高基层法治水平开展工作，这与本报告的研究背景"法治社会根基建设和基层治理深化要求"相契合。对加强法治平台建设、提高群众参与度、引导各类社会主体参与提供公共法律服务的路径建议也与前文提到的相似，即若开展成渝地区基层法治建设的合作，则阻碍较小。从研究人员对四川省不发达县城的乡镇司法所的调研报告可以看出[2]，四川省茂县凤仪镇、渠县静边镇、三台县刘营镇的司法所在规范化运行方面都取得了显著的成果，同时从调研对象的工作内容中可以看出，这三个司法所也主导了基层公共法律服务的

---

[1] 邓浩、林檬、傅露月等：《新时代我国基层法治建设的做法、问题及改进路径——基于成都高新区的调研》，载《成都行政学院学报》2021年第3期。

[2] 郑先红、胡玉清、郑剑峰：《司法所建设调研报告——以四川省茂县凤仪镇、渠县静边镇、三台县刘营镇为例》，载《中国司法》2018年第9期。

工作，在运行过程中存在人员资金等保障不足、信息化建设水平有待提高、司法所人员待遇有待提高的问题。虽然他们没有对司法所促进基层公共法律服务提出完善建议，但从乡镇司法所出发加强基层法治建设的内容实质上体现了对司法所促进包含普法在内的基层公共法律服务的探究。即若从司法所角度提升基层公共法律服务能力，作者们的成果与本报告在法治的框架内有异曲同工之妙。

将参引作者们的调研成果和笔者的调研经历相结合，对促进成渝双城经济圈提升基层公共法律服务能力协作而言，可以着力于主导基层公共法律服务工作的司法所，从司法所的运行逻辑出发，减少司法所在基层公共法律服务的缺位现象，打造高质的成渝公共法律服务圈。笔者建议可以采取以下措施：第一，促进不同地区司法所的交流合作，削减司法所垂直管理为主的"条状"结构带来的地区合作壁垒。第二，建立跨省纠纷解决的协调机制，由省市一级司法局牵头建立协调联席会议机制，具体联系当事人以及调解纠纷等活动由当事人户籍所在地的司法所处理。第三，依托区域的经济合作开展公共法律服务合作，如对口合作地区的居民在合作相对方的司法所可以快速申请调解或进行法律咨询，为对方居民提供便利的法律服务。第四，由经济发达地区的城区型司法所反哺乡镇型司法所，如扩大智慧服务程序的适用范围、传递优秀经验等，尤其是省市相邻区县间可以进行串场普法。第五，鼓励律师机构在成渝地区设置分所以满足成渝地区日益增长的法律需求，通过提供优质法律服务促进区域整体法律服务水平的提升，以便于政府可以购买更好的市场服务，居民可以享受更优质的公共服务。[1]

---

[1] 宋彪：《跨地区公共服务的法律问题》，载《中国人民大学学报》2008年第6期；阚肖虹：《区域法律服务市场发育的动因分析及推进——以扬州法律服务市场为样本》，载《中国司法》2014年第9期。

公共法律服务协同创新视角下成渝地区律师服务改革研究

李嘉林[*]

摘　要	伴随着双城经济圈建设脚步的加快，公共法律服务的普及和深入对成渝两地人民而言变得愈发重要和急切。成渝地区公共法律服务共同体建设起步较晚，两地此前长期存在的"拔河效应"使得公共法律服务领域存在着一定的"离心力"。当前两地公共法律服务的现状并不能满足区域内迫切的法律需求，公共法律服务共同体的建设离不开多方主体的参与，而律师作为公共法律服务的重要主体，在服务质量提升中扮演着不容忽视的重要角色。面对如此局面，需结合当前成渝地区律师参与公共法律服务的现状，探讨相应改革路径以激发律师参与公共法律服务的活力，创新参与方式，完善服务保障，消除服务障碍。
关键词	双城经济圈；公共法律服务；律师服务

　　成渝两地的联合共建、协同发展正推动着西部高地的建成，在两城共建、良性互动的进程中，配适的公共法律服务体系是强大的发展助推剂与保障力。公共法律服务源于西方，随着其理论与实践在西方各国的交互发展，其已在诸多主要西方资本主义国家形成了较为完善的体系。反观中国，特别是以成都、重庆为代表的西部城市的公共法律服务起步甚晚。当下成渝两地公共法律服务建设亟待解决的问题主要有：如何促进成渝经济圈公共法律服务实现高质量协同发展？如何实现区域内公共法律服务资源覆盖均等、公共法律服务市场竞争公平？如何满足成渝双城居民日益增长的高质量法治需求等。

　　公共法律服务体系内容诸多，涉及面广，主体繁多，若笼统地从宏观的角度全方面进行研究，则势必过于笼统抽象，不能突出研究重点。律师是公共法律服务的重要参与者，是提高法律服务水平的重要力量，所以一定要在成渝地区公共法律服务质量提升的大背景下，紧扣现实需求，以公共法律服务改革完善为出发点，结合成渝两地资源禀赋优势，推动成渝地区公共法律服务从"有没有"向

---

[*] 李嘉林，西南政法大学2020级国际法硕士研究生，研究方向为国际法。

"好不好"转变。

一、研究背景及意义

（一）研究背景

中共中央、国务院制定的《成渝地区双城经济圈建设规划纲要》为成渝地区协同发展、联合共建指明了方向。[1] 成渝两地应当积极响应中央号召，合力共建双城经济圈打造西部发展高地。优质高效的公共法律服务供给是城市良性循环发展的必然要求，也是促进城市经济更快更好增长的法治保障。成渝经济圈良好的建设需要与之相匹配的公共法律服务推动，特别是在当前国内经济转型加剧、疫情防控压力反复的情形下，充分发挥公共法律服务在解决民生问题、维护生活秩序、纾解发展困难等基础性、稳定性保障作用对成渝双城经济圈的建设至关重要。

公共法律服务起源于西方，随着理论与实践不断发展，其在西方国家主要资本主义国家已较为成熟。我国法律服务市场建立时间较晚，时至20世纪90年代才逐步建立，直到2013年才开始建设公共法律服务体系。但从2013年至今，党中央、国务院、司法部所出台的一系列文件有关全面深化改革的文件均提及推动公共法律服务体系之建设，显现出中央打造高质量公共法律服务体系之决心，尤其是在我国经济发展进入"新常态"的历史背景下，中共中央办公厅、国务院办公厅于2019年7月联合印发的《关于加快推进公共法律服务体系建设的意见》正式为体系之完善按下了快进键。[2] 为贯彻中央指示精神，司法部紧锣密鼓地启动了我国新时代公共法律服务体系建设的谋篇布局并于2021年年底正式印发《全国公共法律服务体系建设规划（2021—2025年）》对未来5年完善公共法律服务体系作出了更具划时代意义、更具明确指引性、更加精准全面的系列安排。[3] 由此，我国公共法律服务理论与实践得到了初步发展，呈现出司法行政机关统筹，律师等多方主体的现状。但是随着实践发展，不难发现，现阶段中国的公共法律服务已然初步显示分配不均、供给不足等普遍性问题，川渝地区地处西南内陆，与东部沿海地区相比，川渝地区的公共法律服务发展与之尚有

---

[1] 中共中央、国务院：《成渝地区双城经济圈建设规划纲要》，2021年10月20日发布。
[2] 中共中央办公厅、国务院办公厅：《关于加快推进公共法律服务体系建设的意见》，2019年7月10日发布。
[3] 司法部：《全国公共法律服务体系建设规划（2021—2025年）》，2021年12月30日发布。

一定差距。如何促进成渝经济圈公共法律服务实现高质量协同发展？如何实现区域内公共法律服务资源覆盖均等、公共法律服务市场竞争公平？如何满足成渝双城居民日益增长的高质量法治需求？这三个问题是当下成渝两地公共法律服务建设亟待解决的问题。

公共法律服务具备其他服务的一般内涵，但是更具专业性、法治性特征；其内容板块众多、涵盖范围广。目前公共法律服务的供给主体包含司法所、律师事务所、鉴定机构、公证机构等。从实施公共法律服务相关主体的总体数量来看，律师总数居于首位；从律师实际工作内容层面考量，律师的工作内容实质上就是为民众普法加维权，这表明律师的实际工作内容本身就与法律服务乃至公共法律服务密不可分。公共法律服务体系要实现多维度、深层次、高水平的构建与发展离不开律师的参与。基于此，从律师参与公共服务的角度研究成渝经济圈内协同构建公共法律服务体系，为成渝经济圈的建设与发展保驾护航。

（二）研究意义

从理论层面而言，公共法律服务的相关内容散见于国家机关、政府部门的各类文件中，学界尚未对公共法律服务的概念、内涵、性质等问题形成统一、系统的理论。本次研究系统梳理了国内关于公共法律服务的各类文件、国家层面与国际层面的学术观点，深入研究公共法律服务的性质、概念等问题，助力综合性、统筹化公共法律服务理论体系的形成。对成渝地区区域内律师参与公共法律服务问题的研究，第一步就是要探析成渝两地律师参与公共法律服务的理论基础、现实难题以及改革路径。将公共法律服务的理论与实践同时进行交互研究，一方面有助于坚持以理论为实践指明方向，另一方面还能丰富公共法律服务理论的内容，促进公共法律服务理论与时俱进。除此之外，成渝地区乃至全国范围内，对于律师参与公共法律服务都不存在直接、明确、具体的政策以及理论指引。本文研究成渝地区律师参与公共法律服务的依据、必要性、内容、方式、问题以及解决方案等内容，将为拓展成渝地区律师参与公共法律服务的路径与方式提供理论支撑。

从实践层面观之，研究成渝地区律师参与公共法律服务的改革路径有利于促进成渝地区律师参与公共法律服务时提高服务效率、优化服务质量，进一步完善成渝经济圈内的公共法律服务系统，为两地经济、政治、文化、社会的合力共建打造和谐稳定的法治环境。此外，近年来成渝两地市场化、城市化特征随着经济快速发展不断显现，随之而来的是城市转型中爆发的各种冲突与矛盾，加之人民群众的法治意识以及维权意识不断强化，意味着成渝两地的城乡居民对公共法律服务提出了更高的要求。由此，本文的研究内容对发挥公共法律服务在稳定社会秩序、解决民生问题、纾解发展困难等基础性、稳定性方面的保障作用，促进成渝经济圈公共法律服务满足人民日益增长的公共法律服务需求意义重大。

二、文献综述

（一）国外研究现状

公共法律服务在西方国家最初属于民间公益，伴随数百年经济社会的发展而逐步具有了国家公益性质。英美国家的公共法律服务脱胎于早期的法律援助，英美学者认为公共法律服务是社会福利的一项重要内容，而法律援助是公共法律服务的代表，使法律援助从慈善行为转化为政府责任。在西方法律援助制度日益成熟后，针对公共法律服务供给不足的问题，西方学者提出了政府购买公共法律服务的理念，代表性理论有萨瓦斯的"新公共管理论"和"新公共服务"理论。[1] 英国学者戈尔茨主张公共法律服务是基本的政治权利，美国社会法学大师庞德认为公共法律服务是国家责任，英国学者马歇尔认为公共法律服务应当由国家来提供。[2] 早期西方学者对公共法律服务的研究主要是从社会公平正义的角度出发，之后开始将研究的角度转移到公共管理的角度，提出公共法律服务体系的构建不限于政府责任，需要多方主体参与，共同推动公共法律服务体系的建设。

（二）国内研究现状

"成渝地区双城经济圈"这一概念提出以来，有关成渝领域的研究呈现一定的热度，但与公共法律服务体系有关的研究极少。通过梳理文献发现，目前关于"成渝地区双城经济圈"的研究主要集中在交通建设、生态环境、城市产业结构和空间结构等方面[3]，对成渝地区公共法律服务体系协同建设的研究鲜有涉及。为数不多的现有相关研究聚焦于成渝地区整个法律服务行业的建设，如成都市司法局课题组就成渝双城法律服务联盟的构建作出了构想和论述，因而，对成渝地区公共法律服务体系协同建设的研究有待深入。

---

[1] Cheatham E E. *Availability of Legal Services: The Responsibility of the Individual Lawyer and of the Organized Bar.* UCLA L. Rev. , 1964, 12: 438.

[2] Adediran A O. *The Relational Costs of Free Legal Services.* Harv. CR-CLL Rev. , 2020, 55: 357.

[3] 钟海燕、冷玉婷：《基于知识图谱的成渝地区双城经济圈研究综述》，载《重庆大学学报》2020年第4期。

（三）研究现状评述

国内外学者关于公共法律服务方面的研究颇有建树，但对于律师在公共法律服务体系建设中的作用方面的研究较少。现有研究表明，律师参与公共法律服务的研究主要集中在律师参与人民调解、律师类社会组织参与社会矛盾化解、律师参与公益法律服务等方面。律师这一群体具有内在的专业优势，理应作为主要供给群体参与公共法律服务中，正因如此，学界和实务界已就促进律师参与公共法律服务体系形成达成共识。对于成渝地区双城经济圈律师参与公共法律服务机制创新路径的探究，有待于结合成渝地区的具体情形和政策部署做进一步的研究。

三、公共法律服务概述

（一）公共法律服务理论渊源

工业革命末期，资本主义国家内部积重难返的诸多痼疾不断暴发并产生一系列社会问题，统治阶级为巩固其统治地位而开始寻求缓解阶级矛盾之良方，此时公共服务这一注重研究政府社会保障职能的学术概念便进入统治者的视野，并逐渐演变成一套较为完备的理论。这一时期的学者，如社会法学派代表学者莱昂·狄骥、著名法学家古斯塔夫·佩泽尔普遍认为公共服务是统治者为维护其阶级统治而提供的满足公民公共利益的一系列活动，应由政府统一调度与提供给社会民众，其服务质量的高低直接关乎于社会的公平与团结。[1] 随着20世纪70年代新自由主义思潮的逐渐兴起，学者逐渐反思以"管理"作为治理重点的机制之不足，在此背景之下登哈特夫妇正式提出了颠覆传统观念的"新公共服务理论"，该理论深刻批判了政府作为社会管理者之固有思潮，提出管理型政府不利于民主政治的深入发展，政府的核心职能应是服务而不是管理，不应为了资本利益而提供服务，而应为公民之利益而提供服务，公民才是政府的服务对象。此理论弱化了政府的管理职能，将公民的权利上升到全新的高度，成为服务型政府理论的基础。自该流派代表作《新公共服务：服务，而不是掌舵》被引入我国以来，国内学者已对该理论展开了十余年的研究。该理论所蕴含的公民本位思想旨在完善政府的服务职能，与我国建设服务型政府的目标不谋而合，亦与我党执政为民的执政理念较为契合，从而成为我国建设现代公共法律服务体系，实现基本公共法律

---

[1] 宋方青、李书静：《比较视野下的中国公共法律服务建构》，载《人民论坛·学术前沿》2021年第24期。

服务均等化、多元化与专业化的理论渊源。

（二）公共法律服务概念界定

现代意义上的公共法律服务一词源于拉丁语，意指无须私人付费或仅需低额费用便可获取的法律服务。现代以来，西方资产阶级为缓和阶级矛盾并维护其统治地位，逐渐兴起了福利国家制度与服务型政府理念，并愈发注重将基本法律服务惠及全体公民，逐渐构建起以美国的法律援助体系为代表的现代公共法律服务体系雏形。纵观公共法律服务在我国之沿革历程，"天下之程式、万事之仪表"的法律可以称得上是我国古代民众最早所能获取的公共法律服务产品。随着清末以来西方法律制度的逐渐引入，律师、公证员等现代法律职业的正式确立，我国近代法律服务体系初具端倪。新中国成立之后，发源于革命根据地的人民调解、法制宣传等制度逐渐普及全国，并发展出以"枫桥经验"为代表的独具中国特色的现代公共法律服务体系雏形。

司法部于2014年年初首次发文对公共法律服务的定义进行了明确的官方阐释，即由司法行政机关统筹提供，旨在保障公民基本权利，维护人民群众合法权益，实现社会公平正义和保障人民安居乐业所必需的法律服务，是公共服务的重要组成部分。[1] 随着改革开放以来我国经济水平的飞跃发展，现今我国公共法律服务逐渐演化出了三个基本维度：一是由政府保障的基本公共法律服务，旨在满足人民群众对社会生活安全感的最低需求；二是由政府定价的非基本服务，旨在满足人民群众基本的社会公平正义需求；三是由政府监督的市场化服务，旨在满足少数个体差异化、高端化的法律服务需求。党的十八大以来，我国社会主义现代化国家建设成效显著，于2020年年底已实现全面脱贫并已全面迈入小康社会，人民法治观念、权利意识不断增强，人民群众已然产生出对更深层次、更广领域、更高水平的公共法律服务需求的美好向往，如何完善公共法律服务体系以实现多元化公共法律服务资源对全体公民的均等覆盖，让广大的人民群众能够切实感受到法律的温度与公平的惠泽，已成为完善新时代公共法律服务体系的核心课题。有鉴于此，笔者认为，现代公共法律服务应是一个随着客观条件的变迁与人民群众的需求不断增长而动态调整的概念，可定义为：为满足新时代人民群众日益增长的法律服务需求，弥补市场调节所带来的社会法律资源配置不均衡、基本公共法律服务提供频次低之窘境，实现社会公平正义之基本价值追求，在党委的领导下，由政府部门主导并监督，多机关部门协同调度，动员律师等社会力量

---

[1]《关于促进律师参与公益法律服务的意见》，司发通〔2019〕105号，2019年10月17日发布。

的广泛参与，以保障公民、法人与其他组织的法律服务需求为导向，并组织提供的具有普惠性、公平性的必要服务与产品。

四、律师参与公共法律服务的可行性及必要性

从公共法律服务的供给主体的组成来看，律师具有不同寻常的优势，在完善公共法律服务体系，统筹提供优质、便捷、精准的公共法律服务等方面，可以发挥出其他法律服务队伍所不能替代的重要作用。

（一）可行性分析

1. 律师职业具有独立性。我国《律师法》对律师的定义体现律师的根本属性为独立性，是其当事人权益的捍卫者，但并不意味着其依附于当事人，从本质上看他们应当是公正的伙伴。

独立性首先体现在律师独立于国家公权力的控制，不隶属于任何国家机关。一方面，这种身份独立使律师能够在社会主体和当事人中树立起公正的形象，赢得其信任。[1]另一方面，身份独立还使律师能够对公权力的运行进行有效监督，特别是在公权力被滥用、误用致使私权利受到侵害时，律师能够切实维护相对弱势的私主体的权利和利益。独立性还体现在律师的执业活动不受任何单位和个人影响，做到思想独立、行动独立和责任独立。基于律师职业的特殊性，律师执业有权且应当独立代理、辩护；进行执业活动中慎思明辨、独立表达；提供法律服务过程中要"以事实为依据、以法律为准绳"，对所涉专业问题独立进行拆解、分析与判断。独立性最后还体现在律师履行职责独立于当事人。当法律和事实与当事人利益之间发生冲突时，律师应当坚定地站在法律和事实这一边，而不是一味地迎合当事人的诉求。

2. 律师职业具有专业性。作为"为当事人提供法律服务的执业人员"，律师理所当然地在法律服务领域具有相当的专业性。这种专业性源于知识的储备，源于经验的累积，强大的知识储备和经验积累使律师相比其他法律服务队伍更能提供专业的服务。律师的专业性还得益于法律的支持，律师被法律赋予了更多的权利。如《刑事诉讼法》赋予辩护律师的会见权、通信权、调查取证权，对案卷材料查阅、摘抄甚至复制的权利，都显示出法律对律师充分行使执业权利、发挥专

---

[1] 李平：《律师在基层法治建设中的角色扮演》，载《中国司法》2019年第9期。

业特长提供了更广泛的支持与保障。[1] 对于律师独有的权利，其他法律从业者要么不具有上述权利，要么虽有权但相比律师行使权利，受到更多的限制。

3. 律师职业具有灵活性。律师常常被称为自由职业者，这主要是由于律师可以自行安排确定个人的服务范围和工作时间。对于法律服务而言，这种灵活性意味着服务的及时和便捷。从律师的服务范围来看，一是服务内容灵活。在公共法律服务体系中，律师可以承担法律顾问、法律援助、纠纷调解、法治宣传、法治监督等多个职责；且无论是刑事、民事还是行政，只要律师个人认为其能够提供服务也愿意提供，就可以提供。二是服务地域灵活。《律师法》规定，律师执业不受地域限制。[2] 因此，优秀的律师资源可以根据实际需要灵活调动，而其他法律服务队伍的调动则要受到管辖权的限制。

（二）必要性分析

1. 公共法律服务需要律师参与。公共法律服务需要律师参与既是专业需要也是现实需求。区别于其他社会服务，法律服务具有极强的专业性，公共法律服务需要律师参与由其自身性质所决定。2019年10月，正值律师制度重建第40周年，与此同时，我国第一部在这一领域内的专门性文件《司法部关于促进律师参与公益法律服务的意见》发布。[3] 该文件的进步性体现在对律师参与公益法律服务，以及借此助力完善体系化公共法律服务系统形成方面的支持，甚至对律师办理法律援助服务案件数量以及参与公益法律服务时长提出了具体要求，这也体现出对"公共法律服务需要律师参与是专业需求"这一论述的肯定。但是略显遗憾的是，从效力层面而言，该意见并不具有强制性约束力，而仅仅是倡导性文件。从现实需求角度观察，公共法律服务现状暴露出基层法律服务人才极其匮乏的问题，若要解决这一问题，增强律师参与公共法律服务的积极性、强化行动力势在必行。

2. 律师参与有助于拓展公共法律服务的覆盖范围。公共法律服务体系建设主要由政府部门主导，着力点在于司法执法部门，而司法执法资源的有限性势必限制公共法律服务覆盖范围的拓展。在人员投入上，司法行政机关的人员数量有限，工作任务繁重，没有足够的人力投入公共法律服务中。在服务质量上，司法

---

[1] 《刑事诉讼法》第39条和第40条规定了律师的会见权、通信权、调查取证权，对案卷材料查阅、摘抄甚至复制的权利。

[2] 《律师法》第10条规定"律师执业不受地域限制"。

[3] 《关于促进律师参与公益法律服务的意见》，司发通〔2019〕105号，2019年10月17日发布。

行政部门提供的公共法律服务较为基础，比如法治文化基础设施建设、分发法律知识手册等，难以深入解决和满足基层群众的法律需求。相较于司法行政资源而言，律师职业群体无论是在人员数量还是服务领域上都更具优势，律师职业群体更广泛地参与公共法律服务将使公共法律服务更具有普惠性。

3. 律师参与有助于提高公共法律服务的有效性。公共法律服务的有效性是指服务的对象对服务的内容吸收程度以及整体法律素养的提高程度。公共法律服务体系建设是一项需要花费大量的人力、物力、财力的浩大工程，在有限的法律资源投入的情况下提高收益和成本之比是一个绕不开的话题。律师参与能提高公共法律服务的有效性在于律师群体具有过硬的理论知识和在执业生涯中积累的丰富经验，在相同的时间和金钱成本投入下能够取得更高的服务实效。当前，人民群众对美好生活的需求日益增长，对公共法律服务的需求也不断增长，对服务质量的要求不断提高；而与之相对应的是法律服务资源分布不均，特别是优质法律服务资源紧缺、供给能力不足，已经远远不能满足人们的法律需求。在这样的时代背景下，律师作为与社会发展紧密联系的、具备一定规模和丰富经验的优质法律服务资源，理应积极参与其中，发挥自身作用。

五、成渝地区律师参与公共法律服务的现状及问题

（一）成渝律师参与公共法律服务概况

自 1978 年中国恢复律师制度以来，律师在促进社会经济发展、维护社会和谐稳定、保障当事人合法权益方面发挥了重要作用。具有专业素养和高执业水平律师参与公共法律服务的程度决定了一个国家的公共法律服务体系建设的质量和成效。律师参与公共法律服务主要方式有线下、热线和网络，三种方式相互交织、相互补充、相互贯通，共同编织成新时代公共法律服务网。

1. 律师参与线下公共法律服务。律师参与线下公共法律服务的途径主要包括公共法律服务实体平台和线下活动两种形式，实体平台以司法行政机关为主导，线下活动既可以由司法行政机关组织，也可以由律师或律协自行发起。目前，成渝两地打造的一站式公共法律服务平台设置有纠纷调解中心并进驻法律援助中心、公证处等机构，设置不同的窗口对应法律咨询、法律援助、纠纷调解、司法行政审批等功能。律师可以通过实体平台帮助所需者办理程序性法律事项，还可以提供法律援助、争议调解、问题咨询等服务，如成都市公共法律服务中心就通过专职律师值班为居民提供前述法律服务。此外，律师也通过线下活动参与公共法律服务，如重庆市律协行业近年来实施"黄桷树计划"、"扬帆计划"和"凤凰

计划"为市内广大企业提供上市、破产重整、跨境投资服务；在新冠疫情复工复产阶段，组织41个市级和区县"律师服务团"，为全市企业提供复工复产方面的法律咨询、政策解读、风险防控等法律服务。[1]

2. 律师参与热线公共法律服务。公共法律服务热线是司法行政部门通过电话专线，组织法律服务人员，向公共法律服务需求者提供法律服务的一种形式。公共法律服务热线具有综合性法律服务功能，包括法律咨询、法律援助、纠纷调解和法治宣传等功能。成都市和重庆市均设有"12348"法律服务热线以及各区域公共法律服务中心（站、室）服务热线，并聘请专业律师坐席为群众提供免费的法律咨询服务。四川省官方数据显示，2020年四川省"12348"公共法律服务热线接听咨询电话25.8万人次，解答群众咨询6.04万件次。以成都市为例，成都市12348热线与12345热线全天候双号并行，并设有律师值班坐席。[2]

3. 律师参与网络公共法律服务。"互联网+公共法律服务"是公共法律服务的趋势所在，有利于实现公共法律服务更高效的全时空覆盖。成渝两地致力于12348平台法网建设以及智能化法律服务中心的建设，如重庆市两江新区在2021年打造公共法律智能化服务平台，定制了公共法律服务智能终端机，投放至辖区各街道或社区公共服务大厅。[3] 通过互联网将公共法律服务延伸到街道、社区，为群众提供在线法律咨询、在线申请法律援助等服务。群众可选择就近街道或社区的公共法律服务自助终端机，通过远程在线视频（语音）咨询法律问题，由法律服务中心视频（语音）受理法律服务，平台值班律师进行统一解答。

（二）成渝律师参与公共法律服务的规范指引

在顶层设计上，司法部制定的部门规范性文件、部门工作文件和全国律师协会制定的行业规定明确规定了律师参与公共法律服务的责任。2019年10月，司法部发布的《关于促进律师参与公益法律服务的意见》为律师主动且规范地参与公共法律服务按下了启动键，其为我国律师如何在这一领域有所作为指引了前路。2021年12月，司法部出台的《全国公共法律服务体系建设规划（2021—2025年）》对于板块化、纽带化、区域化公共法律服务建设作出了构设，同时指

---

[1]《重庆市律师行业社会责任报告》，载重庆律师网，http://www.xblaw.com/index.php/Home/Index/articleInfo/ald/ozVQtYJxbNx5QdBXwysmQ==。

[2]《四川省"十四五"公共法律服务体系建设规划》，川办发〔2021〕87号，2021年12月30日发布。

[3]《两江新区公共法律服务中心正式投入使用》，载两江新区官网，http://www.liangjiang.gov.cn/Content/2021-06/11/content_10181446.htm。

出应最大程度地扶助律师展现其在公共法律服务中的顶梁柱实力。[1] 此外，《中华全国律师协会章程》的规定亦明确组织律师提供公益服务是律协这一律师行业监管组织所肩负的社会责任。成渝地区发布的一些规范性文件对律师参与公共法律服务有所涉及。2021年12月30日，重庆市司法局联合市高级人民法院、市教委、市公安局、市商务委等部门印发《建设西部法律服务高地规划（2021—2025年）》，提出将重庆市建设为法律服务均等普惠高地，主要包括巩固和完善公共法律服务体系、着力夯实法治社会基层基础、深化推动法治文化健康发展，并设立优化公共法律服务的主要发展指标。[2] 该规划指出要引育法律服务人才，优化公共法律服务，积极联合成都共建"巴渝律师学院"，建成西南地区律师职业教育培训中心；探索建立律师公益服务积分评价机制，提升律师参与公共法律服务质效。2021年12月29日，四川省人民政府办公厅印发的《四川省"十四五"公共法律服务体系建设规划》初次勾画了行政区域内公共法律服务体系发展图景，同时建立了发展指标计量评价机制，对重点事项作出了部署。值得一提的是，该建设规划对推进成渝地区双城经济圈公共法律服务协同发展，公共法律服务联盟联合共建作出了筹划，提出健全律师、公证、司法鉴定等法律服务监管协作、执业资格及培训互认、行业技术规范及专家库共享共用机制和法律援助协同办案机制。[3]

通过前述梳理不难发现，在规范指引方面存在以下两方面问题：一是成渝地区双城经济圈缺乏关于律师参与公共法律服务的协同规范。成渝地区双城经济圈概念于2020年1月3日在中央财经委员会第六次会议提出，成渝地区双城经济圈的建设目前正处于初期阶段，协同立法处于探索之中。就公共法律服务而言，成渝地区尚未协同制定相关规范文件，而律师参与公共法律服务是公共法律服务的内容之一，因此同样缺乏相应的协同规范。协同规范的缺位导致了成渝两地律师参与公共法律服务缺乏统一的服务和管理标准，两地服务质量发展水平不一。成渝地区协同制定有关律师参与公共法律服务规范，建立健全公共法律服务工作沟通协调机制，有利于实现突破地域限制，减少律师在两地间参与公共法律服务的阻碍，使律师资源在两地间的配置更均衡，实现互联互通，成果互享。

---

[1] 司法部：《全国公共法律服务体系建设规划（2021—2025年）》，2021年12月30日发布。
[2] 《建设西部法律服务高地规划（2021—2025年）》，渝司发〔2021〕63号，2021年12月30日发布。
[3] 《四川省"十四五"公共法律服务体系建设规划》，川办发〔2021〕87号，2021年12月30日发布。

二是成渝地区双城经济圈关于律师参与公共法律服务的规范指引缺乏精度。通过梳理成渝地区现有的关于公共法律服务的规范发现，目前两地有关律师参与公共法律的规范文件较少，仅有两地的建设规划可供参考。两地建设规划中与律师参与公共法律服务相关的内容涉及不多，关于公共法律服务体系的建设也属于宏观性的目标设计，缺乏精细度，需要制定相应的配套制度使其具象化，具有可操作性。

（三）成渝律师参与公共法律服务的资源配置

律师作为参与公共法律服务的主力军，其体量直接代表着区域内公共法律服务资源的多寡并关乎区域内公共法律服务的质量。观之现阶段成渝地区律师参与公共法律服务的体量，主要呈现以下两大特征。

1. 律师资源较匮乏，参与公共法律服务频次较低。截至2021年年底，成渝地区共有1834家律所，能参与公共法律服务的执业律师共计30712人（见图1、图2），此数据与其他三大城市群所拥有的律师资源，即京津冀（5246家，58032人）、长三角（6670家，82049人）、粤港澳（4767家，56065人）相比有明显的差距。[1] 成渝双城经济圈作为国家级战略区，系我国西部地区的重要经济与科技创新中心，具备雄厚的产业基础与广阔的市场前景，亟须充足的法律服务资源为推动成渝地区打造成为改革开放新高地保驾护航。然而当前成渝地区的律师资源较之东部地区并无优势，较为匮乏的律师资源显然不足以为成渝双城经济圈的建设提供优质高效的法律服务，亦不能满足成渝地区人民群众日益旺盛的公共法律服务需求。

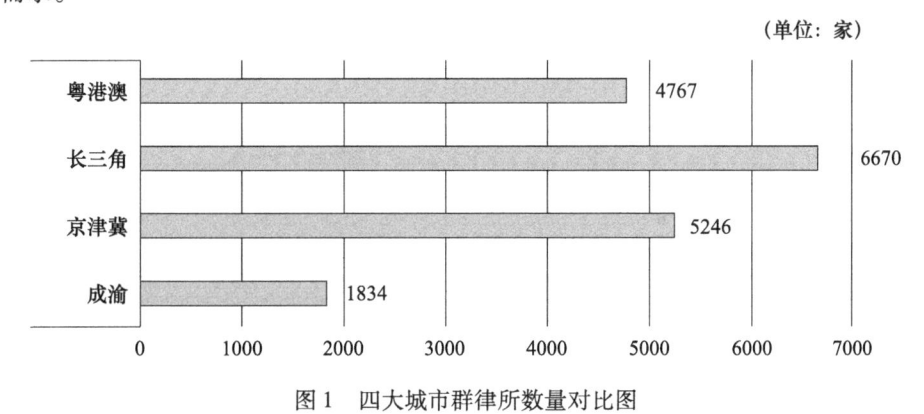

（单位：家）

城市群	数量
粤港澳	4767
长三角	6670
京津冀	5246
成渝	1834

图1 四大城市群律所数量对比图

---

[1] 数据来源：全国律师执业诚信信息公示平台，https://credit.acla.org.cn/credit/map.

(律师人数) (单位：人)

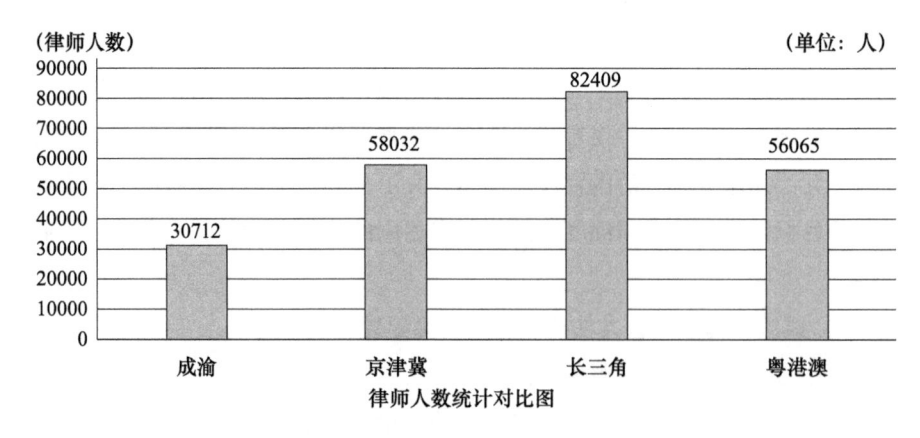

图 2 四大城市群律师数量对比

比较四大城市群中心城市的万人律师比数据更能明显地反映出成渝地区律师资源较匮乏之现状。所谓万人律师比，即指区域内每一万人口所平均拥有的律师人数，系衡量一区域内法律服务资源的充沛度以及律师业发展水平的重要衡量指标，该比值越高则区域内的律师服务资源越充沛。根据各地司法行政机关以及律协的公开数据显示（见图3），截至2021年年底，全国的万人律师比为4.08，三大城市群的中心城市万人律师比均在10以上，其中北京为15.9，上海为13，广州为11.1，深圳为10.7，而成都则为9.5，重庆更是仅为4，低于全国平均水平，远不能满足成渝双城经济圈建设背景下旺盛的公共法律服务需求，供需矛盾凸显，加之目前成渝两地法律服务资质互认机制之欠缺，使得两地间无法实现律师资源的畅通共享，更是加剧了双城经济圈建设背景下公共法律服务资源供需失衡的局面。

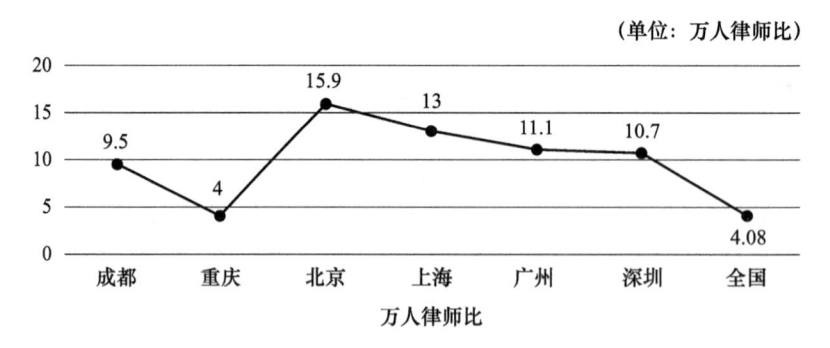

图 3 四大城市群中心城市万人律师比对比

近年来，成渝地区律师积极响应号召，奔涌入建设全业务、全时空的法律服务网络的浪潮之中，通过主动帮助企业抗击新冠疫情与复工复产、积极参与基层调解、提供常态化法律援助等多种形式积极地提供公共法律服务，较好地履行了自身的社会责任，取得了较好的成绩单，如 2020 年全年，重庆市共办理法律援助案件 30000 余件，成都市则办理 15000 余件；重庆律师积极主动对接乡镇，参与基层调解以化解民众矛盾纠纷，助力乡镇社区新建律师调解室 223 个，成功调解各类民商事纠纷 5846 件，提供免费法律服务咨询 15 万人次，较好地满足了成渝地区人民对于基本公共法律服务的需求。[1] 然而在加快脚步建设成渝地区双城经济圈的背景下，我们必须清晰地认识到成渝地区律师所取得的成绩单与我国其他发达城市群律师成绩单尚存在一定的差距，如以法律援助案件办结数量为例，据各地司法行政机关不完全统计，2020 年全国共办结 140 万件法律援助案件，其中京津冀城市群中的北京市共办理法律援助案件近 28000 宗，粤港澳城市群中的广州市办理法律援助案件 23313 宗，长三角城市群中的上海市办理法律援助案件 46200 宗，这反映出成渝地区律师参与公共法律服务的频次较之其他三大城市群尚有较大差距。在成渝作为西部人口密度之最、群众公共法律服务需求最甚的区域现状下，成渝地区律师所提供的公共法律服务频次明显不足，公共法律服务供需之间的敞口较大。

2. 区域间差异明显，城乡律师资源分布极不协调。区域间发展差异大是成渝地区普遍存在的社会发展矛盾，加之律师服务所固有的市场化与营利性特征，使得成渝律师服务资源天然倾斜于主城区，在县城乡镇仅零星地分布着屈指可数的律师资源，这也使非主城区特别是农村居民所能获取的公共法律服务资源偏低，城乡间律师服务资源配置不均问题显著。比如，以重庆市为例，若单论重庆市主城区的万人律师比，则此数值为 9，而将统计范围扩大至重庆市全市时，则这一数据则降至 4。比较成渝地区各区县律所分布状况，则更能直观地感受出当前成渝地区律师服务资源配置不均的现状。根据全国律师执业诚信信息公示平台统计，成都市 20 个区县中，武侯区（113 家）、青羊区（98 家）、金牛区（90 家）、锦江区（53 家）以及成华区（36 家）五区律所数量占全市律所总数的 76%（见图 4），有 10 个区县的律所数量仅为个位，乡镇居多的金堂县仅有 2 家律所，新津县更是仅有 1 家律所；重庆市 38 个区县中（见图 5），江北区（156 家）、渝北区（127 家）、渝中区（116 家）、九龙坡区（53 家）、南岸区（48 家）、沙坪坝区（41 家）六区律所数量占全市律所总数的 69%，有 22 个区县的律所数量仅为个位，其中以乡镇居多的开州区仅有 2 家律所，荣昌区与梁平区仅有 1 家律所，

---

[1]《重庆市律师行业社会责任报告》，载重庆律师网，http：//www.xblaw.com/index.php/Home/Index/articleInfo/aId/ozVQtYJxbNx5QdBXwysmQ =。

武隆区更是没有律所分布,突出反映成渝两地律师资源区域间分布差异明显,城乡分布极不协调之现状。[1]

(单位:家)

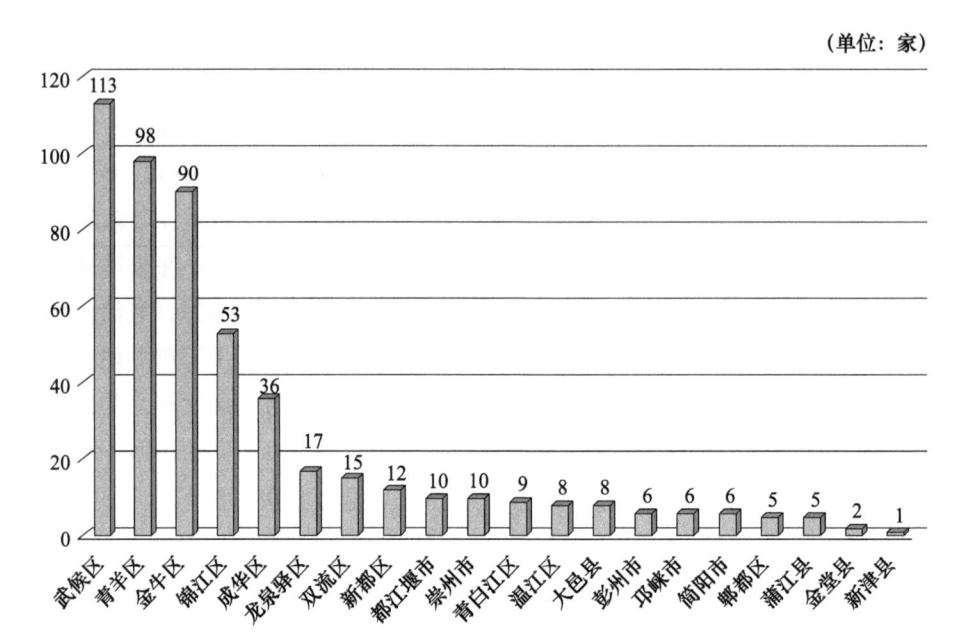

区县	数量
武侯区	113
青羊区	98
金牛区	90
锦江区	53
成华区	36
龙泉驿区	17
双流区	15
新都区	12
都江堰市	10
崇州市	10
青白江区	9
温江区	8
大邑县	8
彭州市	6
邛崃市	6
简阳市	5
郫都区	5
蒲江县	2
金堂县	1
新津县	

图 4　成都市各区县律所数量图

非主城零星的律所分布也很难满足当地居民对于公共法律服务的需求。尤其是在当今成渝乡土社会历经市场化与商业化的渗透已处于转型的巨变情势下,成渝乡镇居民对于公共法律服务的需求与日俱增,乡镇生活中充满着各种纠纷与隐患亟待解决,对于当前成渝地区公共法律服务体系的建设提出了更多纷繁复杂的要求,例如农村土地经营权流转过程中引发的各种合同纠纷、城镇化进程中土地拆迁征用时伴随的确权纠纷;日常生活中所存在的农村婚姻家庭及继承纠纷;逆城市化进程中企业外迁所带来的不动产租赁纠纷、农民工薪酬拖欠纠纷、农村环境污染治理等问题;基层民主法治建设与村民自治过程中所产生的民主选举、监督与管理问题,村民权益保障等问题均涉及诸多法律问题,亟须律师的介入以指导和帮助农村居民化解矛盾纠纷,让公共法律服务真正落实到最后一公里。从当前成渝地区律师参与公共法律服务体系的现状来看,城乡间律师资源分布不协调之问题仍将长期存在,只有深入剖析其中的内在原因,才能对症下药地引导成渝律师所提供的公共法律服务向农村倾斜。

[1] 数据来源:全国律师执业诚信信息公示平台,https://credit.acla.org.cn.

(单位：家)

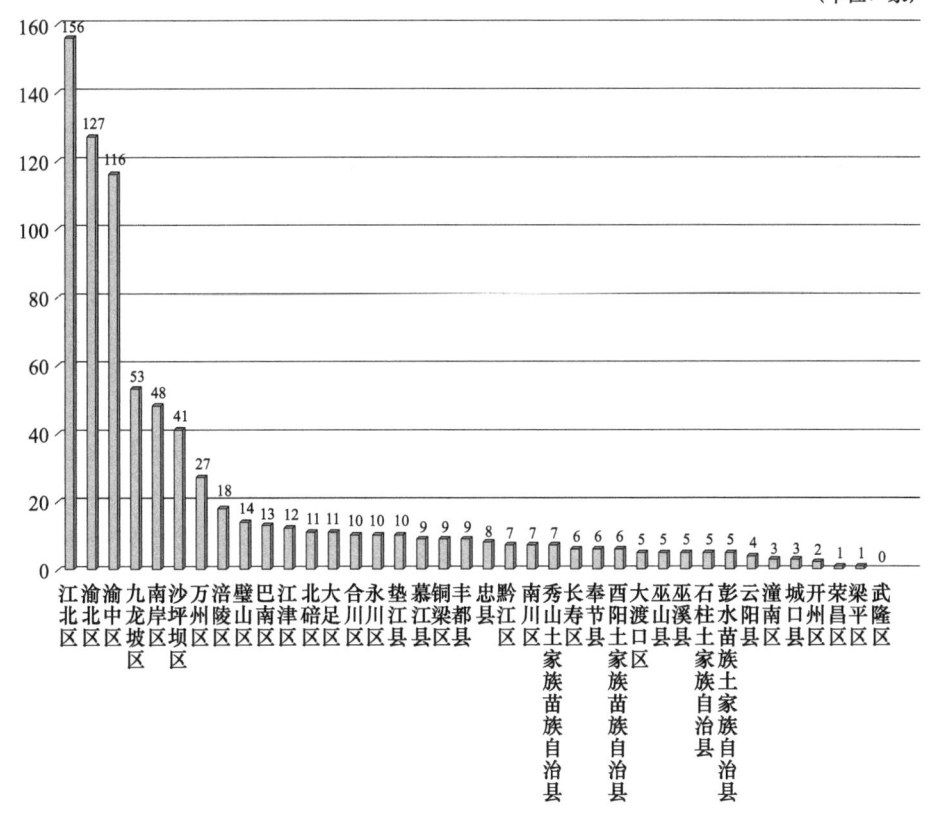

图5 重庆市各区县律所数量图

当前滞缓成渝律师所提供的公共法律服务资源向乡村发展的主要因素是成渝农村居民法律理念之欠缺，究其根源是我国现实的法律实质与普通民众的基本法律观念存在一定的差距，地方风土人情与现实法律规范之间存在着冲突。成渝地区普遍存在的"半熟人社会"现象是公共法律服务体系向乡村推进的一大阻碍，在该环境下，乡村居民虽知晓法律的权威，但却对其持敬而远之的态度，不善于甚至羞于运用法律武器维权，而律师所提供的公共法律服务作为一种专业性较强的新型服务类型，农村居民对其的认知与认可程度尚浅，其对自身所能获取到的多种公共法律服务亦缺乏充分的了解，相比之下他们更愿意运用传统的风土人情来化解矛盾纠纷，主动寻求律师帮助以获取公共法律服务的主观积极性不强。近年来，成渝两地司法行政机关与律协积极推进乡村振兴，助力工程与送法下乡活动，促进主城区律师资源与乡镇的对接，并已基本实现了聘请专业律师担当乡村法律顾问的全覆盖，可实际上却普遍存在着多个乡村聘请同一法律顾问的现象，法律顾问无法长期留驻在一个乡村，加之鲜有居民向其主动寻求法律帮助，久而久之使乡村法律顾问成为一种虚职与闲职，使得律师对农村地区公共法律服务体系建设的贡献甚微，引发了律师资源在一定程度上向城区的逆流，此种恶性循环系维系成渝地区律师资源分布极不均衡的重要因素。

（四）成渝律师参与公共法律服务的质量考察

质量评价需以衡量标准为基础，由于我国公共法律服务存在起步较晚、发展迟缓等问题，现阶段并不存在全国性或者区域性律师参与公共法律服务质量评价指标。因此成渝地区律师参与公共法律服务质量高低无法用统一的硬性指标加以衡量，而是需结合各方面相关数据加以整合分析。致天下之治者在人才，成渝地区律师人才队伍素质高低与其提供公共法律质量高低存在正相关。律所作为律师执行职务、开展业务活动的工作机构，对成渝地区律所进行考察能够较为直观地反映成渝地区律师人才队伍建设及素质。

第三届《中国律所百强榜单》于 2021 年重磅推出，京津冀地区上榜律所共 8 家，北京（5 家）、天津（3 家）；长三角地区共 16 家，上海（5 家）、浙江（4 家）、江苏（4 家）、安徽（3 家）；粤港澳地区仅上榜 4 家（仅指广州 4 家，榜单中港澳地区无数据）；成渝地区共 7 家，成都（4 家），重庆（3 家）（见图 6 所示）。不难发现，相较于东部地区城市群，成渝地区强所数量并不占优势。[1]

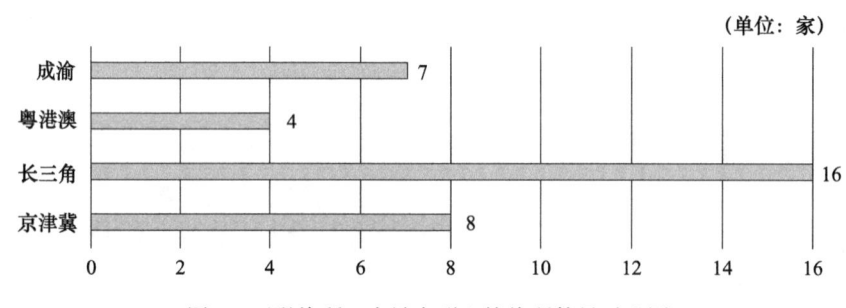

图 6　百强律所四大城市群上榜律所数量对比图

此外，钱伯斯发布的 2022 年度《大中华地区法律指南》律所榜单中[2]，京津冀地区上榜律所共 19 家，其中北京 14 家，天津 5 家；长三角地区上榜律所共 17 家，其中上海 8 家，浙江 9 家；粤港澳地区上榜律所约 17 家，其中广东省上

---

[1] 数据来源：《第三届中国律所百强榜单》，载 maigoo 网，https://www.maigoo.com/news/612357.html。

[2] 数据来源：https://chambers.com，访问日期 2022 年 4 月 10 日。

榜 10 家，港澳上榜 7 家；成渝地区上榜律所共 13 家，其中成都 8 家，重庆 5 家（见图 7）。可见，成渝地区就此仍存在一定的劣势。

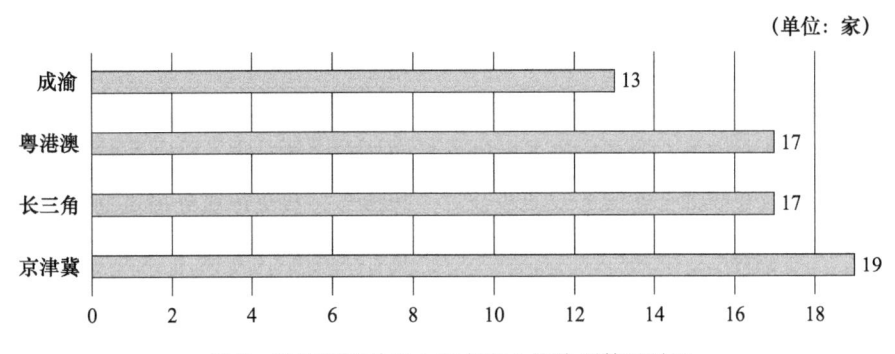

（单位：家）

图 7　钱伯斯榜单四大城市群上榜律所数量对比

地区涉外律师领军人才关系地区法律服务国际化程度，从几大城市群拥有的涉外律师领军人才的数量来看，京津冀地区涉外律师领军人才共 234 人，长三角地区共 265 人，粤港澳地区共 101 人，而成渝地区仅有 57 人（见图 8）。相较之下，成渝地区涉外律师领军人才体量差距甚大。

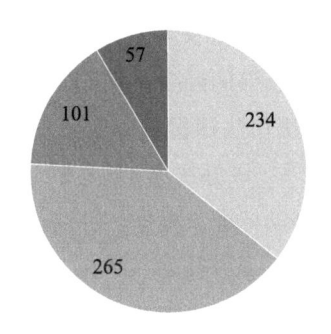

图 8　四大城市群涉外律师领军人才数量对比

通过上述数据对比可知，成渝地区在知名所、顶尖所以及涉外律师领军人才数量方面并无优势可言。虽然数量数据无法全面展示成渝地区律师参与公共法律服务质量高低问题，但已显现出成渝地区律师队伍在规模化、专业化、国际化等方面仍有较大的提升空间。人才不兴则事业难兴，成渝地区亟须提升律师队伍素质，以便为民众提供更高质量的公共法律服务。

（五）成渝律师参与公共法律服务的基础保障

1. 成渝律师参与公共法律服务的经费保障。持续稳定可观的公共法律服务经费保障是促使成渝律师提供常态化公共法律服务的定心丸，只有排除经济的后顾之忧，才能最大限度地调动成渝律师涌入公共法律服务体系建设浪潮的积极性，因此经费保障的重要性不言而喻。近年来，成渝两地纷纷出台各项政策以增强对律师参与公共法律服务的经费支撑，已然走在了西部地区的前列，一方面通过政府购买公共法律服务或列支专项经费的方式对成渝律师提供法律援助、法律咨询、代写法律文书等公共法律服务提供充足的经费保障。另一方面广泛动员社会公益力量并成立律师公益服务专项基金对律师参与公共法律服务提供额外的经费支撑，彻底告别了从前律师自掏腰包提供公共法律服务的窘境。

《四川省法律援助经费使用管理办法》系四川省财政厅、司法厅于2014年联合出台的旨在规范四川省法律援助办案的经费补贴标准的规范文件，该办法在一定程度上上调了经费补贴标准，较之老办法最高增幅达150%。该办法第7、第8条规定了法律援助案件的办案补贴标准，并以成都市为界划定了不同的补贴标准。根据该办法，律师承办成都市内刑事案件的，每件可获得500至1300元不等的补贴，每件民商事案件可获得500至1500元不等的补贴，承办成都市外四川省内案件的，补贴依案件性质的不同相应上涨60%—90%。而对于跨省法律援助案件，承办刑事案件补贴额度上涨53%，承办民事案件则额外补贴200%，对于律师提供其他类型的法律帮助事项所能获得的经费补贴则未予以明确。[1]重庆市财政局、司法局于2015年出台了《重庆市法律援助办案经费管理办法》以专门加强重庆市法律援助办案的经费保障。[2]该办法第12至22条较详尽地规定了不同情境、不同阶段下法律援助事项的补贴标准。根据该办法，重庆市执业律师承办本区县内法律援助案件的，刑事案件至少可补贴900元，民事案件至少可补贴1300元，并且持续提供跨阶段法律服务的还有递增的经费补贴，对于跨行政区域的更有额外至多200%的补贴。此外还细化了律师提供其他类型的法律帮助活动的经费补贴标准，律师提供全天法律咨询服务的，则可获取100至200元不等的补贴；每代写一份法律文书的，可获得100至200元不等的补贴。

然而，比较上述成渝两地有关律师参与公共法律服务的经费补贴规定，可见两地的经费补贴标准存在着显著的差异，并且《四川省法律援助经费使用管理办法》对于经费补贴标准的规定未免过于笼统宽泛，其并未如《重庆市法律援助办案经费管理办法》那般针对不同情形、不同诉讼阶段而设计差异化的补贴标准。

---

[1]《四川省法律援助经费使用管理办法》，川财行〔2014〕268号，2014年11月28日发布。
[2]《重庆市法律援助办案经费管理办法》，渝财行〔2014〕116号，2014年12月15日发布。

此种统一标准化的"包办制"经费补贴标准显然难以应对纷繁复杂的现实情况，其实施效果亦在一定程度上削弱了成都律师承办复杂或者跨行政区划法律援助案件的积极性，相较之下重庆律师因承办此类案件有更充足的经费保障而更具积极性，这也造成了两地间律师所提供的公共法律服务资源流动不匹配的现象，即重庆律师资源更多地向成都及其周边倾斜，而成都律师却较少向重庆流动，两地律师所提供的公共法律服务资源并未形成理想的同等良性互动。因此可以说当前成渝两地差异化的经费补贴标准，已然成为阻碍成渝地区实现律师所提供的公共法律服务资源畅通共享的现实壁垒，破除该壁垒既是成渝两地人民对于更加便捷高效地获取优质公共法律服务资源的殷切盼望，又是当下推动成渝两地公共法律服务体系协同创新发展的现实所需。

2. 成渝律师参与公共法律服务的科技保障。近年来，成渝两地行政部门牢牢把握民众现实所需，利用成渝作为西部地区科技创新中心之优势，积极推进人工智能、大数据等现代科学技术与公共法律服务的跨领域合作与深度融合，用科技赋能新时代成渝地区公共法律服务转型升级，着力提升成渝地区公共法律服务的优质化与智能化，力争打造覆盖成渝的全业务、全时空公共法律服务网络，在为民众提供高效高质的公共法律服务资源的同时，亦为成渝律师便捷高效地参与公共法律服务提供了有力的科技保障，各自成效显著。

以提供普惠、优质、高效法律服务为使命的成都"华律网"已然成长为全国最大的互联网一站式法律服务平台，截至 2021 年年底"华律网"已有 20 余万注册执业律师，提供 7×24 小时的法律咨询服务，累计解答法律咨询问题达 5000 万次，其三大核心功能与律师资源深度融合，构建起了用户与律师无缝对接沟通之桥梁，打造了律师参与公共法律服务的优质生态圈。同时，重庆市率先推动 5G 技术与法律服务的深度融合，中国电信重庆分公司与重庆大牛认知科技有限公司联合打造的智能电视线上法律咨询服务产品——"大牛智能法律咨询"系统于 2021 年 9 月正式发布，该系统依托于区块链、云计算等信息技术并以人工智能模拟智能脑算法为核心，结合合作律所提供的律师实务案例数据资源库，通过生动的语音对话形式询问当事人以智能概括案件事实，一键生成智能法律意见书，实现了让律师、群众少跑腿，科技多跑路、法律服务飞进千家万户的初心，在一定程度上优化了区域内律师资源的配置，实现了成渝人民足不出户享受优质律师服务的美好愿景。

此外，成渝两地司法行政机关亦积极履职以增强成渝律师参与公共法律服务的科技保障，成渝各区县司法行政机关积极联合当地科技公司联合研发出诸多公共法律服务自主终端系统并陆续正式投入使用，此类自助终端系统依托于互联网信息技术、云计算技术、大数据库、人工智能等科技手段，为律师提供便捷、高效、精准的公共法律服务奠定了有力的科技保障，未来该模式将陆续推广至成都全境，开启"数字法治、智慧司法"的新篇章。

在认识到成渝两地分别利用科技力量助力法律服务转型升级成效显著的同时，我们也必须清楚地认识到在推动成渝地区公共法律服务协同创新的背景下两地公共法律服务领域科技建设投入所存在的"离心力"。其一是信息化建设投入的差异，根据重庆市司法局与成都市司法局近年来所公开的年度司法局部门预算/决算公开资料显示，重庆市于2020年起便将"信息化建设"作为一项单独的科目（科目编码：2040613）纳入了一般公共财政拨款支出预算/决算表，且2022年重庆市司法局该项的支出预算为1730万元，占一般公共预算财政拨款总支出的17%，而观之成都市司法局的预算/决算公开资料则并未找到"信息化建设"这一单独科目，这也反映了成都市司法行政部门在一定程度上对"信息化建设"重视度的不足，缺乏预算的约束也易导致当地信息化建设碰壁，因此也将直接影响到两地律师参与公共法律服务科技保障力度。其二是两地间公共法律服务科技协同创新机制的缺失，即当前两地的科技赋能律师服务活动大多呈现各自为政的状态，成渝两地缺乏一个共同的能够融会贯通两地的网络、实体以及热线平台以实现两地律师服务资源、法治信息数据共享的律师服务云中心，跨区域的公共法律服务协同网络体系亟待建立。

六、协同完善成渝律师参与公共法律服务的路径

（一）协同公共法律服务宏观布局

1. 完善宏观规范指引。成渝地区双城经济圈应当协同制定有关律师参与公共法律服务的规范文件。根据《全国公共法律服务体系建设规划（2021—2025年）》，成渝地区双城经济圈建设是国家的重大发展战略，应当整合公共法律服务资源和强化要素融通，推进建立协调机制。建立健全协调机制应当以规范性文件作为支撑，在各自的公共法律服务建设规划中已然明确了将建设西部法律服务高地，并且均提出要推进成渝地区双城经济圈公共法律服务协同发展，建立公共法律服务联盟，但目前两地缺乏公共法律服务相关的协同规范出台。在此背景下，成渝地区应当加强地方立法协作，共同探讨建立健全成渝地区公共法律服务工作协同体制机制，并出台相应的规范文件。结合成渝双城经济圈发展规划，编制成渝地区双城经济圈公共法律服务一体化发展规划战略，明确总体目标和具体方向。同

时，要建立健全成渝两地协同的公共法律服务联席会议制度，建立高效的协调运作机制。目前各个国家战略发展区域对协同制定公共法律服务相关制度正处于探索之中，尚无成熟经验可资借鉴，成渝地区双城经济圈应当根据自身情况因地制宜，探索协同制定适合本区域法律服务实践的相关规范。

2. 构建具体配套制度。成渝地区双城经济圈应当制定关于律师参与公共法律服务的具体配套制度。公共法律服务体系包含了诸多内容，包括保障弱势群体权益、服务经济建设、提高全民法治素养等，需要配套的具体制度对具体领域进行规范和指引。根据不同领域对律师群体的不同需求，设置相应的约束、激励与评价机制，对律师群体形成正向引导，实现律师参与公共法律服务长效化。2020年7月，重庆市司法局与四川省司法厅召开了川渝公共法律服务工作第一次联席会议，探讨建立健全公共法律服务工作沟通协调机制，并取得多项关于打造公共法律服务共同体的合作成果，审签了《四川省、重庆市公证机构协助核实办法（试行）》《四川省、重庆市公证机构证明材料清单（试行）》《四川省、重庆市环境损害司法鉴定业务指引》等。这是成渝两地协同制定公共法律服务配套制度的良好开端，今后可以在原有基础上逐步完善相关配套制度，为成渝两地律师参与公共法律服务提供良好指引，具体的配套协同制度将在下文详述。

（二）协同配置区域律师服务资源

1. 统一法律服务标准、推动律师资源共享。成渝地区双城经济圈的正式概念提出时间尚早，其统筹建设规划亦处于初步阶段，协同立法处于探索之中。就公共法律服务而言，成渝地区尚未协同制定相关规范文件，而律师参与公共法律服务是公共法律服务的内容之一，因此同样缺乏相应的协同规范以统一两地的法律服务标准，法律服务标准的差异导致了如今成渝两地律师资源的相互独立。因此为减少成渝律师在两地间参与公共法律服务的阻碍，使律师资源在两地间的配置更均衡，实现律师资源互联互通，成果互享，改善当前成渝律师资源相较匮乏的情况，必须协同相应的法律服务标准。

具体而言，一是要建立成渝地区统一公共法律服务事项清单，统一落实具体的权责主体，统一服务标准、规范与流程，统一成渝两地法律援助范围和经济困难标准，以供成渝民众知悉其所能获取的具体公共法律服务内容与获取途径，并根据客观实际的变化与民众的现实需求合时宜地同步调整具体公共法律服务事项。切实打破种种阻碍成渝律师往返两地便捷提供公共法律服务的桎梏；二是要联动构建公共法律服务资质互认机制，两地司法行政机关与律协要牵头设立成渝公共法律服务专项律师资源库，注册在库的律师同时具备成渝两地的公共法律服务资质，统一成渝两地法律援助范围和经济困难标准，切实实现两地律师资源的协同共享。同时两地要协同制定公共法律人才引进战略，化竞为合，切实壮大成渝地区提供公共法律服务的律师队伍体量。

2. 协力加强乡村建设、统筹城乡律师资源。针对当前成渝律师资源城乡分布极不协调，农村居民所能获取的公共法律服务资源有限、质量堪忧之现实困境，成渝两地应协力强化乡村振兴公共法律服务的精准化，合理引导律师资源向农村的适当倾斜。其一是要支持城区律师资源与农村建立多维对接机制，即支持主城区律师事务所在欠律师资源地区设立分所，选派志愿律师到农村地区开展专项对口援建、挂职锻炼活动，鼓励城区律师到非主城区开展交流合作与执业活动，以均衡城乡间律师资源之配置，确保律师资源在成渝的全覆盖。其二是要因地制宜打造农村地区专项律师队伍，即立足于成渝农村居民的现实需求，培育一批执业范围聚焦于农村地区、深谙成渝农村地区法律法规与风土人情、专注解决农村法律纠纷的"乡村律师"，壮大基层法律服务工作者队伍。其三是要加强成渝农村地区公共法律服务知识的宣传，使农村居民切实了解公共法律服务的内涵与温度、知悉获取公共法律服务的途径与流程，调动其主动寻求律师以化解矛盾纠纷的积极性，增强建设基层公共法律服务体系的群众基础。其四是打造成渝农村智能法律平台——"成渝云律所"，成渝律师资源的有限以及分布的不协调决定了实现一村（社）一律师必定是个长久的工程，而在农村地区推广"成渝云律所"却可以有效突破时空限制，便捷农村居民获取律师资源的效率，使律师服务高效到达基层以服务于农村产业振兴，同时智能法律平台所具备的智能法律咨询服务也可以解决农村居民的基本法律服务需求，从而有效地节约律师服务资源，促进律师资源利用的最大化，实现智能化公共法律服务网络全时空覆盖。

（三）协同优化区域律师服务质量

1. 协同加强律师队伍素质建设。国以才立，政以才治，业以才兴，成渝地区律师参与公共法律服务质量欲有所提升，关键在于建设高质充沛的律师队伍。律师队伍素质提升应是多方努力的结果，律师自身应当秉承"终身学习"理念，时刻更新知识体系，不断以先进理论武装头脑，并将所学用于实践，在理论与实践结合中加强素质；律所除了通过完善治理结构、加强规范管理等方式促进自身发展，还应致力于打造自身成为律师实现自我成长的重要平台；律师协会、律师主管机关要关注对律师人才的遴选与培养。成渝两地可以建立律师事务所、律师协会乃至律师主管机构的联动机制，合力推进成都、重庆律师参与公共法律服务协同化发展，日常通过联席会议的方式时刻对律师参与公共法律服务进行工作指导、进程跟进、绩效评估。

推动成渝两地律师资源互动、加强成渝两地律师交流，定期交流应当由两地律协协同牵动，以板块化的主题交流会的形式进行经验交流和案例分享，让律师更深入地了解法律服务，特别是公共法律服务案件受理、承办、结案、归档各阶段的程序及注意事项；还可以通过微信群、QQ 群等线上途径实时进行不定期交流。成都、重庆充分利用对方的现有平台资源，轮流地联合召开"一带一路"律师参与公共法律服务合作论坛、中国自贸试验区律师参与公共法律服务制度共建法律论坛。此外，还应当充分整合两地高校的法学教育资源，共建专业律师教育培训平台，联合开办律师人才培训班，铸造在国家层面甚至国际层面都具有影响力的法律服务协同发展新窗口。

2. 协同构建统一质量评价体系。成渝地区统一的律师参与公共法律服务质量评价体系是确定服务质量各种水平线的前提，也是成渝律师参与公共法律服务的奖惩机制、退出机制建设的基础，更是连接服务供给与接受者有效互动的桥梁。结构科学、内容完备的质量评价体系将为律师提供高质量公共法律服务提供行动导向与规范标准，质量评价体系的缺失会导致律师提供公共法律服务呈现盲目且混乱的局面，也不利于系统化促进律师更加规范、专业地参与公共法律服务。

评价机制的核心内容为评价主体、评价内容、评价结果及相对应的衔接机制。评价主体不应单一而应多元，同时还应注重协调各主体对评价结果的影响力。首先，应当坚持人民主体的思维，以广大人民群众即服务接受者作为首要评价者，建立群众满意度测评指标体系；其次，政府对公共法律服务具有天然的指导和监管职责，由此政府也应作为评价主体，在评价机制的实施中履行指导、监管职责；再者，还应探索建立第三方质量评估机制，以专业化、规范化、公正化的第三方作为评价主体多元构成的一隅。就评价内容而言，应当以两地统一的公共法律服务清单内容、服务标准、公共法律服务规范作为评估基础，针对律师具体参与的公共法律服务内容，将服务内容质量与服务程序质量同时纳入考察范围；此外，评价结果体系构筑应当充分考量后续的质量监督、奖惩等衔接机制，应对评估结果进行等级划分，以此确定对参与公共法律服务的律师进行奖励、惩处、退出等内容，确保律师提供优质高效的公共法律服务。助力两地律师队伍建设实现高质量发展。

（四）协同夯实律师服务基础保障

1. 统一经费补贴规范、持续增强经费保障。如前文所述，当前成渝两地经费保障的差异化已然成为阻碍成渝地区实现律师所提供的公共法律服务资源畅通共享的现实壁垒，因此，为充分调动成渝地区律师跨区域提供公共法律服务的积极性，夯实成渝律师便捷提供公共法律服务的经费保障，必须统一成渝两地律师提供公共法律服务的经费补贴相关规范。

首先，成渝两地应以目前的《重庆市法律援助办案经费管理办法》为蓝本，坚持立法协同、标准统一，出台《成渝地区法律援助办案经费管理办法》，统一设计针对不同案情、不同诉讼阶段的差异化补贴标准，细化律师提供其他类型的法律帮助活动的经费补充标准，告别笼统立法模式，同时还应加强对经费的监督与管理，将律师经费补贴纳入同级财政予以规范并保障，提供经费补贴资金的利用效益与透明度，让经费补贴向切实提供优质公共法律服务的律师适度倾斜。其次，成渝两地应协同完善公共法律服务价格形成机制，根据客观市场经济的变化对经费补贴标准作出合时宜的调整，防止经费补贴滞后于法律服务收入增长水平，当前两地先行有效的经费补贴相关规定均出台于"十二五"规划末期，而如今我国已步入"十四五"规划的开端之年，国民人均可支配收入较之七年前已增长了59.54%，因此为实现有效市场与有为政府的高效结合，必须适度提高相应的补贴标准才能更好地完善律师提供公共法律服务的经济保障。最后，成渝两地政府应持续扩大购买公共法律服务的范围与规范，持续加大经费补贴支出，体现对律师参与公共法律服务的重视，统筹财政补贴资金向在欠发达地区提供公共法律服务的律师群体倾斜，同时要引导社会公益资金的加入以扩充经费来源，两地律协可牵头成立成渝律师提供公共法律服务专项基金，为在成渝两地跨区域提供公共法律服务的律师提供额外的经费补贴，从而构建起完善的经费保障网络。

2. 协调信息科技建设、持续创新科技保障。信息技术在法律服务领域的高效运用可有效解决传统公共法律服务模式下所具备的可及性欠缺、时效性不高、供给不均的弊端，创新律师提供公共法律服务的供给模式，为构建全时空、全业务公共法律服务网络体系按下"快进键"。法律科技的协同创新系实现成渝地区公共法律服务体系协同创新的重点工程，唯有两地相互借鉴智慧司法建设的成功经验，协力推进法律科技的同步创新，合力打造成渝智能化公共法律服务云平台，才能为成渝律师畅通提供公共法律服务提供扎实的科技保障。

首先，成渝应实现信息化建设投入的协同化。如前所述，当前成渝两地的信息建设存在着差异之处，具体表现为两地司法行政机关信息化建设财政支出资金规划的不同，重庆市 2022 年一般公共财政中的信息化建设预算为 1740 万元（占一般公共预算财政拨款总支出的 17%），而成都市司法局目前尚未将信息化建设作为一项单独的科目纳入同级财政规划范畴，这使得川渝地区政府运用财政资金进行公共法律服务信息化建设的透明度不足，缺乏可预测性与约束力，也造成了当前两地信息化建设力度的差异。因此成都市乃至四川省应参照重庆市的立法经验，尽快完善财政资金利用规划，将信息化建设纳入同级财政予以规范与保障。其次，成渝应坚持平台共筑。持续推进法律科技与律师服务的深度融合，推动以"重庆律师网上服务大厅"与成都"华律网"为代表的两地智能律师服务平台的深度对接与融合升级，并以此为依托探索"成渝律师法律服务云中心"的建立，共建两地法律服务律师资源库，实现成渝两地律师法律服务信息数据的互通共享，打造全国领先的区域性律师法律服务智能云中心。最后，成渝应坚持创新同研。打造成渝智能化律师服务产业园，共同研究法律科技创新的各种难题，开拓律师提供公共法律服务的智能化多元产品，加大对欠律师资源区律师智能服务产品的投放，力争在"十四五"时期实现成渝地区律师智能服务产品的全覆盖，使成渝居民能切实感受到法律科技创新所带来的便利与温暖，推动成渝律师参与公共法律服务形式的转型升级，为完善成渝公共法律服务体系网络贡献律师力量。

数据公益捐赠所得税扣除的理论证成与制度构想

曲君宇[*]

摘　要	数字经济的高质量发展需要以数据的充分共享作为支撑，而数据公益捐赠所得税扣除作为我国对数据共享路径的新探索，可以利用信息工具理论、正外部性理论和税收公平原则分别从数据应当被共享、公益捐赠应当被激励以及所得税扣除应当公平三个方面实现理论证成。针对数据公益捐赠所得税扣除在沿用传统公益捐赠所得税扣除基本制度框架时因要素特性差异而产生的实践困境，可以通过厘清客体范围、制定评估规则、优化利用机制、革新监管机制等方式加以克服，继而确保其制度构想更具可行性。数据公益捐赠所得税扣除的提出既是为了从生产正义的维度促进数据资源的物尽其用，也是为了从分配正义的维度加快数据红利的公平分享，进而助力在我国早日实现共同富裕。
关键词	数据；公益捐赠；数据共享；所得税扣除；共同富裕

一、数据公益捐赠所得税扣除的提出

数字经济的蓬勃发展使得作为其核心驱动力的数据开始受到社会的广泛重视，人们赫然发现数据就像一个神奇的钻石矿，它的真实价值就像漂浮在海洋中的冰山，我们之前看到的只是冰山一角，而绝大部分仍隐藏在表面之下。[1] 正因如此，作为对其价值性的认可与回应，中共中央十九届四中全会已将数据列为重要的生产要素。然而数据不同于其他生产要素，其具有数量庞大、时效性强、价值密度低等特点。这意味着单个数据或者数据孤岛并不能实现社会应用，其价值

---

[*] 曲君宇，西南政法大学 2019 级经济法学博士研究生，主要研究方向为数据法学、财税法学。
本研究报告系 2021 年度"西南政法大学成渝地区双城经济圈公共法律服务人才培养协同创新团队专项课题"（项目号：TDZX-2021009）资助成果。本研究报告的部分内容已发表于《税务研究》2022 年第 11 期。

[1] [英] 维克托·迈尔-舍恩伯格、肯尼斯·库克耶：《大数据时代》，盛杨燕、周涛译，浙江人民出版社 2013 年版，第 134 页。

必须通过共享形成数据链条,再通过现代科技加工、利用才能最大限度地发挥出来。[1] 换言之,要最大程度地发挥数据的价值,根本在于促进其共享。但有利益的地方就有纷争,"大数据现在代表一种核心经济资产,它能够为企业带来显著竞争优势并驱动创新和增长。为取得或维持竞争优势,企业将拥有强烈的激励去限制竞争对手访问该等数据集,阻碍他人分享该等数据集,并且很可能反对威胁其数据竞争优势的数据可移植性政策"。[2]

事实上,目前我国企业尤其是平台型企业对于数据的争夺呈现愈演愈烈的态势,如"头腾大战""顺丰菜鸟之争""微博诉脉脉案"等龃龉事件层出不穷,这种过度竞争损害了社会整体利益,已经对数字经济的高质量发展造成了严重威胁。为抑制数据独占现象的不断蔓延,李克强总理在2021年国务院政府工作报告中指出,我国不仅要支持平台企业创新发展,也要强化反垄断和防止资本无序扩张,以坚决维护公平竞争的市场环境,国务院办公厅也随之于2021年12月21日公布了《要素市场化配置综合改革试点总体方案》,提出要探索建立数据要素流通规则。在此背景下,如何打破数据孤岛,进而使数据要素得到充分合理的共享,已成为我国亟待解决的难题。

针对上述问题,学界已尝试提出了诸多解决之道。例如,有学者提出可以通过健全数据交易机制促进数据的共享[3],也有学者提出可以利用必要基础设施原则打破数据垄断[4],甚至有学者提出可以采用数据国有化的方式直接从根本上消除数据共享的权属障碍。[5] 但现实中这些方案或因理论基础稍显薄弱,或因实践方案略有瑕疵,抑或二者皆齐备然而适用情形相对狭窄,所以都未能完全破解数据共享难题。除此之外,也有部分学者从国家税收的角度出发,提出可以通过"数据课税"的方式解决因数据要素分配不均引发的市场竞争失衡问题。[6] 对此笔

---

[1] 京东法律研究院:《欧盟数据宪章——〈一般数据保护条例〉GDPR评述及实务指引》,中信出版社2019年版,序,第1页。
[2] [美]莫里斯·E. 斯图克、艾伦·P. 格鲁内斯:《大数据与竞争政策》,兰磊译,法律出版社2019年版,第48—49页。
[3] 徐玖玖:《数据交易法律规制基本原则的构建:反思与进路》,载《图书馆论坛》2021年第2期。
[4] 孙晋、钟原:《大数据时代下数据构成必要设施的反垄断法分析》,载《电子知识产权》2018年第5期。
[5] 张玉洁:《国家所有:数据资源权属的中国方案与制度展开》,载《政治与法律》2020年第8期。
[6] 邓伟:《数据课税理论与制度选择》,载《税务研究》2021年第1期。

者认为，税收是国家对经济实施干预的重要手段，其不仅承担着筹集公共财政收入的功能，也兼具调节资源分配和引导产业发展的职责。而且相比其他的国家干预形式而言，以税收为形式的国家干预在手段上通常表现得更为间接、柔和，所以能最大限度地减少对市场自主性造成的不良影响。具体到"数据课税"而言，一方面数据作为能通过多种形式产生经济利益的稀缺资源具有经济上的可税性[1]，另一方面数据作为被数据控制者占有并用以取得收益的客体具有法律上的应税性[2]。综上说明，"数据课税"作为一种全新的解决方案具有其相应的合理性。但一切预设的偏见并非一望而知的——"数据课税"的实施效果也未必会向人们所期望的方向发展。虽然其带来的税负增加可能会间接督促数据控制者共享其数据，但也不排除会导致数据控制者在自利取向下变本加厉地独占数据并攫取利益，毕竟其功能重在对数据产生的收益进行再分配，而非对数据本身的处分作出直接引导。因此，为避免激化市场矛盾进而对新经济、新业态造成负面影响[3]，对于"数据课税"是否可行，如何开征，我国仍要作认真地考察与衡量。

虽然在"包容审慎"立场下"数据课税"暂时难以被快速推进，但其运用财税工具进行破题的思路却极富参考价值。有鉴于此，笔者在其基础上另辟蹊径，提出通过数据公益捐赠所得税扣除的方式，激励数据控制者对数据进行共享，不失为一条可满足多方主体各自需求的共赢之道。所谓数据公益捐赠所得税扣除是借鉴传统的公益捐赠所得税扣除而来，指数据控制者公益捐赠自己所占有的数据使其为社会所共享，国家则根据受赠数据所认定的经济价值给予相应的所得税扣除优惠以表示鼓励和支持。与"数据课税"相比，数据公益捐赠所得税扣除的优势在于其直接对数据处分行为作出引导，因而要素配置功能更加显著。且其强调"赋权"而非"限权"，所以更易被数据控制者所遵从，毕竟在行为塑造方面，激励比惩罚更有效果。由于该制度构想暂未被学者提出，故而有必要对其正当性和可行性进行严格论证。因此，笔者尝试以信息规制理论、正外部性理论、税收公平原则为依据，从数据应当被共享、公益捐赠应当被激励以及所得税扣除应当公平三个方面对数据公益捐赠所得税扣除的正当性进行理论证成。同时，数据公益捐赠所得税扣除虽然可以沿用传统公益捐赠所得税扣除的基本制度框架，但绝不可照搬照抄，否则将因捐赠客体之间的要素特性差异导致许多实践困境，而只有

---

[1] 傅靖：《关于数据的可税性研究》，载《税务研究》2020年第8期。
[2] 周坤琳、李悦：《论数据交易的征税理据》，载《税收经济研究》2020年第6期。
[3] 杨志勇：《数字资产税征收的国际实践与我国的政策建议》，载《经济纵横》2020年第11期。

通过厘清客体范围、制定评估规则、优化利用机制、革新救济程序等方式对传统框架加以修正适用,才能确保数据公益捐赠所得税扣除更具可行性。作为我国对数据要素共享路径的新探索,数据公益捐赠所得税扣除的提出,一方面是为了从生产正义的维度促进数据资源的物尽其用,另一方面则是为了从分配正义的维度加快数据红利的公平分享,进而助力共同富裕在我国的早日实现。

二、数据公益捐赠所得税扣除的理论证成

任何制度方案都不能被凭空提出,而必须有扎实的理论基础为其提供正当性来源,数据公益捐赠所得税扣除也不例外,其理论依据可具体由信息工具理论、正外部性理论以及税收公平原则加以搭建。

(一)信息工具理论对数据公益捐赠所得税扣除的证成

信息工具又称信息规制工具,是指规制机关围绕信息展开的一系列规制措施的总称。[1] 在现代社会,信息质量和信息数量已成为影响决策的决定性因素之一,故而利用信息工具提供和筛选信息[2]以改善各方主体的决策质量对社会整体效率提升而言至关重要。然而信息工具可以分为直接型信息工具和间接型信息工具两种类型,二者功能各有侧重,如果适用错误也可能产生适得其反的影响。[3] 所以,对信息工具的选择应充分考虑信息公益程度、各方主体态度等多重因素。回归到将数据公益捐赠所得税扣除作为信息工具解决数字经济市场中的信息失灵的正当性问题上,首先应加以明确的前提是,新时代数据已经成为信息最重要、最主流的载体,所以对数据的规制本质上就是对信息的规制。此后应分两步进行考察。第一步,判断是否要在数字经济市场中适用信息工具。对此,而在我国,随着"BATT"(指百度、阿里巴巴、腾讯和字节跳动)平台流量分发通路格局的形成,数据向平台型企业集中的现象已日趋严重,这意味着利用信息工具增加数据供给以破除数据壁垒进而提升行业竞争活力是有必要的。第二步,探究数字经济市场中应选择何种信息工具。通过分析可知,数据的经济价值虽大,辅助决策能力虽强,然而数据控制者对其的获取和占有也需要花费高昂成本,若采用直接型信息工具进行规制,必然会遭到数据控制者的强烈抵触,进而引发数

---

[1] 张效羽:《互联网分享经济对行政法规制的挑战与应对》,载《环球法律评论》2016年第5期。
[2] [英]安东尼·奥格斯:《规制:法律形式与经济学理论》,骆梅英译,中国人民大学出版社2008年版,第123页。
[3] 应飞虎、涂永前:《公共规制中的信息工具》,载《中国社会科学》2010年第4期。

产出减少的风险。况且在多数情况下，数据在市场中的流通与使用并不关涉竞争公平以外的其他公益，而采用直接型信息工具对竞争公平造成的影响尚无定论，未必不会对正常的市场机制造成破坏。相比之下，数据公益捐赠所得税扣除作为间接型信息工具则是以激励引导为主，尊重市场主体的意思自治，数据控制者可以自主决定是否进行公益捐赠其所占有的数据，如其选择捐赠时可以享受相应的所得税扣除优惠，避免了上述市场失灵的风险，成为更优选择。因此，通过利用信息工具理论进行分析可知，数字经济市场有必要通过信息工具进行规制，但应选择强制力较弱、市场友好度较高的间接性信息工具，而数据公益捐赠所得税扣除正是其中较为妥善的选择，其不仅有利于打破数据壁垒，破解市场竞争中的信息不对称难题，还可以激励市场主体加强公平竞争意识，从而形塑具有充分竞争和公平竞争氛围的数字经济市场。

（二）正外部性理论对数据公益捐赠所得税扣除的证成

正外部性是外部性中的一种，其概念来源于经济学，指某一主体的行为给予了其他主体以无须补偿的收益。[1] 目前，已经有学者从法学权利义务关系的角度对这一概念的本质作出了新的诠释："正外部性是一个经济主体将可由自己行使的权利主动或被动'让渡'给他人且未施加任何义务。"[2] 这种各方主体之间权利、义务的失衡不符合社会大众对基本伦理和法律认知，若不及时作出调整，一方面会导致正外部性"供体"怠于履行其自觉附加的额外义务，另一方面也可能造成正外部性"受体"轻视且不珍惜来之过易的权利。通过涵摄可以发现，数据公益捐赠行为具有明显的正外部性。因为在我国目前的政策背景下，数据控制者所占有的数据并不会被强制共享，其可以自主处分数据并在此过程中获得不菲收益。所以当数据控制者基于利他的"道德人"立场而非利己的"经济人"立场将数据进行公益捐赠以使其为社会所共享时，其行为给自身利益带来了实质性损害，使社会整体受益。而"法律的目的是平衡个人利益与社会利益，实现利己主义和利他主义的结合"[3]，并为在法律支配下的人们提供将外部性较大的内在化的激励。既然数据捐赠者实施了公益捐赠这一正外部性行为，便有理由期待相应的激励。而之所以采用所得税扣除方式，则是由于通过"庇古税"调节私人成本

---

[1] [美] 保罗·萨缪尔森、[美] 威廉·诺德豪斯：《经济学》（第十六版），萧琛等译，华夏出版社第1999年版，第263页。
[2] 胡元聪：《正外部性的经济法激励机制研究》，人民出版社2021年版，第41页。
[3] 张文显：《二十世纪西方法哲学思潮研究》，法律出版社2006年版，第108页。

与社会成本的差距，消弭正外部性，实现资源的优化配置，在国内外已经较为普遍，它规避了强制性捐助可能带来的灾难性后果，促使行为人能够聪明地行善，而所得税扣除正是各类"庇古税"中应用较为成熟的一种。例如，《中华人民共和国企业所得税法》（以下简称《企业所得税法》）自2008年实施起就列有公益捐赠所得税扣除之规定，后续的修正又多次涉及该部分内容，这反映出我国在所得税扣除优惠的运用方面已经具备了丰富的实践经验。另外与财政补贴相比，所得税扣除环节少，操作简便，而且方式灵活，故而也更方便数据捐赠主体自主控制捐赠的规模、种类等。因此，根据正外部性理论，我国应当对数据公益捐赠主体给予一定的所得税扣除优惠，以激励其在获得相应补偿后继续捐赠自己所占有的数据，进而形成"捐赠→扣除→再捐赠"的良性循环，这不仅能快速提升我国公益事业的规模，更有助于在大众心中扎下公益的"种子"，使公益正能量在全社会得到广泛的传递与弘扬。

（三）税收公平原则对数据公益捐赠所得税扣除的证成

税收公平是社会公平的重要内容，其作为一项基本原则目前已经被现代国家所广泛接受。从内涵上看，税收公平具有横向公平和纵向公平两个面向。其中税收横向公平是指"税法面前人人平等"，即处境及行为相同的纳税人应当受到税法的平等对待。税收纵向公平是指国家在征税时考虑纳税人的真实处境，并以此作为衡量纳税人缴纳税赋多寡的依据。[1] 二者虽然侧重点各有不同，但都强调"缴其应缴"，所以任何税收制度改革方案的提出都应确保对二者的允执厥中，否则将会因违背纳税人根植于内心的价值共识而难以获得其真心遵从。具体到数据公益捐赠所得税扣除而言，一方面，使数据公益捐赠享受与其他财产形式的公益捐赠相同的税收优惠促进了税收横向公平。如果说2017年《企业所得税法》关于允许公益捐赠支出结转扣除的修改[2]，使不同时期内进行过公益捐赠的纳税人获得同等对待，从"时间"维度维护了税收形式公平，那么将数据纳入公益捐赠所得税扣除的客体范围，使公益捐赠不同形式财产的纳税人获得同等对待，则从"空间"维度维护了税收的形式公平。毕竟在市场经济中，财产外在的表现形式并不重要，重要的是其内蕴的经济价值，而数据所具有的经济价值与其他财产

---

[1] 胡元聪、曲君宇：《数字人民币对税收正义的影响研判及因应对策——以涉税信息利用为切入点》，载《税务研究》2021年第5期。

[2] 《企业所得税法》第9条规定："企业发生的公益性捐赠支出，在年度利润总额12%以内的部分，准予在计算应纳税所得额时扣除；超过年度利润总额12%的部分，准予结转以后三年内在计算应纳税所得额时扣除。"

形式并无差异，所以其应当被划定为享受所得税扣除优惠的公益捐赠客体。另一方面，给予实际处境发生恶化的数据公益捐赠主体以更优对待符合税收纵向公平。在税基理论中，公益捐赠得以享受所得税扣除之理由是捐赠主体无须为其已不再享有的捐赠财产缴税。[1] 该理论在捐赠客体具有排他属性时可以被直接适用。但其在证成数据公益捐赠所得税扣除正当性时的可能反驳在于数据具有强复用性[2]，这使得捐赠主体的使用和收益权利并不因捐赠完全丧失。然而由阿罗信息悖论可知，数据经济价值的重要支撑在于其稀缺性[3]，捐赠带来的共享会使数据的稀缺性丧失，由此将使捐赠主体的权利有所减损。换言之，当数据公益捐赠主体的实际处境较捐赠前发生了恶化，其有权通过所得税扣除的方式对私人损失加以部分填补。因此，无论从税收公平原则的哪个面向看，我国都应当给予数据公益捐赠主体一定的所得税扣除优惠，以确保其承担与自身处境相匹配的合理税负，这不仅有助于提升税收体系的公平性，更可以促进我国第三次分配协调配套基础性制度安排的完善与健全。

总之，无论是从信息工具理论、正外部性理论还是税收公平原则为切入点来看，允许数据公益捐赠进行所得税扣除都具备正当性。首先，数据公益捐赠所得税扣除充分发挥了间接型信息工具的优势，在肯定数据具有重要价值的前提下，既通过税收优惠促进了数据的共享，保障了信息获取的对称，同时又将决策权留给了数据控制者，避免对市场机制造成严重冲击，因而契合数字经济市场的治理需求。其次，数据公益捐赠所得税扣除不仅从物质层面对数据公益捐赠主体因公益行为导致的权利减损作出了弥补，更从精神层面对数据公益捐赠主体的公益行为作出了肯定性评价，实现了对公益正外部性行为的有效激励，使"供体"与"受体"间原本失衡的权利义务关系归于正轨。最后，数据公益捐赠所得税扣除拓展了公益捐赠所得税扣除的广度与深度，使数据公益捐赠主体获得了与其他公益捐赠主体一视同仁的对待，并可以根据自己的实际处境"量能负担"地缴纳税负，促进了税收体系公平性的进一步提升。综上，信息工具理论、正外部性理论和税收公平原则分别从数据应被共享、公益捐赠应被激励以及所得税扣除应当公平三个方面为数据公益捐赠所得税扣除提供了正当性基础。而正当性的确立意味

---

[1] 葛伟军：《公司捐赠的慈善扣除美国法的架构及对我国的启示》，载《中外法学》2014年第5期。

[2] 叶秀敏、姜奇平：《论生产要素供给新方式——数据资产有偿共享机理研究》，载《财经问题研究》第12期。

[3] 郑佳宁：《经营者信息的财产权保护》，载《政法论坛》2016年第3期。

着在理想化状态下，数据公益捐赠所得税扣除既可以减轻部分"良心"企业的税收负担，使其能够轻装上阵，为社会创造更多财富。也可以为部分"求数据而无门"的企业提供亟须的生产要素，使其在市场中获得公平的竞争机会。还可以利用受赠数据创造一定收益并用于公益活动，以缩小贫富差距，消除经济上的两极分化，这对我国共同富裕目标的实现具有多重意义。当然，数据公益捐赠所得税扣除的证成不仅需要为其提供理论层面的正当性，还应使其具备实践层面的可行性，这样才能确保其实施效果可以接近甚至达到理想化状态，因此尚需考察其实践中可能存在的困境并进行解构，以便提出切实可行的制度构想。

三、数据公益捐赠所得税扣除的实践困境

数据公益捐赠所得税扣除虽然是传统公益捐赠所得税扣除之延伸，以至于其可以当然地沿用其基本的制度框架，但鉴于数据有着与传统捐赠客体所不同的要素特性，因此在沿用过程中会不可避免地出现以下现实困境。

（一）数据公益捐赠所得税扣除的客体范围不清

数据公益捐赠所得税扣除与传统公益捐赠所得税扣除的根本区别在于其客体是数据而非传统财产，但这并不意味着捐赠人公益捐赠任何数据后都可以享受所得税扣除优惠。因为不同类型的数据公益捐赠后所产生的社会效果是不同的，只有有益于社会的数据公益捐赠才应当获得相应税收优惠，而判断其是否有益于社会的关键在于受赠数据有无可捐赠性。可捐赠性包括法律上的可捐赠性和经济上的可捐赠性，其中法律上的可捐赠性指的是该客体在法律上被允许捐赠，由于《中华人民共和国民法典》（以下简称《民法典》）规定，"人格权不得放弃、转让或者继承"，而个人信息又属于人格权的范畴，以此推论，蕴含个人信息的数据似乎不得被捐赠，而此类数据可能恰恰蕴含着最为丰富的利用价值。所以对其能否被捐赠应仔细斟酌。经济上的可捐赠性则是指捐赠客体的经济价值足以被社会所认可——这一点在公益捐赠的客体是传统财产时几乎不需要被考虑。因为如果是货币，则其本身就是度量市场价值的工具；而若是除货币外的其他传统财产，由于市场流通较为广泛，价值认定也会相对直观，并且即便受赠人不需要该受赠财产，也可以很方便地将其变现。但当公益捐赠的客体变为数据时社会却难以较为直观地判断其经济上的可捐赠性。这是因为一方面，若将"数据"看作"以电子载体形式承载的具有特定含义的信息"，会发现有些数据因为其本身表达的信息无意义而并不具备经济价值，例如，一份写满乱码的电子文档。当然这种类型的数据只是极少数，更多则是其虽然在"质"上具有经济价值，但从"量"上又十

分微小甚至可以被忽略不计，需要形成规模聚集效应也就是"大数据"后才能清晰体现。[1] 另一方面，不同数据的市场需求度也有所差异。在各类数据中受赠人自身需要的可能只有其中一小部分[2]，其余的受赠数据必须重新投入市场以满足其他市场主体的需要。然而由于目前数据质量标准尚不统一，相关市场建设也不完善[3]，导致国家难以筛选出哪些数据是社会所亟须的。因此，我国想要推行数据公益捐赠所得税扣除，首要步骤就是根据可捐赠性标准对其客体范围进行厘清。

（二）数据公益捐赠所得税扣除的价值评估困难

如前文所述，对于大部分数据而言其经济价值只有"量"的差距而没有"质"的区别，所以如果暂且抛开成本收益分析不谈，相比对其经济上的可捐赠性造成的些许影响，受赠数据的价值评估难题更会对其所能具体扣除的所得税税额的认定造成巨大障碍。毕竟基于公益捐赠的客体不同，其所得税扣除的流程也会相应地有所区别。如果是货币捐赠，可以直接按照捐赠数额给予捐赠者税收优惠。如果是非货币捐赠，则需要先评估其经济价值再根据认定的数额给予捐赠者税收优惠[4]，很显然，数据公益捐赠属于后者；而一旦要通过评估机制衡量受赠财产的经济价值，就不可避免地会引发评估失灵的风险，进而给不法投机者创造套利空间。事实上，在部分国家非货币公益捐赠所得税扣除中"滥用估价"的现象正在普遍发生，例如，美国财政部的一份报告曾指出，1982年美国联邦纳税申报单上报告的所有非现金慈善捐款比其实际价值总共高估了9%。[5]

为此，这些国家也一直在尝试通过各种措施确保评估的准确性以最终制止"滥用估价"现象，但由于非货币财产的价值评估具有复杂性[6]，这些措施的成效仍有待研判；而相比于其他非货币财产，对数据的价值评估则更加有难度。这一方面是因为我国目前尚未给数据订立明确的价值评估标准，实践中市场标准、成本标准、收益标准等评估标准的运用相对混乱，以至于不同评估机构给出的评

---

[1] 高富平：《数据流通理论数据资源权利配置的基础》，载《中外法学》2019年第6期。

[2] 根据最新统计，我国数字经济产业共计可以分为9个大类，43个中类，而其中涉及的数据种类则显然更加数不胜数。参见吴翌琳、王天琪：《数字经济的统计界定和产业分类研究》，载《统计研究》2021年第6期。

[3] 何玉长、王伟：《数据要素市场化的理论阐释》，载《当代经济研究》2021年第4期。

[4] 周波、张凯丽：《促进慈善捐赠的企业所得税政策探析》，载《税务研究》2020年第5期。

[5] MCLAUGHLIN N. A, *Increasing the tax incentives for conservation easement donations a responsible approach*, Ecology law quarterly, 2004 (1), p. 1-116.

[6] 朱大旗：《完善股权与不动产公益性捐赠税收优惠制度》，载《中国民政》2016年第4期。

估理由乃至评估价格千差万别，进而导致评估结果公信力较低。另一方面则是由于数据具有复用性特征，捐赠人公益捐赠数据后仍能对受赠数据予以保留，这使得在数据公益捐赠中可能会出现受赠数据权益不完整的问题，进而阻滞对其价值的正确评估。受赠数据估价的失灵除了会导致税收不公外，还可能造成其他一些负面影响，如果估价过高，捐赠者将享受超过实际捐赠价值的所得税扣除优惠，国家财税收入可能会因投机盛行而遭到减损，不法捐赠者也会借此获得额外的不正当竞争优势。反之，捐赠者将享受不到合理的所得税扣除优惠，继而导致制度目标所预期的激励效果无法达成。因此，在数据公益捐赠所得税扣除的推行过程中，应着重解决公益捐赠数据的价值评估难题。

（三）数据公益捐赠所得税扣除的利用机制模糊

提出数据公益捐赠所得税扣除制度构想的初衷是为了打破数据孤岛，促进数据的充分共享，所以对于受赠的数据不能一收了事，而应更加注重对其的合理利用，尽量使其在实现公益性目的同时为社会创造更大效益。但就目前的情况看，想要合理利用受赠数据并非易事，因为在相关机制的设计上可能将会面临两点争议。第一个可能面临的争议在于谁才是适格的受赠人。根据《中华人民共和国公益事业捐赠法》（以下简称《公益事业捐赠法》）的规定，我国公益捐赠中的适格受赠人有三类，即依法成立的公益性社会团体、公益性非营利的事业单位、县级以上人民政府及其部门。由于在传统公益捐赠中对受赠财产的利用相对简单，所以这几类受赠人大多都能胜任该职责。然而当公益捐赠的客体变为数据后，他们作为受赠数据权益的享有者，是否还能承担得起合理利用受赠数据的重任？毕竟数据不同于传统财产，对其的利用需要具备一定专业知识的人员。例如，当受赠人想自行处理数据，其就需要有明确的数据处理目的、相应的数据处理设备及处理人才等，而这些恰恰是大多数受赠人所不具备的。如果由不具专业能力的受赠人决定受赠数据的利用，就可能会导致明珠蒙尘。第二个可能面临的争议是受赠数据应有偿还是无偿地投向市场。如上文所述，受赠数据除了少数用来满足受赠人自身所需外，其余的都将重新投入市场以满足其他市场主体的需要。但究竟应该采取何种模式将受赠数据投向市场呢？通常认为，公益事业首先要具备非营利性特征[1]，按照此观点，受赠数据似乎理所应当地被无偿投向市场以供各个主体共享利用。然而，数据公益捐赠所得税扣除之公益性的本质不仅在于捐赠者的公益捐赠行为实现了受赠数据从私主体到公共主体的转换，使具体

---

[1] 单飞跃、范锐敏：《公益法律本质论》，载《江淮论坛》2012年第6期。

的公共利益增加，更在于其通过促进数据共享保障了市场机制的良性运行，提升了抽象的公共利益。但如果将受赠数据无偿投向市场，可能会使许多市场主体"不劳而获"，形成公地悲剧，进而损害市场竞争的公平性，这样反而使其与促进公共利益的目的背道而驰了。因此，我国应当审慎设计数据公益捐赠所得税扣除的利用机制。

（四）数据公益捐赠所得税扣除的监管机制失效

人所固有的认知局限性和自利性决定了一种制度无论如何设计都会有漏洞可钻，更少不了想钻漏洞的人，而这就需要通过监管加以制约。然而由于几个实践难点的存在，数据公益捐赠所得税扣除的监管机制可能面临失效。首先是监管体制构建的难题。在公益组织的监管体制选择方面，世界各国虽各有不同，但基本可分为统一监管和分散监管两种。我国原采用分散监管体制，即由民政部门和公益组织的业务主管部门进行双重监管，但其由于运行低效已逐渐退出历史舞台，所以目前我国主要是由作为其登记受理机关的民政部门单独负责对公益组织进行监管。然而统一监管体制虽然提高了监管效率，却也导致了监管部门的专业性不足及执法能力弱[1]，尤其是数据公益捐赠所得税扣除中将可能会涉及个人信息侵权、商业秘密侵权、骗取税收优惠、非法处分受赠数据等诸多领域的复杂问题，这就更加剧了统一监管的困难程度，故而需要想办法加以克服。其次是监管工具失灵的难题。我国对社会公益组织的监管主要是通过刚性监管方式即行政许可、行政命令、行政检查等依靠政府权威和相对人服从来发挥作用，该方式虽然具有反应快、可强制等优点，但也免不了会引发权力寻租、效果不佳等"监管失灵"现象[2]，随着社会经济、文化环境的日趋复杂，其已经愈发无法满足传统公益组织监管的需要。此时若将该方式直接应用于对新兴的、专业性更强的数据公益捐赠所得税扣除的监管中，则势必更难发挥作用，故而要尽快对监管方式加以更新。最后是法律责任负担的难题。虽然我国对数据公益捐赠所得税扣除中可能涉及的各类违法行为都规定了较为完备的法律责任，进而确保了监管的威慑力。但事实上某一违法犯罪行为发生在不同情形下其恶性程度可能存在巨大差异，例如普通侵权和见义勇为行为中的侵权，追责也应有所区别。而数据公益捐赠与见义勇为一样具有正外部性，如果不对捐赠人的某些可能的违法行为加以适当宽恕，

---

[1] 胡小军：《〈慈善法〉实施后慈善组织监管机制构建的挑战与因应》，载《学术探索》2018年第4期。

[2] 陈思融：《政府规制社会公益组织的工具选择》，载《天津行政学院学报》2013年第3期。

即便有所得税扣除优惠的正向引导，捐赠人的积极性仍会受到抑制，而这都需要通过后续的规则创新加以解决。因此，我国应当为数据公益捐赠所得税扣除构建行之有效的监管机制。

四、数据公益捐赠所得税扣除的制度构想

上述实践困境说明，数据公益捐赠所得税扣除并不能教条式地移植传统公益捐赠所得税扣除的制度设计，而应当根据数据特性对传统制度框架作针对性修正以使其适用于新场景，提出的具体制度构想如下。

（一）明确数据公益捐赠所得税扣除的客体范围

由于数据的范畴过于庞大，因此笔者认为应以是否符合可捐赠性为主要考量依据，兼顾税收征管的成本收益分析等因素，通过逐步限缩的思路对数据公益捐赠所得税扣除的客体范围进行界定。具体而言，首先，建议我国将数据公益捐赠所得税扣除的客体限缩在匿名化数据的范围内，而将蕴含个人信息的数据排除在外。原因正如上文所述，既然具有人格权属性的个人信息数据不得放弃、转让或者继承，那么公益捐赠作为转让形式的一种，自然也在禁止之列。这既是对法律所划定之不可逾越红线的严格执行，也是对尊重与保障人权理念的深入贯彻。当然，对此可能的争论是数据的各项权能可以适度分离，公益捐赠可以是仅捐赠对其的处理权而非所有权。根据《民法典》第 993 条的规定，"民事主体可以将自己的姓名、名称、肖像等许可他人使用，但是依照法律规定或者根据其性质不得许可的除外"，这说明个人信息数据的许可使用是被允许的[1]，而捐赠其处理权也相应地具有合法性。此观点颇具说服力，但即便如此，个人信息数据又该由谁进行公益捐赠并享受所得税扣除优惠呢？如果由个人信息数据的所有者即个人进行捐赠，则捐赠的数据过于零散，难以形成有效地集合利用，不完全符合经济上的可捐赠性，同时还会造成高昂的税收征管成本。如果由个人信息数据的控制者即企业进行捐赠，则不符合法律上的可捐赠性[2]，同时还会违背经济实质原则，造成所得税扣除受益人与真实捐赠人不一致。因此经综合分析，暂时将数据公益捐赠所得税扣除的客体限缩在匿名化数据的范围内较为合理。值得注意的是，由

---

[1] 王利明：《〈民法典〉人格权编的立法亮点、特色与适用》，载《法律适用》2020 年第 17 期。
[2] 根据 2003 年财政部《关于加强企业对外捐赠财务管理的通知》第 4 条的规定，"企业生产经营需用的主要固定资产、持有的股权和债权、国家特准储备物资、国家财政拨款、受托代管财产、已设置担保物权的财产、权属关系不清的财产，或者变质、残损、过期报废的商品物资，不得用于对外捐赠"，据此，个人信息数据即属于企业不得对外捐赠所列。

于个人信息数据是数据开发与利用板块中不可或缺的关键一环，具有重大价值，若未来个人与企业就其公益捐赠事宜达成广泛一致，则可将其再纳入数据公益捐赠所得税扣除客体范围内。其次，建议我国制定动态的数据公益捐赠目录，并将数据公益捐赠所得税扣除的客体限缩其中。针对国家难以精准筛选社会所需数据的问题，有效的举措是将筛选的权力归于社会，即国家在明确自身需要何种数据的基础上，通过民主程序向广大市场主体征集意见，将其所需的数据类型进行归总，并据此制定相应的公益捐赠数据目录，以确保受赠数据具有经济上的可捐赠性。另外，由于社会经济发展日新月异，因此应引入动态调整机制，使目录可随着社会需要的变化作灵活调整。当然，动态调整并不意味着随时调整，那样既不科学也不现实，相比之下，规定一个适当的动态调整时限更为可行。最后，建议我国出台统一的公益捐赠数据质量标准，并要求数据公益捐赠所得税扣除的客体均须符合该标准。被公益捐赠的数据能否符合所得税扣除的要求最终还是要由相关公益组织经筛选和识别决定，然而这项工作过于繁杂，为了提升税收征管效率以及防止滥竽充数，有必要由国务院标准化行政主管部门统筹，国家税务总局、工业和信息化部、各大互联网平台企业、各大高校及研究所多方参与，共同出台统一的公益捐赠数据质量标准[1]，并要求捐赠者严格按照标准执行，以创建数据协同效应[2]，方便对受赠数据进行价值评估及所得税扣除，同时减少对其进行再投放时的处理流程，乃至从侧面推动整个数字经济市场范围内数据标准的统合。通过将客体的范围界定为属于公益捐赠目录内且符合质量标准的匿名化数据，可以避免捐赠者利用不具可捐赠性的数据享受税收优惠进而导致的非正义，并最大限度地开发受赠数据之利用潜力，使数据公益捐赠所得税扣除更加契合我国数字经济高质量发展之需求。

（二）制定数据公益捐赠所得税扣除的评估规则

破解公益捐赠数据价值评估难题需要在充分借鉴域外成熟经验的基础上，通过认真剖析数据特性及研判市场反应，进而制定有针对性的评估规则。具体而言，在评估标准选择方面，建议我国选择渐次采用公允价值标准或存货成本标准对受赠数据进行价值评估。该规则是经由对美国相关经验的扬弃而来，美国对公益捐赠存货的评估采用的是公允价值标准和存货成本标准，并主要根据"较小原

---

[1] 张群、吴东亚、赵菁华：《大数据标准体系》，载《大数据》2017年第4期。
[2] 米甲·S. 盖尔、丹尼尔·L. 鲁宾费尔德：《数据标准化》，李佳洋、苏苗罕译，载周汉华主编：《网络信息法学研究》2021年第1期，中国社会科学出版社2021年版。

则"按"受赠财产在公益捐赠时的公允价值"与"受赠财产在捐赠人获取时的价值"中评估价格较小者给予捐赠人所得税扣除优惠。[1] 如此设计固然降低了捐赠优惠的税式支出，在一定程度上维护了国家税收权益，但鉴于数据公益捐赠具有扩大公益事业和促进经济发展的双重正向效果，所以从社会整体成本收益分析来看，对受赠数据的价值评估应偏宽松而非严格，以强化对捐赠者的制度激励。故而笔者认为，我国应摒弃"较小原则"而渐次采用公允价值标准、存货成本标准。优先采用公允价值标准是因为根据认知分散理论可知，没有人能确切知道如何对某一财产进行定价，即便是中央决策者也不例外。所以采用尊重市场规律的公允价值标准更能真实反映受赠数据的市场价值，进而得出科学的评估结果。另外，获取数据所付出的价格不等价于它对捐赠者所具有的价值——这一点在数据价值呈现一路上升态势的大数据时代尤为明显。而该标准可以让捐赠者享受到数据价值增长的红利，契合纳税人权利保护之精神。适用该标准时需注意，应先根据捐赠者自己最近时期交易同类数据的平均市场价格估价，没有时再按其他市场主体最近时期交易同类数据的平均市场价格估价，以维护税法内部逻辑的统一。[2] 而当不存在可参考的市场价格时，之所以转而采用存货成本标准，是因为该标准虽然不能使捐赠人享受较高的所得税扣除，但至少为捐赠人覆盖了获取数据时所花费的历史成本，足以保障捐赠人的基本税收优惠权益，故而可被视为次优选择。在非完整性权益捐赠评估规则的设计方面，建议我国规定受赠人与捐赠人可以分别享有受赠数据的各项权益[3]，但同时要求捐赠人只能按评估价值的一半进行所得税扣除。该方案也是在美国经验的基础上改进而来，美国在非金钱类公益捐赠所得税扣除中虽然普遍遵从完整性权益原则，即只有受赠财产的权益被完整让渡时捐赠人才能享受所得税扣除优惠[4]，但该原则并非没有例外。当捐赠者以一般共有（Tenancy in Common）方式公益捐赠专利的"不可分割的部

---

[1] 黄凤羽、刘维彬:《个人非货币性资产捐赠的税收政策——美国借鉴与中国实践》，载《税务研究》2017年第10期。

[2] 虽然根据《财政部、国家税务总局关于全面推开营业税改征增值税试点的通知》（财税〔2016〕36号）第14条规定，公益捐赠不属于视同销售，但笔者认为在评估其公允价值时，应沿用视同销售所规定的估价顺序直到无可参考的市场价格为止（不采用其中的组成计税价格）。

[3] "以普通共有方式共享各项权益"参考的是美国的专利共有制度，该制度下各共有人无论有多少共有份额均可依其自身意愿最大限度地行使共有权利并独享收益。参见：何怀文、陈如文:《专利共有制度的博弈分析》，载《清华知识产权评论》2015年第1卷。

[4] 翟继光:《美国税法典》（精选本），经济管理出版社2010年版，第1024页。

分权益"时,其将被允许获得相应份额的所得税扣除,例如捐赠者可以通过此方式公益捐赠专利的四分之一权益,并在享受税收优惠时扣除四分之一权益的公平市场价值。[1] 该例外规定恰好方便适用于数据公益捐赠所得税扣除中,因为要求捐赠者毫无保留地移交公益捐赠数据之权益既违背了共享精神,抑制了数据的复用以及向社会公共物品的转化,也不具监管上的可操作性,难以在实践中加以落实。但由于我国法律中并无与之相类似的普遍共有制度,因此让二者分别享有受赠数据的各项权益更为可行。同时,考虑到这种通过复用实现的分别享有减损了受赠数据的稀缺性,为了确保税收优惠的公平,捐赠者享有的所得税扣除税额应当作减半处理。通过渐次采用公允价值标准、存货成本标准及完善可分割的非完整性权益捐赠评估规则,可以最大限度地利用数据特性,发挥市场在数据资源配置中的优势,降低评估失灵风险,使数据公益捐赠所得税扣除得以实现激励人性之"善"与抑制人性之"恶"的兼顾。

(三) 优化数据公益捐赠所得税扣除的利用机制

笔者认为,判断受赠数据是否得到"善用"的标准有两条,一是"有效利用"标准,即受赠数据本身是否共享给了有需要的主体;二是"公益利用"标准,即受赠数据带来的收益是否被用于公益目的。以该标准为参照,数据公益捐赠所得税扣除利用机制可以进行以下具体优化。在适格受赠人的确定方面,建议我国设立专门的公益性非营利事业单位作为唯一的适格受赠人,由其独自承担受赠数据的接收、评估、利用、共享等职责。之所以只保留一个适格受赠人是因为这样更符合数据公益捐赠的实践特点。如果适格受赠人数量过多,不仅会使得对重复性的数据公益捐赠的筛选和监管难度急剧增加,还势必会导致受赠数据的分散,使其难以形成规模聚集效应,进而阻碍其价值的充分发挥。反之,指定一个适格受赠人接收受赠数据不仅有利于规避重复扣除风险,还方便其通过融合提升受赠数据的价值;而设立专门的公益性非营利事业单位则是由于现存的三类受赠人都不能满足"善用"受赠数据之要求。其中县级以上人民政府及其部门虽然是《公益事业捐赠法》所规定的适格受赠人,但由于其是公权力机关,社会公益性相对不足,在适用情形以及对受赠财产的处分等方面都限制颇大,所以不宜将其作为数据公益捐赠中的适格受赠人。公益性社会团体、公益性非营利事业单位虽无此顾虑,然而现存的团体和单位大多不具备相关专业素质,即便少数如科研院

---

[1] WILLIAM A. D, *Charitable donations of intellectual property*: *The case for retaining the fair market value tax deduction*, Utah law review, 2004 (4): 1045-1154.

所、高校等有一定的数据处理能力，但他们通常也只能有效利用一些特定类型的受赠数据，而无法覆盖全部的受赠数据类型，所以也不宜成为数据公益捐赠中的适格受赠人。既然现有选项都已经被排除，就只能为数据公益捐赠设立新的公益组织，而相较之下，公益性非营利事业单位通常可以获得比公益性社会团体更多的政府背书，亦即公信力较强，所以可以作为首选。在受赠数据投入市场的方式选择方面，建议我国采用市场化的公益模式，即先将受赠数据有偿共享出去，再将所获收益用于公益事业。事实上我国对这种市场化的公益模式已经有所尝试，如各地兴建的慈善超市、扶贫超市等，虽然该模式目前正处于探索阶段，尚存在公信力弱、营利困难等问题[1]，但若将其应用于数据公益捐赠所得税扣除中，这些问题可以通过强化监管、促进与相关组织如北京国际大数据交易所、上海数据交易中心等的合作等方式加以解决。"有偿共享＋所得用于公益"相比"无偿共享"虽然看似舍近求远，增加了运营环节。但这是因为受赠数据并非所有公民普遍消费的纯公共物品，而是某一群体消费的准公共物品[2]，且该群体并非属于需要公益救助的弱势群体。换言之，真正的公益救助对象大多不能直接利用受赠数据，如将受赠数据无偿共享给该群体不符合受益原则，并可能引发马太效应。而如果采用市场化的公益模式，市场主体仍然可以通过市场机制获得其所需，变现所得资金作为纯公共物品又可以被直接用于公益，这样就实现了效率与公平的并重。需特别说明的是，捐赠人虽然只能将数据公益捐赠给特定受赠人，但应赋予其就受赠数据所获收益在公益范围内自主指定用途以及支配者的权利[3]，以加大对其的激励。通过设置独立的公益性非营利事业单位，并由其负责将受赠数据有偿共享给有需要的市场主体以及将所获收益用于公益事业，不仅可以提升受赠数据的利用效率，还有助于增加受赠数据利用中的普惠程度，使数据公益捐赠所得税扣除得以促进科技进步成果在全社会的公平分享。

（四）革新数据公益捐赠所得税扣除的监管机制

想要实现对数据公益捐赠所得税扣除的有效监管，需要我们摒弃过去强调命令、控制的"统治型"监管理念，转而树立以联合、协作为主导的"治理型"监管理念[4]，并在新理念的指引下对具体监管机制进行革新。具体而言，首先，

---

[1] 刘磊、张永强：《中美慈善捐赠抵免个人所得税制度研究》，载《国际税收》2017年第12期。
[2] 刘水林：《论税负公平原则的普适性表述》，载《法商研究》2021年第2期。
[3] 由于受赠数据变现所获的收益是现金，因此这里的支配人可以是《公益事业捐赠法》所规定的三类传统受赠人。
[4] 蒋建湘、李沫：《治理理念下的柔性监管论》，载《法学》2013年第10期。

在监管体制选择方面，建议我国在数据公益捐赠所得税扣除中建立多方共治的慈善监管委员会，以便实施统一监管。目前由单独的慈善监管机构对公益组织进行统一监管在全世界范围内已经成为主流趋势，这些慈善监管机构在不同国家的名称与组成形式各有不同，诸如英国采用的是以慈善委员会作为专门的监管机构，美国则通过联邦税务局进行监管，而德国选择由私营机构社会福利问题中央研究所负责监管。[1] 在这当中，笔者认为我国可以借鉴慈善事业起步早且成熟，监管疏漏较少的英国体制，建立由民政、税务、工信、市场监管等部门抽调人员与行业协会、媒体、具备专业知识的公民志愿者组成的专门针对公益事业监管的慈善监管委员会。这样既可以通过集中监管权力，减少监管中的重叠与真空，降低制度转换以及部门沟通成本，进而提高监管效率[2]，又可以通过保留各原监管部门相应的执法权限及骨干人员，克服专业性不足与执法能力不够的缺陷。值得注意的是，在慈善监管委员会中吸收部分"非公职人员"是必不可少的，这有助于增强监管的公信力以及推动公共事务的全民参与。其次，在监管工具的更新方面，建议我国在合理运用刚性监管工具的同时，引入激励型、指导型等柔性监管工具。数据的特殊性决定了许多刚性监管工具已无法满足数据公益捐赠所得税扣除监管之需要，例如，上文提到在数据公益捐赠中应当只保留一个适格受赠人，而此时由于无法引入新的"竞争者"，行政许可将难以发挥作用，所以有必要通过改造、淘汰等方式对这些刚性监管工具加以辩证运用以确保其功能的实现。同时我国还可以广泛引入财政补贴分档、薪酬标准分级等激励型监管工具，引导负责数据捐赠的公益组织自觉自愿地降低运行成本，以及行政协助、行政建议、标兵推荐等指导型监管工具，帮助各方被监管主体规范自己的行为。这些新引入的柔性监管工具可以与严厉有余而弹性不足的刚性监管工具形成互补，共同提升慈善监管委员会的监管效能。最后，在法律责任承担方面，建议我国创新法律责任形式，并以主观态度为界限确保传统法律责任与新型法律责任的灵活适用。为了进一步提升捐赠人的积极性，针对其在数据公益捐赠所得税扣除中的部分违法行为，我国可以设计一些新型法律责任如约谈、诫勉、信息披露强化、纳税信用惩戒等对其适用。这些新型法律责任的目的并非威慑惩罚而旨在"治病救人"。当然，如上文所述新型法律责任只能适用于数据公益捐赠所得税扣除中的部分违法

---

[1] 赵文聘、陈保中：《国外公益慈善监管发展趋势及对我国的启示》，载《上海行政学院学报》2019年第6期。
[2] 李政辉：《慈善组织监管机构的国际比较与启示》，载《北京行政学院学报》2016年第1期。

行为，因此如何适用应有一个明确的界限进行区分。笔者认为该界限可以设置为捐赠人的主观态度，考察捐赠人是否有意识地为"恶"。故而应规定捐赠人主观故意违法的，不能适用新型法律责任。捐赠人主观过失违法的，若情节显著轻微可以仅适用新型法律责任，否则应同时适用传统法律责任与新型法律责任，但对其所需承担的传统法律责任可以酌情减轻。通过建立多方共治的慈善监管委员会，综合利用刚性监管工具和柔性监管工具以及灵活运用传统法律责任与新型法律责任，能够在填补制度运行漏洞，化解监管失灵风险的同时，促进监管主体与被监管主体间的良性互动与博弈，使数据公益捐赠所得税扣除的制度初衷得以较好地实现。

五、结　语

习近平总书记指出："共同富裕是社会主义的本质要求，是中国式现代化的重要特征。"[1] 因此在数字经济时代，我们既要优化生产关系，提升生产效率，以实现共同"富裕"，也要调整分配关系，促进分配正义，以实现"共同"富裕，而这都离不开对数据这一新型生产要素的合理配置。数据公益捐赠所得税扣除制度构想的提出是对目前我国存在的数据共享困境的破解与回应，其具备理论上的正当性与实践上的可行性，既可以反映我国利用税收工具适度干预经济以维护良好市场竞争秩序的决心，也可以体现我国力促公益事业进步以形成共建共治共享社会的诚意。诚然，数据公益捐赠所得税扣除虽然可以从效率与公平两个面向促进社会整体效用的提升，但也只是对数据共享路径所作出的一种新探索，并不意味着其能够独立解决我国在推进数据共享中所面临的所有难题，例如，作为侧重于柔性引导的激励型制度，其缺乏强制手段对具有负外部性的数据垄断行为进行刚性规制。然而笔者相信，数据公益捐赠所得税扣除所具备的优点已经足以使其成为我国数据共享体系中的关键一环，同时，不积跬步无以至千里，新的探索一定也会继续激励更多数据共享路径被后来者加以拓展，并将助力我国早日实现共同富裕。

[1] 习近平：《扎实推动共同富裕》，载求是网，http://www.qstheory.cn/dukan/qs/2021-10/15/c_1127959365.htm。

成渝地区双城经济圈法律援助一体化研究

张　林*
邹卓希**
徐胜男***

摘　要	本课题组以成渝双城法律援助制度为调查对象，通过文献调查、比较调查和实地观察，发现成渝双城法律援助一体化整体还处于起步阶段：缺乏两地协同机制，跨区域资源流动性不强；两地法律援助条例差异较大，存在矛盾；域内虽已有"成德眉资"一体化经验，但相比域外比较优势不足；已有的12348法网系列缺乏统一标准，且智能服务水平不高。针对上述现象，本课题组以《法律援助法》的立法例为分类标准，从中剖析出成渝双城法律援助一体化在机构和人员、形式和范围、程序和实施、保障和监督、法律责任方面的问题。为此，本课题组分析问题产生的深层次原因，根据成渝双城实际情况，吸收其他区域一体化有益经验，提出以下对策和建议：建立成渝双城法律援助协同机制，包括推动协同立法、实现信息共享、建立互认机制和加强异地协作；健全成渝双城法律服务资源跨区域流动机制，包括推动人才流动、运用政府采购、完善财政保障和畅通其他资源；提高成渝双城法律援助数字化、智能化水平，包括统一平台标准、实现平台联通、提高平台服务和加强平台监管。
关键词	成渝双城经济圈；法律援助；一体化

2021年12月6日至2022年4月15日，本课题组综合运用文献调查、比较调查、实地观察等调查方法，对成渝地区双城经济圈法律援助制度开展调查研究，形成了《成渝地区双城经济圈法律援助一体化文献综述》《法律援助相关法律法规比较分析报告》《区域法律援助一体化比较分析报告》《成渝双城法律援助工作实地观察报告》等阶段性成果，最终凝练总结形成《成渝地区双城经济圈法律援助一体化研究》报告，力图通过建立成渝双城法律援助协同机制，健全成渝双城法

---

* 张林，西南政法大学2020级宪法学与行政法学硕士研究生，研究方向为行政法学。
** 邹卓希，西南政法大学2020级法律（非法学）硕士研究生，研究方向为行政法学。
*** 徐胜男，西南政法大学2020级宪法学与行政法学硕士研究生，研究方向为行政法学。
本研究报告系2021年度"西南政法大学成渝地区双城经济圈公共法律服务人才培养协同创新团队专项课题"（项目号：TDZX-2021012）资助成果。

律服务资源跨区域流动机制和提高成渝双城法律援助数字化、智能化水平等手段，解决成渝双城法律援助一体化在机构和人员、形式和范围、程序和实施、保障和监督、法律责任等方面的问题。

一、研究背景及目的

（一）研究背景

公共法律服务是政府公共服务职能的重要组成部分，是全面依法治国基础性、服务性和保障性工作，而法律援助是公共法律服务的重要组成部分。党的十八届四中全会明确提出，"建设完备的法律服务体系，推进覆盖城乡居民的公共法律服务体系建设，完善法律援助制度"。同年，司法部《关于推进公共法律服务体系建设的意见》提出的公共法律服务"3＋X"模式中，法律援助位于核心地位。2022年1月1日起，《法律援助法》正式施行，我国法律援助工作进入"国家法时代"，对法律援助制度提出了更高要求。加强成渝地区双城经济圈（以下简称：成渝双城）法律援助一体化建设，构建完备的公共法律服务网络，对打造双城"法律服务共同体"、推动双城法治建设协同发展、促进双城经济圈一体化建设体制机制不断健全等方面有着重大实践意义。因此，本课题组在成渝双城公共法律服务的宏观课题下，以《法律援助法》的出台为背景，聚焦成渝双城法律援助一体化发展，展开相应的调查研究。

（二）研究目的

首先，调查研究应当以问题为导向，不然容易沦为空中楼阁。因此，本次调查研究旨在了解成渝双城法律援助一体化的现状，以发掘其中存在的现实、紧迫的问题。其次，问题的背后一定有其深层次的原因，本次调查研究将穿透问题的表象，寻求这些问题产生的本源。最后，发现问题并探究原因，归根结底是为了更好地解决问题，我们将通过提供问题的解决思路、解决方法，试图为成渝双城法律援助一体化的高质量建设建言献策，助推法律援助体制的发展完善。

二、研究方法及对象

（一）研究方法

1. 文献研究法。本课题组通过知网检索发现，自2021年10月《成渝地区双城经济圈建设规划纲要》发布至今尚不满一年，成渝双城发展呈现出年轻化样态，同时法律援助作为基本公共服务项下公共法律服务的一个细分领域研究较少。有关成渝双城法律援助一体化的专门文献尚无收录。为此，本课题组从"成渝双城法律援助一体化"中分解出"成渝双城基本公共服务一体化"、"成渝双城公共法律服务一体化"和"法律援助一体化"三个子课题,分别围绕"基本公共服务"、"公共法律服务"和"法律援助"三方面,以"成渝双城"、"基本公共服务"、"公共法律服务"、"法律援助"和"一体化"等为关键词,查阅相关文献50余篇并进行综合性描述和评价。

2. 比较研究法。第一部分,本课题组借鉴《法律援助法》的立法成果,从机构和人员、形式和范围、程序和实施、保障和监督以及法律责任等方面对有关法律援助的法律法规进行了纵向的时间比较研究和横向的区域比较研究:纵向上,主要比较研究了旧有的《法律援助条例》和新生的《法律援助法》;横向上,主要比较研究了《重庆市法律援助条例》、《四川省法律援助条例》和《成都市法律援助条例》[1]第二部分,本课题组选取了国内在公共法律服务一体化方面颇有实践经验的"成德眉资""粤港澳""胶东半岛""京津冀""长江三角洲城市群"五地区进行调查研究,分析成渝双城的比较优势与不足,并借鉴其有益成果。

3. 实地观察法。为了解重庆市和四川省在法律援助网站方面的情况和差异,本课题组于2022年2月至4月对重庆法律服务网(12348重庆法网)和12348四川法网从全面、便民、智能、创新四个维度进行观察研究。此外,本课题组还通过实地走访和线上咨询等方式,对四川省和重庆市法律援助机构的工作情况进行了解,重点关注其法律援助的举措及创新点。

(二)研究对象

本次课题的调查研究对象是成渝双城的法律援助制度及其在一体化方面的现实状况。本课题组认为,法律援助制度主要由以下五方面构成。

1. 机构和人员。法律援助机构方面,包括机构的设置、职能和运行。法律援助人员方面,包括人员的来源、流动和职责等。

2. 形式和范围。法律援助形式和范围方面,包括服务种类、提供方式、受援人(申请人或受指派人)范围、不受经济困难条件限制的申请事项和经济困难标准等。

3. 程序和实施。法律援助程序和实施方面,包括告知、申请、指派、审查、时限、实施、终止、救济等一般程序和免予核查经济困难状况、先行提供等特别

---

[1] 基于成都市作为成渝双城的重要一极且有自身特点,在法律援助条例的内容上与四川省条例不尽相同,故在本文中单独列出。

程序。

4. 保障和监督。法律援助保障方面，包括援助人员的补贴、免税、培训和受援人的缓减免费等。法律援助监督方面，包括受援人投诉、司法行政部门监督考核、法律援助机构督促和律师协会考核惩戒等。

5. 法律责任。法律援助法律责任包括针对法律援助机构及其工作人员，律师事务所、基层法律服务所，律师、基层法律服务工作者，受援人和国家机关及其工作人员等的法律责任，主要内容有行政单位内部处分、行政处罚、政务处分、刑事责任等。

三、研究结果

（一）文献研究结果

首先，在成渝双城基本公共服务一体化方面。其目标是共建共享，核心在于"机会均等"，即给予个人以平等享有公共服务的机会；实质是"底线均等"，即承认差异的同时也保障个人享有同一标准之上的服务水平。[1] 当前，成渝双城基本公共服务一体化取得了一定成果，如协同治理下的"互联网＋"政务服务一体化平台快速发展，但区域差异依然较大，表现为经济发展水平与公共服务水平呈正相关关系，存在明显的空间集聚效应。究其根源，在于地区经济发展不平衡、供给主体单一、供需失衡、财政能力悬殊和区域基本公共服务协调机制未完全建立等。[2] 为此，应当推进区域经济高质量发展水平，注重利用金融工具，增加多元化供给主体，提高农业转移人口市民化水平，加大公共财政支持力度，完善财税体制，提高基层政府财政能力，建立健全基本公共服务一体化建设和共享机制。

其次，在成渝双城公共法律服务一体化方面。总体上还处于起步阶段，缺乏顶层设计、行政推动和市场融合；整体服务水平虽不及东部地区，但在公证等方面具有一定优势。[3] 为此，应当建设成渝双城的法律服务联盟，包括共建西部代表性法律服务中心、"实体化"工作运行体系、全国一流法律服务产业集群、法

---

[1] 董文杰、吕伟豪：《成渝地区双城经济圈基本公共服务共建共享财政保障机制探析》，载《财政科学》2021年第7期。

[2] 王凡：《成渝地区双城经济圈基本公共服务均等化水平测度与影响因素研究》，重庆工商大学2021年硕士学位论文。

[3] 唐振杰：《促进法律服务资源有效聚集和高效供给 为成渝地区双城经济圈建设提供优质法律服务》，载《中国公证》2021年第12期。

治协作体系。此外,还应当从布局一体化、政策一体化和创新一体化"三个一体化"推进成渝双城公共法律服务建设。[1]

最后,在法律援助一体化方面。法律援助的立法经历了先由分散立法到行政立法,再由行政立法到人大立法。新近出台的《法律援助法》以保护贫困群众和其他弱势群体获得法律上的帮助的权利为目标,本质上属于社会法,颇有创新,是一部各方面都比较成熟的法律。[2] 同时,《法律援助法》也是成渝双城法律援助一体化的重要纲领,为未来双城的协同立法、制度衔接和协同监管等提供了指导和参考。

(二) 比较研究结果

1. 法律援助法律法规比较分析

(1)《法律援助法》与《法律援助条例》的纵向比较分析。《法律援助法》充分吸收《法律援助条例》近20年的实施经验,聚焦公共法律服务体系建设要求,结合工作实际,从机构和人员、范围和形式、程序和实施、保障和监督以及法律责任等方面对法律援助工作系统性地进行了规范,作出了更加细致的规定。

在机构方面,《法律援助法》强化了司法行政部门的主体责任,明确规定法律援助机构应当由县级以上人民政府司法行政部门设立,其职责包括法律援助补贴的支付、多方式提供公共法律服务、告知当事人依法享有申请法律援助的权利等。在人员方面,除了律师群体外,《法律援助法》还将基层法律服务所工作者纳入,并支持高校、科研机构等从事法学教育、研究的人员以及法学专业的学生群体成为法律援助志愿者,进一步充实法律援助人员队伍。

在形式方面,《法律援助法》增加了非诉代理、劳动争议调解和仲裁代理、值班律师帮助以及民事、行政、国家赔偿案件的诉讼代理等形式。在范围方面,《法律援助法》扩大了法律援助的范围,有经济困难要求的情形增加为九大类,明确了五类无经济困难限制的情形。其中部分情形对经济困难的要求发生改变,如公民因见义勇为行为主张相关民事权益由有经济困难要求变更为无经济困难限制。

在程序和实施方面,《法律援助法》的规定更趋完善,对经济困难的审查、申请的审查时限、申请材料的补充和视为撤回申请、法律援助机构终止法律援助

---

[1] 四川省成都市司法局课题组:《关于构建成渝法律服务联盟服务成渝地区双城经济圈建设的建议》,载《中国司法》2021年第5期。

[2] 熊秋红:《〈法律援助法〉的三点归纳和两点讨论》,载《中国检察官》2021年第19期。

的情形、现行提供法律援助的情形等有关要求作出了较为全面细致的规定。关于经济困难的标准，《法律援助法》强调标准的动态调整，空间和弹性更大；而《法律援助条例》则规定以申请人住所地或者受理机构所在地标准执行，当二者不一致时以机构所在地的标准执行。

在保障方面，《法律援助法》提出要强化信息化建设，有关部门信息协同共享；除了给予法律援助人员办案补贴外，还要对其进行培训；减免受援人费用，赋予其投诉、请求变更法律援助人员的权利。在监督方面，《法律援助法》增设了投诉查处制度、信息公开制度以及通过第三方评估等方式定期对法律援助工作进行质量考核，授权律师协会对拒不履行或怠于履行法律援助义务的律所、律师进行惩戒。

在法律责任方面，《法律援助法》增加了对法律援助机构及其人员、律所和基层法律服务所的处罚情形，还规定了对受援人处以罚款的处罚情形以及对冒用法律援助名义谋取利益的处罚，明确了处罚类型。

（2）《重庆市法律援助条例》《四川省法律援助条例》《成都市法律援助条例》的横向比较。《四川省法律援助条例》和《成都市法律援助条例》均为近两年新修订，后者为下位法，在遵循前者基本规定的基础上进行了符合本地实际的细化，更加贴近本行政区域法律援助工作需求。

在机构方面，成都市明确了法律援助机构履行宣传交流、资金使用管理、档案管理等行政事务的职责。法律援助服务机构除了律所、基层法律服务所外，四川省和成都市还明确将公证处、司法鉴定中心纳入，而重庆市则要求其他法律服务机构需司法行政部门确认。在人员方面，四川省将公证员、司法鉴定人员也纳入法律援助人员范围，重庆市则以其他法律专业人员作为兜底。此外，成都市还特别强调鼓励和支持高校、科研机构中从事法学专业教学、研究、学习的师生以法律援助志愿者的身份无偿提供法律服务。

在形式方面，重庆市将法律援助的形式简单划分为三大类，即法律咨询、刑事辩护、涉法事务代理；而四川省将涉法事务的代理做了进一步的划分，即民事、行政诉讼代理和非诉法律事务代理，还包括已受理的法律援助案件需要进行的公证、司法鉴定的形式。在范围方面，重庆市和四川省对因经济困难申请法律援助的范围的规定存在差异。四川省将因使用伪劣化肥、农药、种子、农机具和其他伪劣产品造成损害请求赔偿的情形纳入有经济困难要求的法律援助范围，而重庆市对上述情形无经济困难限制。重庆市还特别将农村土地承包经营权的权益保护、产品质量责任事故中的权益保护以及未成年人、妇女、老弱病残群体的权益保护等与民生问题息息相关的事项纳入法律援助范围。在此基础上，重庆市还对特殊群体给予特别照顾，对于农村进城务工人员请求劳动报酬、工伤保险待遇的给付、监护人侵害未成年合法权益以及侵害残疾人合法权益而申请法律援助的，无经济困难限制。关于经济困难标准，三地的规定也存在差异。重庆市经济困难标准按照申请人户籍地、经常居住地或者受理法律援助申请的机构所在地的城乡居民最低生活保障标准的两倍以内执行，但并未指出各地标准不一致时以何标准执行。四川省尚未明确经济困难的具体标准，只是强调根据资源和需求制定，并授权市州政府可根据实际情况对本行政区域经济困难标准进行调整。成都市充分保障经济困难的申请人获得法律援助的权益，经济困难标准按照申请人家庭成员人均收入以其居住地或者法律援助申请受理地的最低标准确定，若两地标准不一致，则适用有利于申请人的标准。

在程序和实施方面，关于法律援助的申请，重庆市将法律援助申请事项的类型简要划分为诉讼事项和非诉讼法律事务两大类，由申请人向办案机关所在地的法律援助机构提出申请。成都市将申请事情类型划分为诉讼案件、申诉案件、劳动争议仲裁案件以及其他法律事务四大类，分别向案件管辖所在地、事务发生地或者义务机关、义务人所在地的法律援助机构提出申请；四川省的划定则更为细致，据其法律援助范围所涵盖的情形有针对性地确定了不同的受理机构，并且明确当申请人的住所地与经常居住地不一致时，可以向经常居住地提出申请。关于法律援助的审查程序，四川省与重庆市、成都市的规定也存在一定差异。首先，对经济困难的审查，重庆市与成都市规定由乡镇政府、街道办事处直接出具经济困难证明；四川省则规定由村委会或居委会出具，再由乡镇政府或者街道办事处确认。其次，关于应当认定为经济困难证明、视为符合经济困难标准的情形，重庆市、成都市直接明确重点优抚对象（依靠政府或者单位给付抚恤金生活的群体）应当认定为经济困难，对其免于经济困难审查；四川省则将没有固定生活来源的残疾人或者患有严重疾病的人视为经济困难。成都市规定的免于经济困难审查的情形则更加宽泛，包括了已获得公检法机关司法救助的法律援助事项，无固定生活来源的老年人、请求支付劳动报酬、经济补偿或工伤赔偿的在本市行政区内务工的农民以及军人、军属及参照军人条件执行的人员申请法律援助等情形。最后，在审查时限方面，成都市将时限审查缩短为3个工作日，极大地推进了法律援助工作的开展。关于法律援助的实施，成都市将指派人员承办时间缩短为3个工作日。重庆市特别明确了四类不予提供法律援助的情形。成都市基于未成年人、视听说障碍（盲聋哑）人员、外国人（无国籍人）、不通晓当地语言的人员以及可能判处无期、死刑的受援人等特殊群体的特定需求，规定应当根据其特点针对性地指派法律援助人员。关于法律援助的终止，受援人要求法律援助人员提出没有事实和法律依据的请求是四川省规定的应当终止法律援助的情形；成都市还针对受援人的不当行为对法律援助的终止情形进行了补充规定，将受援人要求法律援助人员为其非法目的提供援助，以及拒绝配合法律援助工作人员，影响法律援助工作正常进行的情形纳入应当终止法律援助的情形。关于法律援助案件的结案，重庆市将结案审查的时限限制为自收到结案材料之日起 10 个工作日，而四川省则规定 30 日内完成审查，成都市还规定了 6 类视为办结的情形。关于其他程序，四川省和成都市还规定了法律援助机构工作人员的回避程序，确保法律援助工作的公平公正。

在保障方面，四川省和成都市实行制度激励，对在法律援助工作中作出突出贡献的组织和个人依照规定给予表彰和奖励，最大程度地保障法律援助工作的有效开展。成都市还明确要求司法机关、有关行政部门、仲裁机构、公证、司法鉴定、律师协会等机关和组织应当对法律援助工作予以支持、提供帮助。对法律援助人员权益保障，补贴标准由各地区经济发展水平以及案件平均办理成本等因素确定，成都市免除了法律援助工作人员办理法律援助案件过程中查阅、调取、复制档案等事项涉及的费用。对受援人权益保障，重庆市还免收其司法鉴定费用。在监督方面，重庆市和成都市都十分注重制度建设，成都市明确要求建立法律援助案件质量监督管理机制和法律援助工作投诉查处机制；重庆市也要求建立健全法律援助案件质量检查和评估制度、受援人回访制度、法律援助服务机构和法律援助人员考核制度，并强调定期将法律援助情况向社会公布，接受社会监督。

在法律责任方面，无论对法律援助服务机构还是法律援助服务人员的处罚力度，四川省相较于重庆市更大，适用财产罚的情形更多。重庆市对法律援助机构及其机构内从事管理的人员规定了六类处罚情形，而四川省仅针对法律援助人员的处罚情形作出了规定，处罚形式增加了处 5000 元以下罚款的财产罚。四川省加大了对律所等法律援助服务机构的处罚力度，包括吊销律师事务所执业证书、并处 10 万元以下罚款等严惩措施。对法律援助人员的处罚，四川省将律师与其他法律援助人员的处罚作出区分，而重庆市并未区分。重庆市和四川省对于律师在办案中收取受援人或其亲属财物，牟取其他不正当利益的情形的处罚大体相当，要求责令退还违法所得的财物，可以并处所收财物价值 1 倍以上 3 倍以下的罚款，对于情节严重的，四川省还规定了停止营营业的处罚。对于基层法律服务工作者、公证员、司法鉴定人员违法行为的处罚，四川省明确规定行政处罚，而重庆市所规定的处罚对所有法律援助人员统一适用。值得一提的是，最新修订的《成都市法律援助条例》还特别规定了对司法行政部门和法律援助机构工作人员，以及街道办事处、镇政府主管人员、责任人员违法行为给予政务处分，上述规定与《监察法》《政务处分法》的出台密切相关。

2. 其他区域法律援助一体化比较研究。成渝双城法律援助一体化起步较晚，相比东部地区在财政、人才等方面的优势不足，但域内已有"成德眉资"法律援助一体化的有益经验。首先是各司其职，其他区域的法律援助协同发展主要是根据各自的司法部门联合签订的一体化协议来实现的，各职能机关根据协议的要旨、规定处理法律援助案件。其次是制度推进，各区域为了促成法律援助一体化，都尝试建立异地申办、协调联动机制，以及联席会议制度等。最后是因地制宜，各区域的经济发展状况不同，例如长三角几个城市的经济水平差异，流动农民务工人员较多，所以为了更好地实现法律援助的作用，更加强调务工人员的异地维权。

成德眉资四市司法部门共同制定了《成德眉资公共法律服务同城化五年规划》，主要内容包括推动公共法律服务体系同构，实现法律服务全域通办；建立成德眉资法律援助远程申请协调联动机制，实现申请法律援助经济困难的互认；制定成德眉资公共法律援助中心跨区域法律援助申请、认定、分配、承办的规范性规则，打造综合性公共法律服务实体平台。目前，四市正在加强地方立法合作，完善四市法律援助制度等规范性文件，建立法律援助事项范围互认制度，全面实现刑事案件审判阶段律师辩护全覆盖，以确保更多人受益于法律援助。[1]

珠海市司法局、市总工会、澳门工会联合总会签订《珠澳劳动者法律服务中心框架协议》，从搭建工作协作平台、建立跨境协作机制、优化跨境专业服务团队、畅通跨境法律援助流程以及拓展跨境宣传渠道五方面着手积极探索建立珠澳法律援助保障民生合作服务机制。澳门居民在珠海发生的劳动争议和其他民事纠纷，如果符合珠海市法律援助条件，可以通过珠海市澳门劳动法律服务中心转交珠海市法律援助办公室；如果内地居民在澳门的劳动争议中需要帮助，他们可以通过澳门珠海工人法律服务中心将其转交澳门总工会。

胶东五市法律援助一体化合作框架协议主要包括建立和完善区域协调机制，建立健全联席会议制度、法律援助信息交流平台、交流论坛，建立胶东五市法律

---

[1] 周新楣、刘景文、史士零：《以成德眉资公共法律服务同城化助推成渝地区双城经济圈建设的思考》，载《中国司法》2020年第9期。

援助信息通报会和"五市"远程合作。青岛创新启动法律援助"全域受理、全域分配"一体化服务机制,与胶东五市法律援助申请"五市办公厅"机制对接,构建"胶东五市城内综合服务、跨城办公"的法律援助便民服务总体格局,为人民群众提供更加便捷高效的法律援助服务。

北京、天津、河北三省市司法厅(局)在天津签署了《京津冀一体化法律援助协同发展实施协议》,明确了三地跨区域法律援助申请、认定和承办的具体规定,建立三地法律援助联席会议制度,定期组织经验交流、业务培训、学习讨论活动,实现三地法律援助资源共享和优势互补,努力为社会困难人群提供更加便捷高效的法律服务。[1]

上海市青浦区、苏州市吴江区、嘉兴市嘉善县签署《长三角生态绿色一体化发展示范区公共法律服务共建备忘录》。确定"1+5"模式,确立十大合作内容,即在长三角一体化示范区共同组建一个公共法律服务专家组,探索建立律师事务所党建交流合作、共建青年律师成长平台等五大机制,开展非诉讼涉外法律事务研讨、法律援助办案咨询、联合信息共享,为长三角生态绿色一体化发展示范区建设创造良好的法律环境。[2] 此外,根据《长三角三省一市工会一体化构建和谐劳动关系工作方案》,三省一市工会将共同努力,加强为困难职工、农民工和工会成员维权服务,统一长三角地区工会法律援助案件受理、分配、办理和结案工作要求,实现跨地区工会法律援助案件的地方受理和维权。同时,将外来务工人员纳入地方工会为职工服务的范围,建立跨地区劳动关系研究判断机制,加强对长三角劳动关系领域新情况、新问题的研究。

(三)实地观察结果

总体而言,12348 重庆法网相较于 12348 四川法网在全面度、便民度、智能度和创新度方面做得更好,提供了较好的用户体验和在线服务。成渝双城可以借鉴已有的"川渝通办专区"线上政务服务平台的有益经验,以 12348 重庆法网为基本标准,搭建法律援助一体化网络平台。

1. 全面度方面。两网站都设有最基本的版块,即在线申请版块、法律援助中心查询版块、办事指南版块、政策法规版块等,均提供了申请、查询、咨询等服务,全面度较高。两网站具体服务内容则略有不同,如 12348 重庆法网提供了申请表等的下载服务,而 12348 四川法网未提供,12348 四川法网提供了法援律师

---

[1] 李培智、杨永志:《京津冀法律援助协同机制研究》,载《中国司法》2020 年第 2 期。
[2] 周萍:《长三角区域"互联网+法律援助"协作研究》,载《法制与社会》2020 年第 2 期。

信息的查询服务，而 12348 重庆法网未提供。因此，两网站在全面度方面仍有不足之处，未来可以相互学习借鉴。

2. 便民度方面。两网站的设置都较为便民，12348 重庆法网相比而言更胜一筹。首先，12348 重庆法网在首页就把民众最想了解的申请流程以图文形式进行了展示，而 12348 四川法网则将流程图的链接放在了网页的后半部分；其次，12348 重庆法网在网页右侧设有滑动工具栏，其中有民众最需要的即时服务，咨询服务方面该网站最新的留言咨询是 2022 年 3 月，而 12348 四川法网最新的留言咨询则停留在 2020 年；最后，12348 重庆法网提供了各类表格的下载服务、视频版的操作指南和其他网站的链接，此为 12348 四川法网所不具备，美中不足是没有像 12348 四川法网一样提供法援律师的信息。此外，两网站均没有为残障人士提供无障碍服务。

3. 智能度方面。两网站的智能度都不高，无论是移动端的 APP 和微信公众号，还是智能咨询服务，都停留在低人工智能阶段。12348 重庆法网相比而言更加智能，其智能咨询能够比较全面准确地理解和回答疑问，不像 12348 四川法网的智能咨询对模糊字词不能反应。

4. 创新度方面。两网站各有其创新之处，但创新力度不大，都有值得相互借鉴学习之处。

此外，重庆市和四川省法律援助机构积极通过信息公开、专项活动、加强培训、人员派驻、基金设立等方式助推法律援助工作高效便民。

四、存在的问题

通过以上的文献研究、比较研究和实地观察，本课题组综合分析，认为成渝双城在法律援助一体化方面存在以下问题亟待改进。

（一）机构和人员方面

1. 立法上，成渝双城有关法律援助机构职责、法律援助服务机构范围的规定不一致，重庆市法律援助服务机构的设立还需经司法行政部门确认，其职责范围局限，不能更好地开展法律援助工作、提供法律援助服务。此外，两地缺乏《法律援助法》中有关政府采购的规定。成渝双城有关法律援助人员范围的规定不一致，重庆市除了律师、基层法律服务工作者、法律援助机构工作人员外，对其他人员只作"其他法律专业人员"的笼统规定，没能更好地吸收公证员、司法鉴定人员和法律援助志愿者。此外，两地缺乏《法律援助法》中有关法律援助人员义务的规定。

2. 实践中，成渝双城机构衔接不通畅，缺乏顶层设计。[1]虽然两地司法行政机关已经签订了《川渝司法行政区域合作重点推进项目清单》，但清单涉及项目过窄，而且缺乏衔接平台，仅以法律援助网站为例，双城的法律援助网站缺乏链接，不存在如"川渝通办专区"线上政务服务平台之类的一体化平台。成渝双城人员交流不畅通，未建立法律服务资源依法跨区域流动机制，律师资源和教育培训资源分布不均衡，重庆市主城区和成都市的律师资源远丰富于其他市、区，且拥有良好的法律执业环境和优质的教育培训资源，而其他地区经济水平和人力资源相较落后，致使法律执业人数不足，也影响了有限法律服务资源的能力提升。虽然两地律师协会签署了一些协议，但协作仍限于交流互访、调研座谈等松散方式，而且两地之间"拔河效应"显著，人力资源的竞争大于合作。

（二）形式和范围方面

1. 立法上，成渝双城对法律援助形式的规定不同，四川省规定的形式更全面，包括已受理的法律援助案件需要进行的公证、司法鉴定等。此外，两地规定的形式不及《法律援助法》全面，也没有规定具体的提供方式，如服务窗口、电话、网络等。成渝双城对法律援助范围的规定存在空白、差异，甚至矛盾，例如重庆市将"未成年人合法权益受到其监护人侵害"以及"残疾人合法权益受到侵害"申请法律援助的这两类情形纳入无经济困难限制的情形，而四川省未对此两类特殊群体作出规定；如成都市未对刑事案件中的犯罪嫌疑人、被告人，刑事附带民事案件中的被害人等相关权利人的法律援助作出明确规定；又如"因使用伪劣化肥、农药、种子、农机具和其他伪劣产品造成损害请求赔偿"在重庆市属于无经济困难限制的法律援助范围，而在四川省则属于有经济困难要求的法律援助范围。这类规定会导致成渝双城人民在形式上就不能公平享受法律援助服务。此外，两地规定的范围也与《法律援助法》存在不一致的地方，如《法律援助法》将"英雄烈士近亲属为维护英雄烈士的人格权益而申请法律援助"作为无须审查经济状况的一类重要情形，而两地并未对此情形作出规定。

2. 实践中，虽然成渝双城经济困难标准因各地经济发展水平差异而不一致，但这本不应当影响法律援助工作的异地开展，其根本问题在于双城之间缺乏经济困难标准的互认制度，不利于对两地跨区域流动人员的权益保障。

---

[1] 卢阳春、刘敏、邓良等：《成渝地区双城经济圈建设面临的主要问题及对策——基于CiteSpace文献计量分析》，载《中国西部》2020年第1期。

（三）程序和实施方面

1. 立法上，成渝双城有关法律援助申请、受理、实施和终止等的程序性规定不统一，例如法律援助申请的提出对象，重庆市仅规定办案机关所在地的法律援助机构。而四川省的规定则更加便民化，可以向案件管辖所在地、事务发生地或义务机关、义务人所在地法律援助机构提出申请。重庆市、成都市将重点优抚对象纳入了应当认定为经济困难情形，对其免于经济困难审查，而四川省其他地区则未纳入。在时限方面，对于是否给予法律援助的决定的作出时限，重庆市和四川省均要求法律援助机构在收到申请后 7 个工作日内作出决定，而成都市则将时限缩短为 3 个工作日；重庆市将结案审查时限限制为自收到结案材料之日起 10 个工作日内完成审查，而四川省则规定 30 日内完成审查。如此差异，会导致两地人民享受的法律援助服务质量差距较大，底线不均。此外，两地缺乏《法律援助法》中对老年人、残疾人根据实际情况提供无障碍设施设备和服务的人道主义规定。

2. 实践中，成渝双城异地申请困难，跨区域协作机制不健全。成渝两地在诉讼服务方面已经推动异地通办，重庆两江新区法院、铁路运输法院、荣昌法院、潼南法院、合川法院已与四川对应法院或毗邻法院签订合作共建协议，主动加强对接协作。但在法律援助领域，还缺乏长效的异地通办机制，法律援助线上申请也是两地在各自的网站分别申请，缺乏交接联通机制。此外，成渝双城法律援助资源和质量参差，以律师数量为例，成都市的律师数量就远大于德阳、眉山和资阳的总和[1]；以法律援助网站为例，12348 重庆法网相较 12348 四川法网在全面度、便民度、智能度和创新度方面做得更好，提供了较好的用户体验和在线服务。

（四）保障和监督方面

1. 立法上，成渝双城对法律援助人员、受援人的权益保障规定存在差异，成都市免除了法律援助工作人员办理法律援助案件查阅、调取、复制档案等涉及的费用，重庆市还将受援人申请后法院、仲裁机构应当作出缓交、减交、免交费用的范围扩大至司法鉴定费用。此外，两地都没有像《法律援助法》一样对法律援助补贴免征税。成渝双城在监督方面的规定也不尽相同，重庆市的制度建设趋于完善，建立健全了法律援助案件质量检查和评估制度、法律援助服务机构和法律援助人员考核制度、受援人回访制度等，并要求定期将法律援助情况向社会公

---

[1] 周新楣、刘景文、史士零：《以成德眉资公共法律服务同城化助推成渝地区双城经济圈建设的思考》，载《中国司法》2020 年第 9 期。

布，接受社会监督。但是，两地都没达到《法律援助法》中由受援人投诉、司法行政部门监督考核、法律援助机构督促和律师协会考核惩戒等构成的完备的监督体系。

2. 实践中，成渝双城地域间保障水平、监督强度等参差不齐，缺乏更高层级的协同监管机制。[1] 例如，成都市建立了律师诚信体系，出台了司法鉴定"负面清单"，位于法律服务监督管理前列。而成都附近的德阳市、眉山市、资阳市等受法律服务资源不足制约，相关监管制度还不健全，与成都还存有差异，四地也没有联合制定统一的监管标准。

（五）法律责任方面

1. 立法上，成渝双城对惩罚对象、惩罚强度等的规定不一致，重庆市惩罚对象的范围更广，四川省的处罚力度更大，适用财产罚的情形更多。例如，重庆市规定了 6 类对法律援助机构及其机构内从事管理的人员处罚的情形，四川省仅针对法律援助人员的处罚作出了规定；四川省加大了对律所等法律援助服务机构的处罚力度，包括吊销律师事务所执业证书、并处十万元以下罚款等措施。此外，两地都没能达到《法律援助法》的完善程度，对惩罚情形、惩罚对象等的规定还不够全面。

2. 实践中，成渝双城受立法差异的影响，对法律援助中违法行为的处罚范围与标准不一，四川省的惩处相对更加严格，服务质量和环境可能会因此更好。两地也缺乏信息交流平台和联合惩戒机制，容易产生在一地违纪违法的法律援助人员等在另一地执业时不受影响的不良现象。

五、对策与建议

总的来说，成渝双城法律援助一体化存在的问题，有很大一部分是源于各地立法间的差异甚至矛盾和总体立法上的不完善，还有部分是受经济发展水平差异、城镇化水平差异、财政能力差异、人力资源水平差异、基础设施建设差异等因素的影响。为此，本课题组综合现有立法、两地实际和其他区域经验，提出以下对策与建议。

（一）建立成渝双城法律援助协同机制

成渝双城实现法律援助一体化，必须打破行政壁垒，遵循平等、便民、高效

---

[1] 万超、张勇、王庆国：《打造山区特色公共法律服务品牌的探索与思考》，载《中国司法》2021 年第 2 期。

等原则，以共建共享为目标建立法律援助协同机制，主要包括以下内容。

1. 推动协同立法。正值2022年《法律援助法》实施之际，成渝双城立法机关应当以此为契机，协同制定两地的法律援助法实施办法。具体的协同立法工作应分为三部分：第一部分，比对《重庆市法律援助条例》、《四川省法律援助条例》和《法律援助法》，查询两地条例同法律不一致的地方，查漏补缺；第二部分，比对《重庆市法律援助条例》和《四川省法律援助条例》的不同之处和实施效果，根据各地实际情况进行调整对接，力求援助范围、服务标准等协调；第三部分，参照《法律援助法》立法例，从总论、机构和人员、形式和范围、程序和实施、保障和监督、法律责任六个方面进行规定与细化。

2. 实现信息共享。《法律援助法》规定从国家层面加强法律援助信息化建设，促进司法行政部门与司法机关及其他有关部门实现信息共享和工作协同；还规定法律援助机构可以通过信息共享，查询核查申请人的经济困难状况。[1] 由此可见，在这个信息时代，实现包括申请人经济困难状况等在内的法律援助信息共享，对成渝双城法律援助一体化建设意义重大。为此，成渝双城应当由两地司法行政部门牵头，实现各类法律援助信息的公开与交换，促进相关信息全面、准确，信息查询方便、快捷。

3. 建立互认机制。根据《法律援助法》，经济困难的标准，由省、自治区、直辖市人民政府根据本行政区域经济发展状况和法律援助工作需要确定，并实行动态调整。成渝双城间经济发展状况不同，经济困难标准不可能统一，也没必要统一。为此，成渝双城应本着"有利于申请人"的原则，建立法律援助经济困难条件和认定标准互认制度，法律援助申请人住所地与法律援助机构所在地的经济困难标准虽然不同，但法律援助机构应认可成渝双城跨地区法律援助申请人住所地出具的经济困难证明，打破地域障碍和制度瓶颈。

4. 加强异地协作。首先，成渝双城要在协同立法的基础上，明确两地跨区域法律援助申请、认定、承办的具体细则，提高异地协作的可操作性。其次，成渝双城要积极签署涵盖法律援助受理、调查取证、文书送达、信息交换、资源调配、法律援助质效评估等内容的《城际间法律援助协作协议》，运用"法律援助协作函"，当受援者住所地与法律援助案件受理地不一致时，可由申请人住所地的法律援助机构与案件受理地的法律援助机构协商后代为受理，同时协助办理全权委托手续，使两地人员到任何一地工作和生活，都能处在统一的法律援助体系

---

[1] 陈卫东：《〈法律援助法〉的三点创新》，载《中国检察官》2021年第19期。

的保护之下，实现"让受援人少跑路，让资料和信息多跑路"[1]。最后，成渝双城要建立法律援助联席会议制度，加强两地对话交流与合作，协商解决异地协作中的突出问题，共同提升服务水平。

（二）健全成渝双城法律服务资源跨区域流动机制

《法律援助法》提出国家要建立健全法律服务资源依法跨区域流动机制，鼓励和支持法律服务资源向相对短缺地区流动。为此，成渝双城应当从人、财、物方面入手，助推成渝双城地域间、城乡间的法律服务资源流动。

1. 推动人才流动。法律援助人员主要包括律师、基层法律服务工作者和法律援助志愿者等。一方面，成渝双城律师协会要继续已有的交流互访、调研座谈等协作形式，发挥两地律师长效合作交流优势，加强两地法律服务资源互通共享，共培共享法律服务专业律师团队，形成法律服务合力；另一方面，成渝双城要加强对基层法律服务工作者的培训和监管，可由重庆市、四川省司法行政部门牵头，采取集中培训、实地观摩、学术研讨等多种形式提升法律援助工作者的综合素质，并综合运用法律援助质效评估、定期考核等方式强化对法律援助工作的监管，提高基层法律援助服务水平。[2] 此外，还要鼓励律师、法律援助志愿者等人才以对口支援、短期活动或长期定点等形式下沉基层，弥补部分区域基层法律援助服务人员短缺的现状，使基层群众有机会享受到更高质量的法律援助。

2. 运用政府采购。根据《法律援助法》，司法行政部门可以通过政府采购等方式，择优选择律师事务所等法律服务机构为受援人提供法律援助。而在实践中，政府购买公共服务的做法早已有之，重庆市和四川省都制定了政府购买服务管理办法，具有一定的可操作性。相比其他方式，政府采购能够更加直接高效地实现法律服务资源的定向转移，如人才资源缺乏地区可以通过与其他地区的律师事务所等签订采购协议，约定由该所定期向该地派驻律师等提供法律服务的方式，促进人才流动，提高法律援助质量。[3]

3. 完善财政保障。财政是国家治理的基础和重要支柱，财政保障是实现成渝双城法律援助一体化的重要制度支撑。成渝双城要完善财政分级保障，对已经明

---

[1] 张新文：《京冀两地成功办理京津冀法律援助协同发展第一案》，载《中国司法》2017年第11期。

[2] 四川省人社厅：《促进产业人口高效聚集 强化公共服务共建共享》，载《四川劳动保障》2021年第8期。

[3] 李海平：《政府购买公共服务法律规制的问题与对策——以深圳市政府购买社工服务为例》，载《国家行政学院学报》2011年第5期。

确的法律援助服务政策底线，要逐项梳理确定各级财政的支出责任和分担比例，加大对贫困地区的转移支付力度；要建立财政政策联动机制，加强在法律援助补贴标准等方面的提标衔接，确保两地财政保障标准趋于协同；要优化财政信息对接机制，支持两地财政社保数据等互联互通；要构建可持续性财政保障机制，建立财政承受能力评估机制，建立跨行政区的长期性财政协作机制。[1]

4. 畅通其他资源。法律援助制度的运行除了人、财、物，还涉及调解、公证、司法鉴定、仲裁等其他法律服务资源的支持。但是受《公证法》执业管辖等制约，此类法律服务资源限于各行政区域内，缺乏互联互通。[2] 为此，成渝双城已经在公证领域签署了公证协作框架协议，并在"遗产管理人推荐库"等领域有所成绩。[3] 因此，成渝双城可以将公证领域的成功经验套用到调解、司法鉴定、仲裁等领域，通过签署协作框架协议等方式畅通资源的跨区域流动。

（三）提高成渝双城法律援助数字化智能化水平

党的十九届五中全会提出，要"加强数字社会、数字政府建设，提高公共服务、社会治理等数字化智能化水平"。成渝双城应当充分利用计算机、大数据、人工智能、云计算、区块链、5G等新一代信息通信技术，通过搭建网络互联互通平台等方式全面提高法律援助服务一体化水平。下文以法律援助网络平台建设为例进行论证。

1. 统一平台标准。如前文所述，成渝双城的法律援助网络平台存在一定差异，导致两地群众不能享受到均等的线上服务。为此，一方面可以在成渝双城现有法律援助网络平台的基础上进行优化，成渝双城应对标"中国法律服务网"，以实现群众"随时问、随时查、随时办"为目标，吸收对方法律援助网站优势，补齐自身法律援助网站不足。[4] 本课题组认为，可以从全面度、便民度、智能度、创新度四个维度出发，综合考量制定成渝双城法律援助网站基本标准，并鼓励超标准建设。比如在全面度方面，网站应提供法律援助申请表的下载服务和法援律师的联系方式等，而12348重庆法网和12348四川法网则各有不足；比如在

---

〔1〕 李外禾：《数字经济背景下推进成渝地区政务服务一体化发展探析》，载《中共乐山市委党校学报》2021年第3期。

〔2〕 周新楣、刘景文、史士零：《以成德眉资公共法律服务同城化助推成渝地区双城经济圈建设的思考》，载《中国司法》2020年第9期。

〔3〕 向光敏：《重庆市公证处与成都市律政公证共邀家事护航人加入遗产管理人推荐库》，载华龙网，http://cq.cqnews.net/cqqx/html/2022-08/08/content_1006278054429573120.htm。

〔4〕 徐娟：《构建共享型公共法律服务平台的实践与探索——以四川省为例》，载《河南司法警官职业学院学报》2020年9月第3期。

便民度方面，网站应在醒目处提示法律援助申请的基本流程，而 12348 四川法网则需要改进。

2. 实现平台联通。前期统一成渝双城法律援助网站的标准，也是为了后期更好地实现两地网站的互联互通。[1] 当前，12348 重庆法网和 12348 四川法网需要各自注册账号使用，且只能申请本地的法律援助，不利于法律援助的跨区域申请与受理。为此，成渝双城可以借鉴已有的"川渝通办专区"线上政务服务平台，搭建成渝双城法律援助一体化申办平台，群众只需注册一个账号，就可以申请两地的法律援助，享受两地的法律援助资源；而且从长期来看，搭建一体化平台有利于节省运营成本、提高服务质量、加强两地协作、促进资源流通。

3. 提高平台服务。之所以搭建法律援助网络平台，很大一部分原因是网络可以跨越空间，使基层群众尤其是边远落后地区的群众受益。为此，一方面要改变"重建设、轻应用"的思维方式，设身处地为群众着想，提高可用性，例如网站应当为残障人士这一重要的受援对象提供语音朗读、字体变大等无障碍服务；另一方面要通过完善移动端 APP、微信公众号的建设，加大乡村地区互联网设施投入等方式缩小"技术鸿沟"，使基层群众真正能享受到网络带来的法律援助便利。此外，平台在未来还要不断创新升级，提高智能化水平，例如构建反映公众偏好的智能化动态测量平台等。

4. 加强平台监管。首先，要健全群众线上投诉和申诉制度，群众可以针对法律援助网站设计不合理、服务不达标、信息错误等情形，通过留言或电话进行投诉，网站要对此及时调整完善，不然容易出现像 12348 四川法网最新的留言咨询仍停留在 2020 年这样的现象；群众还可以针对线上申请超期未受理、不予受理等进行线上申诉，相关机关可以通过电话等方式与其进行沟通解释。其次，要建立考核和评价制度，政府相关部门定期对法律援助网站从全面度、便民度、智能度、创新度四个维度进行考核评价，优秀的要给予表扬，不合格的要督促及时整改。最后，可以适当引入市场竞争，除了 12348 法网这类"集约化供给模式"，还要积极探索"政商协同模式""电商平台供给模式"等在法律援助领域的可行性，通过"鲶鱼效应"激发法律援助网络平台的生命力。

结 语

本文以成渝双城法律援助制度为调查对象，通过文献调查、比较调查和实地

---

[1] 叶美怡、毛露一：《成渝府际协同治理下"互联网+"政务服务一体化平台优化研究》，载《中小企业管理与科技》2021 年第 7 期。

观察，发现成渝双城法律援助一体化整体还处于起步阶段：缺乏两地协同机制，跨区域资源流动不强；两地法律援助条例差异较大，存在矛盾；域内虽已有"成德眉资"一体化经验，但相比域外比较优势不足；已有的 12348 法网系列缺乏统一标准，且智能服务水平不高。针对上述现象，本课题组以《法律援助法》的立法例为分类标准，从中剖析出成渝双城法律援助一体化在机构和人员、形式和范围、程序和实施、保障和监督、法律责任方面的问题。为此，本课题组分析了问题产生的深层次原因，根据成渝双城实际情况，吸收其他区域一体化有益经验，提出以下对策和建议：建立成渝双城法律援助协同机制，包括推动协同立法、实现信息共享、建立互认机制和加强异地协作；健全成渝双城法律服务资源跨区域流动机制，包括推动人才流动、运用政府采购、完善财政保障和畅通其他资源；提高成渝双城法律援助数字化、智能化水平，包括统一平台标准、实现平台联通、提高平台服务和加强平台监管。

总而言之，成渝双城法律援助一体化过程中虽存在种种问题，但都可以在现有制度下进行解决，并不存在难以逾越的鸿沟。相信成渝双城本着实事求是的态度和以人为本的精神，破除狭隘的地域思维，加强两地协作和交流，定能在不远的将来打造出高质量的区域法律援助共同体，让人民真正享受到发展成果。

成渝地区双城经济圈司法鉴定协同发展的实证研究

罗宇昂*

摘　要	协同发展是我国司法鉴定发展的新样态，这将有助于破除行政区划壁垒、促进跨区域的交流互鉴。然而，以成渝地区双城经济圈为例，司法鉴定协同发展尚存在资源布局不平衡和合作展开不充分的问题。司法鉴定的协同发展，既需要司法行政机关针对资质准入、资源布局、监督检查等普遍性问题作出统筹指导，又依赖司法鉴定协会细致解决标准设置、信息交流、人才培养等具体性问题，从而建构出相辅相成的"二元主导模式"。此外，司法鉴定协同发展需要妥善处理两对关系，即横向层面的自我发展与协同发展的关系、纵向层面的行政管理与行业管理的关系。
关键词	成渝地区双城经济圈；司法鉴定；协同发展；司法行政机关；司法鉴定协会

一、引言

2020年10月，中共中央、国务院印发《成渝地区双城经济圈建设规划纲要》（以下简称《成渝规划纲要》），并将其作为成渝地区双城经济圈发展的纲领性文件。成渝地区双城经济圈建设再度成为国家重视、社会聚焦、全民关注的发展新动向。毋庸置疑，一方面，经济发展的行稳致远需要借力上层建筑的反作用，而法律作为上层建筑的基本要素之一，理所当然成为两地发展建设理念的题中应有之义；另一方面，发展的科学性和创新性势必影响法律领域，为司法活动尤其是诉讼活动带来诸多"专门性问题"。于前者而言，四川省成都市司法局已提出构建成渝法律服务联盟，即"成渝法律服务资源互联互通互动、法治协调协作的跨区域新型法律服

---

* 罗宇昂，西南政法大学2021级刑事侦查学院硕士研究生，主要研究方向为证据科学、司法鉴定。

本研究报告系2021年度"西南政法大学成渝地区双城经济圈公共法律服务人才培养协同创新团队专项课题"（项目号：TDZX-2021013）资助成果。

务联合体"[1]，以保障两地经济健康、可持续发展；于后者而言，作为一项重要的司法保障制度，成渝地区双城经济圈司法鉴定的协同发展也有所推行。

2020年5月，四川省司法厅和重庆市司法局联合召开"深化战略合作助推成渝地区双城经济圈建设联席会议"，会议签订了《重庆市司法局四川省司法厅深化战略合作协同打造"四个共同体"助推成渝地区双城经济圈建设框架协议》，并出台包含"司法鉴定行业服务成渝地区双城经济圈建设"项目在内的"川渝司法行政区域合作重点推进项目清单"。同时，川渝司法鉴定行业协会在该会上签订了《服务成渝地区双城经济圈建设合作协议》，以促进两地司法鉴定领域在教育培训、执业检查、诚信建设、信息联通、宣传报道以及行业规范和自律等七个方面协调互动。[2]

尽管如此，司法鉴定协同发展尚未达到成熟阶段。在理论层面，关于"司法鉴定协同发展"的概念界定，学界对此并未统一。一些学者将其界定为"司法鉴定区域合作"，意指特定区域内的政府或其相关职能部门开展的关于司法鉴定合作工作[3]；另一些学者称作"区域司法鉴定协作"，是指在地理相近的若干行政区划之间关于司法鉴定开展的合作[4]；还有一些学者将其称为"区域性司法鉴定一体化协作"[5]。实际上，2018年7月，司法部出台《关于全面推动长江经济带司法鉴定协同发展的实施意见》（以下简称《司法鉴定协同发展意见》）中确有提到"司法鉴定协同发展"一词，虽并未明确其概念，但根据"长江经济带司法鉴定协同发展的总体思路"不难看出，司法行政机关以健全统一司法鉴定管理体制为目标，推动区域间"司法鉴定规划布局、管理措施、执业范围、质量建设等一体化"和司法鉴定行业协会"加强行业自律管理和业务协作"。因此，本文采用"司法鉴定协同发展"这一定义。在实践层面，司法鉴定协同发展尚有不平衡的公平性问题与不充分的效率性问题[6]，且以现实问题为导向的实证研究匮乏。

---

[1] 四川省成都市司法局课题组：《关于构建成渝法律服务联盟服务成渝地区双城经济圈建设的建议》，载《中国司法》2021年第5期。
[2] 《川渝合作：司法鉴定行业共建七项互动机制》，载七一网，https：//www.12371.gov.cn/Item/559539.aspx。
[3] 谷望舒：《司法鉴定区域合作问题论纲》，载《中国司法鉴定》2020年第1期。
[4] 朱晋峰：《区域司法鉴定协作的现实必要性及其模式探索》，载《中国司法》2017年第4期。
[5] 刘建华：《探索建立区域性司法鉴定一体化协作机制——以武汉城市圈为研究样本》，载《山东警察学院学报》2011年第6期。
[6] 任晓红：《区域发展不平衡不充分的测度与分解——以重庆市为例》，西南交通大学出版社2019年版，第3页。

有鉴于此，本文试图以成渝地区双城经济圈为实证研究对象，针对司法鉴定协同发展的现实困境深入讨论其解决机制，对如何深化司法鉴定协同发展予以辩证反思。[1]

二、成渝鉴定协同发展的现状

(一) 成渝鉴定协同发展的基础优势

成渝鉴定协同发展，并不是一项"零基础"的发展项目。除依托于成渝双城经济圈建设这一国家战略背景以及地方相关政策支持，成渝鉴定协同发展的基础优势更在于两个方面：成渝其他领域协同发展的基础和其他区域鉴定协同发展的基础。

1. 成渝其他领域协同发展的基础。协同发展的核心理念是系统化、一体化。成渝双城经济圈的建设，不可能仅仅着眼于经济、法律、文化、社会等某一方面。如有某一领域的协同发展已有所突破，根据"功能主义理论的扩展原理"[2]，其也将成为其他领域的协同发展的基础和刺激源。

第一，经济领域。成渝双城经济圈建设，其主要内容是经济的协同发展，且自西部大开发20余年来，已走向稳步上升之势。如《成渝规划纲要》所言，直至2019年，"地区生产总值年均增长8%以上，社会消费品零售总额年均增长10%以上"，其地区经济总量在全国的占比中呈上升趋势，且逐步建立起成都、重庆"双核相向发展、联动引领区域高质量发展的良好态势"。因此，成渝两地在经济领域协同发展的成果为成渝鉴定协同发展提供了经济基础。

第二，交通领域。成渝双城经济圈交通网络的建设，是两地协同发展的最直接推动因素。现今，成渝双城经济圈基础设施联通水平大幅提升，成渝两市交通运输已实现高水平协调发展。[3]毋庸置疑，这也为成渝鉴定协同发展提供了基本条件。交通网络发展能够为成渝两地当事人、鉴定人、司法行政人员等提供便利，有助于案件纠纷的解决、诉讼专门性问题的探讨以及司法行政管理和监督。

第三，法治领域。2020年，川渝签署了《关于提升区域一体化执法司法水平

---

[1] 为行文简便，下文将"成渝地区双城经济圈司法鉴定协同发展"简写作"成渝鉴定协同发展"。

[2] 所谓"功能主义理论的扩展原理"，是指"一个领域内的成功合作将刺激其他领域内的合作需求。具体来说，就是一个领域内认识到合作的必要而开始进行合作，将会推动合作态度的转变，激发其他领域的合作意愿，从而使合作在更大范围和更深层次上展开"。参见秦鹏、刘焕：《成渝地区双城经济圈协同发展的理论逻辑与路径探索——基于功能主义理论的视角》，载《重庆大学学报（社会科学版）》2021年第2期。

[3] 吴燕霞、邵博：《成渝地区双城经济圈交通运输、区域经济、生态环境协同发展研究》，载《中共福建省委党校（福建行政学院）学报》2021年第6期。

服务保障成渝地区双城经济圈建设的指导意见》。而后，诸如此类的系列法治协作文件陆续出台，成为成渝经济圈政法系统执法、司法联动和提升区域一体化执法、司法水平的重要保障，也成为成渝鉴定协同发展的法治基础。

2. 其他区域鉴定协同发展的基础。于司法鉴定协同发展本身而言，我国一些地区已有相关工作的开展，例如苏浙沪地区、京津冀地区、长江经济带等。成渝鉴定协同发展，大可以借鉴其有关经验，进而因地制宜地运用至自身。

2009 年 6 月，"苏浙沪司法鉴定协作机制签字仪式暨第一次工作会议"在上海举行，江苏、浙江、上海三方司法行政机关的代表签订了《关于建立苏浙沪司法鉴定协作机制的协议》。苏浙沪司法鉴定协作的开展主要涉及九个方面，包括统一复杂疑难鉴定与重新鉴定机制、统一区域内司法鉴定机构与司法鉴定人名册编制、统一技术标准、统一专家库、统一执法检查、司法鉴定机构认证认可、继续教育培训相互认可、构筑司法鉴定论坛以及结合司法鉴定行政管理和行业管理。[1] 成渝鉴定协同发展，亦可参考以上几个方面逐步推进。

2016 年，京津冀地区司法部门共同签订《京津冀司法鉴定工作协同发展合作协议》，在司法鉴定行业培训、信息共享、自律管理、标准互通、学术研究等方面开展合作；2018 年，针对血液酒精浓度鉴定，三地司法鉴定专家及有关管理部门组成检查组，开展联合专项检查活动。[2] 落实到成渝鉴定协同发展，京津冀的实践经验可以成为其参考素材。

2018 年，基于长江经济带发展的需要，司法部出台《司法鉴定协同发展意见》。这是首次由司法部司法鉴定管理局亲自牵头推行的司法鉴定协同发展项目。与此同时，四川和重庆也是其工作组的成员。因此，这对成渝鉴定协同发展极具指导意义和借鉴意义。《司法鉴定协同发展意见》从鉴定机构合理布局、司法鉴定准入登记、适用统一鉴定标准、开展联合检查评查、教育培训协调联动、行业管理业务协作以及鉴定援助异地协作等七个方面采取切实措施，推进长江经济带司法鉴定的协同发展。[3]

（二）成渝鉴定协同发展的初步成效

成渝鉴定协同发展是"川渝司法行政区域合作重点推进项目清单"的主要内

---

[1] 朱淳良、李柏勤：《苏浙沪司法鉴定协作机制签字仪式在上海举行》，载《中国司法鉴定》2009 年第 4 期。

[2] 《京津冀推进司法鉴定联合执法 将开展环境损害司法鉴定合作》，载中国政府网，http://www.gov.cn/xinwen/2018-04/28/content_5286698.htm。

[3] 《司法部关于全面推动长江经济带司法鉴定协同发展的实施意见》，载《中国司法》2018 年第 8 期。

容之一。自 2020 年提上日程以来，两地司法行政机关、司法鉴定行业协会以及司法鉴定机构、司法鉴定人以及其他相关人员均为此作出了巨大努力。目前，成渝鉴定协同发展已在政务开展层面和业务开展层面取得初步成效。

1. 政务开展层面。第一，两地司法机关、司法行政机关在政策引领导向方面体现出成渝鉴定协同发展初步成果。2020 年 4 月，重庆市高级人民法院出台《重庆市高级人民法院关于为成渝地区双城经济圈建设提供司法服务和保障的意见》中直接谈到推动司法资源共建共享，"整合司法鉴定、专利审查、商标审查、破产管理人、人民陪审员、人民调解员、法律援助、公共法律服务等相关资源"[1]。同年 6 月，四川省司法厅学习考察组赴重庆实地走访西南政法大学司法鉴定中心，参观其痕迹检验、文书检验的实验室，对其科研进展、人才培养以及产业孵化等方面进行交流。[2]

第二，成渝鉴定协同发展直接纳入地方性法规文件。2021 年 4 月，重庆市司法局启动《重庆市司法鉴定条例》的修订工作，并于 9 月发布《重庆市司法鉴定条例（征求意见稿）》（以下简称《征求意见稿》）。《征求意见稿》第 11 条明确规定，将致力于推动川渝两地司法鉴定工作的协同发展，并构建包括鉴定标准与实施规范、资格准入与职业培训、学术探讨与技术交流、执业监管与数据共享等方面的交流合作机制。由此足见，成渝鉴定协同发展已成为地方性法规的重点关注内容之一。

2. 业务开展层面。第一，司法鉴定业务指引文件联合出台。2020 年 7 月，为规范川渝两地关于环境损害司法鉴定的执业活动、实施程序、费用收取等，川渝公共法律服务工作第一次联席会议审签了《四川省、重庆市环境损害司法鉴定业务指引》。2021 年 6 月，两地司法鉴定协会印发《四川省、重庆市亲子鉴定流程指引》，主要涵盖亲子鉴定的主体、环境、技术、设备、程序、收费、宣传等方面，以规范两地亲子鉴定方面的质量，保障司法鉴定的公信力。

第二，川渝司法鉴定专家库组建工作得以施行。2021 年 8 月，川渝两地司法鉴定协会联合出台《组建川渝司法鉴定专家库工作方案》，择优推选出两地法医类、物证类、声像资料类和环境损害类的司法鉴定人，该方案确定了组建专家库

---

[1]《重庆高院出台意见为成渝双城经济圈护航》，载重庆法院网，https://cqfy.chinacourt.gov.cn/article/detail/2020/04/id/5062700.shtml.

[2]《深化川渝司法行政战略合作协调小组第一次会议召开》，载四川长安网，http://www.sichuanpeace.gov.cn/zt2020cyscchscj/20200619/2269265.html.

的基本入选条件和名额，并规定其相应的职责和权利。同年12月，《关于川渝司法鉴定专家库专家名单公告》发布，211名专家纳入专家库（参见表1）。

表1 川渝司法鉴定专家库各类型专家人数

司法鉴定专家类型	法医类	物证类	声像资料类	环境损害类	合计
人数（人）	93	48	18	52	211

三、成渝鉴定协同发展的逻辑

以成渝地区双城经济圈为例的司法鉴定协同发展的问世并非偶然，其中存在三重基本逻辑（见图1）：第一，司法鉴定的科学属性是其协同发展的本质逻辑。《全国人民代表大会常务委员会关于司法鉴定管理问题的决定》（以下简称《司法鉴定管理问题的决定》）第1条关于司法鉴定的定义，即揭示了科学性是司法鉴定的本质属性，司法鉴定的对象很大程度上是科技在司法领域的衍生物。[1] 无论是物证类、法医类，还是声像资料类、环境损害类的司法鉴定，其依据的原理与标准、技术与方法、流程与步骤等，都与科学息息相关。司法鉴定的科学属性，决定了其不应画地为牢，而是需要交流互鉴、协同创新。

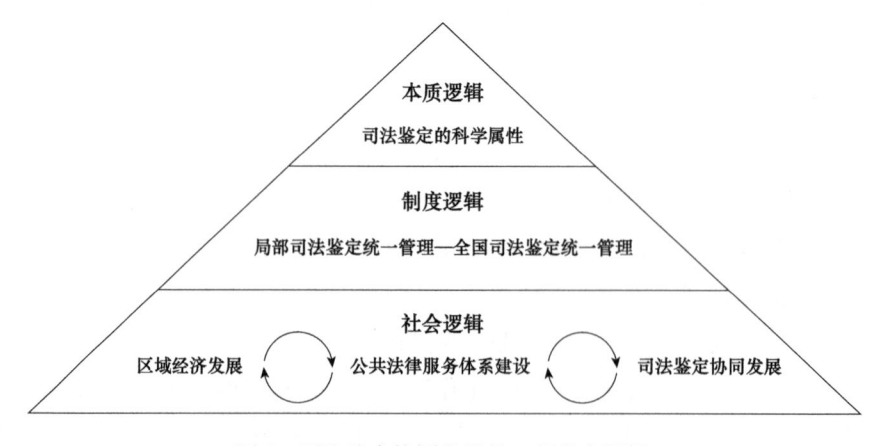

图1 司法鉴定协同发展的三重基本逻辑

第二，中央全面深化改革领导小组发布的《关于健全统一司法鉴定管理体制的实施意见》（以下简称《司法鉴定统一管理意见》），是司法鉴定协同发展的制

---

[1] 刘振红：《司法鉴定：诉讼专门性问题的展开》，中国政法大学出版社2015年版，第57页。

度逻辑。《司法鉴定统一管理意见》中提出从全国司法鉴定领域的资质准入、技术标准、具体实施、监督管理以及鉴定人出庭等方面,推动司法鉴定管理统一化。以成渝地区双城经济圈为例的司法鉴定协同发展是实现局部范围的司法鉴定统一管理,即从依据单一行政区划的司法鉴定管理到全国司法鉴定统一管理的过渡,是贯彻落实《司法鉴定统一管理意见》的题中应有之义。

第三,区域经济发展与公共法律服务体系建设是司法鉴定协同发展的社会逻辑。从苏浙沪地区、京津冀地区、长江经济带以及成渝双城经济圈的司法鉴定协同发展来看,存在一个共性——均以区域经济发展为基础。实际上,司法鉴定协同发展是公共法律服务体系建设的一个重要构成要素,而后者又是区域经济可持续发展的重要保障。这三者形成一种循环影响机制——区域经济的宏观发展,对公共法律服务体系臻于完善提出要求,从而促进司法鉴定协同发展;反之,司法鉴定协同发展,能够推动公共法律服务体系实现高质量和高效率的基础性、服务性、保障性工作,进而促使区域经济健康、科学发展;而公共法律服务体系则向上承接区域经济总体发展理念,向下影响司法鉴定协同发展布局。

四、成渝鉴定协同发展的困境

(一)司法鉴定资源布局的不平衡问题

通过整理 2021 年四川省司法厅和重庆市司法局各自公布的《国家司法鉴定人和司法鉴定机构名册(四川省分册)》和《国家司法鉴定人和司法鉴定机构名册(重庆市 2021 年度)》,从整体来看,成渝经济圈司法鉴定机构总共 154 所,其中四川省行政区划内 97 所,重庆行政区划内 57 所,二者在数量上有一定程度的差距。如果进一步分析,按照 2020 年 10 月中共中央、国务院印发的《成渝规划纲要》中所提到的成都、重庆市中心城区以及"区域中心城市"的划分[1],司法鉴定机构、司法鉴定人的资源分布之差距更为显著(见表 2 和图 2、图 3)。成都和重庆中心城区的司法鉴定机构数量占(区域)中心城市的 70%、司法鉴定人数量占比达到 75%,而二者面积之和不过仅 19807.48 平方千米(其中成都面积 14335 平方千米;重庆中心城区面积 5472.48 平方千米),约占成渝双

---

[1] 成渝双城经济圈的"中心城市"为成都和重庆中心城区 2 个,"区域中心城市"总共 8 个:包括成都平原区域中心城市(绵阳、乐山),川东北区域中心城市(南充、达州),川南区域中心城市(宜宾、泸州),渝东北区域中心城市(万州),渝东南区域中心城市(黔江)。参见《成渝地区双城经济圈建设规划纲要》。

城经济圈总面积（185000平方千米）的11%，呈现出司法鉴定领域的"区域塌陷"之状。[1]

表2 成渝经济圈（区域）中心城市司法鉴定机构数量

（区域）中心城市	司法鉴定机构数量（所）	司法鉴定人数量（人）
成都	42	1161
成都平原区域中心城市（绵阳、乐山）	8	148
川东北区域中心城市（南充、达州）	11	206
川南区域中心城市（宜宾、泸州）	12	224
重庆中心城区	38	811
渝东北区域中心城市（万州）	2	45
渝东南区域中心城市（黔江）	1	21
合计	114	2616

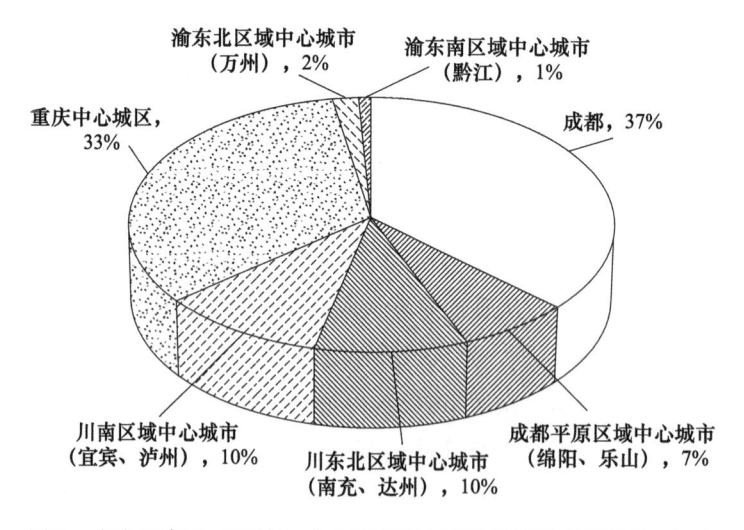

图2 成渝经济圈（区域）中心城市司法鉴定机构数量百分比（一）

---

[1] 所谓"区域塌陷"，是指"在时间尺度上是区域内部一段时间内出现人口、经济、环境、社会等多方面的持续衰退；在空间尺度上是某一区域相对于其他区域出现劳动力、资本、生态等多种要素资源的相对流失"。参见王家庭：《我国区域塌陷的主要表现、形成机制与治理模式研究》，载《学习与实践》2020年第12期。

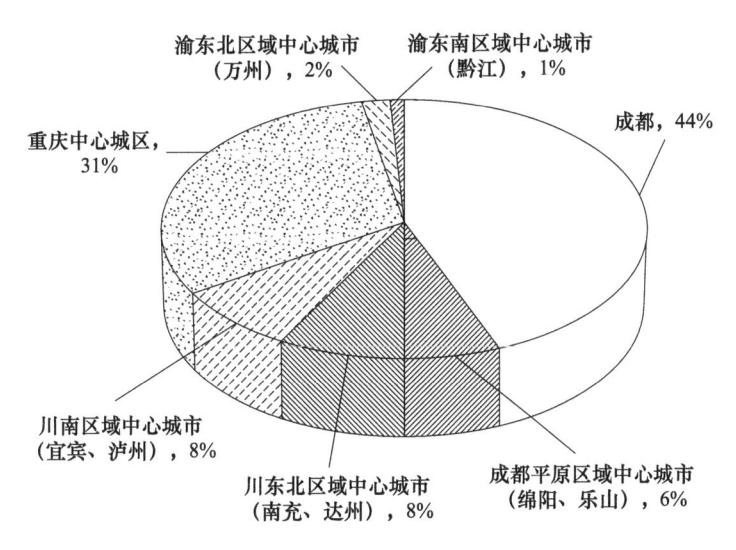

图3 成渝经济圈（区域）中心城市司法鉴定人数量百分比（二）

另一方面，司法鉴定机构执业类型，亦呈现出不平衡、不理想的态势（见表3和图4）——从司法鉴定种类发展来看，法医类与物证类的发展境况远成熟于声像资料类与环境损害类；从司法鉴定种类分布来看，成都和重庆中心城区的司法鉴定机构执业类型尚且较为齐全，但其余区域中心城市的司法鉴定机构在声像资料类与环境损害类均存在供给不足的现象。其中，比较典型的情况是，位于长江沿线的川南区域中心城市（宜宾、泸州）以及渝东北区域中心城市（万州），均无环境损害类司法鉴定机构的设置。这一失衡的布局，在一定程度上有悖于2018年司法部出台的《司法鉴定协同发展实施意见》，同时，也未达到关于环境损害司法鉴定"保障长江经济带的生态安全和绿色发展"的预设目标。

表3 成渝经济圈（区域）中心城市"四大类"司法鉴定机构数量[1]

（区域）中心城市	法医类（所）	物证类（所）	声像资料类（所）	环境损害类（所）
成都	25	24	8	5
成都平原区域中心城市（绵阳、乐山）	7	3	0	0

[1] 部分司法鉴定机构并不只提供一种类型的司法鉴定，此表旨在呈现不同种类司法鉴定的资源分布情况，故单论司法鉴定机构本身，存在重复计算。

续表

（区域）中心城市	法医类（所）	物证类（所）	声像资料类（所）	环境损害类（所）
川东北区域中心城市（南充、达州）	9	5	0	0
川南区域中心城市（宜宾、泸州）	12	4	0	0
重庆中心城区	22	13	8	7
渝东北区域中心城市（万州）	1	2	0	0
渝东南区域中心城市（黔江）	1	0	0	0

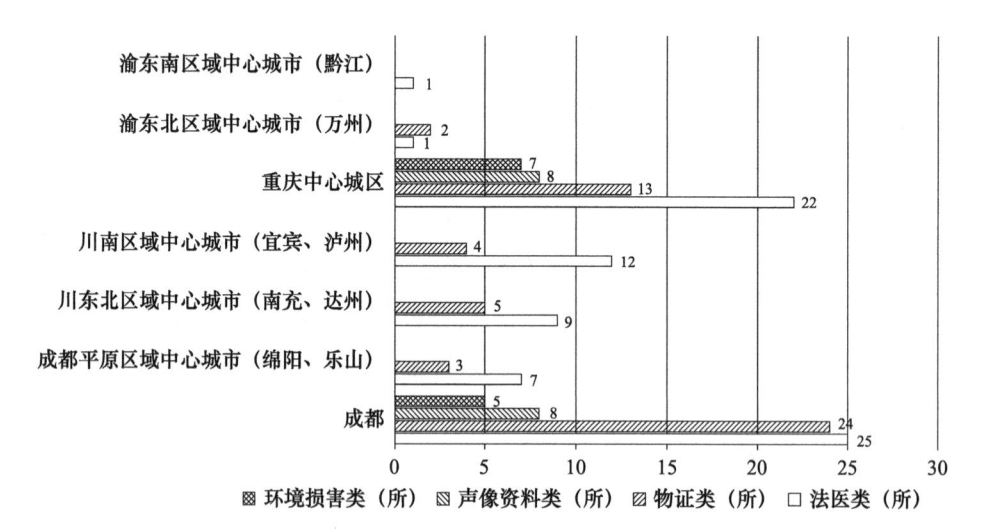

图 4　成渝经济圈（区域）中心城市"四大类"司法鉴定机构分布对比图

（二）司法鉴定合作展开得不充分问题

尽管如前文所述，自 2020 年以来成渝鉴定协同发展已经取得初步成效，但有关合作方面仍然需要进一步充分展开。

第一，两地司法鉴定管理规范缺乏统一性。司法鉴定管理规范是司法鉴定执业活动规范化、正当化的基础，也是成渝鉴定协同发展的基本条件。通过对比《重庆市司法鉴定条例》以及正在修订的《重庆市司法鉴定条例（征求意见稿）》和《四川省司法鉴定管理条例》（2020 年修订），显而易见，在关于司法鉴定机构和司法鉴定人的准入申请、注销登记、法律责任等方面，都存在一些差异（见表 4）。

表 4 《重庆市司法鉴定条例（征求意见稿）》
《四川省司法鉴定管理条例（2020 年修订）》条文规定的差异（部分列举）[1]

事项	重庆市司法鉴定条例	《重庆市司法鉴定条例》（征求意见稿）	四川省司法鉴定管理条例（2020 年修订）
登记		第 15 条 "法人或者非法人组织申请设立司法鉴定机构，个人申请从事司法鉴定业务的，应当向其住所地的区县（自治县）司法行政部门提出申请并提交相关材料，区县（自治县）司法行政部门应当在<u>三日内</u>对申请材料进行初步核实，并将有关申请材料报送市司法行政部门审核。" 市司法行政部门应当<u>自区县（自治县）司法行政部门收到申请材料之日起三十日内</u>予以审核，并作出决定。符合条件的予以登记，颁发《司法鉴定许可证》《司法鉴定人执业证》；不符合条件的，作出不予登记的书面决定并说明理由。	第 10 条 法人或者非法人组织申请登记司法鉴定机构的，向省司法行政部门提交申请材料。省司法行政部门应当依法受理，<u>自受理申请之日起二十日内</u>完成审核并作出决定。符合条件的予以登记，依法颁发司法鉴定许可证；不符合条件的，不予登记，书面告知申请人并说明理由。 ……
注销		第 18 条 司法鉴定机构有下列情形之一的，由市司法行政部门依法办理注销登记手续： （一）依法申请终止司法鉴定活动的； （二）司法鉴定许可证有效期届满未申请延续的； （三）自愿解散或者擅自停业一年以上的； （四）司法鉴定许可证被撤销、<u>撤回，或者依法被吊销的；</u> <u>（五）丧失本条例规定的从事司法鉴定业务登记条件的；</u> <u>（六）设立司法鉴定机构的法人或者非法人组织依法终止的；</u> <u>（七）因不可抗力导致行政许可事项无法实施的；</u> （八）法律、法规规定的其他情形。	第 13 条 司法鉴定机构有下列情形之一的，省司法行政部门应当依法办理注销登记手续： （一）依法申请终止司法鉴定活动的； （二）自愿解散或者停业、歇业一年以上的； （三）登记事项发生变化，不符合设立条件的； （四）司法鉴定许可证有效期届满未延续的； （五）已经被依法撤销司法鉴定机构登记的； （六）法律、法规规定的其他情形。

---

[1] 因《重庆市司法鉴定条例（征求意见稿）》在《重庆市司法鉴定条例》基础上修订内容较多，相较之下更完善，更具有比较意义，故尽管其处于意见征求阶段，仍在此列举进行对比。

续表

事项	重庆市 司法鉴定条例	《重庆市司法鉴定条例》 （征求意见稿）	四川省司法鉴定管理条例 （2020 年修订）
法律责任（司法鉴定人超范围鉴定）	第 41 条 鉴定人超出核定的范围从事鉴定，**市司法行政部门应责令其改正，处以三千元以上一万元以下罚款**；情节严重的，由市司法行政部门或市级司法机关取消其鉴定人资格。	第 62 条 司法鉴定人有下列情形之一的，由市、区县（自治县）司法行政部门给予警告，责令改正；有违法所得的，没收违法所得，**可以并处一千元以上五千元以下罚款**；情节严重的，给予停止从事司法鉴定业务三个月以下的处罚： …… （三）超出登记的司法鉴定执业类别开展司法鉴定活动的。	第 51 条 "司法鉴定人有下列情形之一的，由省或者市（州）司法行政部门<u>依法给予警告，并责令改正</u>；有违法所得的，没收违法所得： …… （二）超出登记的执业类别执业的。

第二，成渝两地司法鉴定人出具的司法鉴定意见书，有时会出现互不认可的现象。例如，重庆的部分司法鉴定机构作出的法医类鉴定意见，在成都的法院审判质证时，有时会要求在四川某鉴定机构重新鉴定；四川省的部分司法鉴定机构作出的物证类鉴定意见，有时也在重庆法院审判时得不到认可而要求重新鉴定的情况。个中缘由在于，一方面两地法院对各自区域内司法鉴定机构存在地方保护主义，另一方面两地司法鉴定信息交互机制有所匮乏、司法鉴定资质认可和质量标准存在差异。在访谈中，有人提出，"成渝两地司法鉴定的协同发展，就是要把两个地区能力突出的、力量雄厚的、经验丰富的、历史悠久的大型老牌鉴定机构联系起来，作为一股领导力量，充分推动实现鉴定领域的共同进步。"[1]

五、构建司法行政机关与司法鉴定协会"二元主导模式"

综合成渝双城经济圈司法行政人员与鉴定人的个人访谈，笔者以为成渝鉴定协同发展可以构建"司法行政机关"和"司法鉴定协会"相结合的"二元主导模式"。另外，二者尽管并不存在上下级官员之间的隶属关系，但就司法鉴定行业管理而言，却在很大程度上存在类似于"上层官员理解普遍性，下层官员理解具体性"[2]的现实情况。因此，笔者提出，成渝鉴定协同发展可以采取如下具体路径——"司法行政机关主导模式"主要关注诸如准入条件、资源布局、监督

---

[1] 此处为笔者个人访谈时，访谈对象 A 的观点。
[2] 转引自［美］米尔伊安·R. 达马什卡：《司法和国家权力的多种面孔——比较视野中的法律程序》，郑戈译，中国政法大学出版社 2015 年版，第 27 页。

检查等普遍性问题，"司法鉴定协会主导模式"主要关注诸如标准设置、信息交流、人才培养等"具体性问题"。

（一）司法行政机关主导模式

就目前有关制度规定以及相关实践经验而言，司法鉴定协同发展大多采取"司法行政机关主导模式"。同时，《司法鉴定协同发展意见》充分肯定司法行政机关对于司法鉴定协同发展的宏观管理。而在苏浙沪地区、京津冀地区、长江经济带的司法鉴定协同发展中，也同样明确了司法行政机关的引导作用，并由其作为主体签订相关的合作协议。司法行政机关主导模式的司法鉴定协同发展，主要围绕统一资格准入、优化资源布局、开展联合检查三个方面进行。

1. 统一资格准入。第一，成渝两地司法行政机关须在严格遵循《司法鉴定机构登记管理办法》《司法鉴定人登记管理办法》所规定的准入条件和执业分类的基础之上，共同商榷如何对相关申请材料进行形式审查（实质审查交由司法鉴定协会），如相关行业资格、资质证明，仪器、设备说明以及实验室的计量认证等，从而使纳入各自编制名册的司法鉴定机构、司法鉴定人的能力资质有所协调统一。尤其关于资格准入形式方面，两地需要统一是否对司法鉴定人进行考试考核（在四川省的司法鉴定人无须考试考核，而在重庆市则需要）。否则，这将衍生出两地司法鉴定准入资质及其审查的不一致性，从而导致二者司法鉴定执业水平亦有参差，因而需要两地司法行政机关予以协商调整。

第二，为实现成渝鉴定协同发展的目标，两地司法行政机关应当统一对关于资格准入的规范性文件予以解读。例如，在《司法鉴定人登记管理办法》第 12 条关于司法鉴定人的准入条件的规定，"具有相关的高级专业技术职称""具有相关的行业执业资格""高等院校相关专业本科以上学历，从事相关工作 5 年以上"，这三种条件实质上所对应的鉴定能力并无同等性，其中，"相关"一词亦过于抽象模糊，司法实践中常常会引起歧义。因此，尽管司法部并未对此作出进一步的明确，为统一司法鉴定资质水平，促进成渝鉴定协同发展，有关司法行政机关理应统一对其作出解释。

第三，考虑到司法鉴定人跨省市流转的现实需求，成渝两地司法行政机关应当在统一准入条件的基础上实现准入资质互认，并在程序审批上可以参考《司法鉴定协同发展意见》的规定。当鉴定人申请跨省市转换鉴定机构的事项时，可以依照变更执业机构的方式登记许可，而无须先从转出地注销登记、又在转入地重新申请登记，简化该行政审批程序。

第四，为保证司法鉴定机构与司法鉴定人的信息更新，包括准入、变更、延续、注销以及诚信状况等，协同发展的司法行政机关应当构建信息互动平台，供其本身以及司法鉴定协会上传。

2. 优化资源布局。如同前文所述，成渝地区双城经济圈的司法鉴定资源布局存在不平衡与不合理的状况：整体而言，成渝双城经济圈发展带来的"区域塌陷"在司法鉴定领域也呈现消极影响；具体来看，鉴定机构的执业种类分布与对应地区的需求还未达成良好匹配。

同成渝双城经济圈经济发展的总体特征类似，在司法鉴定领域，同样呈现出"双核独大、中部塌陷"的状况。[1] 因此，成渝两地司法行政机关应该在司法鉴定资源布局中遵循统筹规划、因地制宜、优势互补的原则，抑制优质资源过度向成都和重庆中心城区富集。从整体层面，国家及司法行政机关可以适度向除核心城市外的区域中心城市及其周边城市，出台司法鉴定机构、司法鉴定人的税收减免、就业补贴等优惠政策，提供技术引进、设备支持等福利条件，吸引更多人才和资源流入，培育和发展其司法鉴定执业能力水平。具体而言，成渝鉴定资源的布局须因地制宜、以需求为导向，尤其体现在环境损害司法鉴定方面。从表3和图3可以看到，川南区域中心城市（宜宾、泸州）以及渝东北区域中心城市（万州）关于环境损害的司法鉴定资源较为匮乏，而该地区所涉及的环境相关案件数量并不少（表5）。

表5　2016—2020年宜宾、泸州、万州与环境有关的裁判文书（份）[2]

城市名称	2016年	2017年	2018年	2019年	2020年
宜宾	150	183	295	396	412
泸州	535	365	288	227	280
万州	390	519	739	548	409

根据2021年6月司法部发布的《环境损害司法鉴定白皮书》显示，所谓环境损害司法鉴定是指，鉴定人以环境科学的技术或专门知识为基础，采用相关的技术方法，解决诉讼活动中涉及环境相关的专门性问题。然而，区别于法医类、物证类、声像资料类"三大类"司法鉴定，环境损害司法鉴定最显著的特征是时效性强。受损害的环境状况容易随时间流逝而产生诸多变化，若无法及时确认污

---

[1] 长江经济带研究院成渝双城经济圈课题组：《成渝地区双城经济圈建设研究》，中国社会科学出版社2020年版，第106页。

[2] 表3数据源自中国裁判文书网，检索条件分别为：①"全文：环境""法院名称：宜宾"；②"全文：环境""法院名称：泸州"；③"全文：环境""法院名称：万州"。

染物的成分、性质，衡量污染的范围和程度，一方面将难以认定案件事实，损害司法效率和公信力[1]；另一方面，基于时效性数据分析的"环境修复费用认定型专门性问题"也难以得到准确有效的解决。[2] 有鉴于此，成渝鉴定协同发展需要向川南区域中心城市（宜宾、泸州）、渝东北区域中心城市（万州）以及长江沿线的其他城市适度倾斜环境损害鉴定类的资源，补齐短板，解决司法鉴定发展不平衡、不充分问题。不仅如此，为使成渝司法鉴定领域优势互补，促进司法鉴定高质量协同发展，两地司法行政机关应当"鼓励各自发展优良的司法鉴定机构在彼方设立分支机构，所设分支机构的人员管理和业务管理由当地司法行政机关和司法鉴定协会共同承担"。[3]

3. 开展联合检查。《司法鉴定管理问题的决定》中关于司法鉴定的基本定义，是指科学技术或专门知识在诉讼活动中的独特运用，以鉴别或判断其中涉及的专门性问题。而正是因为这一"专门性"，当事人、法官、律师等，常常苦于知识鸿沟和行业壁垒而无法对司法鉴定实施予以有效监测。因此，司法行政机关的检查监督成为保障司法鉴定质量与公信力的基本力量。不过，为了避免当地司法行政机关的自监自查，因碍于各方利益关系而无法深入[4]，成渝两地的司法行政机关可以以联合检查、异地互查等方式形成相互监督、相互约束。

例如，2018年4月，京津冀三地司法行政部门对保定市血液酒精浓度鉴定予以专项联合检查。通过"现场查验、听取解说、查阅档案、观摩流程等方式"，联合检查人员对血液酒精浓度鉴定的标准条件、实验设备、操作环境、程序管理、意见出具以及档案规范等进行逐一检查，并且对检查结果进行评价、对检查中出现的有关问题进行梳理和及时责令改正。[5]

然而，成渝两地目前还尚未在此方面开展类似的检查活动，故成渝司法行政机关也可以借鉴以上经验，严格落实《司法部关于进一步深化改革 强化监管 提高司法鉴定质量和公信力的意见》中关于"加大对虚假鉴定等违法违规行为的查处力度"，及时建立健全两地执业"黑名单"，减少司法鉴定失范现象，诸如

---

[1] 田亦尧、赵燊：《司法鉴定人及其意见的法律性质——基于新〈民事证据规定〉的分析》，载《中国司法鉴定》2021年第4期。
[2] 李义松、霍玉静、刘铮：《环境公益诉讼专门性问题解决机制的实证分析》，载《环境保护》2017年第24期。
[3] 此处为笔者个人访谈时，访谈对象B的观点。
[4] 此处为笔者个人访谈时，访谈对象C的观点。
[5] 《京津冀司法鉴定联合检查组莅临保定检查指导工作》，载河北省司法厅网，http://sft.hebei.gov.cn/system/2018/04/25/011739341.shtml。

2017年震惊一时的"四川天价鉴定费案件"[1]以及2021年重庆市司法局发布的"重庆市司法局办公室关于司法鉴定违法违规行为处罚情况的通报"[2]。

（二）司法鉴定协会主导模式

成渝鉴定协同发展的另一路径是，以司法鉴定协会为主导，解决司法鉴定的"具体性问题"。司法鉴定协会由当地的司法鉴定机构、司法鉴定人以及其他从事司法鉴定工作的人员自愿组成的社会团体。相对于司法行政机关和司法行政人员，司法鉴定协会的组成人员更多参与到司法鉴定的一线工作，具有更强的亲历性。对于司法鉴定的执业条件、技术标准、操作规范、执业情况以及反馈信息等，司法鉴定协会人员了解和掌握得更加全面、深入。因此，成渝鉴定的协同发展，需要司法鉴定协会在"具体性问题"方面起主导作用，对司法鉴定细致化、零散型的事务进行协调规制。

1. 统一鉴定标准。鉴定标准各异是我国目前地方性司法鉴定运行的实况，而以成渝地区双城经济圈为例——2020年修订的《四川省司法鉴定管理条例》第31条，明确规定了司法鉴定人进行鉴定时应当遵循的技术标准及顺序，而在现行的《重庆市司法鉴定条例》以及2021年发布的该条例征求意见稿中并无有关规定。因此，成渝两地司法鉴定协会须充分利用2021年新组建的川渝鉴定专家库，推动构建统一的鉴定标准以及相关的鉴定技术适用指南，从而减少因标准缺乏统一性而衍生的"多头鉴定""重复鉴定"以及鉴定投诉等问题。

一方面，在我国目前司法鉴定标准制定主体冗杂繁多的情况下，包括国家标准化管理委员会、全国刑事技术委员会、公安部、司法部、最高人民法院、最高人民检察院等，统一不同审批主体制定的鉴定标准的适用顺序显得必要。成渝两地的司法鉴定协会可以参考适用《四川省司法鉴定管理条例》第31条的规定，即

---

[1] 2017年，四川省某法院因案件审理需要，委托四川省某司法鉴定所对案件所涉笔迹、指印、印章等进行鉴定，所涉标的3000万元。该司法鉴定所因新的《司法鉴定收费管理办法》尚未出台，依据已废止的2009年的旧规定，计算鉴定费包括笔迹鉴定费、指印鉴定费、印章鉴定费、文审费、杂费、存档费合计172000元。经查证，该司法鉴定所还未正式受理鉴定委托，亦未实际收取任何费用。据了解，上海某司法鉴定机构依据2016年出台的《上海市司法鉴定收费管理办法》，对该案鉴定收费约6万元。四川省司法厅认为四川省某司法鉴定所计算的"文审费、杂费、存档费等"无收费依据，对其责令整改，对相关责任人予以训诫。参见《四川现"天价司法鉴定费"：签名、指纹和印章需17万》，载《重庆晨报》2017年2月8日。

[2]《关于司法鉴定违法违规行为处罚情况的通报》，载重庆市司法局官网，http://sfj.cq.gov.cn/zwgk_243/zfxxgkml/zfqz/cfqzbljg/202202/t20220210_10381529.html。

司法鉴定的实施按照"国家标准、行业标准和技术规范、团体标准或者该专业领域多数专家认可的技术方法"这一顺序适用。毕竟，以上标准适用顺序的作用范围由大到小、权威性由强到弱，更加有利于全国统一司法鉴定管理工作的开展。

另一方面，在全国司法鉴定标准化委员会缺位以及各类鉴定标准交叉重合的情形下[1]，成渝两地司法鉴定协会应当协同厘清现行鉴定标准与案件解决情况的适用程度，从重合性标准尤其是矛盾性标准中，筛选出更适宜的标准统一适用。与之同时，关于团体标准的适用，更需要以川渝专家库成员为代表的司法鉴定协会严格把关、谨慎制定、统一推行，以填补国家标准、行业标准和技术规范的空白领域。

2. 畅通信息交流。成渝鉴定协同发展的关键之一在于信息的互联互通，除前文所涉及的鉴定标准、技术层面的信息交流外，还需要司法鉴定执业信息的交流。特别是成渝两地的司法鉴定协会须建立公约机制，引导和敦促司法鉴定机构以及司法鉴定人相互联通诚信信息。《司法部关于进一步深化改革 强化监管 提高司法鉴定质量和公信力的意见》中着重强调了"提高司法鉴定质量和公信力"，而执业信息的交流互动也正是实现这一目标的重要手段。

2020年6月，川渝司法鉴定协会即达成共识，将要成立联络办公室，进而构建联席会议制度与信息交流制度，建立司法鉴定行业的信息联通互动和诚信执业公约机制。一方面，成渝两地的司法鉴定机构和司法鉴定人，应当及时上传案件的委托受理信息，或者采用类似于实务中"司法鉴定意见书赋码管理"的形式对"司法鉴定委托书"予以赋码。由此，司法鉴定协会可以公开标记受理的司法鉴定机构和司法鉴定人，在一定程度上减少"多头鉴定""重复鉴定"的发生率。另外，根据委托受理信息时间、顺序的落款，司法鉴定协会能够有效地督促司法鉴定机构和司法鉴定人及时办理相关案件，改善鉴定领域的"隐性超期"情况，同时规避鉴定主体因其他因素调整案件受理顺序。

另一方面，成渝两地的司法鉴定协会要定期更新司法鉴定机构、司法鉴定人的执业管理信息，及时提醒对应的司法行政机关审核登记信息，办理变更、延续、注销等手续。尤其是落实建立统一的司法鉴定诚信评价体系，形成规范化、透明化的诚信档案，并报当地司法行政机关备案。与此同时，根据以上诚信指数，司法鉴定协会须及时开展行业自查或异地互查有关司法鉴定机构、司法鉴定人的执业情况，对违规执业者责令及时整改，情形严重的，上报司法行政机关进

---

[1] 樊金英、杜志淳：《我国司法鉴定标准分类初论》，载《标准科学》2021年第1期。

一步调查监督。

3. 推动人才培养。司法鉴定协会既是司法鉴定的精英荟萃地，也是孕育新一代司法鉴定人的摇篮。因此，成渝鉴定协同发展的可持续，需要大力推动司法鉴定的人才培养。人才的培养既需要技术技能知识的学习，也需要经验技巧的摸索，而对于后者，传承尤为重要。所以，成渝两地司法鉴定协同发展的人才培养可以从以下三个方面开展。

第一，鉴定专家经验分享。以成渝鉴定协同发展为参考，如前文所述，"关于川渝司法鉴定专家库专家名单公告"已于2021年发布。川渝211名专家作为行业翘楚，深谙司法鉴定的知识与技能的门道，因而除了就司法鉴定实务中的疑难复杂案件作出指导，还应该履行人才培养的职能，方可完善和发展司法鉴定行业。为促进司法鉴定协同发展，诸如此类的专家可以轮流和定期在鉴定行业发展欠佳的甚至部分偏远城市，组织巡回开展司法鉴定经验分享座谈会，力求顶尖技术向基层传递，提升行业整体的执业水平。

第二，共建教育培训基地。司法鉴定协同发展需要依托于教育培训输送人才。在成渝鉴定协同发展中，应当以中西部地区唯一的国家级十大司法鉴定机构——西南政法大学司法鉴定中心牵头，组织优质的高校、科研院所以及骨干型司法鉴定机构等[1]，建设司法鉴定人的专门教育培训基地。司法鉴定以科学技术为生命源泉[2]，因而，科技的发展以及实践应用需要司法鉴定人及时更新相关知识，以保证解答诉讼中专门性问题的准确性。高校、科研院所是科学技术的"第一培训基地"，对司法鉴定人理论知识有直接的指导意义。而骨干型司法鉴定机构的实战经验颇为丰富，对司法鉴定人的实践经验提升有重要作用。当然，共建教育培训基地也不仅仅是司法鉴定协会的责任，同样也需要司法行政机关的支持。

第三，定期人才质量考核。司法鉴定人才培养，数量输出是一方面，更重要的是保证司法鉴定人的质量，包括基本的素质条件、知识储备、技术水平、道德素养等。司法鉴定协会要成立专门的人才质量考核小组，定期对司法鉴定人予以考核。考核的标准可以由协同发展的司法鉴定协会参考法律法规、政策文件以及当地实际的执业情况进行制定，并以"异地考核"的方式保障考核本身的功能。考核的形式可以多种多样，如由考核小组走访司法鉴定机构，实地考察鉴定的实

---

[1] 四川省成都市司法局课题组：《关于构建成渝法律服务联盟服务成渝地区双城经济圈建设的建议》，载《中国司法》2021年第5期。

[2] 霍宪丹：《司法鉴定学》，北京大学出版社2018年版，第12页。

施；就司法鉴定执业情况，同司法行政机关开展相关的定期交流；询问鉴定委托人的反馈意见等。除此之外，司法鉴定人质量的保证也可以借鉴中国药师协会所制定的继续教育政策——根据《执业药师继续教育管理试行办法》的规定，执业药师的继续教育以协会为主体、以医药方面的理论、知识、技术、方法、法律法规、政策文件、常见病症等为内容，以面授、网授、函授为形式，实行学分制并统一考核，在巩固习得知识的同时保证新知识的吸收。

六、妥善处理成渝鉴定协同发展的两对关系

马克思主义哲学理论曾指出，事物具有两面性。司法鉴定协同发展同样需要以辩证的眼光予以看待。针对成渝鉴定协同发展问题，笔者将其主要分为两个方面：一方面是辩证看待成渝双城经济圈司法鉴定的自我发展与协同发展的关系，在横向层面明确二者合作的界限；另一方面是辩证看待成渝双城经济圈司法鉴定的行政管理与行业管理的关系，在纵向层面明确二者合作的界限。

（一）明确横向合作界限：自我发展与协同发展的辩证关系

相对于成渝鉴定的协同发展来说，自我发展是指通过区域内的自我管理、自我交流、自我监督、自我进步，提升本地区的司法鉴定行业水平，倾向于独立性、自主性。而协同发展则与之相反，更侧重于交流互鉴、优势互补。但实际上，自我发展与协同发展都不能有所偏废，二者是对立统一关系。自我发展过剩，即呈现出优势过度富集的"虹吸效应"[1]；协同发展失去界限，则反而滋生矛盾纠纷，于发展无益。因此，自我发展与协同发展应均衡适当、因势施策。于成渝双城经济圈的司法鉴定而言，自我发展与协同发展的辩证关系主要体现在鉴定技术发展和鉴定业务开展两个方面。

在司法鉴定的技术发展方面，自我发展和协同发展都是必要的。司法鉴定的技术发展无法离开科技创新，DNA鉴定技术、指纹显现技术、毒品测量技术等，无一不是得益于科学技术的新进展。然而，科技的发展既需要自我发展层面的独特创新，又需要协同发展层面的交流学习；前者为后者寻求突破，后者为前者奠定基础。如果只着眼于自我发展，势必会在更多方面形成类似于前文所述的问

---

[1] 所谓"虹吸效应"，是指"人口及生产要素从经济发展水平相对落后区域流向相对发达区域的现象"。参见王福涛：《促进城市群发展需妥善应对"虹吸效应"》，载《国家治理》2021年第22期，第32—37页。本文取其字面意义，意指司法鉴定资源和业务从鉴定发展水平相对落后区域流向相对发达区域的现象。

题，即"环境损害司法鉴定"只存在于成都和重庆中心城区的司法鉴定机构。而如果只侧重于协同发展，又可能会造成司法鉴定的科研效率不高、增量不足，科研经费投入与产出不成比例。[1] 除此之外，随着司法鉴定技术的专利保护日渐规范，未经专利方允许，协同发展也不应任意涉足对应领域。

在司法鉴定的业务开展方面，非因案件疑难复杂、有专家交流探讨的必要，一般不得协同合作。自 2005 年司法鉴定管理体制改革以来，社会鉴定机构与侦查机关鉴定机构并存，且数量迅速增加，鉴定行业市场化应运而生。[2] 尽管，公益属性是法律赋予鉴定的最初目标，但市场是鉴定人、鉴定机构的直接生存和活动空间即鉴定人、鉴定机构本就以此谋生，因此，司法鉴定业务的开展本身就不可避免同行业的竞争。如若成渝双城经济圈将业务开展纳入协同发展的对象，势必会打破合理竞争、违逆市场属性，降低行业的发展活力。但在特殊情况下，两地可以在司法鉴定的业务方面组织开展"会检"工作，即案件十分困难、棘手，需要区域间的高水平鉴定人、专家进行讨论。此时，市场性要为司法鉴定最初的公益属性让步，以协同合作的方式解决专门性问题，维护司法的客观公正。

（二）明确纵向合作界限：行政管理与行业管理的辩证关系

《司法部关于进一步深化改革 强化监管 提高司法鉴定质量和公信力的意见》中明确提到了，要健全司法行政机关与行业协会之间的工作协作制度，进一步深化"两结合"的管理体制。尽管，司法鉴定管理主体的合作是整合管理资源、优化管理体制，但同时也存在管理权力的竞合。而司法鉴定协同发展，以成渝地区双城经济圈为例，也必然由此衍生出跨区域行政管理与行业管理的各种交叉管理情形。这种复杂情形，如果不能得到及时、妥善的解决，又会使合作主体之间产生罅隙，阻碍协同发展的顺利推行。因此，笔者建议，成渝鉴定协同发展的纵向管理合作要"以行业管理为基础，以行政管理为保障"。

司法鉴定行业协会不仅是由不同司法鉴定机构、司法鉴定人组建的交流平台，也是一个自我管理、自我规范、自我监督的有机系统。司法鉴定行业协会具备自律的属性，而司法鉴定协同发展更需有效发挥这一属性。如前文所述，司法鉴定行业协会的组成人员，大多是司法鉴定实施的一线工作人员，他们更加清楚

---

[1] 任爱华、刘玲、刘洁：《协同发展还是虹吸效应？——来自京津冀地区的"动态"多维评估》，载《经济体制改革》2022 年第 1 期。

[2] 王媛媛、邢哲：《中国司法鉴定市场化的危机与应对》，载《北京航空航天大学学报（社会科学版）》2020 年第 2 期。

在具体的鉴定工作开展中，问题在哪里，包括法律法规约束的显性问题，如鉴定人、鉴定机构是否具备从事鉴定工作的资质和条件，以及职业道德牵制的隐性问题，如鉴定意见是否存在具备明确性的实质条件。另外，司法鉴定的科学本质也决定了行业管理的专业性和有效性。[1] 换言之，以行业管理为基础的司法鉴定协同发展将更加高效，在使鉴定行业自我净化的同时，减小行政管理资源的投入成本和力度。

不过，司法鉴定行业协会的自律性管理是相对的，且缺乏一定的刚性和制裁性，需要以司法行政机关的管理作为底线保障。一方面，行业管理可能存在相互包庇的情形，或是碍于同行关系而衍生出监督管理的不彻底性。另一方面，对于突破行业管理的违法违规行为，需要司法行政机关出面，对有关的司法鉴定机构、司法鉴定人进行相应的惩处。

除此之外，司法行政机关的宏观政策制定，需要以鉴定行业协会收集的信息材料作为参考，保证其切实可行。而鉴定行业协会的具体管理，又要以司法行政机关的文件精神为指导，促进鉴定行业的健康发展。因此，司法行政机关与鉴定行业协会，是相互支持、相互补充的有机统一。

结　语

《司法鉴定协同发展意见》中指出，"长期以来形成的司法鉴定管理理念差异、区域分割、体制不顺，以及由此带来的发展不平衡、不充分的问题仍然存在，严重影响了司法鉴定功能作用的发挥。"成渝地区双城经济圈司法鉴定的协同发展，不仅仅是司法鉴定科学属性的理性呼唤，也是顺应全国司法鉴定统一管理的重要趋势，更是保障成渝两地经济发展行稳致远的关键途径。尽管司法鉴定协同发展已面世十余年，然而，以成渝地区双城经济圈为例的"区域塌陷""虹吸效应"等负面影响逐渐成为其不可忽视的问题。如何推动两地的司法鉴定全面、协调、可持续发展，不只是司法行政机关或司法鉴定行业某一方的责任和义务，更是需要二者共同考量的重大议题。因而，成渝地区双城经济圈司法鉴定协同发展，需要建构"司法行政机关"与"司法鉴定协会"结合的二元主导模式，由前者解决准入条件、资源布局、监督检查等"普遍性问题"，由后者解决标准设置、信息交流、人才培养等"具体性问题"。与此同时，成渝两地的司法鉴定还需要平衡自我发展与协同发展的关系，平衡行政管理与行业管理的关系。

---

[1] 马江涛：《司法鉴定职业行为规范研究》，法律出版社2015年版，第176页。

"主体—行为" 的二元整合治理：
第三次分配中慈善事业的治理路径研究

张 翔[*]

摘 要 慈善事业已成为一种时代发展的标志，在社会公平正义理念之下如何对慈善事业更好地进行法律规制是当前公共法律服务体系建设的重大课题。本文旨在通过对治理理念的纠正、治理结构和技术的调整，实现在由社会力量推动慈善事业发展时，建构相应的互信机制，减少既往的传统壁垒，构建适应时代发展的全新管理体制，实现真正意义上的"政社协同"。本文针对治理理念错位、法律政策配套措施未系统落实、慈善事业管理部门与社会组织管理部门之间目标存在张力、新型现象缺乏法律政策规制和保障、慈善内涵模糊、免税资格和慈善资格认定不同步等问题进行研究。通过对比域外的立法模式，结合中国的国情，提出了"主体—行为"的二元整合治理的方案，以期在规范法与促进法之间走向慈善开放的最大限度。从行为治理视角下，致力解决监督有效性存在的困局，从主体治理视角下，丰富慈善组织的"免税"内涵，将慈善事业的主导权复位于慈善主体，以期建成"社会机制主导、政府有限管控"的中国特色公益慈善道路，实现治理结构的法治性、科学性、网络性、协同性，完善慈善事业发展激励机制，加强慈善行业自身建设，实现"人人公益、全民慈善、人人共享"。

关键词 慈善事业；第三次分配；主体治理；基层治理

一、第三次分配与慈善事业的关系

在全面建成小康社会和向社会主义现代化强国迈进的历史节点，中国特色社会主义理论以人民为中心，明确提出"推动共同富裕"的战略任务。可以说，中国当下的发展理念已经从"让一部分人先富起来"的策略倾向开始向"共同富裕"转变，作为缩短贫富差距、促进社会财富平均分配有效手段的第三次分配，在此过程中日益受到关注。有学者将关于第三次分配的探讨经常与社会中的公益慈善相等同，并且将其功能限定于市场、政府失灵情况下进行的补充型收入分

---

[*] 张翔，西南政法大学2020级民商法学硕士研究生，主要研究方向为民商法学。

配，此种观点无法穷尽社会中的收入分配手段，过于轻视第三次分配的社会功能，不尽合理[1]。实际上，经过长期发展的第三次分配拥有较为广泛的外延和内涵，广义上的第三次分配包括公益慈善、关系分配已经共享经济等多种财富和资源分配手段，但是社会慈善事业毫无疑问是其中最为重要的一部分，甚至狭义上的第三次分配可与公益慈善相等同。

（一）第三次分配的语义解析

第三次分配这个概念在我国由来已久，国内首次将"第三次分配"作为本土化概念提出的是我国著名经济学家厉以宁先生，他认为在市场主导的第一次分配和政府主导的第二次分配之外，还有道德影响下的第三次收入分配，将其定义为如公益事业之类的完全出于人们自愿的、相互之间的捐赠和转移收入。[2] 在此之后的理论界和实务界都曾在不同的场合多次使用"第三次分配"这个概念，但是关于第三次分配的具体内涵却始终没有达成统一的观点，立法上亦是缺乏对此权威的界定。可以说，这种情况不仅阻碍了相关方面更加深入的科学理论研究，也对作为一种社会治理手段的第三次分配在我国的具体发展产生了不利影响。[3] 2019 年党的十九届五中全会将第三次分配纳入基础性的社会治理制度安排之中，作出了"发挥第三次分配作用，发展慈善事业，改善收入和财富分配格局"的重要决策部署，对其重视上升到了一个新的高度。在此之际，若仍然不能对"第三次分配"有一个清晰的认识，将会在相关制度设计和理念革新上形成阻碍，因此对"第三次分配"的内涵和特征重新进行文理和伦理上的阐释具有十分重要的学术意义和实践价值。[4]

第三次分配是在道德和习惯等因素的作用下社会主体通过各种形式自发进行的社会财富分配方式，以期实现高收入群体对低收入群体的补助和帮扶，其实质是民众自发进行的社会道德实践活动。理论上关于"第三次分配"内涵与外延的表述有很多种，彼此之间各不相同。有学者主张"捐赠说"，认为应该将所有自愿性的捐赠都纳入第三次分配的调整范围，同时强调习惯与道德的作用[5]；有学者偏重强调第三次分配中的公益性，主张将第三次分配严格限定在通过慈善组

---

[1] 王宁：《角色扮演、场域切换与第三次分配——兼论分享经济作为广义第三次分配》，载《山东大学学报（哲学社会科学版）》2022 年第 2 期。
[2] 厉以宁：《关于经济伦理的几个问题》，载《哲学研究》1997 年第 6 期。
[3] 魏俊：《"第三次分配"的概念及特征评述》，载《山东工商学院学报》2008 年第 4 期。
[4] 孙春晨：《第三次分配的伦理阐释》，载《中州学刊》2021 年第 10 期。
[5] 张敏杰：《第三次分配与慈善资本主义的兴起》，载《观察与思考》2007 年第 2 期。

织的间接捐赠，而将一般个体的直接捐赠和特殊的非公益性捐赠排除在外；有学者认为第三次分配是一种关于分配的制度和机制，也有学者质疑"第三次分配"，认为慈善事业本质上还是第二次分配。实际上，虽然学者们关于第三次分配的具体内涵都有着自己的理解，但在基本含义上都还是受到厉以宁教授观点的影响，均强调了道德价值在第三次分配中的核心作用。因而第三次分配可以概括为一种社会主体在道德因素的影响下通过各种形式将自身可支配收入捐赠出去，使社会财富得到进一步分配以期实现社会公平的一种分配机制。[1] 十九届四中全会之后国务院副总理刘鹤谈到第三次分配时指出，第三次分配是在道德、文化、习惯等的影响下，社会力量自愿通过民间捐赠、慈善事业、志愿行动等方式济困扶弱的行为，属于是对再分配的有益补充。[2]

实现共同富裕是我们长期追求的伦理目标，在推动共同富裕取得更为明显的实质性进展的过程中，以初次分配、再分配和第三次分配为基础构建的社会财富基本分配制度始终发挥关键作用。三种分配方式相互协调，一方面，在社会财富分配的不同阶段各自发挥不可替代的作用，另一方面，在每一个阶段三者又各自对整个分配制度共同发生作用。需要注意的是，不同于发生在经济领域以市场机制驱动的初次分配和政府力量驱动的再分配，第三次分配天然带有道德底色，在借由财富分配的过程中自发对社会进行改善。[3] 第三次分配基于道德信念，不同的社会主体在社会道德、文化等的影响下，通过慈善捐赠、志愿活动、共享经济等形式实现对低收入群体的定向帮扶，更进一步实现共同富裕的目标。据此可对第三次分配的特征进行归纳：第一，第三次分配带有浓厚的道德底色，其社会功能的实现依赖的是社会主体自发的慈善行为，根源于道德文化的引导、社会爱心的推动，满足人们对社会公平的期待与渴望；第二，第三次分配形式上是初次分配和再分配的有益补充，这种源自民间的自发调节有效弥补了市场调节和政府管制在分配中的不足，其发挥作用的领域通常是前两次分配无法覆盖到的；第三，慈善事业是第三次分配的主要方式[4]，此处要对慈善事业作广义理解，应将社会中一切实质上发挥着第三次分配作用的行为纳入其中。

---

[1] 武晓峰：《论第三次分配的价值诉求与实现条件》，载《求是》2010 年第 6 期。
[2] 刘鹤：《坚持和完善社会主义基本经济制度》，载《人民日报》2019 年 11 月 22 日。
[3] 王名、蓝煜昕、高皓等：《第三次分配：更高维度的财富及其分配机制》，载《中国行政管理》2021 年第 12 期。
[4] 孙春晨：《实现共同富裕的三重伦理路径》，载《哲学动态》2022 年第 1 期。

（二）第三次分配中慈善事业的角色定位

改革开放以来，我国社会经济取得飞速发展的同时，慈善事业的规模和结构也不断得到突破，慈善组织在我国社会经济发展中的影响力不断增强、社会主体地位也日益突出。作为社会经济整体之一部分的慈善事业，其发展也必然要随着国家发展战略的变化而转变，因而可以看到，我国慈善事业的发展变革经历着从复苏和自由发展到政府管控，再到规范化、大众化和法治化的转型。慈善事业的发展主要是靠道德推动下不同社会主体的自发行为，慈善主体在推动慈善事业发展、协助政府进行社会治理方面发挥着越来越重要的作用，由传统慈善观念衍生出的准行政化的慈善管理体制已经无法适应现代慈善治理理念的发展。慈善事业的长足发展体现了政府利用自身张力应对外部治理环境变化的优势，但政府政策回应的滞后性导致现有慈善制度已越发难以适应外部环境的动态性变化[1]，有必要对慈善事业中政府和社会主体的角色定位进行重塑。

长期以来，我国慈善事业的运行和发展长期处于政府的主导之下，政府在慈善事业中同时承担了决策者、社会资源供给者和分配者以及监管者的角色，这是社会力量不足、慈善主体缺位、市场供给缺失等社会现实下的必然产物。此种慈善制度固然会有规范慈善活动的有序开展、规避民间慈善活动无序、失信等正面作用，但同时也会导致政府过度对慈善事业进行干预，一方面会将体制官僚化、慈善形式固化、慈善活动走形式等政府弊端引入慈善事业，另一方面公民参与无力也会引发公益活动缺乏民众支持、民众对待慈善态度冷漠等不良现象，慈善主体需要由政府主导向社会主导过渡。[2] 需要注意的是，在增强社会主体在慈善事业中的主导作用的同时，还要避免社会公益自由发展的误区。目前我国公益事业发展环境尚不成熟，作为民间力量的慈善组织在自行承担运营成本的同时还要面临激烈的社会竞争，实践中许多慈善组织很少能够长期运营；而且，社会慈善组织根据自身的发展需求在面对社会竞争时往往陷入"零和博弈"的困境，同时任由慈善组织自由发展还会带来慈善组织标准不一、慈善行为混乱等现实问题，不利于慈善事业发展，甚至会产生慈善事业僵化的局面。

因此，仅仅依靠政府的强制性手段或者社会组织之类的民间力量都难以实现社会慈善事业健康发展，只有在政府公权力与民间力量之间进行协调和平衡，尝

---

[1] 苏颖萱、周瑛：《政治吸纳与包容共生：慈善事业转型中的弹性政府与慈善组织关系演变》，载《南方论刊》2022年第3期。

[2] 徐道稳：《改革开放以来中国慈善事业的转型发展》，载《社会科学》2021年第1期。

试探索出政府与慈善组织的良性分工和互动的弹性制度，才能促进慈善事业在我国的长足发展，更好地实现第三次分配在促进共同富裕中的关键性作用。在慈善事业实践发展的过程中，政府力量与社会慈善主体并非不可调和的对抗性主体，而是应该建立起在同一目标下的相互合作关系。政府以政策性、制度手段为慈善事业发展赋予权限、划定"底线"，慈善组织在政府大方向的指导下发挥群众优势，多方位开展慈善活动，最后政府再通过吸纳社会反馈对政策进行弹性调整，最终在社会慈善治理主体上达到政府与慈善组织包容共生的良性互动局面。

（三）第三次分配下慈善事业的治理理念更新

在我国慈善事业发展的整个过程中，经历了从小到大、从传统到现代的变革，总体展现出非线性的渐进过程，目前仍在继续。我国慈善事业得益于国家经济的快速发展，并受国家发展战略的驱动，反过来又为国家的社会治理、国家发展战略的实现而服务，但目前慈善事业在社会治理方面功能发挥的广度和深度尚且不足。一方面，慈善事业参与社会治理方面存在不足，慈善信息不公开或公开滞后，大多数慈善组织缺乏社会公信力，并且不同慈善组织之间缺乏有效沟通，慈善组织内部管理的科学性和专业性有待提高，对待具体事务的执行力和积极性尚不够强。另一方面，慈善行政管理体制对慈善事业的治理也存在缺陷，慈善行政管理中的机构设置与职能划分对慈善事业有直接影响[1]，当前慈善新政管理体制机制落后、政策不够完善、监管与组织能力不足等现有问题亟待改进。第三次分配在实现共同富裕的发展中发挥着不可替代的作用，慈善事业作为第三次分配的重要手段，对社会资源的配置优化、促进社会公平正义的实现、提升国家治理能力和治理水平方面有着现实的实践价值[2]，必须对第三次分配下慈善事业的治理理念进行更新，以适应经济和社会发展。

1. 治理主体多元化，慈善事业向多主体转向。政府与慈善组织之间关系的转变可以作为理解我国慈善事业治理的主轴，现有的"行政吸纳社会"理论对我国政府与社会组织之间关系的解读具有重要影响。其核心机理是政府通过制度安排以控制和功能替代等方式来进行社会管理，有学者认为此种强调政府主导的政社

---

[1] 章高荣、张其伟：《慈善行政管理体制：职权划分、运行张力及其优化》，载《中国行政管理》2022年第2期。

[2] 陈东利、张剑文：《区块链技术赋能三次分配：慈善治理公平与效率的现代化表达》，载《中国矿业大学学报（社会科学版）》2021年第11期。

模式更符合中国现实。[1] 通过对可控制的民间社会组织的培育，既可以脱离政府直接操作的方式满足社会需求，也有利于维护政府权威和社会治理的稳定。在伴随着经济发展兴起的社会思潮的影响下，原有政府全面主导式的慈善事业逐步发生改变，慈善组织从原有的合法性不足阶段转变为自主性发展阶段，进而倒逼政府改进管理体制，管控手段开始变得柔性化和隐性化。[2] 在新的阶段，我们党将社会组织的地位重新提升至战略高度，将其作为社会治理共同体的一部分，以期社会组织与政府、企业等多元主体通过合作、协商等方式共同治理社会。[3] 反应到慈善事业中，即应将慈善组织、慈善企业甚至慈善个人与政府一道构建成为多元化的慈善事业治理共同体，一道对我国慈善事业的发展和更好地发挥社会功能进行治理，同时也将慈善共同体作为社会治理共同体的一部分参与全社会的治理，更好地提升政府治理能力和治理水平现代化标准。

2. 治理体系本土化，慈善文化向传统回归。慈善事业具有鲜明的道德色彩，而道德、向善等理念深深根植于我国的传统文化，慈善事业等走向更高发展、更快治理则离不开正在复兴的传统慈善文化的推动。我国传统慈善文化离不开宗教、宗族的影响，可以说其主要是由佛、道等传统宗教的教义宣扬和儒家、墨家等向善文化在传统社会的传播，进而发展为具有特色的朴素的慈善文化思想[4]，助人为乐、乐善好施、济困扶贫等悠久的传统美德是我国传统慈善文化的集中体现。但是在经济社会飞速发展、社会体制深化变革的当代，慈善事业也开始进行现代化的转型，越来越向着规范的组织化、专业化方向发展，很多传统慈善文化因素逐渐被忽略。好在近些年来这方面的问题已经引起相关部门越来越多的关注，使得传统慈善文化呈现复兴的趋势，举例来说，部分地区传统义庄、善堂等民间组织形式的重新兴起，新近出现的家族文化、国学发展基金等也展现出好的发展趋势。[5] 不断复兴的传统慈善文化将慈善与我国优秀历史文化深深地结合在一起，为现代慈善事业的发展提供取之不尽的前进动力。

3. 治理理念现代化，慈善理念向"政社协同"发展。当前，慈善事业已成

---

[1] 杨宝：《治理式吸纳：社会管理创新中政社互动研究》，载《经济社会体制比较研究》2014年第4期。
[2] 吴月：《吸纳与控制：政府购买社会服务背后的逻辑》，载《上海行政学院学报》2015年第6期。
[3] 朱健刚、邓红丽：《治理吸纳慈善》，载《南开学报（哲学社会科学版）》2022年第2期。
[4] 陈勇：《慈善文化与和谐社会建设的伦理思考》，载《伦理学研究》2006年第3期。
[5] 韩俊魁：《本土传统慈善文化的价值与反思——以汕头存心善堂为例》，载《文化纵横》2020年第4期。

为一种时代发展的标志,在公平正义理念之下如何对慈善事业进行更好地法律规制,是当前公共法律服务体系建设的重大课题。例如慈善事业管理部门与社会组织管理部门之间目标存在张力,编制约束和可问责性缺失也是新政管理所面临的困境,以及还存在不同部门之间进行沟通协调过程中对慈善事业的关注度不足等问题。现有的行政管理体制存在的问题不仅对慈善组织的发展产生了一定的阻碍,还影响了相关政策的推动和不同部门间协调机制的建立。值得说明的是,对慈善法律政策完善时,在政府和慈善组织之间建构互信机制十分重要,既要减少既往的传统壁垒,又要构建适应时代发展的全新管理体制,以期有助于实现真正意义上的"政社协同"。

二、中国慈善事业的治理困境

（一）中国慈善事业的发展现状

2016年9月1日,《中华人民共和国慈善法》正式施行,作为有史以来第一部全面指导规范我国慈善事业发展的根本大法[1],该法的出台标志着我国慈善事业迈向了治理规范化的进程。现行法围绕《慈善法》这一基本法加上多部专门性法规,形成了"1+x"的监管体系,从慈善的内涵界定、慈善组织的资格与行为、慈善募捐与慈善捐赠、慈善财产及投资活动、信息披露与监督管理、税收促进政策、法律责任等多个维度出发形成了较为完善的慈善法规体系。

但受制于慈善法治的发展起步较晚、规模较小,我国慈善事业的整体发展水平"与社会财富量级、第三次分配的地位不相匹配,在多层次社会保障体系中的效能还需进一步激发"[2]。截至2022年4月8日,我国登记认定的慈善组织总量为10207个,其中具有公开募捐资格的慈善组织为2484个[3],占社会组织比重仅为1%[4],依法认定和新增的慈善组织发展滞后,我国慈善事业尚缺乏足够的载体。另外,尽管我国慈善捐赠总量呈逐年上升的态势,但慈善规模依然较小。

---

[1] 张维炜:《慈善法草案诞生记》,载《中国人大》2015年第22期。
[2] 《全国人民代表大会常务委员会执法检查组关于检查〈中华人民共和国慈善法〉实施情况的报告》,载中国人大网,http://www.npc.gov.cn/npc/c30834/202010/afc0a05adb4242b49920c2251017205e.shtml。
[3] 参见全国慈善信息公开平台,https://cszg.mca.gov.cn/platform/login.html。
[4] 民政部数据显示,截至2021年年底,全国社会组织总量为90.09万个,其中,社会团体37.1万个,社会服务机构52.1万个,基金会8885个。参见中华人民共和国民政部:《2021年4季度民政统计数据》,载中华人民共和国民政部官网,http://www.mca.gov.cn/article/sj/tjjb/2021/202104qgsj.html。

2020年我国共接收境内外慈善捐赠总额2253.13亿元人民币，其中，内地接收捐赠总额共计2086.13亿元，首次超过2000亿元，比2019年增长38.21%，占全国GDP总量的0.21%[1]，远落后于发达国家0.5%—1%的占比区间。从捐款总量上来看，2021年中国慈善捐赠总量仅为美国的4.7%，相当于美国20世纪70年代末的慈善规模。[2] 这表明以慈善事业为主要途径的第三次分配在我国国民收入分配体系和个人财富共享方面极其有限，仍有巨大潜力尚待挖掘。[3]

（二）中国慈善事业的治理理念存在错位

面对我国慈善事业的发展疲态与配套制度效能未能有效落地的困境，学术界指出税收制度[4]、慈善组织的认定制度、公开募捐制度[5]等配套支持措施需进一步完善，而且行政部门之间缺乏有效协调，监管不足与监管过度并存。[6] 本课题组认为，我国慈善事业停滞的根本原因在于治理理念存在错位——"强管制"的治理惯性仍在阻碍慈善主体发挥主导作用。

与初次分配以市场为主体和再分配由政府主导不同，第三次分配以社会力量为主体，民间性是慈善领域的本质属性。慈善领域基础关系为捐赠人、作为受赠人的慈善组织与受益人之间的三方私法法律关系，公法关系只是国家经由慈善行政管理部门适当介入以规范慈善活动的手段。[7] 因此，各国对于慈善主体的监管大多因势利导、顺势而为，即将慈善资格与免税资格等同，通过财税优惠、官方认可为饵，让慈善主体自愿进入监管范畴，强调慈善主体在慈善活动中的意思自治。除非为了维护慈善目的、捍卫公共利益，一般不得通过准入资格限定、管制逻辑施加等方式来限制慈善活动以及慈善组织从事内外活动的自由空间。

---

[1] 中国慈善联合会：《2020年度中国慈善捐赠报告》，载中国慈善联合会官网，http://www.charityalliance.org.cn/news/14363.jhtml。

[2] 佘宇、焦东华：《加快发展中国慈善事业的思路和建议》，载《发展研究》2021年第12期。

[3] 郑功成：《中国慈善事业发展：成效、问题与制度完善》，载《中共中央党校（国家行政学院）学报》2020年第6期。

[4] 佘宇、焦东华：《加快发展中国慈善事业的思路和建议》，载《发展研究》2021年第12期；秦宁生、秦婧雅：《我国第三次分配的税收政策研究》，载《江西行政学院学报》2012年第3期。

[5] 贾西津学者认为，公募资格许可制是以政府选择代替市场选择，不符合市场逻辑，应采取行为规制模式，转向对公募行为的规制。参见贾西津：《资格还是行为：慈善法的公募规制探讨》，载《江淮论坛》2017年第6期。

[6] 郑功成：《中国慈善事业发展：成效、问题与制度完善》，载《中共中央党校（国家行政学院）学报》2020年第6期。

[7] 马剑银：《当代中国慈善法治发展的勾勒：回顾与展望》，载杨团、朱健刚主编：《慈善蓝皮书：中国慈善发展报告（2021）》，社会科学文献出版社2022年版，第203页。

虽然《慈善法》的出台一定程度上将市场机制引入慈善事业、放开各种限制，体现政府监管思维向社会治理思维的转变，然而我国慈善领域的法律管服机制整体呈现"重监管、轻服务"的特点，政府未将慈善事业的主导权复位于慈善主体，例如公募资格门槛设置过高，人为设置了慈善行为的主体准入条件，将个人、非慈善组织排除在募捐主体之外，与"人人公益、全民慈善、人人共享"的慈善理念不符。

当前迫切需要政府转变职能，以服务姿态取代管控传统，通过废、改、立的方式将过分限制慈善活动以及慈善组织自治空间的事项加以清除，着重考虑慈善主体、行业自律协会、社会公众、政府部门在慈善事业治理中的功能互动，以内部监管为主、外部监管为辅，形成"政府有限监管、行业自律加强、内部治理完善"的协同分工，建成"社会机制主导、政府有限管控"的中国特色公益慈善道路。

（三）中国慈善事业的治理技术科学性有待提高

政府在法律政策放管服机制上，存在监管过度与监管不足并存、激励机制疲软、服务措施部分增加但整体不足的基本面貌，治理技术的科学性有待提高。

1. 政府监管过度挤压组织自治与行业自律空间。公益筹款应有理事会、行业监管、政府监管三道防线，我国公益筹款领域的政府监管基本挤占了前两道防线的功能空间。《慈善法》实施情况执法报告中指出，民政部门的慈善规制与监管偏严，存在着要求偏多，指导服务不够的现象。[1] 这是因为长期以来，我国对于慈善事业发展与社会组织监管所持的政策态度不同，前者在早年主要依靠《公益事业捐赠法》进行管理，以鼓励、支持、释放慈善积极性为主，后者则主要依据《社会团体登记管理条例》《基金会管理条例》《社会服务机构管理条例》三大条例从严监管。公益慈善组织作为两者管理的交叉点，在监管政策目标的定位上到底该从严还是从宽一直存在争议，因此民政部慈善司将"把握慈善组织培育发展与监督管理的关系，促进慈善组织量质齐增"[2] 作为近年的工作重点。实践中，担当慈善事业监管职责的部门习惯于对社会组织进行强/弱管控而非治理的思维，加之与《慈善法》配套的三大条例修订事项久拖不决，民政部门仍按照现有条例在执行中力推章程示范文本，从而催生了执法实践中的监管过度问题，比如过度

---

[1] 张春贤:《全国人民代表大会常务委员会执法检查组关于检查〈中华人民共和国慈善法〉实施情况的报告》，载中国人大网，http://www.npc.gov.cn/npc/c30834/202010/afc0a05adb4242b49920c2251017205e.shtml。

[2] 《王爱文出席清华大学"第三次分配"研讨会》，载中华人民共和国民政部，http://www.mca.gov.cn/article/xw/mzyw/202106/20210600034658.shtml。

限制章程文本、法定代表人不能兼职、社会服务机构从业人员的工资限额、随意要求转赠慈善捐赠等[1]，与慈善组织自治要求背道而驰，影响了社会力量参与慈善事业的灵活性和积极性。

另外，虽然《慈善法》第96条规定，慈善行业组织应当建立健全行业规范，加强行业自律，但目前我国慈善行业组织数量较少[2]、自律措施有限、行业标准制定工作落后，慈善行业自律有待进一步鼓励与支持。

2. 政府对于新型慈善形态监管不足。近年来，网络个人求助慈善成为我国目前最具活力的慈善形式，以水滴筹为例，2016年7月到2020年5月水滴筹个人求助互联网服务平台的筹款总额就已突破300亿元，平台注册用户逾9000万人，完成筹款项目超过百万起，远远超过民政部指定的募捐信息发布互联网平台，据统计，2017—2019年，这20家互联网平台募集慈善捐赠合计约111亿元。[3] 但《慈善法》第3条明确规定慈善活动必须是公益活动，受益人为不特定主体，即便对网上的个人求助项目进行捐款符合利他行为的特质，但也会因不满足公共性而不构成法律上的慈善，不在《慈善法》的规制范围内。[4] 这也在实际上形成了监管盲区，求助信息的发布、募捐资金的使用、善款余额的处置都缺乏必要的监督，进而导致网络诈捐、骗捐事件层出不穷，挫伤个人慈善的积极性，比如"杨六斤事件""南京女童医疗费事件"。对此，有学者认为私益募捐也属于慈善募捐的一种，应将慈善私益募捐纳入慈善事业法统一调整的范畴[5]；也有学者认为，公益性的慈善组织排他性地享有慈善募捐的资格，个人只能在特定地理区域内开展求助活动，若允许个人在互联网上向不特定社会公众发起劝募，将会引发由信息不对称而导致的"社会不妥当性"。[6] 不论是否支持个人募捐资格，学

---

[1]《关于〈慈善法〉执法检查后启动修改程序的建议》，载杨团、朱健刚主编：《慈善蓝皮书：中国慈善发展报告（2021）》，社会科学文献出版社2022年版，第412页。

[2] 2022年2月28日，贵州省慈善联合会召开成立大会，另外重庆市、辽宁省也正在加速筹备成立慈善联合会，我国区域性慈善行业组织将迎来一个新的增长期。参见《慈善之声》（2022年2月，总第40期），载中国慈善联合网，http://www.charityalliance.org.cn/news/14402.jhtml，2022年4月9日。

[3]《关于〈慈善法〉执法检查后启动修改程序的建议》，载杨团、朱健刚主编：《慈善蓝皮书：中国慈善发展报告（2021）》，社会科学文献出版社2021年版，第410页。

[4] 全国人民代表大会常务委员会法制工作委员会编：《中华人民共和国慈善法释义》，法律出版社2016年版，第23页。

[5] 王众：《我国慈善私益募捐的法律规制》，载《学术探索》2015年第9期。

[6] 金锦萍：《〈慈善法〉实施后网络募捐的法律规定》，载《复旦学报（社会科学版）》2017年第4期。

界在加强网络慈善行为的规制力度上都已达成一致，网络众筹平台不仅是单纯的信息发布平台，需要为善款的管理与监督尽到基本的义务，包括但不限于项目真实性的形式审查义务、善款的保管与使用跟进义务、规则制定义务等，毕竟大多数网络众筹平台都会收取一定比例的管理费，承担相应的责任系其应有之义。因此，有必要明确网络众筹平台的属性及其责任，并为处置网络慈善活动中的失范行为提供法律依据。

3. 政府所提供的税收激励机制存在不足。有学者提出"慈善法就是减税法"[1]，慈善税收减免政策的不健全是第三次分配功能弱化的重要原因之一。[2]一是我国目前的慈善税收减免政策在优惠幅度上还存在一定比例的上调空间，个人捐赠额的税前扣除标准可考虑从目前的30%提高到50%[3]，企业也可相应提高扣除比例，或实施累进扣除标准；二是在税负减免资格认定上存在适用困难，公益性捐赠税前扣除资格和慈善组织自身免税资格认定由财税部门负责，但是慈善领域中所使用的"公益事业""公益性社会团体""公益性非营利性组织"等术语不能被税收部门所准确识别，未能实现免税资格的一体化认定，财政部门甚至规定了更为严格的免税资格认定条件，实质架空《慈善法》对慈善组织以及其他利益相关方规定了一揽子财税优惠待遇，导致实践中慈善组织所享有的政策优惠力度与一般社会组织没有明显差别，需要加强民政部门和财税部门的协调工作；三是已规定的税收优惠政策执行乏力、难以落地，虽然《慈善法》第九章规定了慈善组织、捐赠人和受益人都享有税收优惠，但实践中除了企业捐赠超过限额可以在三年内结转这一政策得到较好地执行外，其他配套税收政策并没有得到有效落实[4]；四是对于房屋、股票等非货币形态一类的捐赠还存在繁多的税负和行政费用，而且定价困难，缺乏统一的发票申请标准和定价评估，导致慈善组织不偏向接收。

总之，当前我国慈善税收优惠政策存在着"范围窄、强度低、标准旧、流程

---

[1] 李响：《论我国慈善激励机制的立法缺失及其完善》，载《上海财经大学学报》2016年第3期。

[2] 秦宁生、秦婧雅：《我国第三次分配的税收政策研究》，载《江西行政学院学报》2012年第3期。

[3] 张春莉：《全国政协常委张道宏：完善慈善捐赠制度助力三次分配》，载《人民政协报》2022年3月11日，第3版。

[4] 章高荣、张其伟：《慈善行政管理体制：职权划分、运行张力及其优化》，载《中国行政管理》2022年第2期。

繁、要求苛"等现象[1]，亟须修正。

4. 政府的服务职能建设仍需加强。实践中为业界所普遍反映的问题是政府在慈善事业扶持力度与范围上仍有较大进步空间，诸如应对慈善信托的财税减免待遇落实、慈善从业者整体薪酬水平提升，以及政府通过购买服务与公益创投等方式支持慈善事业发展、强化对慈善人才队伍的扶持力度等利好举措，不仅需要民政部门予以努力推动，同时需要各级业务主管部门、财税部门甚至各级人民政府予以高度重视。另外，政府升级服务的另一重点是完善中国慈善公益事业的信息公开制度，提供信用基础设施，实现全国范围内公共信用信息的归集共享，减少慈善组织内部运营负担以及各类监督成本。为此，2022年3月28日，中共中央办公厅、国务院印发了《关于推进社会信用体系建设高质量发展 促进形成新发展格局的意见》，要求"推进慈善组织信息公开，建立慈善组织活动异常名录，防治诈捐、骗捐，提升慈善组织公信力"。

三、中国慈善事业治理路径选择

（一）治理模式对比

1. 英国模式。英国是第一个进行慈善立法的国家[2]，在宗教改革的背景下，英国政府一方面禁止出于宗教目的的捐赠，另一方面也开始致力于监督世俗目的的捐赠及其使用，并由此催生了历史上第一部成文慈善法即《慈善用途法》，确立了政府对慈善基金会的管理权，是公权力首次介入民间公益慈善事业的标志。[3] 在《慈善用途法》的具体实施过程中，衡平法院的大法官们发现监督慈善只能抑制非法慈善活动，而想要促进合法慈善活动则需要赋予其特权，所以大法官们从促进慈善事业发展的角度，通过判例法对《慈善用益法》予以续造，赋予了慈善信托从设立、执行再到变更各个方面的特权。[4]

工业革命之后，英国政府陆续出台了多部法律来提升对慈善事业的监管效能，如1853年《慈善信托法》、1872年《慈善受托人社团法》、1888年《永久营业和慈善促进法》、1958年《休养慈善组织法》，并吸收了判例法中关于监督与特权的规则，颁布了英国第一部以"慈善法"命名的制定法，即《1960年慈善法》，

---

[1] 李响：《论我国慈善激励机制的立法缺失及其完善》，载《上海财经大学学报》2016年第3期。
[2] 王名、李勇、黄浩明编著：《英国非营利组织》，社会科学文献出版社2009年版，第76页。
[3] 刘坤：《英国慈善法律制度对我国慈善立法的启示》，载《社团管理研究》2011年第2期。
[4] 吕鑫：《慈善法之滥觞——〈慈善法史1532—1827〉评介》，载《政法论坛》2020年第2期。

随后英美法系其他国家和地区以该法为参照对象颁布了相关法律，如爱尔兰 1961 年的《慈善法》、澳大利亚 1962 年的《慈善信托法（西澳大利亚州）》和 1978 年的《慈善法（维多利亚州）》等[1]，现在英国施行的是 2006 年的《慈善法》。

总体而言，英国慈善在内容上仅强调不对慈善予以监督，同时也重视赋予慈善主体特权，其慈善法制的发展史正是慈善法从以监督为核心向以赋权为核心的转变过程，英美法系大部分国家和地区也明显受该趋势的影响。立法例上，英国采取集中立法模式，通过《慈善法》设计慈善活动的一般规则，并创设介于政府与民间的中间机构"慈善委员会"实现对慈善事业的长效监管；在行为监管上，英国《慈善法》中关于募捐行为的规定不只适用于慈善组织，而且适用于任何慈善目的的筹款。对于募捐行为的各种特定形式，则另行出台单行立法进行规制，如《治安、工厂和杂项条款》《入户募捐法》《慈善募捐令》《彩票和娱乐法》《数据保护法》《英国广告和促销广告规范》等多部法律对街头、入户、远程、义卖、彩票等募捐形式作出了特别规定。

2. 日本模式。日本慈善立法体系经历了由碎片化向整合化的转变，自 1998 年施行的《特定非营利活动促进法》开始，开启了日本慈善综合立法模式。2008 施行的"公益法人制度改革关联三法案"使得日本慈善立法走向了整合化的新局面。[2] 但总体上还是呈现分散特点，在社会组织立法、募捐专门立法以及税法等多部法律中分别规定慈善组织和慈善活动各方面的制度，其中最值得我国借鉴的莫过于其募捐政策的规制演变，正如有学者所强调的，"在以组织化慈善为主流的现代慈善背景下，慈善募捐是慈善活动的逻辑起点，也是慈善活动持续开展的支持与保障"。[3]

纵观日本募捐政策近代以来的演变历程，其规制逻辑有以下规律：第二次世界大战前日本政府基于保护公益等于保护国家利益的认知，实施公募资格准入许可的"全面规制"型募捐政策；二战结束后，由于振兴经济、建设民主政治等需求，日本政府对于募捐行为基本处于"自由放任"状态，随后为治理规制空白导致的募捐乱象，日本部分地方在主体准入上重新实行募捐资格准入许可，同时在

---

[1] 吕鑫：《慈善法之滥觞——〈慈善法史 1532—1827〉评介》，载《政法论坛》2020 年第 2 期。
[2] 温海红：《美英日新四国慈善事业发展的经验与启示》，载《中国民政》2020 年第 8 期。
[3] 孙倩伊：《6 月 19 日慈善法治圆桌汇第四期：慈善募捐的界定与募捐资格》，载微信公众号"慈善法治"，https：//mp.weixin.qq.com/s？src=11&timestamp=1667309867&ver=4140&signature=-j9X9gEuJWBZttdBNbvYdQu∗kvaZtyit∗PDal0UYIzd2KjxKMPTamoamrAcT5BrTJcAYAlCLhtm47TBA1RegKDz∗u6GyfSgN1SFNk2b7-r3tLQNejM2ktFM5i2uyVDAt&new=1。

行为规制上对募捐活动进行了监管与处罚,有学者将其称为"资格和行为的双重规制";随着日本经济的发展,出现了大量"不适格"但未造成利益损害的募捐活动,日本部分地方政府不得不放宽主体准入限制,最终形成了"政府有限规制和民间行业自律并行"的募捐政策。[1] 几乎所有的自然人和法人都拥有公开募捐资格且无须经过事先许可或审查,只有极少数的特殊非营利法人需要行政部门的事前许可,主要由民间力量日本募捐协会进行自律治理,出台的行业规范有《街头募捐的十大注意事项》《募捐行动基准指南》。不过所有的募捐活动都需要接受刑法、民法等法律法规的规制,否则相关责任人将受到相应处罚,主要包括《公职选举法》《政治资金规正法》《个人信息保护法》《特定商业交易法》《特定电子邮件法》《道路交通安全法》等。

3. 治理模式对比。纵观各国慈善事业的规制实践,慈善事业的治理模式可细分为两种:一是基于资格准入许可的主体规范模式,即只有获得相应慈善主体资格的组织才能开展特定的慈善活动;二是行为规范模式,慈善活动的开展无须特定的主体资格,所有个人、组织皆有资格开展,但是对于某些特定的慈善方式则需要取得事先的行为许可,如英国、美国、日本等国家,当然在个别情形下也会出现主体规范与行为规范并行的双重规范模式。前者通过"识别慈善组织、限定慈善组织行为、禁止非慈善组织行为"达到政府对募捐行为的管理和调控,只有经过政府特许的组织才有资格进入市场,从而将市场的作用限定在政府限定的范围之内;后者则通过"识别慈善目的、支持与保障自由契约的诚信性、将慈善组织定位为具有免税特权和更多社会责任的募捐主体交由社会选择"进行募捐活动的治理,慈善组织的认证仅仅意味着其拥有免税的特权与更多信息披露的法律责任。[2] 相比之下,行为规制模式更具开放性而不是限制性,为权利导向而不是责任导向,是社会主体自主选择而不是政府的选择。

现代慈善以组织化慈善为主流,在现代传播技术的支持下,更是能够搭建慈善支持体系,有效对接慈善需求和供给,实现慈善资源的合理配置。在募捐过程中,市场机制可以引导慈善主体适应社会选择标准,政府也可以通过募捐资格、募捐行为规范,引导慈善主体开展活动,两者各有利弊,这就涉及立法政策的取向定位问题。党的十九届五中全会作出了"发挥第三次分配作用,发展慈善事

---

[1] 俞祖成:《日本募捐政策:演变历程与规制逻辑——兼论对中国的启示》,载《广西师范大学学报(哲学社会科学版)》2022年第2期。

[2] 贾西津:《资格还是行为:慈善法的公募规制探讨》,载《江淮论坛》2017年第6期。

业，改善收入和财富分配格局"的决策部署。区别于市场和政府的"第三域"，第三次分配是社会主体自主自愿参与的财富流动和分配，其核心特点在于道德与价值的分配，强调市场机制的主导作用。与此对应的是慈善法的立法目的应定位为慈善事业的促进法，那么在慈善活动的治理问题上不应仅重视对慈善的监督与规范，更应强调对慈善主体赋予特权，发扬"人人公益、全民慈善、人人共享"的慈善理念，在慈善规制上应避免人为提高慈善门槛，做到心中有善之人有处发力。

（二）中国方案："主体—行为"的二元整合治理路径

中国慈善事业的治理模式比英日面临着更为复杂的情况：一方面民政部正开展打击非法社会组织专项活动、慈善事业乱象不减导致慈善组织公信力仍处低谷，以至于中国无法完全放弃主体规制模式；另一方面，依法认定和新增的慈善组织发展迟缓、慈善资源动员能力有限、个人捐赠比例较低，慈善事业在第三次分配中的作用并不明显，需要借鉴行为规制模式进一步发挥慈善法的促进作用。因此本课题提出"主体—行为"的二元整合治理路径，以期在规范法与促进法之间走向慈善开放的最大限度。

1. 行为治理视角下，致力解决监督的有效性困局。我国早期慈善事业的兴起伴随着改革开放战略的推进，海外华侨与港澳台同胞对祖国的慈善热情高涨，构成了该时期主要的慈善捐赠主体，1999年的《公益事业捐赠法》将捐赠作为慈善事业的逻辑起点，遂确立了以华侨捐赠为主要规范对象、以"捐赠"话语为核心概念的行为法规制模式。接着以2008年的汶川地震为分界点，慈善募捐这一模式得到广泛推广与应用，导致之后的慈善治理逐渐完成从"捐赠"到"募捐"的重点转向，集中体现在2016年的《慈善法》，该法以规制本土慈善事业为主、以募捐话语为核心概念、以慈善组织为逻辑起点，确立了组织法规制模式。[1] 根据《慈善法》第2条，该法的适用对象为"自然人、法人和其他组织开展慈善活动以及与慈善有关的活动"，看似采取了行为法的规制模式，但是总则之后的实质规制对象基本为慈善组织，更近似于组织法，比如慈善募捐的适格主体为慈善组织，慈善捐赠为慈善组织与捐赠人之间的关系，慈善财产为慈善组织的财产，慈善服务、信息公开、促进措施、监督管理和法律责任也主要针对慈善组织。[2]

---

[1] 马剑银：《当代中国慈善法治发展的勾勒：回顾与展望》，载杨团、朱健刚主编：《慈善蓝皮书：中国慈善发展报告（2021）》社会科学文献出版社2022年版，第191—197页。

[2] 贾西津：《资格还是行为：慈善法的公募规制探讨》，载《江淮论坛》2017年第6期。

《慈善法》之所以强调对慈善组织的规范与监督，究其根本在于以《公益事业捐赠法》为核心的慈善规范体系并未构建有效的监督机制，导致非法慈善活动泛滥成灾，比如2011年"郭美美事件"对红十字系统的公信力造成了致命打击，直至今日都未能完全消除其影响，让大多数民众觉得我国的募捐政策并非"规制过剩"，而是"规制不足"，迫使政府不得不加强整治力度。[1] 为了解决慈善监督的有效性困境，《慈善法》的立法者自然将监督机制作为制度建设的重点。但是《慈善法》现有的监督机制是否能发挥成效尚且存疑，具体而言，《慈善法》在规范层面上构建了以民政部门为核心的监督机制，并赋予了其调查权（第92条至第94条）和处罚权（第101条）等较为完善的监督职权，但在实践层面上行使监督职权的却是其内设机构，该内设机构缺乏独立法人身份，既无法独立自主地行使监督职权，也无法直接联合相关部门开展监督。此外，还往往存在缺乏相应知识和经验的工作人员等一系列问题，可以说现有民政部门（内设机构）实际上难以有效地发挥监督功效，以抑制非法慈善活动，近年来层出不穷的募捐诈骗问题也正是对此最好的注脚。例如，2021年9月5日，由中国福利基金会烧烫关爱基金会发起的"不要烫伤我的童年"项目，在参与"腾讯99公益日"活动中被曝涉嫌套捐，从而招致社会各方指责。因此，我国也需增加对网络慈善的法律规制，以明确网络慈善活动的概念与外延、网络募捐行为的规则、个人求助行为的规则、网络平台及其经营主体的相应责任等。

2. 主体治理视角下，丰富慈善组织的"免税"内涵。《慈善法》是一部以"发展慈善事业"为立法根本目的的促进性法律规范[2]，但是由于税法和慈善立法之间的衔接不畅，《慈善法》并未在规范层面上赋予慈善主体即慈善组织和慈善信托应有之特权，其促进性意图可能面临空置的尴尬境地，这一问题尤其体现在慈善信托制度之中，慈善信托所依赖的特权除了税收减免之特权以外，还有赖于自《慈善法》滥觞以来在其设立、执行和变更三方面所逐渐形成之特权，但细致分析即可以发现，《慈善法》及其配套规章并未相应赋予慈善信托以特权。

另外，《慈善法》在一定程度上也起到非营利组织基本法的作用，内部存在功能杂糅。中国现行法下关于社会组织的基本规范只有《社会团体登记管理条例》《民办非企业单位登记管理暂行条例》《基金会管理条例》三大行政法规，缺

---

[1] 俞祖成：《日本募捐政策：演变历程与规制逻辑——兼论对中国的启示》，载《广西师范大学学报（哲学社会科学版）》2022年第2期。

[2] 贾西津：《〈慈善法〉是有待支点的杠杆》，载《浙江工商大学学报》2016年第3期。

乏非营利组织或社会组织的基本法，因此《慈善法》不仅要承担慈善事业发展的促进和规范的功能，同时要在法律层面上尽可能系统地规定社会组织发展与监管的系列问题[1]，但是《慈善法》中的组织规定导向的行政管制色彩比较浓重，反而冲淡了《慈善法》促进法功能的发挥。为了摆脱这种困境，既需要全国人大将社会组织基本法纳入立法规划，也需要加快对社会组织管理行政法规的修改出台进程。

四、中国慈善法治环境的优化方案

慈善事业的发展符合国家和社会发展的历史规律，具有重要的理论价值和实践意义，我国要为慈善事业的发展营造良好的法治环境。一方面，可以利用具有中国特色的社会主义政府强大的动员能力，结合底层制度建设推动慈善事业发展，这是因为慈善事业和其他具有重要意义的事业一样，需要得到政府的大力支持，否则难以取得重大进展。另一方面，要从整体上改善慈善事业发展所需的公平正义的法治环境，既要加强立法，建立健全促进慈善事业发展的良好法律体系，又要严格执法，维护合法慈善行为和慈善利益，更要完善监管制度，使慈善法治体系得到严格落实。[2] 同时最好能同步增进慈善事业的专业性，强化公益慈善的社会公信力建设，结合现代科学技术推动慈善治理的现代化进程，构建出切实可行、与时俱进的慈善法治环境优化方案。

（一）理念重塑：从"主体管制"到"主体治理"

慈善事业作为一种托底性的分配方式，有利于我国社会保障体系功能和社会公平正义的更好实现，在我国第三次分配中有着十分重要的作用，重视慈善事业的发展和发挥符合我国社会经济发展的要求。一直以来，我国慈善事业多由政府主导，政府在慈善活动中经常同时充当组织者和监督者，容易导致本来属于社会活动的慈善事业社会化水平不足，发展道路较为艰难。尤其是在过去一些重大灾害面前，带有官方背景的慈善组织屡屡出现效率低下、腐败等问题，极大地消耗了群众对慈善事业的信任。首先，在以国家发展战略为导向的慈善制度改革中，慈善事业的去行政化、去体制化逐渐成为共识。同时也要注意到，贸然切断慈善组织与政府之间的联系，使慈善事业完全脱离政府的管控也是不现实的，如何更

---

[1] 马剑银：《当代中国慈善法治发展的勾勒：回顾与展望》，杨团、朱健刚主编：《慈善蓝皮书：中国慈善发展报告（2021）》社会科学文献出版社2022年版，第203页。

[2] 白光昭：《第三次分配：背景、内涵及治理路径》，载《中国行政管理》2020年第12期。

好地处理政府和慈善主体在慈善事业中的关系是慈善制度改革的重点问题。在慈善事业问题上，要重视慈善事业在社会治理中不可替代的重要作用，主动将慈善主体纳入社会治理共同体之中，引导慈善事业治理理念从"主体管制"到"主体治理"转变。

其次，在党中央政策的指导下，出于对国家治理体系现代化和治理能力发展的考虑，在促进职能转变、提高行政效力和更好地满足社会需求等现实目的的基础上，由政府向慈善组织有序地进行权力转移，逐步增强社会慈善主体在慈善事业中的自主决策权和自主行动权，以更好地发挥慈善主体在社会治理中的功能，促进慈善事业的可持续发展。[1] 在整个过程中，需要注意的是政府向慈善组织赋权的进路需要循序渐进，从传统的社会组织完全依附政府发挥作用，逐步向在政府主导下的半依附形式过渡，最终走向在政府监督下的完全独立运行模式。目前，我国慈善主体参与社会治理的法理依据日益完备，党中央多次在重要政策性文件中提出发挥慈善事业的第三次分配作用，改善收入和分配格局等论题，进一步提升了慈善事业在社会治理中的地位，并且法治保障也在不断完善之中，从国务院的《关于促进慈善事业健康发展的指导意见》到《中华人民共和国慈善法的颁布与实施》，再到《志愿服务条例》的颁布与实施，短短数年实践社会参与、各方协作的慈善事业新格局正在形成。[2] 具体而言，就是要推动慈善法治的完善，提高慈善事业的政治站位，提升慈善主体在社会治理中的能力和影响力。

（二）社会驱动：重视慈善组织的带动作用

慈善事业是国家治理体系中的重要组成部分，不仅有助于增强我国文化软实力的影响力，还能成为社会治理和政府职能转型中的强大助力。慈善组织作为慈善事业治理中的重要主体，享有慈善事业相关的社会权利，同时作为公权力的执行者进行慈善活动，其核心地位决定必须在慈善事业中充分发挥带动作用。在基本属性方面，慈善组织具有公益性、公共性和社会性，基于博爱和公义自发为社会上的弱势群体提供福利和帮助，并在此过程中向公众传播向善的价值理念[3]；在基本功能方面，慈善组织在社会中发挥服务、协商、治理的功能，推动慈善活动服务群众，代表公众意见与政府进行协商，社会管理层面参与社会治理，在政

---

[1] 张圣、徐家良:《政府慈善赋权何以走向有序？——探寻渐进之道》，载《学习与实践》2021年第3期。
[2] 王振耀:《现代慈善的十大基本理念》，载《当代社科视野》2011年第6期。
[3] 李勇、何定勇:《公共危机治理：不确定性，慈善组织参与及协同治理》，载《中国非盈利评论》2021年第1期。

府与群众之间发挥承上启下的过渡作用和沟通桥梁。同时也要注意我国目前对慈善组织的激励政策尚有不足，基金会、社会服务机构等各类慈善组织在我国还处于发展期，不但限制了该行业从业人员的长期职业发展规划，而且由于薪资水准过低的原因也导致在市场人才竞争方面处于劣势。此外，我国对慈善事业的政策扶持力度还有待提高，这方面可以参考国外的建设经验，如对慈善组织的税务优惠体系进行重新建构等。[1]

在完善新时代慈善事业建设的过程中，要尝试调动所有的社会驱动力，充分挖掘慈善组织、行业自律协会乃至个人在慈善活动方面的潜力，充分发挥各个慈善主体的功能和作用。首要是发挥慈善组织的带动作用，主要包括以下三个方面。第一，充分发挥慈善组织的驱动作用，稳步提升自身募捐能力和善款规模，加强自身建设，有序提升慈善组织的制度化水平和组织化完善度，同时还要注意到，目前我国具有公开募捐资格的组织数量尚有不足，且增速减缓，必须继续加强慈善事业的规范化和法治化程度，进一步增强慈善组织的公信力。第二，慈善组织推动慈善项目和服务内容多样化发展，将慈善事业的服务领域向更广、更深的层次推进，与时俱进地结合新技术创造新模式，如"腾讯公益""水滴筹"等网络慈善平台的建设就是"互联网+"技术优势的展现，同时也要注意完善慈善监管机制，以防发生骗捐事件对公众的捐款意愿造成消极影响。第三，继续提升慈善组织的社会化程度，推动慈善项目和慈善平台的多元化发展，继续拓宽公众参与慈善活动的渠道，带动更多的社会力量参与到慈善事业的活动中来。[2]

（三）行为分类：引入慈善行为分层监管制度

在我国慈善领域法治体系日益健全、慈善事业发展日趋完善的过程中，慈善监管制度的不足之处也逐渐显露出来，慈善领域慈善行为失范现象时有发生。例如，有的慈善组织信息公开落实不到位，善款流向透明度不够，多头募捐、欺诈捐款、强行摊派行为仍然可见。之所以如此，就是因为我国尚未形成一个完善、健全、有效的慈善行为监管体系，在政府逐步向慈善组织放权的背景下，政府方面对慈善行为的监管力度变弱，与之相对的社会方面的监管理念还未形成，导致目前对慈善行为的监管容易落在一个"监而不管、空头监管"的局面。[3] 因此，

---

[1] 陈诗清：《"第三次分配"机制的构建与未来》，载《特区经济》2022年第3期。
[2] 葛忠明、张茜：《慈善事业的定位、社会基础及其未来走向》，载《山东大学学报（哲学社会科学版）》2022年第2期。
[3] 彭柏林、陈东利：《中国特色社会主义慈善治理的经验与展望》，载《伦理学研究》2021年第2期。

必须建立常态化、标准化和制度化的分层监管制度，确保慈善事业信息及时有效公开，确保失范慈善行为得到应有惩罚。

对慈善领域监管制度的完善要从全方位主体、多层次的内外部监管体制的构建入手，建立起完善的慈善行为监管制度。就主体方面而言，要从四个方位对慈善监管进行加强：第一是要合理发挥政府的职能监督作用，严格按照法律规范的要求对慈善行为进行监管，杜绝出现监管不足或监管过度的无序现象；第二是要充分发挥行业协会的作用，以行业行为规范对慈善行为提出要求，加强行业内部自律的作用；第三是尝试建立第三方监督机构，对慈善活动的日常运行、慈善信息的规范公开进行有效监督；第四是强化社会监督的作用，慈善事业本身具有极强的社会属性，鼓励公众、媒体等社会主体对慈善行为进行日常监督可以对慈善行为起到更好的规范作用[1]。在监管结构方面，要同时推进外部监管机制和内部治理机制的建设，推动在外形成法律监管、政府监管和社会监管共同构成的多维度的监管机制，在规范监管的同时为慈善行为的有序进行、慈善事业的健康发展提供重要的外部保障；对内借鉴公司结构的建设经验，形成决策机构、执行结构、监管机构相互制约、协调运转的内部架构[2]，同时确立监管机构的独立地位，保证慈善事业的良性运行和有序发展。

---

[1] 祝洪娇：《促进第三次分配以缩小收入分配差距》，载《当代经济管理》2018年第7期。
[2] 郑功成：《中国慈善事业发展：成效、问题与制度完善》，载《中共中央党校（国家行政学院）学报》2020年第6期。